**Die Mitteleuropadebatte in der Bundesrepublik Deutschland 1980-1990**
*Zwischen Friedensbewegung, kultureller Identität und deutscher Frage*

Albrecht Behmel

# DIE MITTELEUROPADEBATTE IN DER BUNDESREPUBLIK DEUTSCHLAND 1980-1990

## Zwischen Friedensbewegung, kultureller Identität und deutscher Frage

*ibidem*-Verlag
Stuttgart

**Bibliografische Information der Deutschen Nationalbibliothek**
Die Deutsche Nationalbibliothek verzeichnet diese Publikation in der
Deutschen Nationalbibliografie; detaillierte bibliografische Daten sind im
Internet über http://dnb.d-nb.de abrufbar.

**Bibliographic information published by the Deutsche Nationalbibliothek**
Die Deutsche Nationalbibliothek lists this publication in the Deutsche Nationalbibliografie;
detailed bibliographic data are available in the Internet at http://dnb.d-nb.de.

∞

Gedruckt auf alterungsbeständigem, säurefreien Papier
Printed on acid-free paper

ISBN-13: 978-3-8382-0201-3

© *ibidem*-Verlag
Stuttgart 2011

Alle Rechte vorbehalten

Das Werk einschließlich aller seiner Teile ist urheberrechtlich geschützt. Jede Verwertung
außerhalb der engen Grenzen des Urheberrechtsgesetzes ist ohne Zustimmung des Verlages
unzulässig und strafbar. Dies gilt insbesondere für Vervielfältigungen,
Übersetzungen, Mikroverfilmungen und elektronische Speicherformen sowie die
Einspeicherung und Verarbeitung in elektronischen Systemen.

All rights reserved. No part of this publication may be reproduced, stored in or introduced into a retrieval
system, or transmitted, in any form, or by any means (electronic, mechanical, photocopying, recording or
otherwise) without the prior written permission of the publisher. Any person who does any unauthorized act
in relation to this publication may be liable to criminal prosecution and civil claims for damages.

Printed in Germany

# Inhalt

1. **Einleitung**     **9**
   - 1.1 Primäre Fragestellung und Methodik .......................................................... 11
     - 1.1.1 Sekundäre Fragestellungen ..................................................... 23
   - 1.2 Zentrale Begriffe der Mitteleuropadebatte ................................................. 28
   - 1.3 Stand der Forschung und Quellenlage ........................................................ 39
   - 1.4 Gliederung des Untersuchungszeitraumes .................................................. 48

2. **Ideengeschichtliche Bedingungen und Vorläuferdebatten**     **53**
   - 2.1 Charakter der deutschen Mitteleuropadebatte bis 1945 ............................... 64
   - 2.1 Das Ende der ersten Debatte mit der Spaltung Europas nach 1945 ............. 71
   - 2.2 Mitteleuropapläne und atomwaffenfreie Zonen: 1950 bis 1982 ................. 74
   - 2.3 Ideengeschichtlichen Altlasten durch "deutsche Geopolitik"? .................... 81

3. **Parameter der bundesdeutschen Debatte 1982 bis 1990**     **93**
   - 3.1 Einflüsse aus der DDR: "Imperialismuskritik" ........................................... 95
   - 3.2 Kulturelle Identität aus Polen, Ungarn und der CSSR ............................... 101
   - 3.3 Beiträge aus Italien und Österreich: operative Donauraumpolitik ............. 116
   - 3.4 Perspektiven westlicher Länder: Sorge vor deutschen Sonderwegen ........ 124

4. **Teilbereiche der bundesdeutschen Mitteleuropadebatte nach Themen**     **137**
   - 4.1 Wirtschaftspolitische Pläne – vom Kern zum Tabu .................................. 139
     - 4.1.1 Fehlende real-ökonomische Grundlagen der Mitteleuropadebatte ... 146
   - 4.2 Sicherheitspolitische Konzepte: die Friedensbewegung ............................ 158
   - 4.3 Kultur, Identität und Verteidigung der Bürgergesellschaft ........................ 179
     - 4.3.1 Zwischen Anti-Amerikanismus und Antikommunismus ................ 193
   - 4.4 Mitteleuropa und die deutsche Frage ........................................................ 200
   - 4.5 Diskontinuitäten und Kontinuitäten innerhalb der Debatte ....................... 206

5. **Das Ende der neueren Debatte: 1990**     **215**
   - 5.1 Zwei-Plus-Vier versus Mitteleuropa ......................................................... 218
   - 5.2 EU *versus* Mitteleuropa ........................................................................... 222

6. **Zusammenfassung und Ausblick**     **227**

**Anhang** **231**
7.1 Kartenteil: Mitteleuropabilder ..................................................................231
7.2 Zeittafel .......................................................................................................234
7.3 Abkürzungsverzeichnis ..............................................................................235
7.4 Personen-, Orts- und Sachregister ............................................................236
7.5 Literaturangaben ........................................................................................242

# 1. Einleitung

Europa hat, zumindest was die Forschungsliteratur betrifft, beständig Hoch-Konjunktur.[1] Diese Dynamik betrifft die Geistes- und Gesellschaftswissenschaften in ihrer Gesamtheit, insbesondere jedoch die Ideengeschichte. Wesentliche Brennpunkte der entsprechenden historischen Forschung liegen etwa auf Fragen der europäischen Integration oder der Identität Europas.[2] Der Prozess der europäischen Einigung und Erweiterung bringt ständig neue Debatten hervor, indem er Forschung und öffentliche Meinung gewissermaßen vor vollendete Tatsachen stellt und dadurch laufend neue Bewertungen verlangt. Die Diskussionen über einen möglichen Beitritt der Türkei oder die Frage nach der künftigen europäischen Verfassung sind gegenwärtige Beispiele für diesen Vorgang. Im Grunde sind Gedanken über Europas künftige Gestalt zumindest seit RICHARD COUDENHOVE-KALERGIS[3] Paneuropa-Initiativen ein fester Bestandteil der Debatten über Europas Zukunft, doch finden die heutigen Auseinandersetzungen auf einem ganz anderen Niveau und mit völlig veränderten, weil realistischeren Prämissen statt.

Aber es sind in den vergangenen Jahrzehnten nicht nur neue Debatten, Forschungsbereiche und Themen entstanden, alte sind auch untergegangen. Dazu gehört, als ein markantes und vielschichtiges Beispiel, die so genannte "Mitteleuropadebatte", deren Höhepunkt[4] in den Jahren unmittelbar vor der deutschen Wiedervereinigung lag und die mit der Vollendung der staatlichen Einheit Deutschlands in ihrer bisherigen Form fast gänzlich zum Erliegen kam. Der Begriff "Mitteleuropa" an sich war zwar nicht neu, aber dennoch kann die Mitteleuropadebatte der achtziger Jahre als ein eigenständiges Phänomen aufgefasst werden, da sie auf ideen- und realgeschichtlichen

---

[1] HECKER, HANS (Hg). *Europa – Begriff und Idee. Historische Streiflichter.* Bonn 1991. S. 7.
[2] BOGDANDY, ORIETTA ANGELUCCI VON. *Zur Ökologie einer europäischen Identität. Soziale Repräsentationen von Europa und dem Europäer-Sein in Deutschland und Italien.* Baden-Baden 2003. S. 11: Hier vor allem durch das Argument unterstützt, dass der geschichtlich einmalige Prozess der europäischen Integration in besonderer Weise die Identität der Europäer berühre und bestimme.
[3] Personennamen in KAPITÄLCHEN verweisen darauf, dass der Name in den Literaturangaben unter den Autoren aufgeführt ist; normal gesetzte Personennamen erscheinen dort hingegen nicht.
[4] BERG, HEINO. "Deutschland und Mitteleuropa – Die deutsche Frage in der alten und neuen Mitteleuropadebatte." in: BERG, HEINO. BURMEISTER, PETER (Hg). *Mitteleuropa und die deutsche Frage.* Bremen 1990.

Grundlagen beruhte, die sich von denen früherer Diskurse zum gleichen Schlagwort deutlich unterschieden.

Fünfzehn Jahre nach der deutschen Wiedervereinigung hat der Begriff "Mitteleuropa" einen grundsätzlich anderen Klang als Mitte der achtziger Jahre. Heute bezeichnet er, sofern er überhaupt Verwendung findet, geradezu nüchtern und faktisch einen Teil jener Länder der Europäischen Union, die 2004 im vorerst letzten Erweiterungsschritt eingegliedert worden sind, allerdings dann nicht mehr unter dem problematischen Etikett "Mitteleuropa", sondern in der Bezeichnung mittel- und osteuropäische Länder.[5] Mögliche Assoziationen sind nach wie vor wirtschaftlicher und geographischer, meteorologischer aber auch kultureller und politischer Natur; emotionale Brisanz ist jedoch in dem Kürzel MOE kaum mehr enthalten.

Auf dem Höhepunkt der so genannten deutschen "Friedensbewegung", einem weltweit einzigartigen Phänomen, hatte sich der Begriff "Mitteleuropa" für manchen zu einem Kampfbegriff gegen die Westintegration Deutschlands gemausert, zu einem utopischen Gegenentwurf zu NATO und EG oder sogar zum "Traumland"[6] einer alternativen Zukunft Deutschlands jenseits aller militärischer Bündnisse, beziehungsweise innerhalb eines gänzlich neuen, noch zu schaffenden Systems. Diese Konzepte haben den Fall des Eisernen Vorhanges nicht überlebt. Stattdessen sind neue Trennlinien entstanden, etwa diejenige, die rund um die Euro-Zone innerhalb der EU verläuft. Das Konzept "Kerneuropa" hat den philosophisch inspirierten Traum von Mitteleuropa abgelöst, denn die wirtschaftspolitische und fiskalpolitische Realität der Gegenwart hat nicht mehr viel mit den damals diskutierten Inhalten gemein.

So existiert das Wort "Mitteleuropa" zwar weiterhin, allerdings jedoch mit einer erneut stark gewandelten Bedeutung. Mitteleuropa ist seit 2004 derjenige Bereich der Europäischen Union auf dem Kontinent, in dem der Euro noch nicht die Nationalwährungen der neuen Mitglieder abgelöst hat, und ist damit nicht Mitte, sondern erneut eine Art von Zonen-Randgebiet: Ist es das Schicksal Mitteleuropas, am Rand liegen zu müssen?[7]

---

[5] Zumeist in Form des Akronyms MOE, Mittel- und Osteuropäische Länder, Vgl. CLEMENS, GABRIELE (Hg). *Die Integration der mittel- und osteuropäischen Staaten in die Europäische Union.* Hamburg 1999.

[6] PAPCKE, SVEN. WEIDENFELD, WERNER (Hg). *Traumland Mitteleuropa? Beiträge zu einer aktuellen Kontroverse.* Darmstadt 1988.

[7] KAISER, JOSEPH H. "Mitteleuropa aus südwestdeutscher Sicht. Spuren der Vergangenheit und Perspektiven der Zukunft." in: UNIVERSITÄT INNSBRUCK (Hg). *Symposion an der Universität Innsbruck zum Thema: Mitteleuropa – Spuren der Vergangenheit und Perspektiven der Zukunft.*

Wesentlich besser erforscht als das Ende der Mitteleuropadebatte sind auf der anderen Seite deren gedankliche Wurzeln, die bei FRIEDRICH LIST, Constantin Frantz, FRIEDRICH NAUMANN, ROBERT VANSITTART, im MORGENTHAU-Plan, bei EGON BAHR, im RAPACKI-Plan, in der Stalinnote von 1952 aber auch in den Schriften OTTO VON HABSBURGS, MILAN KUNDERAS und VACLAV HAVELS zu finden sind. Diverser könnten die Ausgangspunkte kaum sein.

## 1.1 Primäre Fragestellung und Methodik

Der Begriff "Mitteleuropadebatte" wird in der Literatur nicht in einem einheitlichen Sinn verwendet, sondern kann sowohl den gesamten Vorgang bezeichnen, als auch Teilbereiche, etwa im Sinn von länderspezifischen Debatten oder zeitlich beschränkten Diskursen. An erster Stelle muss daher die Frage stehen, was unter "Mitteleuropadebatte" in Bezug auf die achtziger Jahre überhaupt einmal zu verstehen sei. Die Antwort hat drei Stufen:

a.) Abgrenzung der modernen Mitteleuropadebatte der achtziger Jahre von ihren gleichnamigen Vorgängerdebatten zwischen 1916 und 1945.
b.) Darstellung der thematischen Bereiche: Wirtschaft, Sicherheit, Kultur und Nation
c.) horizontale Untersuchungsebenen der Bereiche nach Einzelpositionen

Diese Gliederung erlaubt dann in einem nächsten Schritt die grundsätzliche Frage nach der grundsätzlichen Bedeutung der Mitteleuropadebatte für die Bundesrepublik Deutschland:
d.) Inwiefern handelt es sich bei der Mitteleuropadebatte um ein Schlüsselphänomen für das Verständnis der Bundesrepublik Deutschland der achtziger Jahre?

a.) Abgrenzung der modernen Mitteleuropadebatte der achtziger Jahre von ihren gleichnamigen Vorgängerdebatten zwischen 1916 und 1945.

Die wirtschaftlich-militärische Machtposition des Deutschen Kaiserreiches hatte wirtschaftsliberale Überlegungen zur Neugestaltung Mitteleuropas bereits in der

---

*30. und 31. Oktober 1986.* Innsbruck 1987. S. 43: Das Schicksal Mitteleuropas sei es, geteilt zu sein.

Vorkriegszeit möglich gemacht, umso mehr war dies in den ersten Kriegsjahren der Fall und darüber hinaus auch teilweise sogar nach dem Frieden von Versailles. Für Österreich auf der anderen Seite ist mit dem Verlust der nicht-deutschen Territorien eine ungleich stärkere Zäsur festzustellen, was sich auch in der dortigen Debatte um Mitteleuropa niederschlug. In den Jahren nach 1918 teilt sich der Baum der Debatte daher in zwei getrennte Äste. Der deutsche Ast wies nach wie vor, und dies bis 1945, in die gleiche Richtung, während die Debatten in den Nachfolgestaaten der Habsburger-Monarchie sich inhaltlich zu emanzipieren versuchten, einmal von der deutschen Debatte und dann auch jeweils voneinander. Dieser Trend steht in keinem Widerspruch zur tatsächlichen Außenpolitik der mitteleuropäischen Länder in den Zwischenkriegsjahren.

Erst mit Österreichs Eigenstaatlichkeit, beziehungsweise Neutralisierung zehn Jahre nach dem Zweiten Weltkrieg beginnt eine Art Kooperation des Nachdenkens über die Region Mitteleuropa, deren Gestalt sich durch die Realitäten des Kalten Krieges bis in die Fundamente verwandelt hatte.

Die DDR letztlich beteiligte sich in anderer Form an der Mitteleuropadebatte: Die entsprechenden Beiträge fokussieren vor allem die Frage nach dem Zusammenhang zwischen Mitteleuropakonzepten der Vorkriegszeit und damit verbundenen imperialistischen Machtbestrebungen des Westens, wie sie die offizielle Ideologie prophezeite. Man könnte der Mitteleuropadebatte in der DDR konstatieren, dass sie das wirtschaftsliberale Erbe, wenn auch unter umgekehrten Vorzeichen, solchen der Kritik, "besser" bewahrte als der westdeutsche Staat, da die Diskussion in der DDR weitgehend auf dem Stand der Vorkriegszeit stehen blieb und sich nicht erkennbar weiterentwickelte oder neue Felder erschloss. Dies war ohne Frage zunächst den ideologischen Denkmustern geschuldet und erst in zweiter Hinsicht der relativen Isolation in der die DDR sich befand, was geistige Auseinandersetzungen betraf.

Kulturell gehörten die Gebiete der DDR nicht zu den ehemals habsburgischen Regionen, und somit erklärt sich, warum die Debatten, wie sie in Polen, der Tschechoslowakei und auch in Österreich geführt wurden, den östlichen Teil Deutschlands als nicht zugehörig betrachteten. Das bedeutet, dass die deutschsprachigen Nachfolgestaaten der beiden Reiche von 1914 als sie nach 1945 drei staatlich verschiedene Wege gingen, sich auch in Bezug auf Mitteleuropa und die Debatte darüber voneinander deutlich entfernten. Hier liegt eine Problematik verborgen, die IMMANUEL GEISS so formulierte:

> *Eine saubere Unterscheidung zwischen deutscher und nicht-deutscher Konzeption "Mitteleuropas" wird unerläßlich, um unnötige Mißverständnisse zu vermeiden – zwischen Deutschen über ein sinnvolles Hantieren mit "Mitteleuropa", aber auch zwischen Deutschen und ihren Nachbarn, um Klarheit über die Absichten oder Folgen deutscher Politik zu schaffen.*[8]

Das Bild, das sich in der aktuellen Forschungsliteratur ergibt, zeigt die Mitteleuropadebatte zumeist als eine Art Anhängsel der ersten, von FRIEDRICH NAUMANN geprägten Debatte. Doch erweist sich diese Wertung bei näherer Prüfung nicht als durchgängig vertretbar. Vielmehr scheint es so zu sein, dass die Mitteleuropadebatte der achtziger Jahre ein eigenständiges Phänomen gewesen ist, mit eigenen, neuen gedanklichen Grundlagen, eingebettet in eine andersartige Realität, ausgerichtet auf eine andersartige Zukunft.

Worin bestand die Einzigartigkeit der modernen Mitteleuropadebatte, was unterschied sie von ihrer Vorgängerin und welche Binnenstruktur weist sie auf? Handelt es sich um eine einzige Debatte oder nicht vielmehr um mehrere, miteinander verbundene Debatten zu verschiedenen Themen, doch unter einem gemeinsamen Dach? Diese Frage ist Teil einer ganzen Gruppe von verwandten Aspekten:

Was trat an die Stelle der alten wirtschaftsliberalen Ansätze? Wie stellen sich Gehalt, Entwicklung und Richtung der Debatte, wie sie für Deutschland innerhalb der Dekade, vor der Wiedervereinigung zu verzeichnen ist, dar? Wenn das bestimmende Element NAUMANNSCHER Pläne, Mitteleuropa als Begriff wirtschaftspolitischer Neugestaltung zwischen Rhein und Ural unter deutscher Hegemonie, nicht mehr vorhanden war, worin bestand dann ihr Wesen in den achtziger Jahren? Aus welchen geistesgeschichtlichen Quellen speisten sich die Beiträge?

Sind auch in den achtziger Jahren wirtschaftsliberale Tendenzen zu attestieren oder gehören die neueren Mitteleuropapläne nicht auch zu anderen Weltsichten? Hier ist vor allem die Friedensbewegung zu nennen, deren Vorstellungen nicht in der Tradition kaiserzeitlich-liberaler Gedankenschulen stehen: Wenn die neuere Mitteleuropa-

---

[8] GEISS, IMANUEL. "Mitteleuropa und die deutsche Frage. Die historische Dimension", in: BERG, HEINO. BURMEISTER, PETER (Hg). *Mitteleuropa und die deutsche Frage*. Bremen 1990. S. 71.

debatte daher nicht als ein thematisch-monolithischer Block aufzufassen ist, welche verschiedenen Teilbereiche müssen dann voneinander unterschieden werden und in welcher Beziehung stehen sie zueinander?

Bis 1945 hatten vor allem ökonomische Ordnungskonzepte die Auseinandersetzungen bestimmt. Die deutsch-österreichische Vormachtrolle im mitteleuropäischen Raum hatte es Theoretikern wie FRIEDRICH NAUMANN, KARL HAUSHOFER oder WERNER DAITZ[9] erlaubt, künftige Raumordnungen nach Aspekten des Rohstoffbedarfs der habsburgisch-preussischen Industrien zu entwerfen. Die multiple Teilung des Reichsgebietes in Besatzungszonen und die Spaltung des europäischen Kontinents in den darauf folgenden Jahren führte jedoch dazu, dass der Mitteleuropagedanke aus dem deutschen Diskurs für eine gewisse Zeit fast vollständig verschwand.

Während sich die Bundesrepublik unter den Parametern des Kalten Krieges geradezu bedingungslos auf den Kurs der Westintegration begab und die Vokabel "Mitteleuropa" aus verschiedenen Gründen gemieden wurde, blieben die Länder östlich des Eisernen Vorhanges diesen Gedanken eher verbunden, auch wenn diese Debatten, ebenso unter den Parametern des Kalten Krieges, neue Konnotationen hinzugewannen. Vor allem der Umstand der nuklearen Bedrohung durch die in der Kriegszeit entstandenen und auch eingesetzten neuen Technologien trat hervor.[10]
Der Bedeutungswandel des Begriffes "Mitteleuropa" nach 1945 steht mit dem Aufkommen der Atomwaffen in engem kausalem Zusammenhang. Ab hier fächert sich die so genannte "Mitteleuropadebatte" in vier voneinander zu trennende, parallel verlaufende vertikale Bereiche auf.

b.) Thematische Bereiche: Wirtschaft, Sicherheit, Kultur und Nation

Der ökonomische Mitteleuropagedanke: Die Entwicklung von ökonomischen Konzepten für Zentraleuropa hat eine Tradition, die mindestens ebenso alt ist wie die Industrialisierung dieses Raumes selbst. Dennoch spielen sie für den Untersuchungszeitraum der achtziger Jahre nur eine relativ geringe Rolle. Dies wird deutlich, wenn

---

[9] NAUMANN, FRIEDRICH. *Mitteleuropa*. Berlin 1915. HAUSHOFER, KARL. *Der Kontinentalblock: Mitteleuropa - Eurasien – Japan*. München 1941. DAITZ, WERNER. *Wiedergeburt Europas durch Europäischen Sozialismus: Europa-Charta*. Dresden 1943.

[10] Beispielhaft zu erwähnen wären hier etwa der sog. Rapacki-Plan oder der Tito-Plan.

man sich die möglichen zeitlichen Gliederungen näher vergegenwärtigt. Insgesamt kann man für die ökonomische Debatte fünf verschiedene Stufen unterscheiden. Zunächst einmal eine Phase der Richtungsfindung zur Zeit der Gründung des Deutschen Zollvereins, als die Gestalt und der Umfang dessen, was später zum Deutschen Reich werden sollte noch zur Debatte stand.

Dann, auf der zweiten Stufe, die Zeit zwischen der Reichsgründung, als sich die kleindeutsche Lösung auch staatlich endgültig etabliert hatte und dem Ende der Weimarer Republik: Diese Phase wiederum trägt wie eine Kapsel den 1. Weltkrieg in sich, als die zuvor schon bestehenden Pläne durch die anfänglichen militärischen Erfolge für kurze Zeit in greifbare Nähe rückten. Der Krieg endete, jedoch ohne dass sich das Deutsche Reich ganz aus dem Raum Mitteleuropas zurückzog. Der Kriegsausgang, so einschneidend seine Folgen in fast allen anderen Bereichen waren, hatte nur wenig Auswirkungen auf die Debatte um Mitteleuropa aus reichsdeutscher Sicht.

Für die Jahre der Weimarer Republik bis 1933 sind in erster Linie wirtschaftsliberale Gedanken von LIST und NAUMANN als Einflüsse zu nennen. Die dritte Stufe umfasst die Dauer der nationalsozialistischen Herrschaft. Mit dem Ausgang des 2. Weltkriegs endeten indessen auch die Chancen der Mitteleuropapläne eines DAITZ oder HAUSHOFER. Diese waren auf der Vorstellung begründet, dass die deutsche Industrie nach Kriegsende weiterhin in der Lage sein würde, über den mitteleuropäischen Raum zu verfügen und bis weit nach Osten hinein gestaltend einzugreifen.

Mitteleuropa war jedoch nach 1945 auf absehbare Zeit hin keine realistische Zielregion deutscher Wirtschaftspolitik mehr, jedenfalls nicht als Feld direkten Engagements, und schon gar nicht das Feld eines Engagements der Bundesrepublik.[11] Die Zeitspanne von 1945 bis 1990 stellt somit den vierten Abschnitt dar, in dem die wirtschaftspolitische Mitteleuropadebatte bis auf wenige Ausnahmen ruhte. Erst mit dem Ende des Warschauer Pakts konnte die fünfte Phase beginnen, die ihren vorläufigen Höhepunkt im Jahr 2004 mit der Aufnahme von mittel- und osteuropäischen Staaten in die Europäische Union fand. Die gegenwärtigen ökonomischen Ordnungsfragen für den mitteleuropäischen Raum auf der Grundlage der Realitäten der Europäischen

---

[11] Vgl dazu grundlegend: ELVERT, JÜRGEN. *Mitteleuropa! Deutsche Pläne zur europäischen Neuordnung (1918-1945)*. Stuttgart 1999.

Union lassen sich indessen, vor allem aus deutscher Perspektive kaum mit der reichsdeutschen Debatte der Vorkriegszeit vergleichen.

Die erwähnte vierte Phase zwischen 1945 und 1990, als wirtschaftspolitische Ordnungsvorstellungen des mitteleuropäischen Raumes weitgehend ruhten, deckt sich mit den Jahren, in denen sich die restlichen drei Bereiche der Mitteleuropadebatte relativ frei entfalten konnten: Sicherheit, Kultur und Deutschlandfrage. Diese neuen Mitteleuropadebatten fanden ihr Ende mit dem Untergang der Sowjetunion, als die wirtschaftspolitische Frage ein weiteres Mal relevant wurde. Damit war gewissermaßen eine Lücke gefüllt. Bezeichnenderweise ist der Begriff "Mitteleuropa" aus der Wirtschaftspolitik heute beinahe gänzlich verschwunden. An seine Stelle ist das Wort Mittel-Ost-Europa, getreten.[12] Anklänge an Formulierungen von Kriegszielen à la 1915 sind daher auch terminologisch erheblich erschwert worden.

Sicherheitspolitische Vorstellungen: Die Entwicklung moderner Atomwaffen, die dann gegen Ende des 2. Weltkrieges im Pazifikraum gegen das japanische Reich auch erstmals zur Anwendung kamen, stellte die Logik traditioneller Machtkonflikte radikal in Frage. Damit ging die Dreiteilung der Welt in einen westlich-liberalen Block, den sprichwörtlichen Ostblock und einen "Block der Blockfreien" einher, wobei sich die beiden ersten mit Atomwaffen ausgerüstet gegenüberstanden. Die sich nun entwickelnde Konfrontation musste erst nach neuen Spielregeln suchen, führten doch die zunehmenden Reichweiten der atomaren Waffen traditionelle Vorstellungen von militärischen Schlachten *ad absurdum*.

Mitteleuropa als Raum spielte dabei eine besondere Rolle, denn die Grenze zwischen Ost und West verlief genau dort: Die drei Blöcke trafen hier auf engem Raum aufeinander. Vorschläge aus allen drei Lagern betrafen daher in erster Linie auch den Schutz der eigenen Region vor den Folgen eines denkbaren atomaren Schlagabtausches der Supermächte. Stellvertretend seien die Mitteleuropapläne ADAM RAPACKIS, EGON BAHRS und OLOF PALMES genannt, die mit gewissen Variationen vorsahen, einen mehr oder weniger breiten Streifen entlang des Eisernen Vorhangs zu demilitarisieren, um Europa von Massenvernichtungswaffen erst langfristig, dann endgültig zu

---

[12] Ein Bsp. von vielen: KLEIN, DIETMAR K. R. *Die Bankensysteme in Mittel- und Osteuropa*. Frankfurt/M 2003.

befreien.[13] Solche Vorstellungen, bereits Mitte der fünfziger Jahre entstanden, wurden in der Bundesrepublik vor allem von der Friedensbewegung der achtziger Jahre aufgegriffen und weiterentwickelt. Hier ist in erster Linie der umstrittene Beitrag von JOCHEN LÖSER und ULRIKE SCHILLING zu nennen, aber auch der ebenso heftig kritisierte Beitrag BERNHARD FRIEDMANNS.[14] Es war die Stationierung der so genannten Mittelstreckenwaffen, die auf den stärksten Widerstand vieler Europäer stieß. Die Vertreter der deutschen Friedensbewegung argumentierten mehrheitlich folgendermaßen: Wenn die atomare Bewaffnung der jeweiligen Supermacht die Verbündeten in Europa nur dadurch schützen kann, dass sie die jeweils feindwärts gelegenen europäischen Nachbarn oder sogar das eigene Territorium, sofern feindlich besetzt, vernichtet, dann ist der atomare Schirm kein Schutz sondern eine Bedrohung - auch und vor allem für die Beschützten selber. Daraus folgte die Forderung nach Abzug der amerikanischen und sowjetischen Atomwaffen und Truppen aus Europa insgesamt, was wiederum die Frage nach der zukünftigen Rolle des dann eher unabhängigen Europa führte. Die Brisanz solcher Vorschläge zur Demilitarisierung des Kontinents lag vor allem darin, dass sie mit grundsätzlicher Kritik an den atlantischen Verbündeten und der politischen Mechanik von NATO und EG einhergingen.[15]

Kulturelle Identität Mitteleuropas: Die Frage, was hinsichtlich der "Kultur" eigentlich europäisch sei, ist wesentlich älter als die Mitteleuropadebatte in der hier skizzierten Bedeutung. Doch mit dem Kalten Krieg und der westeuropäischen Integration gewann sie eine neue Relevanz: Die Konfrontation mit dem kommunistischen Gesellschaftsmodell, die Erfahrung zweier Weltkriege und die wirtschaftliche Kooperation der EGKS und ihrer Nachfolger stellten die Europäer auch vor Probleme der "neuen

---

[13] In den Worten PETER BENDERS: "Mit Ausnahme Ostberlins gab es seit dem Ende der 50er Jahre keine Hauptstadt im Osten, in der nicht über Europa nachgedacht, oft für Europa geplant und manchmal gehandelt wurde. Von Polen bis Bulgarien kehrten fast überall die gleichen Überlegungen wieder: Lockerung der beiden Militärbündnisse oder sogar deren Abschaffung; Ausbau der zweiseitigen Beziehungen aller mit allen über die Ost-West-Grenze hinweg; Sicherheit nicht mehr durch Gleichgewichtspolitik, sondern durch Zusammenarbeit." BENDER, PETER. *Das Ende des ideologischen Zeitalters. Die Europäisierung Europas.* Berlin 1981. Vgl. auch: KRIPPENDORFF, EKKEHART; STUCKENBROCK, REIMAR. (Hg.) *Zur Kritik des Palme-Berichts. Atomwaffenfreie Zonen in Europa.* Hannover 1983.

[14] FRIEDMANN, BERNHARD. *Einheit statt Raketen. Thesen zur Wiedervereinigung als Sicherheitskonzept.* Herford 1987

[15] JÄGER, THOMAS. *Europas neue Ordnung. Mitteleuropa als Alternative?* München 1990. S. 442.

und alten" Identität, immerhin fehlten in diesem Prozess zahlreiche Staaten, deren Zugehörigkeit zu Europa im weiteren Sinn auch in den Jahren der strengsten Konfrontation niemand in Abrede gestellt hätte. Wie zum Ausgleich für den Verlust des Ostens entstanden die Begriffe von den "Karolingern" oder "Atlantikern" und des "europäischen Abendlandes" für das Europa im engeren, westlichen Sinne, wobei der Osten ausgeblendet wurde, was die europäische Wiedervereinigung nach 1990 nicht eben erleichterte.[16]

Spätestens mit der Annäherung der Blöcke nach Stalins Tod 1953 traten die osteuropäischen Länder wieder verstärkt in das Blickfeld des Westens; mit der KSZE-Schlussakte und vor allem auch mit dem Beginn von Glasnost und Perestroika entwickelte sich ein fruchtbarer Diskurs über die alten Grenzen hinweg. Viele Beiträge zur Identität des Kulturraumes Mitteleuropa, der für die Dauer von vierzig Jahren geteilt gewesen war, wurden von osteuropäischen Schriftstellern wie MILAN KUNDERA oder VACLAV HAVEL geliefert, die vor allem in Frankreich und der Bundesrepublik auf großes Interesse stießen.

Das Schlagwort vom mitteleuropäischen "Traum" ist in diesem Zusammenhang oft gefallen und auch fast ebenso oft gründlich missverstanden worden. WILFRIED VON BREDOW hat diese Ideen daher als "Begriffsleinwand" bezeichnet, auf die jeder seine individuellen Entwürfe zeichnen könne.[17] Mit den Mitteleuropaplänen eines FRIEDRICH NAUMANN haben diese Konzepte nichts mehr gemein, auch wenn sie sich zeitlich oft auf eben diese Epoche beziehen, doch eher im Sinn einer postulierten "guten alten Zeit" vor den Weltkriegen. Politische Brisanz erhalten die Beiträge zur kulturellen Identität Mitteleuropas jedoch dann, wenn sie die Unterschiede zu den Supermächten USA und Sowjetunion betonen. GYÖRGY KONRAD hat dies mit seiner Schrift

---

[16] SCHLÖGEL, KARL. *Die Mitte liegt ostwärts.* München 2002. S. 7. Vgl. SZŰCS, JENŐ. *Die drei historischen Regionen Europas.* Frankfurt am Main 1990: "The sharp line of demarcation in economic and social structures which divided Europe from the year 1500 on (...) was reproduced with surprising accuracy along the border at the Elbe and Leitha from the year 800. And even more: Half a millennium later Europe is divided nearly exactly along this line (with one deviation in Thuringia) more radically than ever into two "camps". It was as if Stalin, Churchill and Roosevelt had studied accurately the status quo of Charlemagne's epoque, 1130 years after the death of the emperor."

[17] BREDOW, WILFRIED VON. JÄGER, THOMAS. "Niemandsland Mitteleuropa – Zur Wiederkehr eines diffusen Ordnungskonzeptes". in: *Aus Politik und Zeitgeschichte.* 30. 9. 1988. S. 37.

"Antipolitik" 1982 getan.[18] Kritiker haben auf die Problematik der Äquidistanz hingewiesen, jener relativistischen Bewertung der Supermächte, die allein den imperialen Gestus oder die Bedrohung durch Atomwaffen fokussiert, anstatt auf die grundsätzlichen Unterschiede, wie Gesellschaftsform, Achtung der Bürger- und Menschenrechte, einzugehen.

Diese Kritik ist im Fall GYÖRGY KONRADS sicher nicht aufrechtzuerhalten. Interessanterweise hat die deutsche Diskussion über Mitteleuropas Kultur mit dem Fall der Sowjetunion ein abruptes Ende gefunden. Diese Auseinandersetzung wurde von einer neuen Debatte abgelöst, die im Fall der nun um fünf neue Länder erweiterten Bundesrepublik als das Phänomen der "Mauer in den Köpfen" bekannt und berüchtigt wurde. Die EU-Ost-Erweiterung brachte schließlich neue Fragen, etwa des Arbeitsmarktes oder der Binnenwanderung mit sich, so dass für eine belletristische Pflege von Träumen wenig Raum mehr blieb.

Politisch relevant werden kulturelle Mitteleuropagedanken, wenn sie auf die Eigenständigkeit Europas als Ganzes hindeuten, ein Motiv das etwa bei PETER GLOTZ häufig auftritt.[19]

Mitteleuropa und die deutsche Frage: Die Nachfolgestaaten des Dritten Reichs, sowie dessen abgetrennte Teilregionen im Osten fielen jeweils drei verschiedenen Lagern der Nachkriegszeit zu. Während die Bundesrepublik sich mit ihrer Gründung nach Westen ausrichtete, wobei die Kursfindung ADENAUERS freilich durchaus nicht unumstritten war, schlug Österreich den Weg der Neutralität ein. Die DDR und die Polen und der CSSR zugefallenen Gebiete gehörten fortan zum so genannten "Ostblock". Doch mit zunehmendem zeitlichem Abstand zum Kriegsende reduzierte sich die deutsche Frage zusehends auf die reziproken Beziehungen der beiden deutschen Staaten.[20] Vertreter verschiedenster politischer Richtungen nahmen an dieser Debatte teil, wobei Minderheitenpositionen besonders deutlich wahrgenommen wurden, etwa

---

[18] KONRÁD, GYÖRGY. *Antipolitik. Mitteleuropäische Meditationen.* Frankfurt/M 1984.
[19] GLOTZ, PETER. "EUROPAS MITTE" in: *Rheinischer Merkur/Christ und Welt.* 31.10.1986.
[20] Diese thematische Verengung kann z.B. an den Darstellungen Deutschlands auf Wahlplakaten der Unionsparteien verdeutlicht werden, die bis in die sechziger Jahre hinein die sog. "Ostgebiete" jenseits der Oder verzeichneten, danach nicht mehr. Mit diesem Wandel änderte auch der Begriff 'Mitteldeutschland' seine Ausrichtung von Ost-West nach Nord-Süd, so seine heutige Verwendung.

die des damaligen Grünen OTTO SCHILY oder die Position WOLFGANG VENOHRS auf der anderen Seite des politischen Spektrums.[21]

ALEXANDER GALLUS hat diese "Neutralisten" in seiner Dissertation umfangreich dokumentiert,[22] und die Bewertung der Mitteleuropadebatte erfuhr gerade in diesem Zusammenhang eine gründliche Modifikation: Im Gegensatz zu Entwürfen aus Polen oder Ungarn, die teilweise davon ausgingen, dass der Raum Mitteleuropa ein Deutschland, in welcher Form auch immer, gar nicht beinhalte, drehten sich deutsche Vorschläge teilweise allein um Deutschland selbst, im Sinne der Mittellagendiskussion, oder auch, um die Frage nach dem Weg einer möglichen Wiedervereinigung im Rahmen der Grenzen von 1937. Diese Debatte endete mit dem 3. Oktober 1990 für die deutsche Öffentlichkeit, für die polnische am 17. Juni 1991 mit der Anerkennung der Oder-Neiße-Linie und der Unterzeichnung des Vertrags über Nachbarschaft und Partnerschaft zwischen Polen und Deutschland.[23]

c.) Horizontale Untersuchungsebenen der Bereiche nach Einzelpositionen

Die vier genannten vertikalen Felder (Wirtschaft, Sicherheit, Kultur und deutsche Frage) kann man anhand ihrer Ebenen untersuchen, die sich aus den Teilnehmern sowie deren Beiträgen ergeben: Befürworter und Gegner, wobei die verschiedenen Positionen in der Regel nicht direkt antagonistisch zu versehen sind, sondern einander ergänzend oder nur in Teilen widersprechend.

---

[21] VENOHR, WOLFGANG. "Deutschlands Mittellage. Betrachtungen zur ungelösten deutschen Frage". in: *Deutschland-Archiv* 8. 1984. S. 821. und SCHILY, OTTO. *Reden über das eigene Land*. München 1984.

[22] GALLUS, ALEXANDER. *Die Neutralisten. Verfechter eines vereinten Deutschland zwischen Ost und West 1945-1990*. Düsseldorf 2001.

[23] In diesem Zusammenhang hat EGBERT JAHN auf eine gedankliche Lücke aufmerksam gemacht: JAHN, EGBERT. "Zur Debatte über 'Mitteleuropa' in westlichen Staaten". in: ÖSTERREICHISCHES INSTITUT FÜR FRIEDENSFORSCHUNG UND FRIEDENSERZIEHUNG (Hg). *Mitteleuropa? Beiträge zur Friedensforschung*. Stadtschlaining o.J. (1988). S. 48.
"Allerdings kommt keine mitteleuropäische Perspektive unter Einschluss der Bundesrepublik Deutschland und der DDR an zwei meist nicht ausgeführten Problemen vorbei: Die Bundesrepublik Deutschland wäre von ihrer Größe und wirtschaftlichen Kraft stets das dominante Zentrum jeder mitteleuropäischen Staatenassoziation, und jede Überwindung des Ost-West-Gegensatzes und Annäherung der Gesellschaftssysteme durch innere Reformen wirft außerdem das Problem einer längerfristig möglichen oder angestrebten Vereinigung der beiden deutschen Staaten auf, sobald die herausragende Legitimitätsgrundlage ihrer Staatlichkeit, der Ost-West-Konflikt, erheblich geschwächt ist."

Debatten entstehen, wenn verschiedene inhaltliche Positionen aufeinander treffen. Dabei ist es von Interesse festzustellen, wer welche Position auf welche Weise mit welchen Absichten vertritt. Im Fall der Mitteleuropadebatte ist der seltsame Umstand anzumerken, dass die einzelnen Teilbereiche kaum Berührungspunkte miteinander hatten. Einer dieser wenigen Punkte ist natürlich das Stichwort "Mitteleuropa" selbst, das vor allem im Ausland auf besorgte Aufmerksamkeit stieß, wo man nicht bereit war, die spezifisch deutschen Neubelegungen des Begriffs mit zu tragen: Im Ausland, hier vor allem in Frankreich und Großbritannien nahm man eine Kontinuität der Debatte wahr, die so innerhalb der Bundesrepublik nicht gesehen wurde.

Auch der Kontakt der konträren Positionen untereinander ist ungewöhnlich: Während es im Fall von mehr oder weniger ergebnisoffenen Debatten (etwa der Auseinandersetzung in der Frage, welche Stadt nach der Wiedervereinigung Hauptstadt respektive Regierungssitz werden sollte, Berlin, Bonn oder Frankfurt/M) zum direkten Schlagabtausch zwischen Befürwortern und Gegnern im Deutschen Bundestag kam, ist Vergleichbares für die Mitteleuropadebatte kaum zu konstatieren, dennoch gab es extreme Positionen.

Der Grund ist einleuchtend: Mitteleuropa war nie eine Option, die sich einer Bundesregierung jemals auf realpolitische Weise gestellt hätte. Somit stellte sich auch für die verschiedenen Regierungen kaum das Problem, auf Vorschläge, die in Richtung Mitteleuropa wiesen, anders als grundsätzlich negativ und auf abstraktem Niveau zu reagieren. Hier sind vor allem HELMUT KOHL und HANS DIETRICH GENSCHER als Exponenten zu nennen, deren Positionen, wie zu zeigen sein wird, sich jedoch nicht in vollem Umfang deckten. Es gehört zu den Konstanten der bundesrepublikanischen Geschichte, dass die Einbindung in die westlichen Bündnissysteme von der Regierung nicht in Frage gestellt werden durfte. Eine Politik des "leeren Stuhls", wie sie von Frankreich unternommen werden konnte, war für die Bundesrepublik immer grundsätzlich undenkbar. Die Westbindung ist als bundesdeutsche Staatsräson bezeichnet worden.[24] Daher musste jede Bundesregierung auf innere Diskurse der Bundesrepublik so reagieren, dass die westlichen Partner und die östlichen Gesprächspartner keine neuen deutschen Sonderwege befürchten mussten, vor allem, wenn es zum Inhalt dieser Mitteleuropa-Pläne gehörte, über staatliche Neutralität, militärische Eigenständigkeit oder den Aufbau neuer blockübergreifender Bündnissysteme nachzudenken.

Daraus ergeben sich zwei Ebenen der Mitteleuropadebatte. Zunächst die Ebene der alternativen, contrafaktischen Vorschläge zur Neuordnung der zentraleuropäischen Region, wie sie hauptsächlich von Publizisten vorgetragen wurden und dann die gewissermaßen offizielle Reaktion darauf.
Bereits aus dieser äußerst knappen Beschreibung wird die Rollenverteilung des Diskurses ersichtlich: fordernde Privatmeinung und Minderheitenpositionen in den Parteien gegen ablehnende Mehrheit und Staatsräson - so könnte man die Debatte auf ein Minimum zusammenfassen.

Doch die Debatte beschränkte sich nicht auf einen irgendwie verlaufenden Meinungsaustausch zwischen Privatleuten und Regierungssprechern. Die Brisanz lag in den internationalen Beiträgen, denn hier spiegelte sich das wider, was anderswo von Deutschland wahrgenommen wurde. So ergibt sich eine dritte Ebene, die der Einflüsse aus dem Ausland. Hierzu zählen einige der zentralen Texte auch der bundesdeutschen Mitteleuropadebatte, etwa MILAN KUNDERAS Beitrag. Für die vorliegende Untersuchung sollen solche Texte herangezogen werden, die zur Zeit der Debatte auf Deutsch zugänglich waren und im bundesdeutschen Diskurs berücksichtigt wurden, auch wenn sie ursprünglich aus dem Ausland stammten.
Es ist bemerkenswert aber nicht erstaunlich, dass die in der Bundesrepublik rezipierten Beiträge zur Thematik Mitteleuropa vorrangig aus den mitteleuropäischen Ländern selbst stammten, namentlich aus Ungarn und der CSSR. Polen stellt sich indessen in vielfacher Hinsicht als Sonderfall dar. Die DDR blieb zurückhaltend, was nicht zuletzt auch daran liegt, dass die staatliche Zensur in Ostdeutschland deutlich strenger war als in anderen Staaten des westlichen Ostblocks.
Anders als für die Bundesrepublik, wo die Mitteleuropadebatte ein eher theoretisches Spiel der Publizistik blieb, betrieben aufeinander folgende österreichische Regierungen seit den sechziger Jahren eine aktive staatlich-operative Kulturpolitik in der Region des ehemaligen Habsburgerreiches, besonders jedoch in Kooperation mit Ungarn, der Tschechoslowakei, Italien und Jugoslawien, die so genannte Pentagonale.
Jene eigene Mitteleuropadebatte Österreichs berührt sich mit der bundesdeutschen nur sehr bedingt und kann im Gegensatz zu dieser als gut erforscht beschrieben wer-

---

[24] Etwa in der ersten Regierungserklärung HELMUT KOHLS 1982. Vgl. dazu abweichend: SCHOLZ, RUPERT. "Deutsche Frage und europäische Sicherheit". in: *Europa-Archiv* Jg. 45/1990. S. 239-247.

den.[25] Aus Frankreich sind einzelne, jedoch teilweise sehr deutliche Stimmen wie die JOSEPH ROVANS oder JACQUES LERIDERS zu nennen, die den Wert der Erfolge der westeuropäischen Integration betonen, die Unbestimmtheit der Mitteleuropakonzepte kritisieren und ein größeres Engagement der Europäer auf der weltpolitischen Bühne einfordern. Diese Sichtweise herrscht auch in vielen anglo-amerikanischen Beiträgen vor, etwa bei TIMOTHY GARTON ASH und sehr deutlich bei HENRY KISSINGER.[26]

### 1.1.1 Sekundäre Fragestellungen

Die achtziger Jahre hatten für die Bundesrepublik gleich zweimal eine "Wende" gebracht. Die erste Wende, zunächst als "geistig-moralische Wende"[27] bezeichnet, diente der neuen Koalitionsregierung unter HELMUT KOHL als politisches Schlagwort nicht zuletzt gegen die Vorgängerregierung. Die zweite Wende kam aus der DDR, zunächst in Form von kaum wahrgenommenen Veränderungen unter dem SED-Regime, dann von Massenflucht und Montagsdemonstrationen, die schließlich in die Wiedervereinigung mündeten.[28]

Zwischen diesen beiden "Wendepunkten" sind Anschwellen und Abflauen der neueren Mitteleuropadebatte zu konstatieren: Was verrät die Debatte über die Identität der Bundesrepublik dieser Jahre? Welche Aussagen lassen sich über das Selbstbild der Deutschen als Teil Europas machen? Trifft das Diktum ARNULF BARINGS von der "Gemütslücke" zu, in die hinein die Mitteleuropadebatte wachsen konnte?[29]

---

[25] Stellvertretend für viele Beiträge: PELINKA, ANTON. *Zur österreichischen Identität. Zwischen deutscher Vereinigung und Mitteleuropa.* 1990. UNIVERSITÄT INNSBRUCK (Hg). *Symposion an der Universität Innsbruck zum Thema: Mitteleuropa – Spuren der Vergangenheit und Perspektiven der Zukunft. 30. und 31. Oktober 1986.* Innsbruck 1987. ÖSTERREICHISCHES INSTITUT FÜR FRIEDENSFORSCHUNG UND FRIEDENSERZIEHUNG (Hg). *Mitteleuropa? Beiträge zur Friedensforschung.* Stadtschlaining o.J. (1988).

[26] ASH, TIMOTHY GARTON. "The Puzzle of Central Europe". in: *New York Revue of Books.* 18. März 1998. KISSINGER, HENRY. "Ein Umbau-Plan für die NATO" in: *Die Zeit.* 2. 3. 1984.

[27] Antrittsrede im Deutschen Bundestag. Vgl. KORTE, KARL-RUDOLF. "Die Regierungserklärung als Führungsinstrument der Bundeskanzler" in: *Zeitschrift für Parlamentsfragen* 3/2002, S. 452-462.

[28] Vgl. DER SPIEGEL vom 18.9.1989. S. 19: "Mit der Flucht der DDR-Bürger gräbt die Weltpresse die Deutsche Frage aus."

[29] *FAZ* vom 7.10.1986.

Die Mitteleuropadebatte der achtziger Jahre ist kein isoliertes, eigenständiges Phänomen, sondern liegt eingebettet in ein Jahrzehnt, das an Debatten zur deutschen Identität reich war. Zu nennen wären etwa die Auseinandersetzungen über den so genannten NATO-Doppelbeschluss, die Forderungen der "Anti-Atomkraftbewegung" oder auch die als "Historikerstreit" bezeichnete Auseinandersetzung über die Bewertung und dem Umgang mit der jüngsten deutschen Vergangenheit.[30] Auch hier liegen Berührungspunkte zur Mitteleuropadebatte vor.

Das Jahrzehnt vor der Wiedervereinigung sah die Bundesrepublik in einer Phase der erneuten Selbstbestimmung nach den Auseinandersetzungen von 1968. Die neue Mitteleuropadebatte steht in Zusammenhang mit diesem Prozess, der sich in einem Koordinatensystem aus folgenden Parametern bewegt:

a.) Veränderungen im Machtgefüge zwischen den militärischen Supermächten, die einerseits von größerer Bereitschaft zu Kooperation und Austausch gekennzeichnet waren, andererseits auch von einer Verschärfung in Bezug auf die atomare Aufrüstung. Mit diesen neuen Bedingungen erlebten auch die Vorstellungen über eine deutsche oder sogar europäische Neutralität einen gewissen Aufschwung.

b.) Der beginnende Generationenwechsel in der deutschen Politik, wie er in HELMUT KOHLS Ausspruch am 24.1.1984 vor der israelischen Knesset von der "Gnade der späten Geburt" zum Ausdruck kam, war mit einer neuen Bewertung der deutschen Vergangenheit verbunden, die sich im Ton deutlich von früheren Debatten unterschied.[31] Hier sei ferner die Rede des damaligen Bundespräsidenten RICHARD VON WEIZSÄCKER am 8. Mai 1985 über das Kriegsende als Befreiung auch für Deutschland erwähnt.[32]

c.) Die Beziehungen der beiden deutschen Staaten hatten sich, wenn schon nicht prinzipiell, so doch auf einer pragmatischen Ebene durchaus gewandelt, was unter

---

[30] WEHLER, HANS-ULRICH. *Entsorgung der deutschen Vergangenheit. Ein polemischer Essay zum 'Historikerstreit'*. München 2002. und WIPPERMANN, WOLFGANG. *Wessen Schuld? Vom Historikerstreit zur Goldhagen-Kontroverse*. Berlin 2002.

[31] Bezeichnende Randphänomene zu diesem Wandel waren etwa die Affären um die gefälschten "Hitlertagebücher" im Jahr 1983 und die Auseinandersetzungen über den Besuch HELMUT KOHLS und GEORGE BUSH sen. des Soldatenfriedhofes von Bitburg 1985.

[32] Fast zeitgleich mit dem Beitrag, der den "Historikerstreit" auslöste: BROSZAT, MARTIN. "Plädoyer für eine Historisierung des Nationalsozialismus". in: *Merkur* Mai 1985.

anderem in der Vermittlung der so genannten "Milliardenkredite" an die DDR zum Ausdruck kam und dem damit verbundenen Abbau der Selbstschussanlagen an der innerdeutschen Grenze oder der Staatsbesuch Erich Honeckers im September 1987, der sich protokollarisch nur symbolisch von Besuchen anderer Staatsoberhäupter unterschied. Was einer Art Anerkennung der Staatlichkeit der DDR gleichkam.

d.) Die hin und wieder als "Eurosklerose" beschriebene Phase der relativen Stagnation der Europäischen Integration, wie sie in der ersten Hälfte der achtziger Jahre diagnostiziert wurde,[33] begünstigte Mitteleuropagedanken durch die relative Offenheit oder sogar Radikalität, mit der gesellschaftliche und ökonomische Schwierigkeiten nach der ersten Europawahl 1979 diskutiert wurden. Prognostizierten Energiekrisen und einem verstärkten Anwachsen der Massenarbeitslosigkeit konnte sich der "Traum von Mitteleuropa" mit seinen Alternativen leichter entgegenstellen als einer eindeutig prosperierenden westeuropäischen Wirtschaftszone.

Eine Debatte kann verschiedene Erscheinungsformen annehmen, je nachdem, wo, wie lange und zwischen welchen Teilnehmern sie verläuft. Waren in der Vorzeit von Glasnost und Perestroika noch viele Beiträge "utopischen" Charakters erschienen, so kamen mit dem Beginn des sowjetischen Reformkurses andere, realpolitischere Begriffe auf. Das Schlagwort "Utopie" erscheint in vielen Titeln[34] politischer Publizistik jener *Quo-Vadis*-Dekade. War die Mitteleuropadebatte ein Ausdruck von Perspektivlosigkeit innerhalb der Entwicklung der EG? Gehört es zum Wesen der Mitteleuropadebatte in ihrem umfassendsten Sinn, 1915-1990, dass sie vor allem in Zeiten des Umbruchs aktuell wird? Interessant ist hier die Frage nach Vorzeichenwechseln, also nach gedanklichen Umschwüngen bei gleichbleibendem Beweggrund. Überlegungen zur Zukunft Deutschlands, wenn schon nicht der Bundesrepublik, berührten in vielen Fällen gedankliche Ursprünge, die es dem Betrachter schwer machen, in den gängi-

---

[33] KOHMAIER, FRANZ. *Eurosklerose - von der Notwendigkeit eines Bewusstseinswandels.* Wien 1987.

[34] Als Beispiele für viele seien hier genannt: FABIAN, EGON E. *Der Mut zur Utopie. Versuch einer Ethik für unsere Zeit.* Düsseldorf 1986. PRUGEL, MARTIN. *Waffenruhe unter Deutschen - Utopie oder Perspektive?* Asendorf 1985. BOLLINGER, STEFAN. *Denken zwischen Utopie und Realität.* Berlin 1987. Dagegen: HORNUNG, KLAUS. (Hg.) *Frieden ohne Utopie: Friedenspolitik statt Friedensillusionen.* Krefeld 1983. HÄRING, BERNHARD. *Gewaltfreie Verteidigung: Utopie oder notwendende Alternative? Vortrag auf einer Tagung der Katholischen Akadamie Augsburg.* Augsburg 1985.

gen politischen Kategorien von links und rechts zu denken.[35] Hier ist unter anderem die deutsche Friedensbewegung zu nennen, eine in ihrer Intensität in Europa einmalige Erscheinung, die aus gewerkschaftlichen, sozialdemokratischen und kirchlichen Gruppen entstanden war und sich schließlich gemeinsam mit der Anti-Atom-Bewegung in der neu gegründeten Partei der Grünen sammelte.[36] Dort waren die Argumente für ein neutrales, atomwaffenfreies Deutschland in der Mitte des europäischen Kontinents besonders deutlich zu hören.

Die Debatte fand nach dem Einzug der Grünen in den deutschen Bundestag zwar auch im Parlament statt, jedoch nicht ausschließlich dort und auch nicht in erster Linie: In der Tagespresse und in der politischen Publizistik erschienen die maßgebliche Beiträge, was erheblich dazu beitrug, dass die Beiträge auf breiter Ebene wahrgenommen wurden.[37]

Zur Zeit der deutschen Friedensbewegung waren die Zielsetzungen bestimmter Gruppen für ein atomwaffenfreies Europa, wie es etwa von GÜNTER KIEßLING[38] gefordert wurde, geradezu als Gegenteil von liberalen Konzepten zu begreifen, vergleicht man die Jahre 1915 und 1980 für Deutschland miteinander. Dass der Begriff "Mitteleuropa" nach seiner ersten Karriere unter dem Dach deutscher Machtpolitik eine Wiedergeburt erfahren konnte, hatte zur strikten Bedingung, dass er zunächst seinen bisherigen Gehalt vollständig verlor. Dies geschah in den Jahrzehnten zwischen der Gründung der Bundesrepublik und dem Entschluss zur Stationierung atomarer Mittelstreckenwaffen 1979. Erst dadurch konnte die Debatte über Mitteleuropas Zukunft ihre spezifische Form gewinnen.

Die deutschen Raum-Vorstellungen der Weltkriegszeit waren durch den Ausgang der beiden Kriege zu massiv diskreditiert, um in bundesrepublikanischen Diskursen in sachlicher Weise thematisiert oder gar erneut aufgenommen werden zu können. Auch

---

[35] Hierfür sei genannt, einer unter vielen: ELVERT, JÜRGEN. *Mitteleuropa! Deutsche Pläne zur europäischen Neuordnung (1918-1945)*. Stuttgart 1999. S. 16-17.

[36] KISTLER, HELMUT. *Bundesdeutsche Geschichte. Die Entwicklung der Bundesrepublik Deutschland seit 1945*. Stuttgart 2000. S. 400: nennt folgende neue Strömungen in diesen Jahren: Anti-Atom-, Friedens-, Frauenbewegung, Umweltschutzgruppen und sog. Alternative.

[37] BIEDENKOPF, KURT am 22. Juni 1982 in der *Hamburger Morgenpost*: "Die CDU wünscht sich (...) eine atomwaffenfreie Welt. Darauf sind unsere Anstrengungen gerichtet. Darin sehen wir unsere wichtigste Aufgabe. Europa kann sich alleine nicht von der Welt abkoppeln Deshalb ist eine atomwaffenfreie Zone in Europa eine Illusion." Dagegen: ALBRECHT, ULRICH. *Europa – atomwaffenfrei. Vorschläge, Pläne, Perspektiven*. Köln 1986.

fehlte ihnen jeder realpolitische Boden. Es ist kein Zufall, dass entsprechende Rest-Pläne oder Rumpf-Gruppierungen die Anfangsphase der Bundesrepublik nicht überlebten.[39] Den außer-deutschen Zweig der Debatte kennzeichnet es, dass in den Nachbarländern diese Inhalte hingegen keineswegs vergessen waren. Im westlichen Ausland, besonders in der angelsächsischen Welt, war man allgemein wenig bereit, diese neue Differenzierung zur Kenntnis zu nehmen. Vielmehr wurden die mit diesem Gedanken verbundenen Vorstellungen einer deutschen Zukunft in Neutralität mit Beunruhigung wahrgenommen.

Eine zentrale Kontinuität der Debatte betrifft das deutsche Bild von Amerika und Russland-Sowjetunion, wobei die Auseinandersetzungen über die Bewertung der beiden Supermächte in erster Linie als Wertedebatten geführt wurden. Das bedeutet, dass in Abhängigkeit von der realpolitischen Unterlegenheit Deutschlands Kategorien wie kulturelle Überlegenheit instrumentalisiert wurden, um den Kurs der Konfrontation zu untermauern. Im Fall der Weltkriege geschah dies mit militärischen Mitteln, im Fall der achtziger Jahre mit moralischen Argumenten. Die Stoßrichtung war in beiden Fällen jedoch eher anti-westlich als anti-östlich.

Der Reiz einer Debatte nimmt umso mehr zu, je diverser und entschiedener die Positionen sind, aus denen heraus sie geführt wird. Im Fall der Mitteleuropadebatte waren die Gegner von Mitteleuropakonzepten als Alternative zur Westintegration in der angenehmen Position, dass ihre Vorstellungen sich mit denen der westlichen Nachbarländer, sowie mit der politisch-wirtschaftlichen Realität weitgehend deckten. Die Bundesrepublik war ohne Frage realpolitisch stabil in den Westen eingebunden. Das stand auch zu Zeiten der Ostpolitik der sozial-liberalen Koalition nicht zur Disposition. Ostwärtsgewandte Alternativkonzepte verstießen daher nicht nur gegen die Staatsräson der Westbindung, sondern kollidierten auch mit der Realität. Dennoch wurden die östlichen Nachbarn ganz unstrittig als Europäer wahrgenommen, so dass KARL SCHLÖGEL von einer "vergessenen Mitte" sprach,[40] etwa im Sinn eines geschichtlich-kulturellen Schwerpunktes des Kontinents, der seine Bedeutung jedoch nicht entfalten konnte, solange der Eiserne Vorhang mitten durch die Mitte verlief. Das Ende der europäischen Teilung war in den frühen achtziger Jahren nicht abzuse-

---

[38] KIEßLING, GÜNTER. *Neutralität ist kein Verrat.* Erlangen 1989.
[39] Beispielsweise die Mitte der sechziger Jahre aufgelöste Deutsche Reichspartei DRP.
[40] KARL SCHLÖGEL, "Die vergessene Mitte des alten Kontinents. Czernowitzer Impressionen", in: *Trans Atlantik* (1989) H. 1, 46-56.

hen, was die faire Perzeption dieses Jahrzehnts aus heutiger Perspektive und vor allem auch aus dem Blickwinkel der Zeitzeugen ungemein erschwert.

Diese ungleiche Ausgangslage brachte es mit sich, dass die Reaktionen seitens der Bundesregierung auf Mitteleuropapläne nicht so ausführlich ausfallen mussten, wie dies vielleicht der Fall gewesen wäre, wenn die europäische Integration nicht so weit fortgeschritten gewesen wäre. In der Auseinandersetzung zwischen KONRAD ADENAUER und JAKOB KAISER über die so genannte "Brückentheorie", das Modell eines Ost und West versöhnend verbindenden Deutschland, war diese Konsolidierung noch nicht voll ausgeprägt.

Besonders in der Zeit unmittelbar vor den 2+4 Gesprächen, als die Bundesregierung Sorgen der Nachbarländer vor einem wiedererstarkenden Deutschland oder sogar einem neuen "Reich" zu zerstreuen suchte, tauchten diese alten Ideen erneut an der Oberfläche des Diskurses auf: Mitteleuropa hatte immer schon mit Deutschland zu tun; und die Mitteleuropadebatte hatte seit jeher mit der Debatte um Deutschlands Position in Europa zu tun.

## 1.2 Zentrale Begriffe der Mitteleuropadebatte

Eine öffentliche Auseinandersetzung zwischen so verschiedenen Teilnehmern wie Publizisten, Friedensaktivisten, Regierungsvertretern und Oppositionspolitikern zu untersuchen heißt, mit mehreren Aufgaben gleichzeitig konfrontiert zu sein. Nach der Darstellung dessen, was allgemein unter "Mitteleuropa", beziehungsweise "Mitteleuropadebatte" verstanden werden soll, muss weiter gefragt werden, in welchem Sinn die folgenden Begriffe verwendet werden sollen:

a.) Debatte
b.) Postmoderne
c.) Raum und Grenze.

a.) Debatte

Ein allgemeines Thema wie "Mitteleuropa" berührt mehrere verschiedene wissenschaftliche Disziplinen, so dass zunächst ein brauchbarer Begriff für die Untersuchung zum Stichwort "Mitteleuropa" gefunden werden muss.

Man kann eine Debatte als einen zeitlich relativ offenen Vorgang verstehen, in dem verschiedene Positionen zu einem Thema miteinander in Austausch und Wettstreit geraten. Diverse Beiträge können sich dialoghaft über Zeiträume hinweg ziehen, die länger sind als die Lebensdauer der einzelnen Beteiligten. Es ist einleuchtend, dass ein relativ theoriefreier Debattenbegriff für die gegenwärtigen Zwecke ausreicht, dennoch liegen solche theoretischen Ansätze natürlich durchaus vor.

Hier sind vor allem die Beiträge von JÜRGEN HABERMAS, MICHEL FOUCAULT, JACQUES LACAN und auf Grundlage linguistischer Erkenntnisinteressen KONRAD EHLICH und JOCHEN REHBEIN zu nennen. HABERMAS' berühmter Diskursbegriff entstammt zu einem gewichtigen Teil der Psychoanalyse und betont den Wert rationaler Entscheidungen innerhalb von Diskussionszusammenhängen.[41] Bei HABERMAS bestimmt die Beziehung zwischen Subjekten den Diskurs. Mit dieser Position widersprach er MICHEL FOUCAULT[42], der eine gegenteilige, auf das Individuum gerichtete Interpretation vertrat. Der Ansatz von JACQUES LACAN indessen ist für die hier gestellte Aufgabe heikel: Seine Position wird ebenfalls grundlegend von Einsichten der Psychologie bestimmt, insbesondere von der These, dass sich in Texten neben einer rational dargestellten Argumentation immer auch eine unterbewusste Wunschkomplexität verbirgt, die aus dem Text herauspräpariert werden kann.[43]

Auch wenn man aus Gründen allgemeiner Lebenserfahrung einer solchen Sichtweise in schwachen Momenten einmal zustimmen möchte, erscheint es doch im Rahmen von wissenschaftlichen Quelleninterpretationen der Geschichtswissenschaften mehr als riskant, tiefenpsychologische Maß-stäbe anlegen zu wollen.

Eher in anglo-amerikanischer, pragmatischer Tradition stehen die beiden Linguisten, KONRAD EHLICH und JOCHEN REHBEIN, deren Untersuchungen sich vorrangig auf die Frage konzentrieren, wie facettenreiche Inhalte in öffentlichen Debatten verwaltet werden. Die Antwort fällt allerdings ernüchternd aus: Komplexe gesellschaftliche Strukturen nehmen Inhalte fast immer nur nach bereits fest verankerten Mustern auf. EHLICH stellt diesen Zusammenhang gänzlich unpolitisch wie folgt dar: "Diskurse

---

[41] HABERMAS, JÜRGEN. LUHMANN, NIKLAS. *Theorie der Gesellschaft.* Frankfurt/M 1971.
[42] FOUCAULT, MICHEL. *Archäologie des Wissens.* Frankfurt/M 1988.

verstehe ich als über den Zusammenhang von Zwecken konstituierte Musterfolgen, die sich an der sprachlichen Oberfläche als Abfolge sprachlicher Handlungen darstellen."[44]

Nun sind Debattenbeiträge als Quellen immer in bestimmten sprachlichen Formen Gegenstand der Untersuchung, etwa als Zeitungsartikel. Aber was bedeutet: "Musterfolgen"? Wenn damit gemeint ist, dass sich Beiträge zu einer Auseinandersetzung an gewisse Spielregeln halten müssen, etwa an Gepflogenheiten einer politischen Partei, so wird ein interessanter Umstand deutlich: Es ist möglich, mittels Beiträgen Tabubrüche zu begehen und Übereinkommen zu verletzen. Dadurch gewinnen Wortmeldungen zu einer Auseinandersetzung neue Bedeutungsebenen: Zusätzlich zur Ebene der enthaltenen Information erscheinen auch Informationen über den Verfasser selbst, seine Intentionen und seine Gegner im Diskurs. Dies deckt sich mit den vertrauten Arbeitsfragen, die Historiker an ihre Quellen richten.

STEPHEN LEVINSON hat einen Punkt betont, der besonders attraktiv ist:[45] Er vertritt eine äußerst skeptische Haltung gegenüber Diskurstheorien und rät, was die Theoriebildung betrifft, zu größter Zurückhaltung, um die Relevanz dessen, was Historiker "Quellen" nennen nicht zu überdecken. Ein bemerkenswerter Zugang zu Fragen nach dem Wesen einer Debatte wird von WOLFGANG LUUTZ in einer Studie aus der Zeit nach der Wiedervereinigung präsentiert. Interessant hierbei ist in erster Linie sein Versuch, die sich verändernde soziale Wirklichkeit in Zeiten deutlichen sozialen Umbruches anhand von sprachlichen Evolutionen nachzuweisen.[46] Die Definition von SIEGFRIED JÄGER, der Diskurse als "Fluss von Wissen durch die Zeit" beschreibt, ist auch für den gegenwärtigen Zweck erhellend.[47] JÄGER weist darauf hin, dass bei der Untersuchung von Diskursen häufig unterstellt wird, dass sie in irgendeiner Weise geregelt seien.

---

[43] LACAN, JACQUES. *Schriften*. Olten 1973.
[44] EHLICH, KONRAD. "Funktional-pragmatische Kommunikationsanalyse. Ziele und Verfahren". in: HARTUNG, WOLF DIETRICH (Hg). *Untersuchungen zur Kommunikation. Ergebnisse und Perspektiven*. Berlin 1986. S. 27.
[45] LEVINSON, STEPHEN C. *Pragmatik*. Tübingen 1990.
[46] LUUTZ, WOLFGANG. *Soziale Desintegration durch diskursive Sprachpraktiken. Zur Krise der Ideologisierung. Vortrag auf der Arbeitstagung 'Als die Sprache der Gemeinschaft ihren Geist verlor'*. Leipzig 1992.
[47] JÄGER, SIEGFRIED. *CD-ROM der Pädagogik*. Hohengehren 1996.

Dies sei tatsächlich jedoch nie der Fall. Er betont außerdem das Eigenleben von Diskursen gegenüber der tatsächlichen Wirklichkeit "da draußen". Diesen Aspekt muss man festhalten, wenn es um die Mitteleuropadebatte in der Bundesrepublik geht.[48] Auffallend ist der Gebrauch des Konjunktivs zur Beschreibung des Kontrafaktischen in vielen Entwürfen. Doch stellt der grammatikalische Modus an sich für den Historiker keine Schwierigkeit dar, wenn es um die Untersuchung politischer Visionen geht. Problematischer sind vielmehr die logischen Voraussetzungen, die einer Utopie zugrunde liegen: Wie viele kontrafaktische Annahmen darf man machen, dass die Aussagen im Rahmen der utopischen Entwürfe weiterhin von Bedeutung für die Realität bleiben? Die Erforschung des Kontrafaktischen in historisch-politischen Gedankenexperimenten (im Gegensatz zur solchen Überlegungen in Philosophie oder Physik) weist noch viele Desiderate auf.

Anders sieht es bei der Frage nach den verwendeten sprachlichen Bildern und ihrer Brisanz aus: Es ist schwer zu entscheiden, ob sprachliche Aspekte einer Darstellung dann schwerer wiegen, wenn sie noch nicht realisierte Umstände betreffen, oder dann, wenn sie bereits Vorhandenes beschreiben. Das Problem von Euphemismen, treffenden Metaphern oder unstimmigen Bildern, Symbolen, die unerwünschte Assoziationen hervorrufen, falsch verstandenen Schlagworten oder auch einfach nur Missverständnissen, die durch asymmetrischen Sprachgebrauch entstehen können, durchzieht die Geschichte der politischen Visionen von Anfang an als integraler Bestandteil. Das dadurch entstehende Problem kann man auf folgenden Nenner bringen: Wird ein Sachverhalt dadurch automatisch besser erklärt, wenn das zur Verdeutlichung verwendete Bild gut ist, oder kann ein gutes Bild sich auch als stark genug herausstellen und gewissermaßen eine unrichtige Deutung übertünchen? Ist eine politische Metapher Grundmauer oder Kosmetik? Stellen sprachliche Bilder tatsächlich das dar, was sie darzustellen vorgeben oder nicht (vielleicht auch unbeabsichtigt) ganz andere Dinge?[49]

---

[48] JÄGER, SIEGFRIED. *Kritische Diskursanalyse. Eine Einführung. Duisburger Institut für Sprach- und Sozialforschung.* Duisburg 1993.

[49] Diese Problematik wird besonders im Verhältnis des westlichen Auslandes zu deutschen Beiträgen der Mitteleuropadebatte deutlich. Wie zu zeigen sein wird, nahmen westliche Beobachter die Vorgänge in der Bundesrepublik kurz vor und während der 2+4 Gespräche auch aus der Perspektive der vergangenen Kriegsgegnerschaft zu Deutschland wahr. Bei allem Vertrauen, das die Bundesrepublik zu gewinnen in der Lage war, blieb dennoch ein erheblicher Vorbehalt gegen ein räumliches und dadurch nationales Wachstum Deutschlands.

Insgesamt am überzeugendsten erscheint FRANZ JANUSCHEKS Definition einer Debatte, wenn er sie als die Summe aller irgendwie sprachlichen Äußerungen (ob institutionell, sozial, thematisch oder ökonomisch) versteht, die auf irgendeine Weise miteinander in Verbindung gebracht werden können.[50] Man kann sagen, dass diese Definition am ehesten mit dem allgemeinsprachlichen Gebrauch übereinstimmt, dem auch in der vorliegenden Arbeit weitgehend gefolgt werden soll. Der Begriff "Mitteleuropadebatte" beschreibt daher für den gegenwärtigen Zweck den auf publizistischem, also öffentlichem Wege betriebenen Austausch von Meinungen und Stellungnahmen zu der Frage nach Mitteleuropa im Sinn der vier grundsätzlichen Teilbereiche, Wirtschaft, Sicherheit, Kultur und Deutschlandfrage.

b.) Postmoderne

In den achtziger Jahren aus Frankreich kommend, erlebte der Begriff der *Postmoderne* einen Aufschwung, der auch die Bundesrepublik erfasste und geradezu den Charakter einer Modewelle annahm. Ein besonderes Kennzeichen der Postmoderne, wie sie für die Mitteleuropadebatte eine Rolle spielt, ist das Motiv der Nostalgie.[51] Die "Gleichzeitigkeit des Ungleichzeitigen" – so eine Maxime der Postmoderne – stellt Vergangenes in einen Kontext des Gegenwärtigen und negiert die Tatsache, dass das Vergangene eben der Vergangenheit angehört. In erster Linie ist dies ein literarisch-künstlerisches Stilmittel. Auch in der Architektur erscheinen diese postmodernen Elemente in den achtziger Jahren verstärkt durch die Kombination von modernen Bautechniken unter teilweisem Erhalt der historischen Substanz.

Die Schöpfung des Begriffs der Postmoderne wird dem amerikanischen Architekten CHARLES JENCKS der Mitte der siebziger Jahre zugesprochen und beschrieb seine Forderung nach radikalem Kombinieren, einem ironischen Spiel mit Zitaten unter einer gewissen Widersetzlichkeit gegenüber der Funktionalität.[52] Was JENCKS für die Architektur forderte, ist eine verblüffend gute Beschreibung auch für die Formulierung der Mitteleuropagedanken der achtziger Jahre, insbesondere die Idee der Widersetzlichkeit gegenüber der Funktion und der Verbindung von Ungleichzeitigem. Phi-

---

[50] JANUSCHEK, FRANZ. *Arbeit an Sprache. Konzept für die Empirie einer politischen Sprachwissenschaft.* Opladen 1986.
[51] GRUPINSKI, RAFAL. "Schwierigkeiten mit der Mitte Europas" in: BURMEISTER, HANS-PETER. BOLDT, FRANK. MÉSZÁROS, GYÖRGY (Hg). *Mitteleuropa - Traum oder Trauma? Überlegungen zum Selbstbild einer Region.* Bremen 1988. S. 55.
[52] JENCKS, CHARLES. *The Language of Post-Modern Architecture.* New York 1994.

losophisch betrachtet bezeichnet der Begriff der Postmoderne ein kritisches Nachdenken über den gegenwärtigen Stand der Kultur. JEAN-FRANÇOIS LYOTARD ist hier als wichtigster Vertreter der Vorstellung zu nennen, dass aufgrund neuer Technologien die Kombinierbarkeit und dadurch Beliebigkeit von Informationen[53] radikal zugenommen habe, wodurch sich das allgemeine Wissen anonymisiere. Dies wiederum stelle den Einzelnen vor die Aufgabe, die Gesamtheit des Anonymen in kleine, überschaubare Sinnfragmente zu gliedern. Überschaubare Sinnfragmente! Genau dies passiert in zahlreichen Beiträgen zur Mitteleuropadebatte dann, wenn es um die Frage geht, was eigentlich typisch für Mitteleuropa sei, während sich die ganze Welt in zwei feindliche Lager gruppierte.[54] Es geht daher letztlich bei der Formulierung von Mitteleuropagedanken auch um den Versuch, die überdimensionalen Zusammenhänge des Kalten Krieges auf überschaubare Parzellen zu reduzieren.

c.) Raum und Grenze
Es ist ein Kennzeichen der Mitteleuropadebatte der achtziger Jahre, dass sie nicht wie ihre Vorgängerin der Weltkriegszeit auf die Errichtung einer deutschen Hegemonialrolle ausgerichtet war, sondern im Gegenteil auf die Abwehr vermeintlicher oder tatsächlich bestehender Hegemonialbestrebungen der USA und Sowjetunion. Die politische Geographie bezieht sich ganz allgemein auf Tatsachen, die weitaus beständiger sind als Staaten oder Institutionen. Auf den Zusammenhang von Territorium und Territorialität hat KEVIN COX[55] hingewiesen und folgende Unterscheidung vorgeschlagen: Territorium als Raum politischer Betätigung bietet den geographischen unveränderlichen Rahmen, während Territorialität eine Beschreibung eben dieser Betätigungen ist.[56] Je nach Macht eines Staates oder Verbandes von Staaten kann diese Betätigung in ihren Dimensionen wachsen oder auch schrumpfen. GERRY KEARNS hat eine

---

[53] JEAN-FRANÇOIS LYOTARD. *Das Postmoderne Wissen*. Wien 1994.
[54] NYIRI, JANOS CHRISTOF. "Mitteleuropa und das Entstehen der Postmoderne". in: DRABEK, ANNA M. PLASCHKA, RICHARD G. HASELSTEINER, HORST. *Mitteleuropa – Idee, Wissenschaft und Kultur im 19. und 20. Jahrhundert. Beiträge aus österreichischer und ungarischer Sicht*. Wien 1997.
[55] COX, KEVIN R. *Political Geography*. Oxford 2002.
[56] TAYLOR, PETER T. "Radical Political Geographies". in: AGNEW, JOHN. MITCHELL, KATHARYNE. TOAL, GERARD. (Hg) *A Companion to Political Geography*. Malden 2003. S. 47: "In its origins and development, political geography has been conspicuously conservative in orientation. By this I mean that, by and large, political geographers have not been at the forefront of querying the status quo, rather they have provided spatial recipes for the powerful."

Typologie moderner Imperien entworfen, anhand derer sich die Problematik, wie sie sich in Deutschland zu dieser Zeit stellte, gut veranschaulicht werden kann.[57] Grundsätzlich nennt KEARNS drei wichtige Typen von dauerhaften Imperien der Moderne: Das Britische Empire, das amerikanische Imperium und das Reich der Sowjetunion. Diese drei Typen vergleicht er anhand der folgenden horizontalen Kategorien: *geopolitical subject, teleology, institutional support* und *conflation state*.

Das Britische Empire, als das älteste der genannten, beruhte nach der ersten Kategorie auf einem Rassebegriff, wie er etwa in RUDYARD KIPLINGS[58] berühmtem Gedicht an die Amerikaner thematisiert wird. Die Zielsetzung klassischer Imperien betrifft die Errichtung eines einzigen Weltreiches oder zumindest die dauerhafte Konsolidierung der Macht auf möglichst umfassender Grundlage. Im Fall des British Empire spielte das bereits bestehende Reich und darin wiederum Großbritannien, darin wiederum England die Rolle des Kerns. In Analogie dazu erscheinen die Vereinigten Staaten und die Sowjetunion als Vertreter einer tendenziell eher auf multi-ethnischer Grundlage beruhender, beziehungsweise auf den Vorstellungen von sozialen Klassen beruhender Imperien, institutionell gestützt durch den Völkerbund oder die sog. "Dritte Internationale".

Solche Kategorien, wie sie bei KEARNS erscheinen, treffen die Mitteleuropadebatte *ex negativo*. Das bedeutet, dass die Vorstellungen, die im Verlauf der Auseinandersetzungen über Mitteleuropa als Ziel geopolitischer Entwicklungen auftraten, sich gegen die Errichtung eines neuen Imperiums stellten und den Austritt aus bestehenden Imperien propagierten, ohne für die Errichtung eines Ersatzes einzutreten. Es ist anzumerken, dass das Ausscheiden aus einem bestehenden System auch als erster Schritt zur Errichtung eines eigenen, neuen Systems aufgefasst werden kann. Doch das Motiv eines geopolitischen "Management-buy-out" erscheint in der Mitteleuropadebatte nur ganz am Rande. Für die Vorstellungen FRIEDRICH NAUMANNS etwa kann klar ausgesagt werden, dass ein *conflation state*, wie KEARNS es nennt, durchaus bestand, nämlich Deutschland. Für die Diskussionen der achtziger Jahre muss hingegen fest-

---

[57] KEARNS, GERRY. "Imperial Geopolitics" in: AGNEW, JOHN. MITCHELL, KATHARYNE. TOAL, GERARD. (Hg). *A Companion to Political Geography*. Malden 2003. S. 179.
[58] KIPLING, RUDYARD. "The White Man's Burden: The United States & The Philippine Islands, 1899", in: *Rudyard Kipling's Verse: Definitive Edition*. New York 1929:

gestellt werden, dass im Großen und Ganzen zwei *deflation systems* wahrgenommen wurden, NATO und Warschauer Pakt, großflächige Verbände, die gerade nicht ausgeweitet werden sollten. Vielmehr sollte deren Macht aufgeweicht und deren Ausdehnung zurückgedrängt werden; man ist fast versucht, von einer Art umgekehrten *Containment*-Politik der Schwachen zu sprechen.

Fasst man die verschiedenen Versuche[59] zusammen, Mitteleuropa nach geopolitisch-kulturellen Aspekten differenziert auf der Landkarte zu bestimmen, so fallen zwei Dinge zunächst auf, erstens, dass der Raum, der von allen Definitionen als kleinstes gemeinsames Vielfaches umschrieben wird, immer enger wird, je mehr Definitionen, beziehungsweise Definitionsversuche man einbezieht.[60] Der zweite auffallende Aspekt betrifft die Arten von Grenzen selber: Es bestehen zwei Typen von Grenzziehungen, die an dieser Stelle berücksichtigt werden müssen, relativ geradlinige, zweiteilende Grenzen einerseits und andererseits ringförmige, ausschließende Grenzen, deren Definitionsrichtung auf die Beschreibung einer inneren Fläche oder eines inneren Raumes zielt und die kreisförmig um einen bestimmten Kern herum verlaufen.[61] Insgesamt ist auffallend, dass der Begriff einer europäischen Mitte zumeist in der Form hingenommen wird, die WILFRIED VON BREDOW und THOMAS JÄGER als "diffus" bezeichnet haben.[62]

---

"Take up the White Man's burden / Send forth the best ye breed / Go bind your sons to exile / To serve your captives' need / To wait in heavy harness / On fluttered folk and wild / Your new-caught, sullen peoples / Half-devil and half-child."

[59] AGH, ATTILA. *The Politics of Central Europe*. London 1998. S. 3: "The geographical definition of Central Europe is at the same time both easy and difficult. Easy since it is a North-South belt of countries between the Baltic and the Adriatic Sea, sandwiched between East and West in Europe. Difficult, since it is very complicated to demarcate its true borders, since historically they have changed a lot and, as a result, the cultural borders do not completely coincide with the political ones."

[60] KARP, HANS-JÜRGEN. "Grenzen – ein wissenschaftlicher Gegenstand". in: LEMBERG, HANS (Hg). *Grenzen in Ostmitteleuropa im 19. und 20. Jahrhundert. Aktuelle Forschungsprobleme*. Marburg 2000. über die slawische Herkunft des Wortes "Grenze". FÖRSTER, HORST. "Grenzen – eine geographische Zwangsvorstellung?" in: LEMBERG, HANS (Hg). *Grenzen in Ostmitteleuropa im 19. und 20. Jahrhundert. Aktuelle Forschungsprobleme*. Marburg 2000. über die Frage nach der Bedeutung von Grenzen für die Qualität von Nachbarschaften.

[61] In Anbetracht der Kugelgestalt der Erde wäre diese Unterscheidung auf geometrischer Grundlage natürlich unsinnig, sie kann aber helfen, die Mitteleuropadebatte zu deuten, versteht man diese "Zweiteilung" im Sinne der flachen Europakarte im Atlas.

[62] BREDOW, WILFRIED VON. JÄGER, THOMAS. "Niemandsland Mitteleuropa. Zur Wiederkehr eines diffusen Ordnungskonzepts" in: *Aus Politik und Zeitgeschichte. Beilage der Zeitung Das Parla-*

a.) Teilende Grenzverläufe spalten geographische Räume in solche Bereiche auf, die im Grunde nicht umgangen werden können. Bei allen Buchten und Beulen verlaufen sie wie Schnitte quer über den Kontinent, häufig ungefähr in nord-südlicher Richtung. Zu nennen ist die uralte Dreiteilung Europas in die wichtigsten Sprachfamilien romanisch im Westen und Süden, germanisch in der Mitte und im Norden und slawisch im Osten mit jeweils eher unwesentlichen Ausnahmen wie baskisch, keltisch und finno-ugrisch als in diesen großen drei Teilen eingeschlossene Bereiche. Den nahe liegenden Schluss, dass man analog zu dieser Dreiteilung auch eine Dreiteilung Europas in Westen, Mitte und Osten vornehmen könne, haben wenige Teilnehmer der Mitteleuropadebatte gezogen. Dies liegt nicht zuletzt daran, dass der sprachliche Grenzverlauf *en detail*, man denke etwa an die Schweiz oder an das ehemalige Jugoslawien mehr als kompliziert waren - und es bis heute sind.

Für die Mitteleuropadebatte bedeutsamer ist eine andere geradlinige Grenze, nämlich die zwischen lateinischem und orthodoxen Christentum, die mit der erstgenannten Grenze der Sprachen nicht deckungsgleich verläuft. Dies wird etwa an den Beispielen Polen und Tschechien deutlich, zwei Länder, die unbestritten in Mitteleuropa liegen. Eine Definition zeichnet sich als Konsens ab, nämlich dass Mitteleuropa konfessionell nicht zum Bereich der orthodoxen Kirche gehört, also westlich einer geschwungenen Linie finnischer Meerbusen-Kroatien liegt. Problematisch ist hingegen die Westgrenze Mitteleuropas, die je nachdem, ob man sich auf die Sprachgrenze oder eine weitere teilende Grenze, den römischen Limes oder den Eisernen Vorhang beruft, Teile Deutschlands oder fast das gesamte Land mit einschließt. Diese kurze Gegenüberstellung demonstriert den widersprüchlichen oder auch willkürlichen Charakter der meisten Definitionsversuche Mitteleuropas sehr anschaulich.

---

*ment.* 40/41. 1988. S. 42. Die Schwierigkeit liegt darin, den geographischen Gehalt des Begriffes von seiner politischen Bedeutung zu trennen, und besteht ganz offenkundig ein Unterschied darin, ob ein britischer Botaniker oder ein deutscher Außenminister den Begriff verwendet. Dieser Mangel an Eindeutigkeit führte sicherlich auch dazu, dass der Begriff mit derart widersprüchlichen Konzepten belegt werden konnte.

b). Flächendefinitionen stehen in der Tradition FRIEDRICH NAUMANNS[63] und seiner Nachfolger. Sie haben nicht in erster Linie die Funktion, Räume voneinander zu unterscheiden, wobei links und rechts der Grenze neue Räume zustande kommen, wie der Raum der slawischen Sprachen, sondern vielmehr darin, einen Raum wie eine Insel einzuschließen und ihn von dem zu trennen, was nicht darin liegt: Flächen haben immer einen geometrischen Schwerpunkt.

Ein für Mitteleuropa interessantes Beispiel für eine derartige Insel ist auf sprachlicher Ebene etwa Ungarn. Da nun die europäischen Minderheitensituationen, seit Jahrtausenden eine Tatsache, in der ersten Hälfte des 20. Jahrhunderts ein tragisches Problem, während des Kalten Krieges ignoriert und nach 1990 wiederum Anlass zu erheblichen Verwerfungen, diese Grenzverläufe jeweils dann stark anzweifelbar machen, wenn man sie genauer untersucht, leiden auch die zugrunde liegenden Theorien der Großräume erheblich. Es ist allenfalls möglich, die Kerne dieser Großräume auszumachen. Doch für eine praktische Politik taugen diese Vorstellungen nur sehr bedingt. Dies ist den meisten Mitteleuropaplänen durchaus anzumerken.

Die entsprechenden Vorstellungen der achtziger Jahre unternehmen häufig eine Art Synthesenversuch dieser beiden Grenztypen, indem sie auf das teilende Element des Eisernen Vorhanges verweisen und anstatt die Kernräume der durch die Teilung entstandenen Räume zu nennen, diese Grenze selber als Kern auffassen, etwa in der Art wie ein Fluss beide Ufer verbindet. Was jedoch bei Flüssen sinnvoll erscheint, ist im Fall der Linie des *Eisernen Vorhangs* fragwürdig.

Vorschläge zur atomaren Abrüstung wie die EGON BAHRS, KEKKONENS und RAPACKIS gehen davon aus, dass Grenzen nicht nur als Linien, sondern auch als *cordon sanitaire* gedacht werden können. Derartige Grenzen können auch durch Aneinanderreihungen von ganzen Ländern entstehen.

Eine Grundannahme die an sich plausibel ist, wenn es nicht um Staatsgrenzen, sondern zum Beispiel um Kulturgrenzen geht. Auch der nächste Schritt ist ausgehend von dem Modell der zwei Grenztypen noch nachvollziehbar, nämlich, innerhalb des Raumes, der entsteht, wenn man östlich und westlich des Eisernen Vorhanges und

---

[63] Die Europakarte nach NAUMANN von 1914/1915 zeigt einen europäischen Großraum zwischen Belgien und den Niederlanden bis hin zum Schwarzen Meer ohne den Südbalkan und ohne Italien, aber unter Einschluss der Schweiz. Das Zentrum lag zu dieser Zeit in politisch-ökonomischer Hinsicht klar in den entwickelten Teilen Preußens.

parallel dazu jeweils 150 Kilometer breit eine sekundäre Grenze zieht, alle atomaren Waffensysteme entfernt. Doch der Punkt, an dem die Kritiker der Mitteleuropagedanken einsetzen, ist auf einer logischen Ebene dort, wo ein Randgebiet in ein Zentrum umdeklariert werden soll, ohne dass zunächst die tatsächlichen (wirtschaftlichen, politischen, infrastrukturellen) Grundlagen dafür bestehen. Ausgehend von dem geschilderten Modell bedeutet dies nichts weniger, als dass zwei gedankliche Kategorien miteinander verwechselt werden, wenn man eine verbreiterte trennende Grenze mit einer Raumdefinition gleichsetzt. Die Frage ist berechtigt, ob ein altes kulturelles Zentrum dadurch wieder entsteht, wenn man zwei politische Peripherien miteinander fusionieren lässt. Die Vertreter von Mitteleuropagedanken waren dieser Ansicht. Einige kulturphilosophisch argumentierende Mitteleuropakonzepte sehen diese Schwäche und verweigern sich jeder Art von Grenzziehung nicht zuletzt dadurch, dass sie politische Werte wie "Bürgerrecht" und "Freiheit" thematisieren und diese in Beziehung zu dem einzelnen Staatsbürger setzen.

Ein weiterer Aspekt in Bezug auf den Vergleich zwischen Mitteleuropagedanken der achtziger Jahre und der Pläne NAUMANNS betrifft dem Umstand, dass die Vorstellung von regionalen Räumen mit wachsendem zeitlichem Abstand von den Weltkriegen immer weiter zunimmt. War es vor dem 1. Weltkrieg vielen Mitteleuropaplänen zu eigen, jeweils gesamte Nationen in die Beschreibung des Raumes aufzunehmen, also gewissermaßen dem Nationalen an sich verhaftet zu bleiben, ging die Debatte in der zweiten Hälfte des zwanzigsten Jahrhunderts mehr und mehr dazu über, Nationengrenzen als solche zu ignorieren und andersartige Linien als Grenzen, beziehungsweise als Abgrenzungen eines Raumes zu akzeptieren. PETER BENDER[64] etwa verwies darauf, dass Tagungsreisen des Kabinetts FRANZ-JOSEPH STRAUSS nach Budapest stattfanden, ein Reiseziel, von dem BENDER vermutet, dass es von einem nordrhein-westfälischen Kabinett nicht so leicht gewählt worden wäre. Das Denken in Regionen[65] wurde ferner Mitte der achtziger Jahre durch die spezifischen EG-Förderprogramme für einzelne Regionen begünstigt. Dies hatte Auswirkungen auf die Debatte um Mitteleuropa.

---

[64] BENDER, PETER. "Die Notgemeinschaft der Teilungsopfer". in: PAPCKE, SVEN. WEIDENFELD, WERNER (Hg). *Traumland Mitteleuropa? Beiträge zu einer aktuellen Kontroverse*. Darmstadt 1988. S. 76.
[65] Als Beispiel hierfür etwa die Gründung der "Versammlung der Regionen Europas" 1985.

## 1.3 Stand der Forschung und Quellenlage

Die Literatur zum Thema "Mitteleuropa" kann in zwei wichtige, jedoch ungleich große Gruppen eingeteilt werden. Die Masse der Schriften befasst sich mit der Entwicklung von Konzepten und Visionen, wie sie vor, zwischen und während der Weltkriege angestellt worden sind, mithin der Vorgeschichte zu dem hier diskutierten Sachverhalt. Eine wesentlich kleinere Gruppe betrifft die Debatte der Nachkriegszeit bis heute.[66]

a.) Forschung zur Vorgeschichte

Die Mitteleuropadebatte stellt sich für den Zeitraum zwischen 1915 und 1945 als ein dezidiert deutsches Thema dar, was sich auch in der Forschung widerspiegelt. Die beiden voneinander zu trennenden Unterbereiche fallen mit den beiden Weltkriegen zusammen, wobei sich jedoch zahlreiche Berührungspunkte und Kontinuitäten ergeben. Dies ist insbesondere im Fall RICHARD COUDENHOVE-KALERGIS festzustellen, dessen Paneuropakonzept sich zwar als gedanklich fruchtbar, nicht jedoch als praktisch umsetzbar erwies.[67] Von JÜRGEN ELVERT liegt eine umfassende Darstellung der entsprechenden Pläne vor.[68] Seine Perspektive ruht indessen in erster Linie auf wirtschaftspolitischen Ordnungskonzepten der Nationalsozialisten. Das Motiv der Hege-

---

[66] Die derzeit zur Verfügung stehende, auch interdisziplinäre Forschungsliteratur rund um Thema "Mitteleuropa" ist im Vergleich mit anderen europäischen Themen nicht allzu umfangreich. Um eine ungefähre Größenordnung zu geben: Die Deutsche Bibliothek in Frankfurt/M führte im März 2005 in ihrem Katalog lediglich rund 2.600 Titel verschiedenster Fächer, Archäologie bis Zoologie, zum Thema 'Mitteleuropa', zu dem nach Fakultäten an sich enger gefassten Thema "Europäische Union" allein hingegen bestanden bereits 9.300 Titel.

[67] Einen monumentalen Versuch unternimmt KOBLER, BARBARA. *Die Europaidee von Pierre Dubois bis Richard Nikolaus Graf Coudenhove-Kalergie. Versuch einer Darstellung anhand ausgewählter Persönlichkeiten.* Nordhausen 2003. Etwas zielgenauer TIELKER, WILHELM. *Der Mythos von der Idee Europas. Zur Kritik und Bedeutung historischer Entwicklungsgesetze bei der geistigen Verankerung der europäischen Vereinigung.* Münster 2003. S. 134. Sowie zu der Frage des Scheiterns COUDENHOV'scher Pläne: LOTH, WILFRIED. *Der Weg nach Europa. Geschichte der europäischen Integration 1939-1957.* Göttingen 1990. S. 9. COUDENHOVE-KALERGI, RICHARD. *Pan-Europa.* Wien 1924. STIRK, PETER M. *A History of European Integration since 1914.* London 1996. SCHUKER, STEPHEN (Hg). *Deutschland und Frankreich: Vom Konflikt zur Aussöhnung. Die Gestaltung der westeuropäischen Sicherheit 1914-1963.* München 2000.

[68] ELVERT, JÜRGEN. *Mitteleuropa! Deutsche Pläne zur europäischen Neuordnung* (1918-1945). Stuttgart 1999.

monie und der kriegerischen Eroberung steht bei ihm daher wie bei WILFRIED LOTH deutlich im Mittelpunkt der Argumentation.[69] Die Frage nach den nationalsozialistischen Vorstellungen einer erhofften Nachkriegszeit, freilich unter den Vorzeichen eines deutschen Sieges, erörtert LI WEI,[70] der den Nachweis führt, dass GUSTAV SCHLOTTERER, KARL HAUSHOFER[71] und ALBERT SPEER[72] die damals bereits weitläufig diskutierten Paneuropa-Vorstellungen RICHARD COUDENHOVE-KALERGIS dazu missbrauchten, um eigene Pläne mit Aspekten der friedlichen Wirtschaftsintegration zu schmücken, beziehungsweise sogar zu tarnen. Dies geschah dann in besonderer Weise vor dem Nürnberger Tribunal nach Kriegsende.

Auf die konträre Beziehung zwischen nationalsozialistischen Plänen und liberalen Ordnungskonzepten hat AVRAHAM BARKAI hingewiesen,[73] während die gedanklichen Wurzeln der westeuropäischen Integration, wie sie für das Exil konstatiert werden, von BORIS SCHILMAR zusammengefasst worden sind.[74] Von Bedeutung für die vorliegende Untersuchung ist in diesem Zusammenhang ferner ein Hinweis von SABINE GILLMANN auf die gedanklichen Wurzeln wiederum des Exils, beziehungsweise des Widerstands gegen den Nationalsozialismus in der deutschen Aufklärung und den frühen Liberalen des 19. Jahrhunderts, wodurch sich eine Berührung mit den Gedanken NAUMANNS ergibt.[75] Dabei wandten sich die Pläne zur Neuordnung nach Darstel-

---

[69] LOTH, WILFRIED. *Der Weg nach Europa: Geschichte der europäischen Integration 1939-1945.* Göttingen 1990. S. 9.

[70] WEI, LI *Deutsche Pläne zur europäischen wirtschaftlichen Neuordnung 1939-1945: Weltwirtschaft, kontinentaleuropäische Autarkie und mitteleuropäische Wirtschaftsintegration.* Berlin 2005.

[71] NATTER, WOLFGANG. "Geopolitics in Germany 1919-1945" in: AGNEW, JOHN. MITCHELL, KATHARYNE. TOAL, GERARD. (Hg.) *A Companion to Political Geography.* Malden 2003.

[72] HAUSHOFER, KARL. *Der Kontinentalblock: Mitteleuropa - Eurasien – Japan.* München 1941. und dazu: HIPLER, BRUNO. *Hitlers Lehrmeister: Karl Haushofer als Vater der NS-Ideologie.* St. Ottilien 1996.
SCHLOTTERER, GUSTAV. *Die neuen Grundsätze der deutschen Handelspolitik.* Berlin 1936. Beziehungsweise die Darstellung Speer'scher Pläne in: ZILBERT, EDWARD R. *Albert Speer and the Nazi Ministry of Arms - Economic Institutions and Industrial Production in the German War Economy.* New Jersey 1981.

[73] BARKAI, AVRAHAM. "Sozialismus und Antiliberalismus in Hitlers Wirtschaftskonzept" in: *Geschichte und Gesellschaft.* 3. 1977. S. 406-417.

[74] SCHILMAR, BORIS. *Der Europadiskurs im deutschen Exil 1933-1945.* München 2004.

[75] GILLMANN, SABINE. "Die Europapläne Carl Goerdelers. Neuordnungsvorstellungen im nationalkonservativen Widerstand zwischen territorialer Revision und europäischer Integration". in:

lung GILLMANNS jedoch in erster Linie gegen das "System Weimar" und erst sekundär gegen die Pläne der NSDAP. Ein bedeutender Zweig der Forschungsliteratur weist indessen in eine Richtung, die sich von Mitteleuropa entfernt und die Orientierung Deutschlands nach Westen fokussiert.[76]

b.) Forschung zur neueren Mitteleuropadebatte
Anders als im Fall des Diskurses bis 1945, der als primär deutsche Angelegenheit bezeichnet werden kann, ist die zweite Debatte um Mitteleuropa, die Mitte der achtziger Jahre entbrannte, ein neues, vollauf europäisches Phänomen mit Schwerpunkt in den Ländern östlich der DDR und der Bundesrepublik und vor dem Hintergrund der sowjetischen Reformen, die auf diese Länder ausstrahlten.[77] Diese zweite Debatte wird jedoch häufig vereinfachend und in vielen Fällen als eher unbedeutende Verlängerung eines bereits erledigten Themas und als Anzeichen für eine geistige Krise der Bundesrepublik aufgefasst. Diese Position vertritt vor allem MICHAEL STÜRMER mit teilweise sehr deutlichen Worten:

> *Die neue Suche nach Mitteleuropa ist im westlichen Teil Deutschlands Ausdruck einer intellektuellen Malaise am Status quo. Man hält Freiheit und Wohlstand für unveräußerliche Menschenrechte und glaubt deshalb, ihre Bedingungen ignorieren zu dürfen.*[78]

Differenzierter stellt sich die Sicht HEINO BERGS dar. Er konstruiert in einem kurzen Aufsatz zunächst eine Beziehung zwischen dem sog. "Rapacki-Plan" und den Mitteleuropaplänen von JOCHEN LÖSER und ULRIKE SCHILLING. Damit gelingt BERG eine notwendige Emanzipation von der Schulmeinung, die dazu hilft, die Nachkriegszeit als eine für die Mitteleuropadebatte neue Epoche zu begreifen. Es geht ihm also nicht

---

DIECKMANN, CHRISTOPH; GERLACH, CHRISTIAN; GRUNER, WOLF, ET AL. (Hg). *Beiträge zur Geschichte des Nationalsozialismus. Bd 18. Europäische Integration.* Göttingen 2002. S. 78.

[76] WURM, CLEMENS A. (Hg). *Western Europe and Germany - The Beginnings of European Integration 1945-1960.* Oxford 1995.
STRÅTH, BO. SANDKÜHLER, THOMAS. "Europäische Integration. Grundlinien und Interpretation". in: SANDKÜHLER, THOMAS (Hg). *Europäische Integration - Deutsche Hegemonialpolitik gegenüber Westeuropa 1920-1960.* Göttingen 2002.

[77] ERDÖDY, GÁBOR. (Hg). *Mitteleuropa. Politische Kultur und europäische Einigung.* Baden-Baden 2003.

[78] STÜRMER, MICHAEL. "Gibt es Mitteleuropa?" in: *FAZ* 10.12.1986.

primär darum nachzuweisen, in welchen Punkten die Sentimentalität[79] versucht habe, in die Realpolitik einzudringen; er begreift die gedanklichen Auseinandersetzungen über Mitteleuropa vielmehr als einen variablen Indikator für den mentalen Zustand der Nachkriegsgesellschaften: "Schon die bloße Existenz einer Mitteleuropadiskussion [...] ist also der intellektuelle Reflex von realen Erschütterungen der europäischen Nachkriegsordnung."[80]

WILFRIED VON BREDOW hat gemeinsam mit THOMAS JÄGER einen prägnanten Aufsatz vorgelegt, in dem das Erwachsen der Mitteleuropadebatte ebenfalls als Anzeichen für sich verändernde Machtkonstellationen aufgefasst wird, allerdings weltweit. An die Stelle der schwächer werdenden internationalen Blockbindungen treten nach und nach regional ausgerichtete Strukturen, wobei der Umfang dessen, was BREDOW und JÄGER unter "regional" verstehen unklar bleibt. Diesem Verlust an globaler Ordnung stellen sie einen zweiten Aspekt an die Seite, nämlich das angeblich spezifisch europäische Bewusstsein, den Supermächten machtpolitisch unterlegen, aber kulturell überlegen zu sein.

*Substrat dieser Europa-Vision* [Mitteleuropa, A.B.] *ist ein vages Bewusstsein von der historischen Bedeutung Europas für die Entstehung und Entwicklung der modernen Welt. Die Weltmächte USA und UdSSR werden als Erben Europas wahrgenommen.*[81]

Eine nennenswerte Beobachtung der Autoren betrifft die Bewertung der deutschen Vertreter von Mitteleuropagedanken. Die Konzepte zur Neuordnung des europäischen Kontinents hätten aus deutscher Perspektive die Aufgabe gehabt, die Beziehungen zu den Nachbarn zu entspannen. Doch sei es nicht so leicht möglich, wenn überhaupt, einen einmal belegten Begriff für neue Zwecke umzudeuten und mit ei-

---

[79] Zu diesem Motiv vgl. HOBSBAWM, ERIC J. "Mitteleuropa, Politik und Kultur. Heimweh nach Kakanien und die vergessene Gegenwart". in: *Wiener Tagebuch 11*. 1989.

[80] BERG, HEINO. "Deutschland und Mitteleuropa – die deutsche Frage in der alten und neuen Mitteleuropadebatte". in: BERG, HEINO. BURMEISTER, PETER. *Mitteleuropa und die deutsche Frage*. Bremen 1990.

[81] BREDOW, WILFRIED VON. JÄGER, THOMAS. "Niemandsland Mitteleuropa – Zur Wiederkehr eines diffusen Ordnungskonzeptes". in: *Aus Politik und Zeitgeschichte*. 30. 9. 1988. S. 37-47 Hier S. 37.

nem neuen Inhalt zu füllen. Darin sehen sie einen Grund für das Scheitern der Debatte.

Zur Frage der Bewertung der Supermächte aus europäischer Sicht hat IVAN T. BEREND eine Studie[82] vorgelegt. Seine Definition von Zentraleuropa umfasst diejenigen Länder, die östlich von Deutschland und westlich von Russland liegen. Auch hier ist das Motiv der mitteleuropäischen Opferrolle deutlich, wie sie vor allem in Polen zu einer Art nationalem Mythos, wenn nicht sogar Identität stilisiert wird. In der bundesdeutschen Debatte kann das Opfermotiv ebenfalls ausgemacht werden, jedoch nur in Bezug auf die Bedrohung durch die Atomwaffen der Supermächte.[83] In den Worten PETER STIRKS stellt sich der Machtverlust Europas durch die Zerstörungen des 2. Weltkrieges mit seinen Auswirkungen auf europäische Ordnungskonzepte für die Zukunft so dar:

*All that remained, in the 1950s, was the idea of German unification in association with the creation of an atomic- or nuclear-free zone. Several suggestions were made by both sides which might have led to this outcome. Eden for Britain in 1955 and Rapacki for Poland in 1957 and both the Soviet Union and the United States in 1959 suggested some kind of neutralization, and the reintegration of Mitteleuropa. The same ideas reocurred in the 1960s.*[84]

Diese Pläne scheiterten an den Frontstellungen des Kalten Krieges in einer Weise, die jegliches Nachdenken über Neutralität oder auch nur größere Unabhängigkeit der europäischen Staaten von der jeweiligen Hegemonialmacht in die Nähe des Verrats rückten. Vor allem für die Regierungen der entsprechenden Länder hatten diese Vorstellungen zeitweise geradezu den Charakter von Tabus. Somit fiel die Thematik der Opposition zu. STIRKS Untersuchungen stellen diese Zusammenhänge für den europäischen Rahmen überzeugend her: Den Hauptgrund für die Schwäche Europas sieht STIRK im Verschwinden der Juden und Deutschen von der politischen Bühne nach

---

[82] BEREND, IVAN T. *Central and Eastern Europe, 1944 – 1993. Detour from the periphery to the periphery.* Cambridge 1996.
[83] Vgl. dazu aus der Perspektive nach der Wiedervereinigung: BUCK, FELIX. *Weltordnung im Wandel. Geopolitik 2000. Deutschland in der Welt am Vorabend des 3. Jahrtausends.* Frankfurt/M 1996.
[84] STIRK, PETER (Hg). *Mitteleuropa. History and Prospects.* Edinburgh 1994.

1945. Auch deswegen sei es den Supermächten möglich gewesen, ihre unangefochtene Stellung im europäischen Raum zu erlangen. Dieses Eindringen legt die Frage nahe, inwiefern sich die beiden Supermächte denn ethisch in Bezug auf Europa voneinander unterscheiden mögen. Einen derartigen kulturtheoretischen Vergleich anzustellen ist gewiß kein Alleinstellungsmerkmal von Teilnehmern der Mitteleuropadebatte, sondern gewissermaßen ein "ehrwürdiges" Motiv, das mindestens auf MARTIN HEIDEGGER zurückgeht, der 1935 folgende Einschätzung gab:

> *Russland und Amerika sind beide, metaphysisch gesehen, dasselbe; dieselbe trostlose Raserei der entfesselten Technik und der bodenlosen Organisation des Normalmenschen.* [...] *Gerade wenn die große Entscheidung über Europa nicht auf dem Wege der Vernichtung fallen soll, dann kann sie nur fallen durch die Entfaltung neuer geschichtlich-geistiger Kräfte aus der Mitte.*[85]

Aus solchen Gedanken folgt schnell die Forderung nach europäischem Isolationismus, Neutralismus oder, weitergehender, nach einer eigenen europäischen Vormachtpolitik. Zu diesen Fragen liegen zahlreiche Arbeiten vor. Für die Untersuchung moderner Neutralitätskonzepte ist jedoch an erster Stelle ALEXANDER GALLUS zu nennen.[86] Sein Verdienst besteht darin, die Entwicklungslinien des Nationalneutralismus in Deutschland auf eine äußerst umfangreiche Quellengrundlage gestellt zu haben. Von Mitteleuropakonzepten sind Neutralitätsvorstellungen indessen zu unterscheiden, vor allem dann, wenn es um nationale Neutralität geht und nicht, wie in Mitteleuropakonzepten, um eine neutrale Föderation von unabhängigen Staaten.

Der Unterschied zwischen deutschen Neutralismuskonzepten auf der einen Seite und Mitteleuropagedanken auf der anderen Seite muss bei allen Berührungspunkten jedoch immer gegenwärtig sein. Der Nationalneutralismus beruht im Grunde auf der Annahme, dass ein Land, etwa Deutschland, desto besser bestehen könne, je weniger Einbindung und Souveränitätsverzicht stattfinde. Die Mitteleuropagedanken der acht-

---

[85] zit. nach: VAJDA, MIHALY. "Unverantwortliche Skizze über Mitteleuropa: Nostalgie oder Projekt?" in: BURMEISTER, HANS-PETER. BOLDT, FRANK. MÉSZÁROS, GYÖRGY (Hg). *Mitteleuropa - Traum oder Trauma? Überlegungen zum Selbstbild einer Region*. Bremen 1988. S.120.

[86] GALLUS, ALEXANDER. *Die Neutralisten. Verfechter eines vereinten Deutschland zwischen Ost und West 1945-1990*. Düsseldorf 2001.

ziger Jahre gingen vom genauen Gegenteil aus: Je mehr Verzicht auf Souveränität (vor allem im Hinblick auf die Bewaffnung) desto besser die Überlebenschancen. Damit standen diese Vorstellungen freilich den tatsächlich bestehenden Integrationsschritten entgegen ohne selber unbedingt nationalistisch zu sein. In diesem Umstand ist ein Alleinstellungsmerkmal der Debatte zu sehen.

### c.) Quellenlage

Eine zentrale Hürde für jede Untersuchung "Mitteleuropas" besteht darin, dass Mitteleuropa nicht Element von Regierungspolitik im Sinne von Verwaltungsvorgängen war, was die Quellenlage kompliziert macht, sondern ein von den jeweiligen Regierungen der Bundesrepublik, insbesondere den Kabinetten KOHL, vehement abgelehntes Konzept darstellte: Die Westbindung der Bundesrepublik stand nicht zur Disposition. Für Österreich trifft dies nicht unbedingt zu. Hier bestanden Initiativen zum Aufbau von mitteleuropäischen Verwaltungsstrukturen und überregionalen Kooperationen. Daher können z.B. für die österreichische Debatte umfangreichere Kategorien von Quellen konsultiert werden als für die bundesdeutsche. So verwundert es auch nicht, dass die österreichische Debatte bei weitem besser erforscht ist.

Deutsche Beiträge, sofern sie sich nicht auf Mitteleuropapläne bis 1945 beziehen, sondern auf die dritte Debatte der achtziger Jahre, nennen vorrangig KONRAD, KUNDERA und SCHLÖGEL als maßgebliche Teilnehmer, deren Beiträge die Debatte in neue Spuren leiteten. Die allgemeine Diskussion der politischen Publizistik entwickelte sich im Umkreis dieser Texte zu dem als Mitteleuropadebatte bekannten Phänomen. Während nun die Thesen dieser drei Autoren gut dokumentiert und analysiert worden sind, etwa von CHRISTIAN WEIMER und RAINER SCHMIDT,[87] fehlt in der hier genannten Diskussion der Forschung weitgehend die Berücksichtigung von Gegenpositionen. Bei WEIMER ist vor allem der Hinweis auf den Zusammenhang zwischen VACLAV HAVELS politischem Denken und Max Webers Konzept der Gesinnungsethik bemerkenswert. Sein Ansatz geht davon aus, dass es einleuchtend sei,

> *dass von Intellektuellen und Literaten weniger die Themen ökonomischer Leistungsfähigkeit oder die Frage der Verwaltung und der Bürokratie, also*

---

[87] WEIMER, CHRISTIAN. *Mitteleuropa als politisches Ordnungskonzept? Darstellung und Analyse der historischen Ideen und Pläne sowie der aktuellen Diskussionsmodelle.* Würzburg. 1992. und SCHMIDT, RAINER. *Die Wiedergeburt der Mitte Europas. Politisches Denken jenseits von Ost und West.* Berlin 2001.

*im engeren Sinne Fragen der instrumentellen Ebene der staatlichen Institutionen in Frage gestellt wurden, sondern der Verlust einer kulturellen Heimat, also die symbolische Repräsentanz,*[88]

anstatt davon, dass die machtpolitische Grundlage der Bundesrepublik diese Ansätze nicht ermöglichte. Besonders ausgeprägt ist die Beschränkung auf HAVEL, KONRAD und KUNDERA bei RAINER SCHMIDT. Seine Untersuchung von Mitteleuropakonzepten betrifft in erster Linie die Frage nach den Gründen und Methoden der Unterdrückung der *Civil Society* in Osteuropa. Anhand dieses Kriteriums unternimmt SCHMIDT Versuche der Grenzziehung zwischen Ost und West, beziehungsweise rund um Mitteleuropa herum.[89] Diese beiden Arbeiten streifen den Themenschwerpunkt der vorliegenden Arbeit allerdings nur geringfügig.[90]

Eine Debatte ist ihrem Wesen nach immer durch Konflikte gekennzeichnet, und daher müssen stets auch Erwiderungen auf Extrempositionen Berücksichtigung finden. Hier finden sich in der Forschungsliteratur noch eindeutige Lücken. Dies mag seinen Grund darin haben, dass die Debatte von der geschichtswissenschaftlichen Forschung bislang stets als isoliertes Rand-Phänomen aufgefasst worden ist und nicht in den Kontext des umliegenden Jahrzehnts gesetzt wurde. Die Literaturwissenschaften sind hier den Geschichtswissenschaften einen Schritt voraus.[91]

Die Quellenlage der Mitteleuropadebatte weist einige Besonderheiten auf. Zwei große Typen von Medien sind an erster Stelle zu nennen: Zeitungspublikationen und Buchpublikationen. Es liegt im Wesen intellektueller Auseinandersetzungen, dass sie

---

[88] WEIMER, CHRISTIAN. *Mitteleuropa als politisches Ordnungskonzept? Darstellung und Analyse der historischen Ideen und Pläne sowie der aktuellen Diskussionsmodelle.* Würzburg. 1992. S. 27.

[89] SCHMIDT, RAINER. *Die Wiedergeburt der Mitte Europas. Politisches Denken jenseits von Ost und West.* Berlin 2001. S. 19.

[90] Zu diesem Thema jedoch grundlegend: PLASCHKA, RICHARD G. HASELSTEINER, HORST. SUPPAN ARNOLD. DRABEK, ANNA. ZAAR, BRIGITTA. (Hg). *Mitteleuropa-Konzeptionen in der ersten Hälfte des 20. Jahrhunderts.* Wien 1995.

[91] Der Grund, aus dem sich die Literaturwissenschaften mit dem Thema "Mitteleuropa" intensiv auseinandersetzen, wird besonders deutlich, wenn man sich die Namen der Teilnehmer aus Osteuropa vergegenwärtigt: MILAN KUNDERA, VACLAV HAVEL, bzw. die Namen der Quellen, auf die man sich häufig bezog: Joseph Roth, Robert Musil, Kafka, und Herzmanovsky-Orlando. Stellvertretend für viele Autoren: SAUERLAND, KAROL. "Überlegungen zur vergangenen und ge-

hauptsächlich auf dem Weg von Printmedien ausgetragen werden und erst in zweiter, beziehungsweise dritter Linie über Veranstaltungen, Konferenzen oder Podiumsdiskussionen. Die Besonderheit nun liegt darin, dass sich nicht alle wichtigen Zeitungen der Bundesrepublik an der Mitteleuropadebatte beteiligten. DER SPIEGEL etwa tritt so gut wie nicht in Erscheinung.[92] Eine Analyse der Registerbände des Spiegel für die achtziger Jahre[93] ergibt keine Treffer zum Schlagwort "Mitteleuropa". Dies ist ein bemerkenswerter Umstand für ein politisches Nachrichtenmagazin, denn die Teilbereiche der Debatte, Wirtschaft, Sicherheit, Kultur und Deutschlandpolitik stellen über die Rubriken integrale Bestandteile des Dienstes dar. Es ist evident, dass der Umfang der Berichterstattung des Spiegel auch den Raum "Mitteleuropa" berücksichtigt und etwa Reportagen aus den betreffenden Ländern bietet, aber der Begriff "Mitteleuropa" taucht nicht auf – im Gegensatz zur Frankfurter Allgemeinen Zeitung, der Frankfurter Rundschau, der Zeit, dem Rheinischen Merkur und der Süddeutschen Zeitung. Inhaltlich kommen sowohl Gegner als auch Befürworter relativ ausgewogen zu Wort, mit leichtem, zahlenmäßigem Übergewicht zugunsten der Skeptiker.

Für die bundesdeutschen Tageszeitungen ergibt sich ferner keine durchgängige Berichterstattung über die Mitteleuropadebatte. Die Beiträge erscheinen punktuell und wenig aufeinander abgestimmt. Von einem publizistischen "Schlagabtausch" *lege artis* kann zu keinem Zeitpunkt der Debatte gesprochen werden. Wichtige Organe anderer intellektueller Auseinandersetzungen, wie etwa *Lettre international*; Kursbuch; Frankfurter Hefte; Aus Politik und Zeitgeschichte sind ebenfalls zu nennen, in erster Linie als Foren für die Vertreter von Mitteleuropagedanken, weniger als Basis der Gegner.

Die begriffliche Unschärfe des Begriffs "Mitteleuropa" und sein sentimentaler Gehalt, wie er durch die Bezugnahmen auf die untergegangenen Epochen der Habsburger Monarchie und auch Preußens entstehen konnte, brachten ein Vielzahl von Publikationen verschiedener Disziplinen mit sich, wobei in erster Linie wieder die Literaturwissenschaften zu erwähnen sind. Es waren in besonderem Maße Schriftsteller aus Gebieten der ehemaligen Habsburgerländer, die sich an der Debatte beteiligten und in

---

genwärtigen Mitteleuropadebatte". in: *Europäische Kultur im Wandel, Loccumer Protokolle 19/93*, Loccum 1994. S. 9-16.

[92] Die Verwendung des Begriffes "Europa" in den Spiegelartikeln des Jahres 1989 ist durchweg im Sinn von "EG" zu verstehen.

[93] Eine der wenigen Ausnahmen: GLOTZ, PETER. "Keine Angst vor Wünschen". in: *Der Spiegel* Nr. 12.1984. S.128.

der Bundesrepublik fokussiert wahrgenommen wurden, wie vor allem VACLAV HAVEL und MILAN KUNDERA, aber auch GYÖRGY KONRÁD, ZDENEK MLYNAR und MIKLOS MOLNAR.[94]

## 1.4 Gliederung des Untersuchungszeitraumes

Einen so kurzen Zeitraum wie eine Dekade in noch kleinere Abschnitte einzuteilen, bringt gewisse Herausforderungen mit sich. Dennoch bietet gerade das Jahrzehnt vor der Wiedervereinigung der beiden deutschen Staaten durchaus greifbare Anhaltspunkte, die eine Übersicht über die chronologische Binnengliederung der bundesdeutschen Debatte ermöglichen.

a.) 1979-1986: Friedenspolitischer Schwerpunkt in der Mitteleuropadebatte
b.) 1986-1989: Diskussion um die mitteleuropäische Identität der Deutschen
c.) 1989-1990: deutsche Frage und Wiedervereinigung *versus* Mitteleuropa

Der Verlauf der Mitteleuropadebatte in den achtziger Jahren wird meist folgendermaßen dargestellt:[95] Angeregt von einem Essay des tschechischen Exilanten MILAN KUNDERA[96] griff KARL SCHLÖGEL das Gedanken von "Mitteleuropa" auf und publizierte 1986 unter dem Titel "Die Mitte liegt ostwärts" eine Schrift, die nicht in der Tradition von NAUMANN oder der Friedensbewegung stand.[97] Damit provozierte SCHLÖGEL zahlreiche Antworten aus dem gesamten politischen Spektrum der damaligen Bundesrepublik. Doch die diskutierten Inhalte wandelten sich erneut beständig. Hatte MILAN KUNDERA vor allem die kulturelle Verwandtschaft der ehemaligen Habsburgerländer miteinander verglichen und die Zugehörigkeit etwa der CSSR zum Westen(!) Europas geltend gemacht, so geriet der Begriff "Mitteleuropa" in Deutschland bald auch in das Koordinatensystem der Diskussion um die deutsche Frage, je-

---

[94] Professor am Institut universitaire des Hautes Études internationales in Genf und an der Universität Lausanne. Mitglied der ungarischen Akademie der Wissenschaften.
[95] Etwa bei EBERHARTER, MARKUS. "Die Idee Mitteleuropas in den achtziger und neunziger Jahren. Annäherung an ein kulturelles Phänomen". in: BREYSACH, BARBARA. (Hg). *Europas Mitte. Mitteleuropa. Europäische Identität?* Berlin 2003. S.192.
[96] KUNDERA, MILAN. "Un Occident kidnappé ou la tragédie de l'Europe centrale" in: *Le Débat.* 1983. franz. im Original.
[97] SCHLÖGEL, KARL. *Die Mitte liegt ostwärts.* Berlin 1986.

doch ohne seinen alten Gehalt ganz abzulegen. Diese Transition, wird in der Forschungsliteratur bislang kaum betont. SCHLÖGELS Beitrag ist nicht der primäre Auslöser der Debatte gewesen, sondern hat einen Richtungswechsel eines bereits laufenden Prozesses provoziert und der Auseinandersetzung neue Nahrung zugeführt. Die Debatte verschob sich thematisch erneut mit dem Anschwellen der Ausreisebewegung aus der DDR, um dann Ende 1990 ein relativ abruptes Ende zu finden, als die Bundesregierung im Vorfeld der 2+4 Verhandlungen jegliche Optionen über deutsche Sonderwege kategorisch ausschloss.

Der Neubeginn des Jahres 1982 war zwar deutlich, er kann jedoch hinsichtlich der Mitteleuropadebatte nicht als glatter Schnitt betrachtet werden. Erstens verblieb die FDP als Koalitionspartner weiterhin in der Regierung, zweitens hatte das letzte Kabinett unter HELMUT SCHMIDT eine durchaus vergleichbare Einstellung gegenüber dem NATO-Doppelbeschluss vertreten wie nun die darauf folgende Regierung KOHL, drittens war die Konstellation der Bundesrepublik im europäischen Kontext im Großen und Ganzen gleich geblieben.

Die hier skizzierten Etappen sollen die Entwicklung der zunehmenden Öffnung nach Osten hin verdeutlichen helfen, die auf der Ebene der Regierung ebenso zu verzeichnen ist, wie auf der Ebene der publizistischen Beiträge zur Mitteleuropadebatte. Jeder Äquivalenzgedanke zwischen Ost und West musste die Vorstellung einer im Grunde zur Unabhängigkeit fähigen Mitte stärken.
Dann aber wendete sich das Blatt durch die von Maßnahmen der Regierungspolitik unabhängigen Protestphänomene innerhalb der ostdeutschen Bevölkerung. Die Ausreisewellen schienen die ausgleichende Politik der Bundesregierung ad absurdum führen zu wollen. Den in der DDR verbleibenden Bürgerrechtsgruppen ging es nicht um die Anerkennung der DDR im Westen, sondern um Reformen im Rahmen des Systems und im Rahmen des Sozialismus; die Flüchtlinge wandten sich nicht zuletzt deshalb vollends von dem SED-Staat ab, als genau diese Reformen ausblieben.

Das Jahr 1989, das in so vielerlei Hinsicht eine Wende markiert, ist auch für die Untersuchung der Mitteleuropadebatte in den achtziger Jahren eine Wasserscheide. Zeitgleich mit der Destabilisierung des SED-Regimes entfachte sich innerhalb der Bundesregierung eine doppelte Aktionsrichtung, die sich erstens an die westlichen Partner wenden musste und zweitens die Möglichkeiten der Einflussnahme im östlichen Nachbarland in Betracht ziehen musste, um nicht die mögliche Chance der Wiedervereinigung verstreichen zu lassen. Das resultierte erneut in scheinbar widersprüchlichen Signalen. Anhand der Ereignisse der turbulenten Tage vor dem 9. November 1989 kann diese Doppelstrategie deutlich nachgewiesen werden: Nach Westen hin mussten die europäischen und atlantischen Partner gewissermaßen beruhigt und jeglicher Anschein erneuter deutscher Alleingänge peinlich vermieden werden, andererseits musste auch klargestellt werden, dass der grundgesetzlich verbriefte Anspruch der Deutschen auf Wiedervereinigung ihres Landes keineswegs erloschen war.

In einer Stellungnahme der EG-Kommission vom 18. Oktober wurde vor diesen "Widersprüchen" gewarnt.[98] Als HELMUT KOHL dann seinen Zehn-Punkte-Plan vorlegte, hatte die Mitteleuropadebatte ihren Höhepunkt bereits eindeutig überschritten. Zwar erschienen nach wie vor Denkschriften und Stellungnahmen; auch Zukunftskonzepte wurden von unvorsichtigen oder wenigstens mutigen Verlagslektoren noch angenommen, etwa die Schrift[99] GÜNTER KIEßLINGS mit dem programmatischen Titel "Neutralität ist kein Verrat", doch die tatsächliche Entwicklung hatte eine Geschwindigkeit erreicht, mit der die theoretische Analyse nicht Schritt zu halten vermochte. Dies wurde klar, als die 2+4 Gespräche die Zukunft der beiden deutschen Staaten in einen internationalen Rahmen von Verhandlungen stellte, der die mitteleuropäischen Länder, insbesondere Polen, nicht direkt berücksichtigte.

CHRISTIAN HACKE[100] hat darauf hingewiesen, dass mit dem erfolgreichen Abschluss der Gespräche einer der weltweit gefährlichsten Konfliktherde beseitigt worden war und das Ende der alliierten Vorbehaltsrechte über Deutschland in absehbare Nähe gerückt war. Gleichzeitig betont er den visionären Charakter der Einigung: "Selten wurde deutsche und europäische Politik so ineinander übergreifend und hoffnungsvoll konzipiert."[101]

Mit der Lösung jener beiden Probleme, alliierte Vormacht über Deutschland und gegenseitige atomare Bedrohung, wurden der bundesdeutschen Mitteleuropadebatte zwei ihrer Argumentationsgrundlagen entzogen:

---

[98] VAN MIERT, KAREL. *Markt, Macht, Wettbewerb*. München 2000. S. 244.
[99] KIEßLING, GÜNTER. *Neutralität ist kein Verrat*. Erlangen 1989.
[100] HACKE, CHRISTIAN. *Die Außenpolitik der Bundesrepublik Deutschland. Weltmacht wider Willen?* Berlin 1997. S. 382.
[101] ibid. S. 384.

*Europa befreit sich vom Erbe der Vergangenheit. Durch den Mut von Männern und Frauen, die Willensstärke der Völker und die Kraft der Ideen der Schlussakte von Helsinki bricht in Europa ein neues Zeitalter der Demokratie, des Friedens und der Einheit an. Nun ist die Zeit gekommen, in der sich die jahrzehntelang gehegten Hoffnungen und Erwartungen unserer Völker erfüllen: unerschütterliches Bekenntnis zu einer auf Menschenrechten und Grundfreiheiten beruhenden Demokratie, Wohlstand durch wirtschaftliche Freiheit und soziale Gerechtigkeit und soziale Sicherheit für unsere Länder.*[102]

Für die Länder Mitteleuropas muss festgestellt werden, dass mit dieser Vision eine neue Zeit des Wartens anbrach. Wieder sahen sich die östlichen Nachbarn Deutschlands gewissermaßen auf der Wartebank, diesmal allerdings der EU, und Mitteleuropa war erneut an den Rand gerückt worden.[103]

---

[102] KSZE-Charta, Paris 21.11. 1990.
[103] Vgl. Zur Frage des Fortbestandes neutralistischer Ideen: JESSE, ECKHARD. "Der 'dritte Weg' vor und nach der Wiedervereinigung". in: ZITELMANN, RAINER. WEIßMANN, KARLHEINZ. GROßHEIM, MICHAEL. (Hg). *Westbindung: Chancen und Risiken für Deutschland.* Frankfurt/M 1993.

## 2. Ideengeschichtliche Bedingungen und Vorläuferdebatten

Unter dem allgemeinen Begriff "Mitteleuropadebatte" werden gemeinhin zwei verschiedene Diskurse zusammen gefasst. Eine erste Debatte bis 1945 und eine zweite, die ihren Höhepunkt Mitte der achtziger Jahre erreichte. Doch erscheint diese Zweiteilung bei näherer Prüfung als zu grob. Wenn es auch wenig Zweifel an der Berechtigung der Einschätzung gibt, dass mit dem Ende des 2. Weltkrieges auch die so genannte erste Debatte ihren eindeutigen Abschluss fand, so muss doch immerhin für den zweiten Teil eine Differenzierung vorgenommen werden, deren – andere! – Ursprünge jedoch teilweise sehr weit in die Vergangenheit zurückreichen. Dies hat ohne Frage mit der westeuropäischen Integration zu tun, deren effektiver Beginn Anfang der fünfziger Jahre dazu führte, dass eine Suche nach Wurzeln einsetzte, anhand derer die Finalität der Gemeinschaften aufgezeigt werden konnte, ohne dass der Verlust des Ostens oder die Vernichtungen des Krieges als allzu drückend empfunden werden würden. Einige grundsätzliche Entwicklungslinien, die zur Entstehung der Mitteleuropadebatte als geistesgeschichtliches Phänomen beigetragen haben, beginnen in relativ alter Zeit. Um das Thema der Genese jedoch nicht über Gebühr zu strapazieren, seien die wichtigsten Spuren im Folgenden nur knapp skizziert. Dabei kann zwischen zwei großen Bereichen unterschieden werden:

a.) Vorgeschichte im weiteren Sinn: alte Motive innerhalb der Debatte
b.) Vorgeschichte im engeren Sinn: Mitteleuropa *versus* Weltmacht

Die verschiedenen historischen Epochen, über die hinweg Europa ein Thema war, setzten jeweils sehr verschiedene Akzente, was die Bewertung oder gar die Definition Europas anbetraf. Der Begriff entwickelte sich langsam, wobei der Lichtkegel der Aufmerksamkeit über teilweise sehr verschiedene thematische Felder wanderte und je nach Zeitgeist verschiedene Aspekte als europäisch hervorhob, um sie vom Nichteuropäischen abzugrenzen. Ideengeschichtlich spielt für die Erörterung dessen, was Europa sei immer auch in hohem Maß dasjenige eine Rolle, was als das Andere empfunden wurde. Dieser Umstand ist eine Konstante in der Entwicklungsgeschichte des Begriffs "Europa".

a.) Vorgeschichte im weiteren Sinn: alte Motive innerhalb der Debatte

Im alten Hellas, der Heimat der ersten Versuche, Europa zu definieren, bestanden neben zahlreichen mythologischen Erklärungen, wie etwa bei HOMER,[104] vor allem die Bemühung um geographische Definition, wie bei Hekataios von Milet oder HERODOT im Mittelpunkt. Schon damals erwiesen sich diese Definitionen als fragwürdig und im Grunde auch als wenig ertragreich. Denn was bedeutete schon eine begrifflich klare Abgrenzung zwischen Europa und Asien, wenn die als konstituierend empfundene griechische Kultur in beiden Kontinenten beheimatet war?

Wenn man überhaupt von einer antiken Europadebatte sprechen kann, so betraf sie neben räumlichen Abgrenzungsversuchen in hohem Maß den griechisch-persischen Konflikt. Es ist von mehreren Seiten[105] auf den Kernpunkt des griechischen Selbstverständnisses hingewiesen worden, dass den Griechen Hellas-Europa als Land der Freiheit galt, im Gegensatz zum Land der Despotie, Asien.[106] Eine bemerkenswerte Übereinstimmung mit der Mitteleuropadebatte besteht in diesem antiken Versuch, Europa nach Osten hin abzugrenzen und die tatsächlich feststellbare geographische Grenze, etwa das ionische Meer, mit kulturphilosophischen Argumenten der Freiheit und des Individualismus zu stützen. Angesichts der tatsächlichen Siedlungsräume sind die antiken Modelle natürlich fragwürdig. Milet als Zentrum griechischen Kultur- und Wirtschaftslebens zum Beispiel liegt bekanntlich an der kleinasiatischen Küste. Von allen historischen Europabildern ist das griechische dem modernen trotz allem am nächsten verwandt.

Dies ist auch in Hinblick auf die tatsächlichen und politisch empfundenen Kräfteverhältnisse zu konstatieren: Griechisch-antike Europabilder stellen Asien häufig als übermächtigen Nachbarn dar, der beständig lauernd auf eine Gelegenheit wartet, nach Europa hinüber zu springen, um seine räuberischen Absichten in die Tat umzusetzen. Dem alltäglichen Handel zwischen Griechen und Persern jedoch tat dies keinen Abbruch.

Dies ist ein Motiv, wie es auch in der Zeit des Kalten Krieges wiederholt in der Debatte auftritt, vor allem, was die empfundene Wehrlosigkeit der Mitteleuropäer gegenüber den atomaren Waffensystemen der beiden Supermächte betrifft. Europa als Opfer eines überstarken Nachbarn ist ein uraltes Motiv, das in der Zeit des atomaren

---

[104] Ilias XIV, V.
[105] Vgl. ausführlichere Darstellung in BEHMEL, ALBRECHT. *Themistokles, Sieger von Salamis und Herr von Magnesia.* Stuttgart 2001. S. 38.
[106] KIRT, ROMAIN (Hg) *Die Europäische Union und ihre Krisen.* Baden-Baden 2001. S. 25.

Wettrüstens noch gespiegelt wird, indem nun sogar zwei übermächtige Nachbarn auftreten, die Sowjetunion und die USA. Vor allem osteuropäische Dissidenten wie GYÖRGY KONRAD haben diese Sichtweise vertreten.

In der Römerzeit verlor der Begriff "Europa" zugunsten der Vorstellung von einem potentiell weltumfassenden Imperium massiv an Bedeutung. Damit war auch die Frage nach Grenzziehungen um Europa herum gelöst, denn das Imperium kannte keine grundsätzlichen Grenzen, sondern im Inneren allein Provinzen, im Äußeren allein das noch einzugliedernde Fremde. Asien selbst wurde zur Bezeichnung einer Provinz; der Name Europa verschwand von der Landkarte. Dies blieb bis weit in die christliche Zeit hinein der Fall. In der Literatur wird dennoch häufig das Motiv der "Verteidigung Europas" gegen äußere Feinde erwähnt.[107] Hierbei ist auffällig, dass die Verteidigung nach Osten hin, gegen Mongolen, Ungarn und Türken Erwähnung finden, nicht jedoch die aus dem Norden kommenden, ebenfalls heidnischen Wikingerzüge, die immerhin Paris, Kiew und auch Sizilien erreichten. Es scheint so zu sein, dass das Motiv von Europas Verteidigung nach Osten hin als Gegenstand der Forschung sich als so stark erwies, dass es die Perspektive der Forschung selbst ebenfalls allein nach Osten hin mitlenkte. Ob dies jedoch mit Blick auf die Mitteleuropadebatte Erfolg versprechend untersucht werden kann, darf mit Recht bezweifelt werden.

PETER BURKE hat die provozierende Frage gestellt, ob Europa denn vor 1700 überhaupt existiert habe.[108] Damit vertrat er die Auffassung, dass sich der Europabegriff im Mittelalter im Gegensatz zur griechischen Antike und der Moderne als nur wenig produktiv erwiesen habe. Ein wesentlich dynamischeres Begriffspaar sei "Christentum-Heidentum", wobei auch hier die Abgrenzung nach Osten ein wichtiger Gesichtspunkt der Definitionen war. Der Osten als Außenseite Europas blieb freilich nicht das gesamte Mittelalter hindurch räumlich konstant. Das nicht-christliche Außenland war das Ziel der Beobachtung und dieses Land war bald näher, bald weiter entfernt von den Zentren der christlichen Kultur. Mit den Kreuzzügen, dem Großen Abendländischen Schisma und zuletzt dem Verlust Konstantinopels an die Osmanen wurden wichtige kulturelle Grenzen gezogen, die sich als beständig erwiesen. Mos-

---

[107] ELIOT, THOMAS S. *Die Einheit der europäischen Kultur*. Berlin 1946. S. 53 Zur Frage nach der Beziehung zwischen der europäischen Aufklärung und der christlichen Tradition des Abendlandes. ELIOT sieht einen grundlegenden Konflikt zwischen diesen beiden zutiefst europäischen Phänomenen.

[108] BURKE, PETER. "Did Europe exist before 1700?". in: *History of European Ideas*. 1. 1980. S. 21-29.

kau als neues Konstantinopel ist ein häufiges Motiv in der Mitteleuropadebatte der achtziger Jahre. WILFRIED LOTH hat darauf aufmerksam gemacht, dass bereits im Mittelalter Europakonzepte bestanden, die sich ideengeschichtlich als Ursprung der Emanzipation des Europabegriffs von christlichen Parametern erwiesen.[109] Doch erst im Jahrhundert der Aufklärung sollten diese Versuche zu Ertrag führen. MICHEL FOUCAULT hat in diesem Zusammenhang von der für Europa typischen Selbst-Betrachtung gesprochen und sie als zentrales Unterscheidungsmerkmal gegenüber anderen Kontinenten, bzw. Kulturkreisen hervorgehoben;[110] auch der Fortschrittsgedanke auf der Grundlage eines linearen Geschichtsbildes wird häufig betont.[111]

Die osteuropäischen Intellektuellen in Budapest und Prag fühlten sich diesen aufklärerischen Traditionen in hohem Maß verbunden und beriefen sich darauf, um den Unterschied zwischen den kleinen mitteleuropäischen Nationen und dem großen russischen Nachbarn zu verdeutlichen. Aber auch im Westen sind diese Motive eingesetzt worden: Europa habe immer nur nach Westen geblickt, nicht nach Osten, nach Russland, das weder Renaissance, noch Reformation oder Aufklärung gekannt habe, betonte der damalige amerikanische Präsident GEORGE BUSH SEN. 1983.[112]

Diese Vorstellung eines einheitlichen Abendlandes mit einem entsprechenden gemeinsamen Erbe ist problematisch. Einer der pointiertesten Kritiker dieser Vorstellung ist ISAJAH BERLIN, dessen Europaverständnis[113] stets von einem starken West-Ost-Gefälle vor allem zwischen Frankreich und Deutschland ausgeht. In Deutschland habe gerade im Fall von Renaissance und Aufklärung ein erheblicher Nachholbedarf bestanden. Allenfalls der Pietismus könne als deutsche Errungenschaft gelten. Für BERLIN ergibt sich daraus die Wurzel eines deutschen Minderwertigkeitskomplexes, der schließlich in Militarismus und Weltkrieg führte. Die östlichen Nachbarn Deutschlands, allen voran Russland seien erst später auf den Pfad des Nationalismus gestoßen.

---

[109] LOTH, WILFRIED. *Der Weg nach Europa. Geschichte der europäischen Integration 1939-1957*. Göttingen 1990. S. 9.
[110] FOUCAULT, MICHEL. *Dits et Écrits. 1954-1988*. Paris 1994. S. 681f.
[111] CURCIO, CARLO. *Europa. Storia di un'idea*. Firenze 1957. S. 351.
[112] GEORGE BUSH in der Frankfurter Rundschau am 22.9.1983. Vgl. auch: STEINKAMP, VOLKER. *L'Europe éclairée. Das Europa-Bild der französischen Aufklärung.* Frankfurt/M 2003.
[113] BERLIN, ISAJAH. *Das krumme Holz der Humanität. Kapitel der Ideengeschichte.* Frankfurt/M 1990. S. 307.

Für die europäische Aufklärung, auf die sich viele Vertreter von Mitteleuropagedanken zur Zeit der achtziger Jahre bezogen, um die Eigenständigkeit des Kontinents vor allem gegenüber dem in dieser Hinsicht freilich ganz uneuropäischen Asien zu betonen, ist zu bemerken, dass die Europabegeisterung der Aufklärungszeit auch ganz generell durch Schwärmereien für fremde Kulturen relativiert wurde. Zu nennen sind China aber auch die amerikanischen Indianerkulturen, die freilich vor allem als Spiegel der eigenen Zivilisation[114] dienten und nur in den Ausnahmefällen Herders oder Giambattista Vicos für sich Gegenstand des Interesses waren. Das Eigene im Fremden reflektiert wahrzunehmen wird häufig als typisch europäische Kulturtechnik dargestellt.[115] Auch für die Mitteleuropadebatte gilt dies, wenn auch in leicht veränderter Form, wenn die Betrachtungen der östlichen Mitteleuropäer als Anregungen zum Nachdenken über die eigene Lage aufgefasst wurden. Wie zu zeigen sein wird, unterscheidet sich der deutsche Zweig der Debatte von den restlichen vor allem durch das unterschiedliche Deutschlandbild, das den Äußerungen zugrunde lag, so dass man sagen kann, auch hier sei jene Kulturtechnik des Wiederfindens eigener Dinge im Fremden erneut zum Einsatz gekommen, wobei als Spiegel nicht China oder die Seele eines Voltaire'schen Huronen diente, sondern die etwas näheren Verwandten aus Prag und Budapest vor der nostalgischen Folie einer verlorengegangenen "guten alten Zeit". Verlässt man die Ebene der aufklärerischen Belletristik und wendet man sich der traditionellen Forschung zu, etwa dem Völkerrecht oder den Geschichtswissenschaften, so findet man eine für den gegenwärtigen Zweck erhellende Vorstellung von Europa als Sammlung verschiedener Staaten mit verschiedenen Interessen, die aber in immer engere Beziehung miteinander treten. Diese Beziehungen stellten sich den Zeitgenossen als Verflechtungen dynastischer Verwandtschaften, aber auch als Summe von Handelsinteressen und militärischen Bündnissen dar.

In Bezug auf die Mitteleuropadebatte in der Bundesrepublik sind diese Aspekte in sofern von Bedeutung, als sie gerade auch von den Gegnern der Mitteleuropapläne häufig ins Feld geführt wurden: Die Berufung auf das christliche Erbe Europas oder die freiheitlich-ethischen Werte der Aufklärung in Europa oder Nordamerika waren

---

[114] CLOUSTON, JOHN S. *Voltaire's binary masterpiece "L'ingénu" reconsidered.* Bern 1986.
[115] BECKER, WINFRIED. "Ausprägungen der Europaidee in der katholischen Publizistik des 19. und 20. Jahrhunderts". in: KICK, KARL G. WEINGARZ, STEPHAN. BARTOSCH, ULRICH (Hg). *Wandel durch Beständigkeit. Studien zur deutschen und internationalen Politik. Jens Hacker zum 65. Geburtstag.* Berlin 1998. S. 412.

von zentraler Bedeutung, wenn es darum ging, Überlegungen der Systemäquivalenz von Ost und West zu kritisieren. Das Schlagwort vom "christlichen Abendland" war somit eine doppelte Absage an Pläne, die auf einer Kooperation mit dem atheistischen, weil sozialistischen Osten basierten.[116] Denn den meisten der bisher genannten Europabilder ist der Umstand gemein, dass der Osten als Quelle von Gefahren verstanden wurde. Die Berufung auf eine Bedrohung von Osten als konstituierendes Element europäischer Identität der Mitte ist mehr als problematisch. Zugestanden sei für den mitteleuropäischen Raum, dass in der Tat viele Einfälle aus dem Osten stattfanden, doch auch der Westen sollte sich im Verlauf der Geschichte nicht gerade als harmlos erweisen.

b.) Vorgeschichte im engeren Sinn: Mitteleuropa *versus* Weltmacht
Interessant wird das Motiv, wenn man es umdreht und die Invasionen betrachtet, die von Europa ausgingen, um Teile der nichteuropäischen Welt zu unterwerfen. Hier kann man konstatieren, dass zumindest in der Neuzeit die mitteleuropäischen Länder mit Ausnahme von Österreich-Ungarn und Preußen stets Objekt von Invasionen waren und selten Urheber. Es mag zwar auch in den kleinen Völkern der Mitte Großmachtträume gegeben haben, etwa in Polen, aber diese waren und blieben ohne jede realistische Chance auf Verwirklichung, solange die großen Nachbarn in Ost und West eindeutig die Oberhand behielten. Der Kolonialismus war keine Sache der europäischen Mitte: Weder Polen noch Tschechien-Böhmen oder Ungarn waren je in der Lage, Kolonien zu erwerben. Gebietsveränderungen fanden zwar statt, doch stets nur unter der Ägide der jeweiligen Vormacht. Diese Definition Mitteleuropas taucht in der damaligen Debatte so zwar nicht auf, doch das Motiv des Opfers klingt durchweg deutlich an.
Die Beziehungen zwischen Europa und der außereuropäischen Welt erreichten mit dem späten Kolonialismus und der vor-elektronischen Industrialisierung eine neue Qualität: Technische Hilfsmittel wie Telegraphie, Zündnadelgewehr und motorisierte Schiffe brachten ein grundsätzlich gewandeltes Welt- und Menschenbild mit sich, das in seiner konsequentesten Form im britischen Weltreich zu verorten ist. Auch Frankreich und die kleineren westeuropäischen Länder, wie Belgien befanden sich auf einem vergleichbaren Weg. Der Osten, namentlich das Zarenreich und das Osmanische

---

[116] MÜLLER, JOHANN BAPTIST. "Abendland – ein Identitäts-Konzept, das neu entdeckt zu werden verdient?" in: WEINACHT, PAUL-LUDWIG (Hg). *Wohin treibt die Europäische Union?* Baden-

Reich, spielte dagegen aufgrund seiner technischen Rückständigkeit eine eher geringe Rolle. Für das Thema "Mitteleuropa" bedeutete dies zunächst, dass Deutschland, bzw. der Deutsche Bund und auch das frühe Kaiserreich in eine Zwischenposition geriet. Einerseits bestanden Perspektiven und Begehrlichkeiten nach Übersee, andererseits schien aus dem Osten auf absehbare Zeit keine Gefahr zu drohen.

Grundlegend ist, dass die Europabilder aus Deutschland seit LEIBNIZ und NOVALIS in hohem Maß auch Deutschlandbilder sind.[117] Dies mag mit dem Umstand zusammenhängen, dass Preußen nach 1866 und auch das Kaiserreich multinationale Gebilde waren. In noch höherem Maß gilt dies für Österreich-Ungarn. Die südwestdeutschen Kleinstaaten andererseits zeichneten sich durch eine vollkommen andere Struktur aus. Aus dem Gesagten ließe sich folgern, dass der Ausschluss der deutschen Länder aus Mitteleuropa, wie er von vielen osteuropäischen Publizisten vorgenommen wird, historisch durchaus fundiert ist. Legt man den Maßstab des Kolonienerwerbs an, so befinden sich das Deutsche Kaiserreich und die Habsburger Monarchie in der Tat nicht auf der Seite der Opfer. Die deutschen Vertreter des Mitteleuropagedankens der achtziger Jahre jedoch sahen nun gerade Deutschland in eine Opferrolle des Wettrüstens hineingerückt, ganz speziell, was die Bedrohung durch Mittelstreckenwaffen betraf. Stellvertretend für die Autoren vieler Versuche, die kulturellen Grenzen des Kontinents zu beschreiben und anhand von historischen Ereignissen dingfest zu machen, kann GEORGE H. HODOS genannt werden, dessen historisch-politischer Grundriss[118] mit einer Diskussion des Frankenreiches einsetzt und die Geschichte Europas als eine Entwicklung der Ausdifferenzierung bestimmter Räume begreift. Ähnliche Spurensuchen sind auch bei HEINZ GOLLWITZER[119], KARL SCHLÖGEL[120] und AUGUST BUCK[121] zu finden. Indessen greift WILHELM TIELKER derartige Versuche auf philosophischer Grundlage an, indem er die Schwächen von linearen Geschichtsbildern aufzeigt, die dem Rekonstrukteur nicht selten Fallen stellen:

---

Baden 2001.

[117] NOVALIS. "Christenheit oder Europa" in: KLUCKHORN, PAUL. RICHARD SAMUEL (Hg). *Novalis Schriften. Die Werke Friedrich von Hardenbergs*, Band III. Stuttgart 1977. S. 519.

[118] HODOS, GEORGE H. *Mitteleuropas Osten. Ein historisch-politischer Grundriss.* Bonn 2003.

[119] GOLLWITZER, HEINZ. *Europabild und Europagedanke. Beiträge zur deutschen Geistesgeschichte des 18. und 19. Jahrhunderts.* München 1951. S. 66-72.

[120] SCHLÖGEL, KARL. *Berlin Ostbahnhof Europas. Russen und Deutsche in ihrem Jahrhundert.* Berlin 1998. S. 255.

[121] BUCK, AUGUST (Hg). *Der Europa-Gedanke.* Tübingen 1992.

> *Ohne Zweifel ist seit der Antike bis heute über die schicksalgemeinschaftliche Verbundenheit und/oder die Notwendigkeit eines Zusammenschlusses zumindest eines Teils der auf dem europäischen Kontinent beheimateten Völker nachgedacht worden. Und weil dies so ist, kann man über diese Einigungspläne, d. h. über die Vorstellungen der Zeitgenossen von einer gewissen Einheit ihrer Welt, eine Art Chronik schreiben, die den Zeitraum von Herodot bis zum Vertrag von Maastricht erfasst.*[122]

Den Sinn dieser Chroniken stellt TIELKER mit dem Hinweis in Frage, dass Finalität immer nur a posteriori zu verstehen sei, also dann, wenn das Ziel bereits erreicht oder verfehlt ist. Hierbei bestehe grundsätzlich die Gefahr, den Herstellern antiker Streitwagen zu unterstellen, ihnen habe letztlich die Entwicklung eines Formel1-Boliden vorgeschwebt. Weniger polemisch, jedoch auch weniger auf geistesgeschichtliche Schwächen fixiert sind die Beiträge in einem von GEORG MICHELS herausgegebenen Werk.[123] Beiträge aus Österreich, Polen, Tschechien, Litauen und Deutschland untersuchen das Europabild in der Geschichtswissenschaft Ostmitteleuropas, und auch hier beruht die Methode im Wesentlichen darauf, Epochen auf weitestreichende Zusammenhänge hin zu untersuchen. CARLO CURCIO hat mit seiner *Storia di un'idea*[124] den schwierigen Versuch unternommen, den übergroßen Reichtum an Fundstellen der Literatur zu ordnen. Mit weniger hohem Anspruch und unter Berücksichtigung von bedeutend weniger Material hat dies auch FEDERICO CHABOD getan.[125] Die beiden Titel sind für einen europäischen, jedoch außer-deutschen Blick auf das Thema wertvoll. Ebenso die Arbeit von JEAN-BAPTISTE DUROSELLE.[126]
Ein neuerer deutscher Beitrag, der nicht erst bei den Karolingern einsetzt, sondern bereits HOMER bemüht ist von VOLKER STEINKAMP[127] vorgelegt worden, ebenso einer von AUGUST BUCK für einen übersichtlichen und nicht derart ausführlichen Bogen.[128]

---

[122] TIELKER, WILHELM. *Der Mythos von der Idee Europas. Zur Kritik und Bedeutung historischer Entwicklungsgesetze bei der geistigen Verankerung der europäischen Vereinigung.* Münster 2003. S. 101.
[123] MICHELS, GEORG (Hg). *Auf der Suche nach einem Phantom? Widerspiegelungen Europas in der Geschichtswissenschaft.* Baden-Baden 2003.
[124] CURCIO, CARLO. *Europa. Storia di un'idea.* Firenze 1957.
[125] CHABOD, FEDERICO. *Storia dell'idea di Europa.* Bari 1995.
[126] DUROSELLE, JEAN-BAPTISTE. *L'idee d'Europe dans l'histoire.* Paris 1965.
[127] STEINKAMP, VOLKER. *L'Europe éclairée. Das Europa-Bild der französischen Aufklärung.* Frankfurt/M 2003.

Einen Erklärungsansatz, der zu den oben erwähnten Versuchen paßt, die Gemeinsamkeiten der mitteleuropäischen Staaten auf eine kulturelle Grundlage zu stellen hat KARL OTMAR VON ARETIN vorgelegt.[129] Wobei seine These, dass sich Architektur, Malerei und Musik leichter für europäisch erklären lassen als die Geschichte der Diplomatie oder der kriegerischen Auseinandersetzungen insgesamt fragwürdig erscheint, wenn man an die globale Verbreitung gerade der europäischen Kultur denkt. Man kann sich darüber streiten, ob eine Mozart-Inszenierung an einer kanadischen Oper eine "europäischere" Veranstaltung sei als das gleiche Werk in einer südkoreanischen Aufführung. Neben der zeitlichen Entwicklung der Debatte von den Anfängen bis in den Untersuchungszeitraum hinein ist auch das geistige Umfeld von Interesse, in der die Debatte in den achtziger Jahren zu liegen kam.

Die Dekade vor der deutschen Wiedervereinigung ist in vielerlei Hinsicht bemerkenswert: Zunächst einmal ist der Generationenwechsel in Staat und Gesellschaft zu nennen, der dazu führte, dass die Konfliktlinien nicht mehr, wie 1968 entlang der Grenze zwischen Weltkriegsteilnehmern und Nachgeborenen verlief.
Man kann sagen, dass die Massenkundgebungen der achtziger Jahre eine "reifere" Neuauflage der Studentenunruhen bildeten, waren sie doch nach wie vor radikal in einigen Forderungen, doch vom Stil her gemildert und gewissermaßen familientauglicher. Die Ostermärsche insbesondere sind hier zu nennen, aber auch die Gründung der Partei der Grünen. Die außerparlamentarische Opposition kam nun doch ins Parlament, und das war wohl nicht zuletzt auch ein Ausdruck der Tatsache, dass die bisherige Richtung der deutschen Politik, unter ADENAUER noch fast ganz unbestritten, dann immer zerklüfteter, in Frage gestellt wurde: Wohin sollte sich Deutschland innerhalb Europas entwickeln? Die Dekade Delors von 1985 bis 1995 beendete eine Phase der Europamüdigkeit, die auch gekennzeichnet war vom Wettrüsten der Supermächte, von der Unsicherheit über zukünftige Energiequellen, beziehungsweise vom Auftreten der Rohstoffkrisen, von der Wiederkehr eines totgeglaubten Phänomens, der Massenarbeitslosigkeit. Für den zeitgenössischen Beobachter stellten sich diese Umstände sicherlich nicht zwangsläufig als endzeitlich dar, aber man kann sicher behaupten, dass der Anfang der achtziger Jahre für viele Beobachter eine Art

---

[128] BUCK, AUGUST. *Der Europa-Gedanke*. Tübingen 1992.
[129] ARETIN, KARL OTMAR FRHR. VON. "Europa-Ordnungsvorstellungen im Krieg und Frieden vom 17. zum 20. Jahrhundert." in: *Universität Heidelberg: Europa und Europabilder*. Heidelberg 1999.

von Scheideweg bedeutete. Das legte den Blick über den Eisernen Vorhang nahe, hinter dem sich ebenfalls Entwicklungen regten, die man früher so nicht gekannt hatte.[130]
Es entwickelte sich auch ein differenzierterer Blick auf den Osten des Kontinents: Eine oppositionelle Gründung wie die der polnischen *Solidarnosc* erschien für die DDR oder die Sowjetunion so gut wie ausgeschlossen. Der nahe Zusammenbruch das Warschauer Paktes war nicht zu erkennen. Im Gegenteil, man musste davon ausgehen, dass sich auf absehbare Zeit hin wenig an der Macht der Sowjetunion ändern würde. Genau hierin lag der Grund für den Gedanken, dass Veränderungen vom Westen auszugehen hätten. Je stabiler der Ostblock erschien, desto fragwürdiger musste die Politik der Vereinigten Staaten erscheinen, wenn sie weiterhin auf Konfrontation setzte.

Es fehlte nicht an Zeichen dafür, dass zum Beispiel auch in der DDR oppositionelle Gruppen vorhanden waren, doch blieb der Umfang stets relativ bescheiden. Umso mehr Respekt zollte man den wenigen Dissidenten zwar, aber als Anzeichen für einen nahen Systemumsturz konnten Aktionen wie der so genannte "Berliner Appell"[131] nicht gewertet werden. Die erste Fassung trug die Unterschriften von nur 35 Personen und enthielt u.a. den Vorschlag, ganz Europa zur atomwaffenfreien Zone zu erklären.
In diesem geistigen Klima zwischen Neuorientierung und verstärktem Misstrauen gegenüber bekannten Konstellationen konnten Utopien besser entstehen als früher. Der Fall der Berliner Mauer bedeutete für die meisten dieser Utopien jedoch unversehens das Ende. Prominente Namen wie ERHARD EPPLER sind mit Publikationen verbunden, die den sicherlich damals auch modischen Begriff der "Utopie" tragen. Im Kontext der Mitteleuropadebatte ist indessen der Umstand bemerkenswert, dass entgegen aller politikwissenschaftlichen Gepflogenheiten nicht von Utopie die Rede ist, sondern in erster Linie vom "Traum" Mitteleuropas.
Ob es ertragreich ist, zwischen "Utopie" und "Traum" begriffstheoretisch zu differenzieren, mag dahingestellt bleiben. Beide bezeichnen etwas Nichtbestehendes und beide dienen illustratorischen Zwecken. Anzumerken ist jedoch vielmehr, dass die Mitteleuropadebatte mit der Verwendung des Begriffs "Traum" aus dem traditionellen

---

[130] Für eine Zusammenfassung: SCHLÖGEL, KARL. *Die Mitte liegt ostwärts. Die Deutschen, der verlorene Osten und Mitteleuropa*. Berlin 1986 (2002). S. 16

[131] BÜSCHER, WOLFGANG ET AL. (Hg.) *Friedensbewegung in der DDR. Texte 1978–1982*. Hattingen 1982. S. 246 ff.

Vokabular politischer Publizistik ausscherte. Das mag damit zu tun haben, dass viele der beteiligten Autoren aus osteuropäischen Ländern stammten, und daher gegenüber kommunistisch besetzten Begriffen wie gerade dem der "Utopie" eher zurückhaltend blieben.

Der Traum ist immer etwas zutiefst Privates, etwas automatisch Nicht-Öffentliches, das allenfalls mitgeteilt oder erzählt werden kann. Genau diesen Anspruch vertritt GYÖRGY KONRAD in seiner "Antipolitik", die er folgendermaßen charakterisiert: "Antipolitik ist eine Gegenmacht, die nicht an die Macht kommen kann und das auch nicht will."[132] Als Mittel hierfür erscheinen Träume geradezu wie gemacht, und es sollte sich erweisen, dass der sanfte Druck jener im Sinne KONRADS antipolitischen Dissidenten,[133] die freilich alles andere als Träumer waren, sich zu einer solch unwiderstehlichen Macht entwickelte, dass die sozialistischen Regime ihnen nichts entgegenzusetzen hatten, oder, wie es ERICH LOEST in seinem Roman "Nikolaikirche" von einem Offizier der Staatssicherheit ausdrücken lässt, man sei auf alles vorbereitet gewesen, nur nicht auf Kerzen und Gebete.[134]

Die Bundesrepublik kannte keine nur entfernt vergleichbaren Repressionsinstrumente, wie sie in der DDR vorhanden waren und auch eingesetzt wurden. Auch war das begriffliche Instrumentarium des Sozialismus nicht in der gleichen Weise diskreditiert. Im Gegenteil, als die Friedensbewegung der achtziger Jahre das Erbe der APO zumindest teilweise antrat, fanden sich im Nachlass auch Begriffe, die man im Osten besser meiden wollte, gerade, wenn man viele gemeinsame Ziele hatte.[135] Dies war Anlass für Missverständnisse und Misstöne.

---

[132] KONRÁD, GYÖRGY. *Antipolitik. Mitteleuropäische Meditationen.* Frankfurt/M 1984. S. 213.
[133] SCHLÖGEL, KARL. *Die Mitte liegt ostwärts.* München 2002. S. 134/135.
[134] Der Ausspruch geht auf den Vorsitzenden der DDR-Volkskammer, Horst Sindermann, zurück.
[135] Zu dem sehr interessanten Thema der Beziehungen zwischen den beiden Friedensbewegungen Ost und West Vgl. den Artikel von POPOV, DIMITRI. *Die grüne Nostalgie.* in: http://www.freitag.de/2002/39/02391101.php

## 2.1. Charakter der deutschen Mitteleuropadebatte bis 1945

Die Frage, ab wann Mitteleuropa als potentielles Betätigungsfeld deutscher Politik zu untersuchen ist, kann auf allgemeiner Ebene kaum zu befriedigenden Ergebnissen kommen. Es ist denkbar und auch argumentativ zu stützen, dass bereits die Ottonen in gewisser Weise Mitteleuropapläne vertraten, ganz in der weiterführenden Nachfolge Karls des Großen, dessen Politik diesen Raum ebenfalls berührte, wie vor ihm die Bemühungen der Römer von Süden her. FRIEDRICH NAUMANNS Konzept steht freilich nicht unbedingt auf diesen Schultern, sondern stützt sich auf Vorstellungen, die erst durch die Industrialisierung möglich wurden.[136]

Eine Aufstellung der zeitlichen Abfolgen innerhalb der Debatte bis 1945 ergibt folgendes Bild:

a.) friedliche Wirtschaftsinitiativen in Mitteleuropa: 1871-14
b.) Phase der kriegerischer Expansion nach Osten: 1914-18
c.) Beginn des Rückzugs Österreichs aus dem mitteleuropäischen Raum: 1918/19
d.) Konsolidierung neuer mitteleuropäischer Staaten in der Nachfolge Habsburgs
e.) deutsche Vorkriegs-Annexionen in Mitteleuropa bis 1938/1939
f.) zweite Phase kriegerischer Expansion und Rückzug 1939-45
g.) Ende klassischer deutscher Mitteleuropapolitik mit Kriegsende 1945

Um das Wesen der Debatte zu verstehen, muss nach dem entscheidenden Begriff der deutschen Mitteleuropapläne bis 1945 gefragt werden. Er lautet: "Wirtschaft".[137] Das, was in der Forschungsliteratur für den Zeitraum bis zum Ende des 2. Weltkrieges diskutiert wird, sind Pläne, Vorstellungen und Forderungen zur Ordnung von Rohstoffversorgung und Absatzmärkten im Interesse der deutschen Ökonomie. Um es maximal plakativ auszudrücken, bestand der Kern NAUMANN'SCHER Gedanken darin, Rohstoffe nach Deutschland hereinzuholen, während es der Debatte der achtziger Jahre darum ging, Raketen aus Deutschland hinauszuschaffen.

---

[136] BENNHOLD, MARTIN. "Mitteleuropa - eine deutsche Politiktradition. Zu Friedrich Naumanns Konzeption und ihren Folgen". in: *Blätter für deutsche und internationale Politik* 8. 1992. S. 977-989.

a.) bis d.) zwischen 1870 und 1919

Zu Beginn des 1. Weltkrieges schienen die Chancen eines deutsch-österreichischen Sieges durchaus realistisch. Die deutschen Truppen standen an allen Fronten mehr oder weniger weit in Feindesland, so dass zu diesem Zeitpunkt die Frage berechtigt war, was mit diesen Gebieten nach Kriegsende geschehen sollte. FRIEDRICH NAUMANNS Denkschrift[138] wurde in dieser Zeit veröffentlicht und erlebte einen beachtlichen Erfolg auf dem Buchmarkt, der auch als Indikator dafür dient, wie aktuell oder wenigstens öffentlichkeitswirksam seine publizierte Idee war. Von den Schriften zur Mitteleuropadebatte in den achtziger Jahren erlebte keine einzige einen derartigen Erfolg. Im Kern ging es NAUMANN darum, die bestehenden und neuen Gebiete des Deutschen Reiches zusammen mit den nach Kriegsende benachbarten Gebieten in einem ökonomischen Gesamtbild darzustellen, dessen Zentrum in Preussen liegen sollte.[139] Ein wichtiger Parameter bei diesen Planungsgedanken war der Begriff der Nation, mithin die Frage nach der Möglichkeit die verschiedenen Nationalitäten miteinander unter ein gemeinsames ökonomisches Ordnungskonzept zu vereinen, oder, wie es BERNHARD DOPPLER formulierte: Als Liberaler plädiert er, wie auch einige Sozialdemokraten, für ein Ende des Kampfes gegen Frankreich und für eine Neuordnung des Ostens unter Führung der Deutschen.[140]

Um einige dieser Nationen beim Namen zu nennen: NAUMANNS Mitteleuropa würde aus den beiden Kernstaaten Deutsches Reich[141] und Österreich-Ungarn bestehen, sowie als angegliederte Gebiete auf einer tieferen Stufe: Holland, Belgien, die Schweiz, Serbien, Montenegro, Bulgarien und Rumänien. Polen, Tschechien und die Slowakei indessen existierten nicht auf staatlicher Grundlage. Keines der Länder der zweiten Stufe hätte nur entfernt die Wirtschaftskraft allein Preussens erreichen können. Abge-

---

[137] GUTSCHE, WILLIBALD. "Mitteleuropaplanungen in der Außenpolitik des deutschen Imperialismus vor 1918". in: *Zeitschrift für Geschichtswissenschaft* 20 (1972), S. 533-549.

[138] STÜRMER, MICHAEL. "Gibt es Mitteleuropa?" in: *FAZ* 10.12.1986: "[...] eine zu lang geratene Kriegszieldenkschrift im Allegro moderato."

[139] JAHN, EGBERT. "Zur Debatte über 'Mitteleuropa' in westlichen Staaten". in: ÖSTERREICHISCHES INSTITUT FÜR FRIEDENSFORSCHUNG UND FRIEDENSERZIEHUNG (Hg). *Mitteleuropa? Beiträge zur Friedensforschung*. Stadtschlaining o.J. (1988)

[140] DOPPLER, BERNHARD. "Zur Diskussion um Mitteleuropa". in: ÖSTERREICHISCHES INSTITUT FÜR FRIEDENSFORSCHUNG UND FRIEDENSERZIEHUNG (Hg). *Mitteleuropa? Beiträge zur Friedensforschung*. Stadtschlaining o.J. (1988) S. 62.

sehen von allen Vorbehalten auf politisch-kultureller Ebene, wie man sie in dieser Zeit gegen Preussen in vielen auch deutschen Ländern hegte, erschien der Aspekt des wirtschaftlichen Hegemonialstrebens den Beobachtern im Ausland in einem so klaren Licht, dass mit einer weitreichenden Zustimmung außerhalb Deutschlands kaum zu rechnen war. Im Gegenteil, es war sogar von einer deutschen Verschwörung die Rede oder der Gefahr maßloser deutscher Expansion.[142] Die sollte jedoch erst im 2. Weltkrieg wirklich die Dimensionen erreichen, vor denen bereits im 1. Weltkrieg gewarnt wurde. Der Frieden von Versailles löste die Problematik des Deutschen Reiches nicht. Ebensowenig wie sich die territorialen Grenzen Deutschlands nach dem Krieg veränderten, verschob sich auch die Frage, in welcher Beziehung die östlichen Nachbarländer zu dem in jeder Hinsicht überlegenen Reich stehen würden. Nach wie vor reichte Deutschland weit in den mitteleuropäischen Raum hinein.

Erst 1945 trat für Deutschland das ein, was Österreich bereits 1918/1918 erfahren hatte: massive Verluste östlicher Gebiete. Beides hatte deutliche Konsequenzen für die Verfolgung weiterer Mitteleuropapläne. Für Österreich auf seinem Weg der Neutralität bedeutete dies, nach Kooperationen zu suchen, die weder als Provokation nach Osten noch nach Westen verstanden werden konnten. Die Bundesrepublik konnte kaum anders, als sich nach Westen hin orientieren, vor allem nicht nach dem Bau der Berliner Mauer.

Der für die vorliegende Untersuchung entscheidende Bruch des Jahres 1945 führte die Mitteleuropadebatte vom Feld der Mehrheitsdiskussion in den Bereich von Randgruppengesprächen. Zwar blieb zunächst selbst die nähere Zukunft Deutschlands ungewiß, so dass die verschiedensten Modelle staatlicher oder sogar halbstaatlicher Organisationsformen denkbar erschienen, doch kristallisierte sich unter ADENAUER relativ rasch eine gangbare Marschrichtung heraus. Die deutsche Teilung wurde, so der Konsens, hingenommen und als vorübergehend aufgefasst, ohne dass dies in passives Abwarten oder in nationalen Revanchismus münden durfte.

Sicherlich kann FRIEDRICH NAUMANNS Schrift "Mitteleuropa" als grundlegendes Werk gelten,[143] das viele seiner Nachfolger entscheidend beeinflusst hat. Aus heuti-

---

[141] In den Grenzen von 1914, was die Abwesenheit Polens von der Liste erklärt.
[142] MASARYK, THOMAS G. "Pangermanism and the Eastern Question". in: *The New Europe*. 1916.
CHÉRADAME, ANDRÉ. *The Pangerman Plot Unmasked*. New York 1917.
[143] NAUMANN, FRIEDRICH. *Mitteleuropa*. Berlin 1915.

ger Perspektive ist es jedoch nicht selbstverständlich, dass Konzeptionen für Mitteleuropa während des 1. Weltkrieges so gut wie ausschließlich volkswirtschaftlicher Natur waren. Der heutige Leser erwartet eher Hinweise auf Kulturen, Sprachenvielfalt und nationale Eigenheiten. Die Ordnungsvorstellungen der wilhelminischen Zeit treten noch in einem gänzlich anderen Gewand auf, so auch das Mitteleuropa-Konzept FRIEDRICH NAUMANNS, das sich gedanklich auf Strategien der damals neu sich entwickelnden Industrien, vor allem der chemischen und der Elektroindustrie stützte und auf populärwissenschaftliche Weise ein Kriegszielprogramm für das Deutsche Reich vorstellte.

Letztlich gingen diese Vorstellungen nicht viel weiter über das hinaus, was an Geländegewinnen zunächst tatsächlich machbar erschien und später im mitteleuropäischen Raum tatsächlich erreicht wurde.

Diese Expansionspläne wurden nicht nur von der deutschen Leserschaft sehr wohlwollend aufgenommen, sondern auch im Ausland kritisch verfolgt. Der spätere tschechoslowakische Präsident MASARYK beispielsweise betonte die Kontingenz dieser Ziele mit denen der Reichsgründung.[144]

Eine extreme Position vertrat ALBERT RITTER, der Vorsitzende des Alldeutschen Verbandes, der unter Pseudonym[145] ein Modell publizierte, das, wie andere Konzepte auch, fast ausschließlich auf Grundlage volkswirtschaftlicher Überlegungen eine Union von Staaten quer durch Europa hindurch forderte. Diese Union sollte dem Deutschen Reich als Absatzgebiet und Rohstoffbasis dienen. Aus geostrategischen Überlegungen heraus forderte RITTER die konsequente Eingliederung des Balkans. Seine Broschüre erreichte in der kurzen Zeit zwischen 1913 und 1915 immerhin zwölf Auflagen.

Ein späterer Ordnungsversuch ist bei GÜRGE und GROTKOPP zu finden, deren auf einer Vortragsreihe basierender Ansatz in erster Linie darin bestand, das Erbe NAU-

---

[144] THOMAS G. MASARYK. "Pangermanism and the Eastern Question". in: *The New Europe*. 1916. oder, mit gleicher Grundaussage: ANDRÉ CHÉRADAME. *The Pangerman Plot Unmasked*. New York 1917. Eine Interpretation solcher Ansätze, jedoch aus deutscher Sicht bietet bspw. GUTSCHE, WILLIBALD. "Mitteleuropaplanungen in der Außenpolitik des deutschen Imperialismus vor 1918". in: *Zeitschrift für Geschichtswissenschaft 20*. 1972. S. 533-549. Hier steht die Beurteilung der Mitteleuropakonzeptionen als Schutz vor amerikanischen und russischen Hegemonialansprüchen.

[145] WINTERSTETTEN, KONRAD VON. *Berlin-Bagdad. Neue Ziele mitteleuropäischer Politik*. München 1915.

MANNS und Lists erneut herauszupräparieren.[146] Die Idee Mitteleuropas erscheint hier vorrangig in einem ökonomischen Licht.

Ebenfalls zeitgenössisch ist WISKEMANNS Beitrag mit dem eindeutigen Titel[147] von einer "deutschen Aufgabe" in Mitteleuropa, bzw. Mitteleuropa selbst als Aufgabe für die Deutschen aus dem Jahr 1933. Hier stehen erneut Friedrich List und NAUMANN im Mittelpunkt. Insgesamt kann man sagen, dass die deutschen Mitteleuropakonzeptionen bis 1945 ökonomische Aspekte aus einer Perspektive der deutschen Hegemonialstellung heraus untersuchten, gleich, wie die politische Machtstellung Deutschlands nun tatsächlich aussah. Mitteleuropa war, und dies ist ein fundamentaler Unterschied zum Mitteleuropa des Untersuchungszeitraums dieser Arbeit, kein utopischer Alternativbegriff, sondern realpolitisches Ziel bzw. in der kurzen Zeit des "Großdeutschen Reiches" sogar nahe an der Verwirklichung. Dies lag nicht zuletzt daran, dass die Pläne auf Zustimmung bei einigen der amtierenden Regierungen dieser Länder stießen, was im Fall der Mitteleuropapläne der Zeit des Kalten Krieges mit Sicherheit nicht zutraf.[148]

Eine Besonderheit stellt die in vielerlei Hinsicht bemerkenswerte Person RICHARD COUDENHOVE-KALERGIS dar. Dessen Initiativen zur Versammlung illustrer Anhänger seiner paneuropäischen Idee und Einigungsbewegung allerdings nur in die Gründung eines Debattierklubs mit kontinentalem Anspruch mündeten.[149] Mit dem Begriff "Mitteleuropa" ist sein Name indessen nicht verbunden.

Für das Verständnis der Debatte der achtziger Jahre ist es wichtig, auf die Rolle der beiden späteren Großmächte, USA und Sowjetunion zu blicken. Vor dem 2. Weltkrieg hatten für Deutschland reale Chancen bestanden den Raum Mitteleuropas wirtschaftlich zu durchdringen, gleich auf welcher Grundlage des Völkerrechts. Noch war die Sowjetunion nicht in der Lage, einer wie auch immer gearteten deutschen

---

[146] GÜRGE, WILHELM. GROTKOPP, WILHELM. (Hg.) *Großraumwirtschaft. Der Weg zur europäischen Einheit.* Berlin 1931.
[147] WISKEMANN, ERWIN. *Mitteleuropa. Eine deutsche Aufgabe.* Berlin 1933.
[148] Auf dies und den Bedeutungswandel solcher zentralen Begriffe wie etwa "Sozialismus", "Nation", etc. seit 1900, hat Lothar Gall hingewiesen: GALL, LOTHAR. *Europa auf dem Weg in die Moderne. 1850-1890.* München 1989.
[149] LOTH, WILFRIED. *Der Weg nach Europa. Geschichte der europäischen Integration 1939-1957.* Göttingen 1990. S. 11. und STRÅTH, BO; SANDKÜHLER, THOMAS. "Europäische Integration. Grundlinien und Interpretationen". in: DIECKMANN, CHRISTOPH; GERLACH, CHRISTIAN; GRUNER,

Hegemonialpolitik entgegenzutreten. Daher ist das deutsche Bild der Sowjetunion für das Verständnis der Debatte vor 1945 bedeutsam. Man kann dieses Bild als von überheblichen und auch unrealistischen Vorstellungen geprägt beschreiben. Es traf zu, dass die junge Sowjetunion mit erheblichen inneren Schwierigkeiten zu kämpfen hatte, vor allem in der Zeit während und kurz nach dem Bürgerkrieg, doch wurde auf deutscher Seite die Dynamik der einsetzenden Sowjetisierung sicher unterschätzt. Dies war später mit dem überheblichen Rassebegriff der Nationalsozialisten verbunden, der solche Fehleinschätzungen noch wahrscheinlicher machte. Mitteleuropa als Begriff war in der Zeit des Nationalsozialismus nicht von zentraler Bedeutung.[150] Es ging vor allem um das Wort "Lebensraum", ein an sich viel umfassenderer, weil grenzenloser Begriff, der auch ganz von geographischen Aspekten losgelöst aufgefasst werden konnte.

Die Geringschätzung der Kultur des Ostens ist ein altes Motiv, das sich in verschiedenen Ländern Europas wiederholt und das sich ebensogut an Frankreich gegenüber Deutschland wie anhand Deutschlands gegenüber Polen und vielen anderen demonstrieren lässt. Wenn ausgehend von einer vermeintlich höheren Kultur eine vermeintlich geringerwertige betrachtet wird, liegen Forderungen nach einer Kolonialisierung und Beherrschung immer nahe. Genau dieses Motiv ist für die Mitteleuropadebatte vor 1945 prägend gewesen.[151] Es ist JÜRGEN ELVERTS Verdienst, diesen Gestaltungswillen anhand der wichtigsten deutschen Akteure herausgearbeitet zu haben.[152]

e.) bis g.) Zweiter Weltkrieg und Kriegsende
Die unvorstellbaren Zerstörungen des 2. Weltkrieges diskreditierten alle Pläne oder sogar auch Stellungnahmen zu der Frage, wie deutsche Politik in Bezug auf diesen Raum gestaltet werden könne auf lange Zeit. Der Geruch neuer Expansionspläne haftete dem Thema unweigerlich und jederzeit an, am längsten in Deutschland selber.

---

WOLF, ET AL. (Hg). *Beiträge zur Geschichte des Nationalsozialismus. Bd 18. Europäische Integration*. Göttingen 2002.
[150] BRECHTEFELD, JÖRG. *Mitteleuropa and German Politics. 1848 to the Present*. New York 1996. S. 53.
[151] DEPORTE, ANTON W. *Europe between the Superpowers. The Enduring Balance*. New Haven 1979. S. 1.
[152] ELVERT, JÜRGEN. *Mitteleuropa! Deutsche Pläne zur europäischen Neuordnung (1918-1945)*. Stuttgart 1999.

PETER STIRK hat darauf hingewiesen, dass ein wichtiges "Ergebnis" des 2. Weltkrieges im "Verschwinden der Juden und der Deutschen aus Mitteleuropa" lag:

> But this Mitteleuropa is equally different from that of the nineteenth century, or even of the Mitteleuropa of the interwar period. The disappearance, for all practical purposes, of Jews and Germans means that Mitteleuropa as a political or cultural project no longer has the same meaning that it once did. To put it another way: the problem of ethnic entwinement is still there, but one possible kind of unity – one based upon German and Jewish elements – is not.[153]

STIRK sieht in der Verbindung von Juden und Deutschen die bestimmende Kraft Mitteleuropas, ein Motiv, das auch bei KUNDERA und KONRAD wieder erscheint. Als nach 1945 diese Kraft wegfiel, entstand nicht nur ein geopolitisches Vakuum in dem entsprechenden Raum, sondern auch eine begriffliche Entleerung der Mitteleuropapläne. Fast alles, was zuvor über Mitteleuropa gedacht und geschrieben wurde, war durch den Ausgang des Krieges, die Spaltung Europas und durch den Aufstieg der beiden neuen Supermächte hinfällig geworden. Die Frage nach dem Verbleiben der Mitteleuropäer stellte sich indessen auf besondere Weise in Gestalt der Flüchtlinge und Vertriebenen, die aus den vormals deutschen Gebieten in den Westen wandern mussten. Der Verlust dieser Gruppen, insgesamt einige Millionen Menschen, schwächte Mitteleuropa noch zusätzlich. Aus den Verbänden und Vertretungen dieser Gruppen waren in den folgenden Dekaden immer wieder Stellungnahmen zu hören, die zumindest die Thematik dieses Raumes in das kollektive Gedächtnis zurückrufen wollten. Doch verblieben diese Rufe meist in internen Kreisen.[154]

Der Grund hierfür lag darin, dass jede Art von Diskussion über die Fragen der Vertreibungen im Zusammenhang mit Kompensationen für verlorenen Besitz sich schädlich auf die Beziehungen zu Ländern des Warschauer Pakts, aber auch auf die zu den Partnern im Westen auswirken musste. Da vor allem Polen und die CSSR von diesen Fragen betroffen waren, konnte es nicht im Interesse einer Bundesregierung liegen, mit den Regierungen dieser Länder in Konflikt zu treten, wenn sich eine allmähliche

---

[153] STIRK, PETER (Hg). *Mitteleuropa. History and Prospects.* Edinburgh 1994. S. 27.
[154] SCHLÖGEL, KARL. "Die blockierte Vergangenheit. Nachdenken über Mitteleuropa". in: *FAZ. Beilage Bilder und Zeiten.* 21. 2. 1987.

Emanzipation Prags und Warschaus gegenüber Moskau abzeichnete. Hierin liegt eine besondere Tragik der deutschen Vertriebenen und der Dissidentengruppen im Osten.

## 2.1 Das Ende der ersten Debatte mit der Spaltung Europas nach 1945

Die Jahre unmittelbar nach Kriegsende wiesen bei aller äußeren Zerstörung keinen Mangel an politischen Konzepten auf. Viele dieser ordnungspolitischen Gedanken rekurrierten verständlicherweise auf Ideen der Vorkriegszeit, doch durch die gänzlich veränderte Lage Deutschlands konnte an diese Gedanken nicht ohne grundlegende Modifikationen angekoppelt werden. Dabei ging es nicht so sehr um die Zerstörungen innerhalb des Gebietes des deutschen Reichs, sondern um den territorialen und völkerrechtlichen Bestand des deutschen Reichs überhaupt. Es ist anzumerken, dass unter dem Begriff der "Teilung" 1945 nicht wie später eine Zweiteilung verstanden wurde, sondern zunächst eine viel komplexere Aufteilung des Gebietes in vier alliierte Besatzungszonen, in eine weitere polnisch-tschechoslowakische Zone und in das wiederum in sich geteilte Österreich[155] – somit eher eine Zersplitterung als eine Teilung. Nur so ist es zu erklären, dass der Begriff "Mitteldeutschland" im Sprachgebrauch dieser Jahre ein anderes Gebiet, nämlich vor allem die sowjetische Besatzungszone, bezeichnete, als er es heute tut, nämlich den Raum zwischen dem Norden und dem Süden der Bundesrepublik.[156] Vier Faktoren prägten das Selbstbild der Bundesrepublik innerhalb der Mitteleuropadebatte bis 1982.

a.) die Teilung und Zweistaatlichkeit Deutschlands
b.) die Last des Holocaust und des Dritten Reiches
c.) die Entwicklung moderner nuklearer Waffensysteme
d.) der Kalte Krieg, die Spaltung Europas durch die Supermächte

---

[155] Vgl. MARJANOVIC, VLADISLAV. *Die Mitteleuropa-Idee und die Mitteleuropa-Politik Österreichs 1945-1995.* Frankfurt/M 1998. Zur Frage nach Österreichs Status innerhalb des Dritten Reiches: erstes Opfer der Aggression oder integraler Bestandteil? Ebenso: TRUGLY, EDMUND. "Liegt Österreich in West-Europa? Grundlegung der Mittelosteuropäistik" in: PAPCKE, SVEN. WEIDENFELD, WERNER (Hg). *Traumland Mitteleuropa? Beiträge zu einer aktuellen Kontroverse.* Darmstadt 1988.
[156] Vgl. KÖNIG, WERNER. *dtv-Atlas Deutsche Sprache.* München 1998. S. 121.

Die räumliche Neuordnung dessen, was einst das Großdeutsche Reich gewesen war, betraf nicht allein Deutschland in den durchaus noch nicht allgemein anerkannten inneren und äußeren "Grenzen" von 1945, sondern auch die Nachbarstaaten im Osten, eine Frage, die im Grunde bis 1990 virulent blieb, auch wenn sie für einige Jahrzehnte nicht zur Debatte stand. Im Zusammenhang mit der Mitteleuropa-Diskussion erscheint dieser Umstand bemerkenswert, weil Aspekte dieser Fragen in den achtziger Jahren wieder auftauchten und zwar auf beiden Seiten des Eisernen Vorhangs.

Unmittelbar nach dem Krieg hatte sich einerseits durch territoriale Aufteilung des ehemaligen Reichsgebiets aber auch durch ethnische Vertreibungen von Ost nach West eine Situation ergeben, deren Bedeutung sich gut daran messen lässt, inwiefern die Beschreibung des Vorzustandes nicht mehr zutraf. PETER STIRK beschreibt den Status quo der Vorkriegszeit folgendermaßen:

> *The Germans were a physical presence throughout the region, the German language served as a lingua franca and German economic and military power, the inherent disequilibrium of Mitteleuropa, was a distinctive feature of the region.*[157]

Nun aber verlief durch eben diese Region eine Grenze, deren militärische Gewalt historisch ohne Beispiel war. Vor allem auf dem Gebiet des früheren Deutschen Reiches war die Konfrontation unverkennbar, etwa im Rahmen der Berlinkrisen. Doch an anderer Stelle, im Südosten des Kontinents, genauer gesagt im Machtbereich Titos entwickelte sich eine Tendenz der Öffnung gegenüber dem Westen, die auch mit fundamentaler Kritik am Herrschaftssystem der Sowjetunion verbunden war. Tito hatte mit verschiedenen Schwierigkeiten zu kämpfen, unter anderen damit, die während der Kriegszeit zu verschiedenen Lagern gehörenden Bevölkerungsgruppen unter eine gemeinsame Regierung zu bringen. Dies war nur mit einer Vielzahl von Kompromissen möglich. Für kurze Zeit sah es so aus, als würde ihm in Kooperation mit Bulgarien eine Art von süd-mitteleuropäischem Gemeinschaftsraum gelingen, doch 1948 endeten diese Tendenzen auf sowjetischem Druck. In der Ahnengalerie des antisowjetischen Widerstandes in Mitteleuropa wird dieser Versuch Titos häufig übergangen. Dies ist ein bemerkenswerter Umstand, denn die Autoren Mitteleuropas, vor allem Osteuropäer wie KUNDERA und KONRAD zeigen sich in anderen Fällen hoch sensibel

---

[157] STIRK, PETER (Hg). *Mitteleuropa. History and Prospects.* Edinburgh 1994. S. 2.

für die Erinnerung an die Jahre 1953, 1956, 1968 und 1980 und die damit verbundenen Freiheitsbewegungen.[158]

Im westlichen Teil Deutschlands kam es in diesen Jahren kurz nach dem Krieg zu anderen, wesentlich friedlicheren Konfrontationen. Die geistigen Auseinandersetzungen über den künftigen Platz Deutschlands in Europa und im Verhältnis zu den westlichen Partnern wurden in heute kaum vorstellbarem Maß von der Persönlichkeit und den persönlichen Vorstellungen des ersten Bundeskanzlers geprägt. KONRAD ADENAUER war ein entschiedener Gegner der Vorstellung, dass der Platz der Bundesrepublik in Mitteleuropa sei. Er bekämpfte jede Bestrebung, die Bundesrepublik an diesen Raum zu binden ganz entschieden, sogar zu dem Preis der völligen Aufgabe dieser Gebiete überhaupt oder auf sehr lange Sicht. Dies ist ihm von verschiedenen Seiten immer wieder vorgeworfen worden.

ADENAUERS Politik unter dem Motto *ex occidente lux*, stand in starkem Kontrast zu wesentlichen Traditionslinien deutscher Politik, und er setzte sich damit durch. Sein Gegner auf dem Feld der politischen Neuausrichtung war JAKOB KAISER, dessen Brückentheorie[159] auf der Vorstellung beruhte, dass Deutschland die traditionell als nachteilig empfundene Mittellage nun, unter den Vorzeichen der Blockkonfrontation für sich selbst vorteilhaft nutzen können würde. Gegen diese Deutung sprachen indessen vor allem machtpolitische Realitäten sowie die Interessen der westlichen Alliierten.[160]

Wie ist diese Auseinandersetzung zu bewerten? Im Grunde ging es um eine Güterabwägung zwischen nationaler Einheit wie KAISER sie forderte einerseits und dem Weg der größtmöglichen Sicherheit vor kommunistischer Invasion andererseits, wie sie ADENAUER anstrebte. Entsprechend dieser Grundentscheidung wurden Fragen,

---

[158] LOTH, WILFRIED. *Der Weg nach Europa. Geschichte der europäischen Integration 1939-1957*. Göttingen 1990. S. 28.
[159] CONZE, WERNER. *Jakob Kaiser. Politiker zwischen Ost und West 1945-1949*. Stuttgart 1969. und HACKE, CHRISTIAN (Hg). *Jakob Kaiser. Wir haben Brücke zu sein. Reden, Äußerungen und Aufsätze zur Deutschlandpolitik*. Köln 1988.
[160] MEIMETH, MICHAEL. "Ost-West-Konflikt". in: WEIDENFELD, WERNER. KORTE, KARL-RUDOLF. (Hg). *Handbuch zur deutschen Einheit 1949-1989-1999*. Bonn 1999. S. 613.

wie die nach der Verantwortung für die Vertriebenen, die im Osten Deutschlands verblieben waren beantwortet.[161]

Pläne zur Neuordnung Deutschlands und Europas konnten in den Jahren um 1945 wesentlich tiefgreifender ansetzen als zuvor oder danach, der MORGENTHAU-Plan etwa. Ebenso visionär, wenn auch inhaltlich ganz anders gelagert war CHURCHILLS Rede von den "Vereinigten Staaten von Europa". Gemessen daran waren die Vorstellungen ADENAUERS äußerst moderat.

Die Frage nach dem Zusammenhang zwischen Exil und Widerstand[162] einerseits und dem Entstehen von Europagedanken, mithin der Entwicklung der europäischen Integration, wie sie dann zur Gründung der EGKS führte, ist in den letzten Jahren eingehend diskutiert worden.[163] Es zeichnet KONRAD ADENAUER aus, dass er sich in der Lage sah, aus welchen Gründen auch immer, von dieser starken Tradition zu emanzipieren, wie sie, unter anderen, auch so gegensätzliche Politikertypen wie KURT SCHUMACHER und JAKOB KAISER vertraten.[164]

### 2.2 Mitteleuropapläne und atomwaffenfreie Zonen: 1950 bis 1982

Die zwei Jahrzehnte, die sich dem Inkrafttreten der Pariser Verträge und der deutschen Wiederbewaffnung anschlossen, brachten hinsichtlich der Idee eines auf welche Weise auch immer neutralen Mitteleuropas eine seltsame Blüte hervor. Sowohl in Großbritannien und Schweden als auch in Polen, in der Sowjetunion und in den Vereinigten Staaten wurden Pläne zu einer Neutralisierung desjenigen Raumes erdacht, der von den beiden deutschen Staaten bedeckt war: Vor allem ANTHONY EDEN, OLOF

---

[161] *Es gibt nur eine entscheidende Hilfe für die Zone und ihre Flüchtlinge. Das ist die Wiedervereinigung unseres Landes. [...] Sie bleibt aber auch die Vorbedingung für die Gesundung und Befriedung Europas.* in: http://www.jakob-kaiser.de/article11.html

[162] GILLMANN, SABINE. "Die Europapläne Carl Goerdelers. Neuordnungsvorstellungen im nationalkonservativen Widerstand zwischen territorialer Revision und europäischer Integration". in: DIECKMANN, CHRISTOPH; GERLACH, CHRISTIAN; GRUNER, WOLF, ET AL. (Hg). *Beiträge zur Geschichte des Nationalsozialismus. Bd 18. Europäische Integration.* Göttingen 2002.

[163] DIECKMANN, CHRISTOPH; GERLACH, CHRISTIAN; GRUNER, WOLF, ET AL. (Hg). *Beiträge zur Geschichte des Nationalsozialismus. Bd 18. Europäische Integration.* Göttingen 2002. S. 15.

[164] BRECHTEFELD, JÖRG. *Mitteleuropa and German Politics. 1848 to the Present.* New York 1996. S. 59.

PALME und ADAM RAPACKI[165] sind hier zu nennen. Jedoch, und hier ist der entscheidende Bruch in der Tradition des Nachdenkens über Mitteleuropa zu konstatieren, ging es nicht um kulturelle Gemeinschaft der Mitteleuropäer im Sinn der späteren deutschen Debatte und auch nicht um die Möglichkeiten, ein deutsches Hinterland nach Kriterien deutscher Absatz- und Rohstoffchancen zu ordnen, sondern darum, die Gefahr eines Atomkrieges zu bannen, und die auch für die Alliierten nicht ideale, weil kostenintensive Konfrontation im Besatzungsgebiet zu mildern. Man kann sagen, dass die zentrale Idee dieser Entwürfe darin bestand, die streitenden Parteien USA und Sowjetunion durch einen neutralen und entwaffneten Korridor voneinander zu trennen. Von bundesdeutscher Seite aus, hier in erster Linie der Bundesregierung unter KONRAD ADENAUER, begegnete man diesen Vorschlägen mit größtem Misstrauen.[166] Denn die Entwaffnung dieses Raumes und der Abzug der Westmächte hätte, so sah es ADENAUER, Deutschland erneut verwundbar gemacht und die Westorientierung in Gefahr gebracht.

Das Jahr 1955 stellt in dreierlei Hinsicht eine wichtige Station dar: Zunächst einmal ist die deutsche Wiederbewaffnung auf beiden Seiten der Elbe zu nennen, wobei die deutsche Aufrüstung auf konventionelle Waffen beschränkt blieb. Im Mai des gleichen Jahres erklärte sich Österreich für neutral, wodurch, so konnte man das sehen, der Grundstein eben der neutralen Pufferzone gelegt war, die für ein atomwaffenfreies Mitteleuropa als unverzichtbar galt. In Genf hatte eine Konferenz der vier Mächte stattgefunden, die zwar gemeinhin als gescheitert angesehen wurde, aber immerhin doch das Ergebnis brachte, die deutsche Frage und das europäische Sicherheitssystem als voneinander losgelöst zu betrachten, in dem Sinn, dass es notwendig sei, die Nachkriegsordnung gegen ein "Viertes Reich" zu verteidigen.
In einem Dokument des kanadischen Außenministeriums heißt es dazu:

> *Mr. Eden's proposals for European disarmament appear to be based on the assumption that the German problem can hardly be solved without some agreement on the limitation of armaments at the German, if not the Central*

---

[165] OZINGA, JAMES. R. *The Rapacki Plan: the 1957 proposal to denuclearize Central Europe, and an analysis of its rejection.* Jefferson, NC 1989.
[166] Vgl. dazu grundlegend: HAHN, KARL-ECKHARD. *Wiedervereinigungspolitik im Widerstreit: Einwirkungen und Einwirkungsversuche westdeutscher Entscheidungsträger auf die Deutschlandpolitik Adenauers von 1949 bis zur Genfer Viermächtekonferenz 1959.* Hamburg 1993.

*European level. The Eden plan suggests an agreement on "the total of forces and armaments on each side in Germany and the countries neighbouring Germany". The implementation of this agreement would require "a system of reciprocal control to supervise the arrangements effectively.*[167]

EDENS Vorschlag kann auf einen kurzen Nenner gebracht werden: Zunächst sollte ein multilateraler Sicherheitspakt zwischen den vier Siegermächten und einem wiedervereinigten Deutschland geschlossen werden. Dieser Pakt sollte später weiteren Ländern Mitteleuropas offen stehen. Nach Abschluss des Vertrags würde sowohl in dem dann wiedervereinigten Deutschland als auch in den angrenzenden Ländern Abrüstung stattfinden, jeweils unter reziproker Überwachung, an der auch das wiedervereinigte Deutschland Anteil haben solle. Das Ergebnis wäre dann eine fast vollständig demilitarisierte Zone zwischen West und Ost in Europa. Im Wesentlichen sind in diesem Plan die entscheidenden Aspekte späterer Mitteleuropapläne bereits angelegt. Ebenfalls wird deutlich, dass aus deutscher Sicht eine methodische Unterscheidung von Deutschlandplänen und Mitteleuropaplänen kaum für alle relevanten Etappen konsequent durchgeführt werden kann. Der Autor des erwähnten Memorandums schätzte die Chancen auf eine tatsächliche Umsetzung des EDEN-Planes als nur äußerst gering ein. Vor allem, weil EDENS Vorschlag in einer Hinsicht unklar geblieben sei:

> *He seems in fact to be suggesting that, at least as an interim measure, Germany should for military purposes remain divided even after it had been politically reunified under an all-German Government [...] when he said "we would be ready to discuss and try to reach agreement as to the total of forces and armaments of each side in Germany and the countries neighbouring Germany" [...] This inference is also strengthened by Sir Anthony Eden's further suggestion of a demilitarized zone or of reciprocal inspection privileges within a specified area on either side of the East-West line.*

---

[167] "Memorandum from Under-Secretary of State for External Affairs to Secretary of State for External Affairs. Ottawa 29. Juli 1955." in: ROYAL INSTITUTE OF INTERNATIONAL AFFAIRS (Hg). *Documents on International Affairs. 1955.* London 1958. S. 1-49.

Die Stationierung von Mittelstreckenraketen in Europa brachte die an sich berechtigte Frage auf, wen oder was diese Waffen im Grunde bedrohten. Die konkrete Antwort war: Sie zielten auf direkte Nachbarn und ehemalige Gebiete der deutschen Monarchien im Osten des Eisernen Vorhangs. Die Abstrakte Antwort war: Sie bedrohten die gesamte Schöpfung.[168]

Somit schloss sich die Mitteleuropadebatte der achtziger Jahre zu einem Kreis mit Vorstellungen vergangener Jahrzehnte etwa dem Vorschlag des polnischen Außenministers ADAM RAPACKI am 2. Oktober 1957 vor der UNO, Deutschland, Polen und die Tschechoslowakei zur atomwaffenfreien Zone zu erklären.[169]

Der Vorschlag RAPACKIS wurde bekanntlich ebenso wie der mit ihm verwandte KEKKONEN-Plan[170] nicht in die Tat umgesetzt.[171] Dennoch wurde dadurch klar, dass auch innerhalb des Warschauer Pakts Gedanken kursierten, die über die Tatsachen der europäischen Blockverhältnisse weit hinausgingen.[172] Polnische Pläne zur Schaffung eines atomwaffenfreien Mitteleuropa richteten sich an (oder, wie man empfand, gegen) die Atommächte des Westens. Die Mitteleuropapläne Deutschlands richteten sich nicht, wie man erwarten würde, symmetrisch dazu an die Sowjetunion, sondern gegen die Vertreter der Westbindung Deutschlands, an seine atlantischen Partner und damit wiederum an den Westen.

EGON BAHRS Vorschläge auf einer Tagung der evangelischen Akademie in Tutzing am 15. Juli 1963 sind bemerkenswert, enthalten sie doch bereits die Ansatzpunkte seines dann 1973 veröffentlichten Konzepts zur Neutralisierung Mitteleuropas.[173]

---

[168] Vgl. Das so genannte " Manifest der 18 Atomwissenschaftler vom 12. April 1957" in: http://www.theorie.physik.uni-goettingen.de/ueberuns/Geschichte/goe-manifest.html

[169] VENOHR, WOLFGANG. (Hg). *Ohne Deutschland geht es nicht.* Krefeld 1985. S. 68.

[170] KEKKONEN, URHO K. *Gedanken eines Präsidenten: Finnlands Standort in der Welt.* Düsseldorf 1981.
BARTENEV, T. "USSR-Finland: Good-Neighborly Cooperation". in: *International Affairs.* No. 3. March 1976. S. 72-80.
BRODIN, KATARINA. "Urho Kekkonen's Foreign Policy Doctrine: Continuity and Innovation." S. 13 – 23. in: KORHONEN, KEIJO (Hg). *Urho Kekkonen: A Statesman for Peace.* London 1975.

[171] OZINGA, JAMES R. *The Rapacki Plan: the 1957 proposal to denuclearize Central Europe, and an analysis of its rejection.* Jefferson 1989. Für eine Gesamtdarstellung.

[172] Dazu äußerste sich Paul-Henri Spaak in einem Interview mit dem Satz: "II faut faire attention, parce que le plan Rapacki, tel que je le connais, et je le dis sans ironie, change toutes les semaines." http://www.nato.int/docu/speech/1958/s19580211f.htm

[173] BLEEK, WILHELM. "From Cold War to Ostpolitik: Two Germanys in Search of Separate Identities". in: *World Politics*, Vol. 19, Nr. 1, 1976. S. 114-129. Sowie: BAHR, EGON. *Sicherheit für und vor Deutschland.* München 1991. S 11-17.

> *It was perhaps not surprising that it was a Berlin resident - Egon Bahr - who understood earlier and more clearly than many politicians on the western banks of the Rhine, that the Soviet Union now considered East Germany as its own western military border. Thus any reunification of Germany would no longer be simply a "national task" for the Germans, but instead a general European security concern.*[174]

Prägnanter kann der Zusammenhang zwischen der deutschen Frage in der Nachkriegszeit und der Problematik der europäischen Aufteilung in antagonistische Militärbündnisse kaum formuliert werden. Es ist auf den ersten Blick klar, dass es sich bei allen Gegenentwürfen zu den bestehenden Machtverhältnissen und Gebietsaufteilungen um hochgradig kontrafaktische Gedankenspiele handeln musste.

Für die spätere Debatte, wie sie sich in den achtziger Jahren entwickelte, sind die Stellungnahmen BAHRS von Bedeutung, auch wenn die entsprechenden Entwürfe nicht explizit als Mitteleuropapläne gekennzeichnet waren. Nicht allein nehmen seine Vorschläge wichtige Ansätze vorweg, wie etwa gerade die Perspektive auf den mitteleuropäischen Raum, sie betonen auch die Notwendigkeit zur Differenzierung und Vorsicht: Die Politik des "Alles oder Nichts" sei in jedem Fall abzulehnen. In diesem letzteren Punkt weichen einige der späteren Teilnehmer der Debatte um Mitteleuropa eindeutig von BAHRS Kurs ab. Dies betrifft auch seine Einschätzung der Wertigkeit der beiden Systeme:

> *Das Vertrauen darauf, dass unsere Welt die bessere ist, die im friedlichen Sinn stärkere, die sich durchsetzen wird, macht den Versuch denkbar, sich selbst und die andere Seite zu öffnen und die bisherigen Befreiungsvorstellungen zurückzustellen.*[175]

Schließlich ist für BAHR die Annäherung primär eine Sache der beiden deutschen Staaten, also der Deutschlandpolitik gewesen. Doch in einem Punkt kann man BAHRS

---

[174] GIESSMANN, HANS J. "German 'Ostpolitik' and Korean Unification. Parallels, Contrasts, Lessons". Hamburg. o.J. [2005] in:http://www.fes.or.kr/Publications/pub/Ostpolitik.htm

[175] BAHR, EGON. "Die SPD und ihre deutschlandpolitischen Konzepte in den 50er und 60er Jahren", in: HÜBSCH, REINHARD (Hg). *'Hört die Signale!' Die Deutschlandpolitik von KPD/SED und SPD 1945-1970*, Berlin 2002, S. 71.

Gedanken der Mitteleuropadebatte im weitesten Sinn zuordnen, schätzt man sie als die Bereitschaft ein, über die Zonengrenzen zu blicken, um dort nach Möglichkeiten der Einflussnahme zu suchen, um die Verhältnisse im Großraum Mitteleuropa insgesamt zu verbessern. Konkret ging es BAHR zunächst um eine Entspannung an der Berliner Mauer und um eine Verbesserung der Besuchsmöglichkeiten, dann um eine Verbesserung der Handelsbeziehungen, als ein wesentliches Instrument des Wandels.

Wesentliche Gedanken, die der so genannten "Ostpolitik" WILLY BRANDTs zugrunde lagen, gehen auf Überlegungen BAHRS zurück. Ein Kernmotiv bestand in der Deeskalation der Konflikte des Kalten Krieges. In diesem Zusammenhang hatte BAHR im Juli 1963 von der neuen Devise des Wandels "durch Annäherung" gesprochen und damit einen neuen Ausdruck (zumindest mit-)geprägt. Als Erfolg konnte BAHR die Gespräche mit dem sowjetischen Außenminister Gromyko verzeichnen, die schließlich in den so genannten Moskauer Vertrag mündeten. Auch die erste deutsch-deutsche Vereinbarung auf Regierungsebene, das Transitabkommen, das den Personen- und Güterverkehr zwischen der Bundesrepublik und Westberlin regelte, ging maßgeblich auf BAHRS Initiativen zurück. Dieses Engagement machte ihn zu einem glaubwürdigen Verhandlungspartner, wenn es um Fragen ging, die die europäische Sicherheit insgesamt berührten, wie sie im Grundlagenvertrag 1972 ausgehend von den beiden deutschen Staaten geregelt wurden. Die Vereinbarung zwischen der Bundesrepublik und der DDR betraf in erster Linie eine Normalisierung der Beziehungen, sowie die Verpflichtung, Konflikte nicht anders als mit friedlichen Mitteln zu lösen.

Schließlich, und dies berührt die Mitteleuropadebatte in hohem Maße, ist BAHRS Rolle in der Debatte um die Mittelstreckenraketen zu nennen. Seine Forderung nach stärkerer Mitbestimmung der Bundesrepublik in Bezug auf die Stationierung gipfelte zwar nicht in dem Ruf nach völliger Abrüstung, sondern lediglich und realistischer darin, die Zahl der Waffen insgesamt zu beschränken und diese Waffen in einem zweiten Schritt auf die Territorien dieser Länder zu platzieren, die über sie verfügten. Die Bundesrepublik als Staat ohne atomare Bewaffnung wäre dadurch ganz automatisch zu einem atomwaffenfreien Land geworden. Ganz in diesem Sinn muss auch BAHRS Wirken in der internationalen Abrüstungskommission unter dem schwedischen Ministerpräsidenten OLOF PALME gewertet werden. Der Abschlussbericht dieser Kommission regte die Schaffung einer von taktischen atomaren Gefechtsfeldwaffen freien Zone an. Gleichzeitig und dies ist als diplomatische Leistung zu werten, vertrat BAHR bei einem Treffen mit dem DDR-Staatsratsvorsitzenden Erich Honecker die Ansicht, dass auch die Sowjetunion bei einer Umsetzung der westlichen Stationierungspläne entsprechend reagieren müsse, vor allem in Bezug auf das Territorium der DDR. Zu der gesamten Politikerpersönlichkeit BAHRS passt deshalb seine Forderung aus dem Jahr 1993, die Aufnahme der osteuropäischen Länder in die Europäische Gemeinschaft, dann Union, möglichst schnell zu betreiben.

Der so genannte Helsinki-Prozess[176] war nicht zuletzt für die Bürgerrechtsbewegungen innerhalb des Warschauer Pakts mit großen Hoffnungen verbunden. Polnische Streikende und Demonstranten oder auch ostdeutsche Dissidenten beriefen sich vor allem auf Artikel VII. der Schlussakte von Helsinki: Achtung der Menschenrechte und Grundfreiheiten, einschließlich der Gedanken-, Gewissens-, Religions- oder Überzeugungsfreiheit.[177]

Doch hinsichtlich der bereits vorhandenen Mitteleuropakonzeptionen muss festgestellt werden, dass die Schlussakte keine Schritte in diese Richtung in Aussicht stellte. Im Gegenteil: Alle wesentlichen Artikel beschrieben Hoffnungen, Vorstellungen und Vereinbarungen, die geistesgeschichtlich in die Tradition des Nationalstaates gestellt werden können, nicht aber in den Dienst einer neuen Konzeption, die den Aufbau einer Staatenkonföderation oder sonstigen Verbindung in Mitteleuropa vorsah.

Es zeichnet viele Mitteleuropagedanken aus, dass sie einerseits den klassischen Kategorien der Nationalstaaten verpflichtet bleiben, andererseits ist jedoch auch oft der Aspekt des eingeschränkten Souveränitätsverzichts grundlegend. Dies wird vor allem in Hinblick auf die Frage der Abrüstung und den Verzicht auf Atomwaffen deutlich.

---

[176] Schlussakte der Konferenz über Sicherheit und Zusammenarbeit in Europa in Helsinki "KSZE-Schlussakte" vom 1. August 1975. in: *Bulletin des Presse- und Informationsamtes der Bundesregierung. 15. August 1975. Nr. 102. S. 967-990.*

[177] SCHLOTTER, PETER. *Die KSZE im Ost-West-Konflikt: Wirkung einer internationalen Institution.* Frankfurt/M 1999. und GHEBALI, VICTOR-YVES. *La diplomatie de la détente: la CSCE, d'Helsinki à Vienne (1973 - 1989).* Bruxelles 1989: Die Schlussakte von Helsinki stellte im Besonderen eine Einigung auf folgende Punkte her: Unverletzlichkeit der Grenzen (Artikel III.) und die territoriale Integrität der Staaten unter Nichteinmischung in innere Angelegenheiten. Betont wurde auch die Gleichberechtigung und Selbstbestimmung der Völker (Art. VIII) – im Widerspruch zur sog. Breschnew-Doktrin.

## 2.3 Ideengeschichtlichen Altlasten durch "deutsche Geopolitik"?

Die Begriffe "Mitteleuropa" und "Geopolitik" waren nach 1945 fast ebenso in Verruf geraten wie andere, deutlichere, Schlagworte aus der expansionistischen Vergangenheit des Deutschen Reiches, wie etwa "Machtpolitik"; "Platz an der Sonne" oder "Lebensraum" – und in der Tat stehen all diese Begriffe und Schlagworte miteinander in ideengeschichtlicher Verbindung.[178]
Wie ist es aber dann zu erklären, dass sich von diesen Begriffen gerade das Schlagwort "Mitteleuropa" erhalten und gewissermaßen inhaltlich "umdrehen" konnte, das Lager wechseln, und fortan, während der Jahre der europäischen Teilung, zu einer Parole werden konnte, die sich genau gegen die Vorstellungen jeglicher Machtpolitik, insbesondere solche sowjetischer Färbung wenden konnte?

War die erste Debatte aus einer Position der relativen Stärke Deutschlands heraus geführt worden, von staatlichen oder zumindest pro-staatlichen Stellen, so gedieh die zweite Debatte in den Kaffeehäusern und intellektuellen Clubs in Wien, Prag und Budapest gewissermaßen als *Underground*-Phänomen. Drehte sich die vergangene Debatte zum Beispiel noch um die Frage, wie die Lehre von der rassischen Ungleichheit der Europäer[179] praktisch umgesetzt werden könne, wie die Neuordnung Europas nach einem durch die Nationalsozialisten gewonnenen Krieg aussehen würde, so fragten sich die Schriftsteller und Denker[180] der siebziger und achtziger Jahre, welche Gedichte, Träume und Identitäten den Charakter der Region am besten zum Aus-

---

[178] ALTER, PETER. *The German Question and Europe. A History.* London 2000. Verweist darauf, dass es in der deutschen Geschichte seit 1815 vor allem um eine Suche nach Stabilität gegangen sei.

[179] LEY, ROBERT. *Internationaler Völkerbrei oder Vereinigte National-Staaten Europas?* (Verlag der Deutschen Arbeitsfront) Berlin 1943.
ROSENBERG, ALFRED. *Neugeburt Europas als werdende Geschichte.* Halle/Saale 1939. Vgl. dazu für eine Wertung: DURAND, YVES. *Le nouvel order europeen nazi. La collaboration dans l'Europe allemand (1938-1945).* Bruxelles 1990.

[180] ETTE, OTTMAR. "Europa als Bewegung. Zur literarischen Konstruktion eines Faszinosum". in: HOLTMANN, DIETER. RIEMER, PETER (Hg). *Europa: Einheit und Vielfalt. Eine interdisziplinäre Betrachtung.* Münster 2001. S.19:
"Die Erfahrung, in einer Nach-Geschichte, einer *posthistoire* zu leben, scheint sich in der Moderne Europas mit einer gewissen Regelmäßigkeit zu wiederholen."

druck bringen würden, und sie kamen dabei zu dem Schluss, dass es gerade die nichtstaatlichen, die nicht-politischen und die nicht-autoritären Aspekte seien, die den Charakter der Region bestimmten.[181] Wenn es zutrifft, dass der Begriff von "Mitteleuropa" zu einer Denkwaffe antiimperialer, bürgerlicher, künstlerischer, liberaler und emanzipierter Vorstellungen wurde, dann muss man auch fragen, ob dennoch Kontinuitäten gewissermaßen *innerhalb* dieses Begriffes erhalten geblieben sind: Ist es also tatsächlich so, dass sich die Parole "Mitteleuropa!"[182] in letzter Vollständigkeit von den Argumenten der unmittelbaren Vorgängerdebatte (1933-1945) abhob, oder lassen sich nicht doch zumindest Spuren nachweisen, die die beiden Debatten leitmotivisch miteinander verbinden?[183] RAINER SCHMIDT hat im Hinblick auf diesen Umstand sogar vorgeschlagen, von einer *translatio imperii* zu sprechen, also einer Übertragung der Reichsidee auf eine neue historische Wirklichkeit.[184] In diesem Fall freilich käme dem Dritten Reich die Rolle eines *Imperium Romanum* der nach-augusteischen Kaiserzeit zu und den Philosophen aus Prag und Budapest, den deutschen Pazifisten der späteren Nachkriegszeit und den Publizisten der achtziger Jahre die entsprechende Rolle von Karolingern und Ottonen – ein durchaus irreführendes Bild.[185]

---

[181] ERDÖDY, GÁBOR (Hg). *Mitteleuropa. Politische Kultur und europäische Einigung. Schriften des Zentrum für Europäische Integrationsforschung* (ZEI), Bd. 54) 2003. S. 8:
"Bis in die Haarwurzeln hatte sich Mitteleuropa auch während der Zeit des tiefsten Kalten Krieges kulturell und geistig zum Westen zugehörig gefühlt." Ebenso: EBERHARTER, MARKUS. "Die Idee Mitteleuropas in den achtziger und neunziger Jahren. Annäherung an ein kulturelles Phänomen". in: BREYSACH, BARBARA. (Hg). *Europas Mitte. Mitteleuropa. Europäische Identität?* Berlin 2003. Schließlich: SCHWIMMER, WALTER. *Der Traum Europa. Vom 19. Jahrhundert in das Dritte Jahrtausend.* Heidelberg 2004.

[182] ELVERT, JÜRGEN. *Mitteleuropa! Deutsche Pläne zur europäischen Neuordnung (1918-1945).* Stuttgart 1999. Oder auch in dieser Form mit Ausrufzeichen: ENZENSBERGER, HANS MAGNUS. *Ach Europa!* Frankfurt 1987.

[183] BARTH, PETER. "Mitteleuropa Traum oder Wirklichkeit? Rehabilitierung des untergegangenen Phänomens <Mitteleuropa>". in: *MEDIATUS* 1 und 2/87, S. 3-7 und 3-6.

[184] SCHMIDT, RAINER. *Die Wiedergeburt der Mitte Europas. Politisches Denken jenseits von Ost und West.* Berlin 2001. S. 9. Vgl. auch: WEISSMANN, KARLHEINZ. "Das Herz des Kontinents. Reichsgedanke und Mitteleuropa-Idee". in: *Mut.* Januar 1987. Und: MÜNKLER, HERFRIED. "Ein postutopisches Zeitalter. in: *FAZ* 31.12. 1985.

[185] Wobei sich einige der Beiträge interessanterweise explizit auf das Thema "Karolinger" beziehen und eine entsprechende *Renaissance* des kulturellen Denkens nach einer Periode der "Barbarei" (Zweiter Weltkrieg und Stalinismus) einfordern.
CALDER, NIGEL. *Atomares Schlachtfeld Europa?* Hamburg 1980. Und: BENDER, PETER. "Die Notgemeinschaft der Teilungsopfer". in: PAPCKE, SVEN. WEIDENFELD, WERNER (Hg) *Traum-*

Fest steht, dass zahlreiche Begriffe, wie sie in nationalsozialistischer Zeit Verwendung gefunden hatten, auf lange und längste Sicht hinaus diskreditiert waren und in der zweiten Debatte über Mitteleuropa nicht mehr auftraten, weil die politischen Rahmenbedingungen sich so grundlegend verändert hatten, dass die alte Terminologie von "Mitteleuropa" sich auf nichts mehr bezog, was Bestand hatte:

> *In der Zeit des Nationalsozialismus wurde die Mitteleuropa-Idee in das aggessive Großraumdenken Hitlers integriert und geriet unter die Dominanz geopolitischer Fragestellungen, womit die Vorstellung der Vermittlung vollständig verschwand.*[186]

Und genau hier liegt bereits die erste Parallele zur Zeit des Ost-West-Konfliktes, nur, dass es nicht mehr das Deutsche Reich war, das auf den Raum der europäischen Mitte Anspruch erhob, sondern die Sowjetunion. Die Situation eines drohenden oder tatsächlichen "Zugriffes" war aber dennoch nach wie vor spürbar.

Der Raum von Mitteleuropa war somit erneut oder immer noch zur Disposition gestellt, und daher stellte sich auch die Frage nach der Identität erneut beziehungsweise immer noch. Die Antworten wurden zunächst von den internationalen Machtzentren gegeben, und dann, als sich die Konstellation perpetuiert zu haben schien, von Publizisten und Schriftstellern kommentiert und hinterfragt. Insofern kann man in der Existenz der Mitteleuropadebatte an sich bereits eine Zerfallserscheinung des sowjetischen Imperiums sehen.

Im Folgenden sollen die beiden wichtigsten Vordenker "deutscher Geopolitik" während der Zeit des Nationalsozialismus, WERNER DAITZ und KARL HAUSHOFER im Hinblick auf die Mitteleuropadebatte in der Bundesrepublik Deutschland kurz charakterisiert werden:

a) WERNER DAITZ gilt als Vordenker nationalsozialistischer Phantasien über die Machbarkeit geopolitischer Großräume unter dem Dach eines deutschen Reiches. Er selbst war sich dieser "innovativen Rolle" durchaus auch bewusst, wie aus seinen

---

*land Mitteleuropa? Beiträge zu einer aktuellen Kontroverse.* Darmstadt 1988. S. 77. "Wenn Polen, Tschechen und Ungarn von Mitteleuropa sprechen, so spürt man die Nöte und Wünsche derer, die zwischen die großen Fronten geraten sind."

[186] Ibid. S. 10

Äußerungen hervorgeht:

> *Meines Wissens erstmalig im Jahre 1916, aus dem Kriegserlebnis heraus, wurde dann von mir der Begriff der Großraumwirtschaft im bewussten Gegensatz zur bis dahin allein herrschenden Theorie der Weltwirtschaft gesetzt und der Versuch unternommen, dem Begriff 'Großraumwirtschaft' Form und Inhalt zu geben.*[187]

Damit hatte DAITZ die Dimensionen der klassischen Volkswirtschaftslehre um den Begriff "Raum" erweitert und als gleichberechtigt neben solche klassischen Begriffe wie "Geld", "Kredit" und "Konjunktur" gestellt.[188]
Doch erst mit der Vorstellung, dass ein Volk diesen Raum zu besetzen habe und dass es nicht gleichgültig sei, welches Volk das wäre, erhielt die Theorie ihre spezifisch nationalsozialistisch-rassistische Ausprägung.
Im Oktober 1939, also bereits während des Polenfeldzuges, gründete DAITZ die international aufmerksam beobachtete "Gesellschaft für Europäische Wirtschaftsplanung und Großraumwirtschaft e.V."[189]
Zentrale Mission dieser Gesellschaft war es, ein Konzept zu entwickeln, das der anglo-amerikanischen liberalen Wirtschaftssysteme übersee etwas Gleichwertiges, jedoch kontinental Ausgeprägtes entgegenzusetzen in der Lage wäre. Der Zeitpunkt der Gründung war propagandistisch klug gewählt: Die Expansion des Reiches war zu diesem Zeitpunkt in ihrer Ausrichtung vor allem nach Osten hin orientiert (Österreich, Sudetenland, schließlich Polen – klassisches Mitteleuropa), eine tatsächliche Westfront (*drôle de guerre*) existierte indessen noch nicht.

Im Hinblick auf die Mitteleuropadebatte der achtziger Jahre ist der Umstand bemerkenswert, dass die Organisation, der DAITZ nun als Präsident vorstand, in der Weltpo-

---

[187] Zit. nach: SÖLTER, ARNO. *Das Großraumkartell. Ein Instrument der industriellen Marktordnung im neuen Europa.* Dresden 1941. S. 25

[188] Vgl. für den "Vater der deutschen Nationalökonomie": LIST, FRIEDRICH. *Das nationale System der politischen Ökonomie* [1841] In: Schriften, Reden, Briefe Band VII, hrsg. von Friedrich Lenz – Neudruck Aalen 1971.

[189] DAITZ, WERNER. "Denkschrift über die Errichtung einer Gesellschaft für europäische Großraumwirtschaft (1934)" In: DAITZ, WERNER. *Der Weg zur Volkswirtschaft, Großraumwirtschaft und Großraumpolitik. Zentralforschungsinstitut für Nationale Wirtschaftsordnung und Großraumwirtschaft,* Dresden 1943. S.45-49.

litik Großbritanniens und der Vereinigten Staaten etwas "Seelenloses" und "Raumloses" zu erkennen glaubte.[190] Dabei griff die Publizistik der Gesellschaft etwa auf Bilder und Vorstellungen der Hansezeit zurück, um die Verknüpfung zwischen Volk und Raum propagandistisch zu transportieren. Das Stichwort lautet "kulturelle Identität".[191]

Sieht man nun einmal davon ab, dass die von DAITZ gegründete Gesellschaft überaus handfeste Interessen in den Rohstoff-Vorkommen der fraglichen Regionen hatte, und besinnt man sich stattdessen nur auf das phänotypische Bild, also den Rekurs auf eine vielleicht sogar "gute alte Zeit", so wird eine Parallele zur späteren Mitteleuropadebatte deutlich, die darin besteht, dass einem als abstrakt empfundenen oder dargestellten internationalen Machtgefüge (damals das *British Empire* und die Vereinigten Staaten, dann die Sowjetunion und erneut die USA) etwas Bekanntes, historisch Bewährtes und Vertrautes, in der Terminologie der Nationalsozialisten, "völkisches" gegenübergestellt wird.[192] Mitteleuropa erscheint als ein Raum, dessen Identität verteidigt werden muss.

Eine damit verwandte Parallele ist in dem streckenweise durchaus larmoyanten Ton zu sehen, in dem die Publikationen der "Gesellschaft für Europäische Wirtschaftsplanung" gehalten sind, der so ähnlich auch in den Publikationen der achtziger und neunziger Jahre zu konstatieren ist.[193]

DAITZ sah im westlich geprägten Liberalismus eine der Hauptursachen für die deutsche Niederlage im Ersten Weltkrieg. Die Publizisten der späteren Mitteleuropadebatte sahen ebenfalls "fremde" Gedankengebäude und *-ismen* am Werk, wenn sie eine

---

[190] WEI, Li. *Deutsche Pläne*. S. 21.
[191] HENRICHSMEYER, WILHELM. HILDEBRAND, KARL. MAY, BERNHARD. *Auf der Suche nach europäischer Identität*. Bonn 1995. S.9: Die Frage nach Identität ist laut den Autoren die Frage: "wer sind wir?", doch sei auch zu fragen: wer ist mir "wir" gemeint?
[192] DAITZ, WERNER. "Die alte Städtehanse und der kontinentaleuropäische Wirtschaftskreislauf" (1934b) In: DAITZ, WERNER. *Der Weg zur Volkswirtschaft, Großraumwirtschaft und Großraumpolitik. Zentralforschungsinstitut für Nationale Wirtschaftsordnung und Großraumwirtschaft*, Dresden 1943. Teil II, S.5-14.
[193] Exemplarisch bei einer Fülle von Publikationen: WEIßMANN, KARLHEINZ. "Die Nation denken - Wir sind keine Verschwörer". in: *FAZ* 22.4.1994. SAUVEUR-HENN, ANNE S. MUYLART, MARC (Hg). *Alte und neue Identitätsbilder im heutigen Deutschland. Identités anciennes et nouvelles dans 'Allemagne actuelle*. Leipzig 1999. Und, klassisch: JASPERS, KARL. *Wohin treibt die Bundesrepublik? Tatsachen, Gefahren Chancen*. Tübingen 1965. SCHWEITZER, ALBERT. *Friede oder Atomkrieg*. München 1984.

Bedrohung der eigenen Identität durch "das Fremde" festzustellen glaubten. In beiden Fällen galt der betreffende Raum, Mitteleuropa, als bedrohter Raum, als Abwehrgebiet, dessen Bewohner gleichsam mit dem Rücken zur Wand standen.[194] Europa und vor allem Mitteleuropa ist eine Region, die verteidigt werden muss – etwa so lautet die erste Gemeinsamkeit oder Parallele zwischen den beiden Debatten, wobei die Urheberschaft dieser Gedanken den eigentlichen Wert nicht zu mindern vermag.

Der entscheidende Hintergrund ist, dass aus der Perspektive der Raumpolitik heraus die Entwicklung der restlichen Welt als Bedrohung wahrgenommen wird, als eine *Cluster*bildung, deren Stoßrichtung sich nur gegen das eigene Territorium richten kann.

Daher ist den Mitteleuropagedanken, wenn sie sich auf einen konkreten Raum beziehen, oder wenn sie, wie im Fall der achtziger Jahre, Träumerei bleiben, immer auch ein defensiver, apologetischer und streckenweise wehleidiger Charakterzug eigen.[195]

Eine andere Gemeinsamkeit liegt in dem Begriff des "Materialismus": auf der einen Seite von Nationalsozialisten "allen Nichtariern" pauschal vorgeworfen, auf der anderen Seite in Gestalt des "historischen Materialismus", also der Hauptdoktrin des Marxismus-Leninismus, der Sowjetunion als Vormacht auf dem östlichen Teil des europäischen Kontinents ein Feindbild von Literaten und Philosophen, die sich vom Marxismus zu verabschieden begannen. Man ist fast versucht zu glauben, der Materialismus sei ein "Erbfeind Mitteleuropas".

Der Begriff "Materialismus" in diesem Sinn bedeutet das Gegenteil von Solidarität, oder Kameradschaft oder Volksgemeinschaft oder friedlicher Koexistenz – je nach-

---

[194] LINSS, HANS PETER. SCHÖNFELD, PETER. (Hg.) Deutschland und die Völker Südosteuropas. Festschrift für Walter Althammer zum 65. Geburtstag. München: Südosteuropa-Gesellschaft, 1993. Mit einem gewissen Unterhaltungswert: CLÉBERT, JEAN-PAUL. *Die Angst vor dem Weltuntergang. Eine Geschichte der Endzeitstimmung.* Bergisch-Gladbach 1998. S. 277 ff.

[195] MAUREL, MARIE-CLAUDE. *Recomposition de l'Europe médiane.* o.a.O [Paris] 1997. S. 17 "La division de l'Europe en deux blocs avait eu pour effet de déplacer le centre de gravité de la RFA vers l'ouest, le long de l'axe rhenan. Avec la disparation du rideau de fer et la réunification, la position de l'Allemagne acquiert une nouvelle 'centralité' dont les implications peuvent apparaître source d'ambiguïté et d' inquiétude. Il est révélateur que l'espression de *Mitteleuropa* [Hervorh. im Original] ou celle qui se veut plus neutre de *Mittellage* [Hervorh. im Original] aient surgi à nouveau." Ganz ohne Illusionen ausgedrückt in: BRUTON, ALASTAIR. *A Revolution in Progress. Western Europe since 1989.* London 1996. S.17: "Like pit-bulls, nation-states were bred for war. It is the one of the two things they do best; the other is protecting civic values."

dem, in welchem Jahrzehnt man sich gerade bewegt, auf der Suche nach ideengeschichtlichen Kontinuitäten.[196] Es mag vielleicht übertrieben erscheinen, die Parallele derart zuzuspitzen, doch ist es auf der anderen Seite auch schwer, sich dem Eindruck ganz zu entziehen, dass die Vertreter dieser Anti-Materialistischen Vorstellung eines mitteleuropäischen Raumes, die sich durch eine gesichtslose Übermacht von außen bedroht sahen, gleichermaßen in relativ simplen Kategorien von "Gut" gegen "Böse" dachten, wobei selbstverständlich der kalte, rationale Materialismus auf der Seite des historisch Falschen und Bösen verortet werden musste.[197] Ähnlich schließlich wie die Intellektuellen des Donauraumes in den achtziger Jahren dann sah auch DAITZ die Hauptgefahr im Osten, namentlich in der Sowjetunion, die er, DAITZ, freilich zeittypisch mit Begriffen wie " alles verwüstende asiatische Horden" bedachte.[198] Man kann sich fragen, wie und ob eine solche Beschreibung in die Zeit des "Kalten Krieges" gepasst hätte, vor allem aus der Perspektive der Überlebenden der Ereignisse von Budapest 1965 und Prag 1968 heraus.

---

[196] SCHWARZ, HANS PETER. *Die gezähmten Deutschen – Von der Machtbesessenheit zur Machtvergessenheit.* Stuttgart 1985. Und, weniger desillusioniert: SCHWILK, HEIMO. SCHACHT, ULRICH. (Hg). *Die selbstbewußte Nation.* Frankfurt/M 1994. Oder auch: KÄSTNER, ERICH. "Wenn wir den Krieg gewonnen hätten." 1931. in: BERGMANN, KLAUS UND SCHNEIDER GERHARD. *Gegen den Krieg. Band 2: Nie wieder Krieg.*, Düsseldorf 1982. S. 136-37. Dazu passend für WW2: GIORDANAO, RALPH. *Wenn Hitler den Krieg gewonnen hätte. Die Pläne der Nazis nach dem Endsieg.* Hamburg 1989.

[197] Für die andere Seite, vgl. SINOWJEW, ALEXANDER. "Der Traum und die Realität der einen Welt". in: REINISCH, LEONHARD. (Hg). *Dieses Europa zwischen West und Ost. Eine geistige und politische Ortsbestimmung.* München 1982: "Ein strategisches Mittel des Kampfes der Sowjetunion gegen den Westen ist das Bestreben, den Feind zu zersplittern, Westeuropa von den USA abzuspalten, zu neutralisieren, im Kampf gegen die USA zu benutzen und mit der Zeit ihrem Einfluß unterzuordnen. Das ist die Arithmetik der sowjetischen Außenpolitik. Wer dies nicht sieht, muß völlig blind sein." Eine problematische aber interessante Position bezieht: Pohrt, Wolfgang. *Anti-Amerikanismus, Anti-Imperialismus.* In: ders: *Stammesbewusstsein und Kulturnation.* Berlin 1984. S. 81. Dagegen: BARING, ARNULF. *Unser neuer Größenwahn. Deutschland zwischen Ost und West.* Stuttgart 1989. S. 145ff. und 182f. "[Der Anti-Amerikanismus] ist Ausdruck nicht einer durchdachten, kontinuierlichen politischen Gegnerschaft, sondern Anti-Amerikanismus ist die eine Seite einer Hassliebe und darin dem Anti-Semitismus verwandt, der den Juden in wechselnder Folge alles Gute und alles Schlechte nachsagt, und sie, dabei nur den eigenen triebökonomischen Bedürfnissen gehorchend, je nach Bedarf mystifiziert oder dämonisiert."

[198] DAITZ, WERNER. "Großraumwirtschaft". In: *Der Weg zur völkischen Wirtschaft. Teil 2. Deutschland und die Europäische Großraumwirtschaft.* München 1938. S. 48.

Doch hier enden auch schon die Gemeinsamkeiten: In erster Linie war es natürlich der Verlauf des Krieges, der die Vorstellung einer kontinental-europäischen, ringförmig um das Deutsche Reich angeordneten Verteidigungsgemeinschaft *ad absurdum* führten.

b) Anders als WERNER DAITZ empfand sich KARL HAUSHOFER in erster Linie als Geograph, der sich nicht von "zufälligen" ethnischen Gegebenheiten des Kontinents davon abhalten lassen wollte, tiefere, strukturelle Erscheinungen zu untersuchen. Daher ist im Fall von HAUSHOFER auch keine Kritik an liberalen Wirtschaftskonzepten der Westmächte zu konstatieren, ebenso wenig nationalsozialistische Propaganda im Stile eines ROSENBERG (oder eben DAITZ) sondern, in den Worten von ALAN MILWARD: "Haushofer never aligned himself with those who based their arguments for the creation of a large German-dominated economic area in Central Europe on the concept of Volk."[199]

Diese weltoffenere Haltung ist nicht zuletzt auch biographisch zu erklären, da HAUSHOFER viele Jahre als aktiver Offizier und militärischer Beobachter in Asien verbracht hatte.

Sein Denken, und das überrascht nicht weiter, war deutlich strategisch-militärisch geprägt: HAUSHOFERS Grundfrage lautete, wie die "Randberührungen"[200] der beiden europäischen und asiatischen Blöcke gestaltet werden sollten.

Er sah das Ziel in der Errichtung eines "eurasiatischen Kontinentalblocks",[201] wobei er vor allem Japan und Deutschland miteinander verglich und, bemerkenswert, Japan als Vorbild für das Deutsche Reich empfahl.

Ebenso wie DAITZ sah auch HAUSHOFER in Großbritannien die Verkörperung des geschichtlich "Falschen", wobei er England mit einer Anakonda verglich, die ihr Opfer

---

[199] MILWARD, ALAN. S. *The New Order and the French Economy*. Oxford 1984. S. 24.
[200] Vgl. KRÜGER, PETER. "Der Wandel der Funktion von Grenzen im internationalen System Ostmitteleuropas im 20. Jahrhundert". in: LEMBERG, HANS (Hg). *Grenzen in Ostmitteleuropa im 19. und 20. Jahrhundert. Aktuelle Forschungsprobleme.* Marburg 2000. S. 39. "Wahllose Begeisterung für das Überwinden und Aufheben von Grenzen, gleich welcher Art, zeugt nur von Naivität oder fortgeschrittener Gedankenlosigkeit, keinesfalls jedoch von fortschrittlichem Denken, aber das bedeutet nicht, daß man der Versuchung nachgeben sollte, sie zum Mythos zu stilisieren."

so lange umschlungen hält und zerdrückt, "bis ihm alle Knochen im Leibe krachen und [es] unter solcher Blockade keine Atemfreiheit mehr hat".[202] Nach dem Zweiten Weltkrieg betonte HAUSHOFER, und das ist auffällig, den Zusammenhang zwischen seinem Denken und den Vorstellungen COUDENHOVE-KALERGIS über Paneuropa und versuchte, die angebliche pazifistische Grundtendenz seiner Überlegungen zu kommunizieren.

Die Überprüfung dieser Behauptung schließt bei LI WEI mit der trockenen Bemerkung: "Der größte Unterschied zwischen beiden Lehren [HAUSHOFERS und KALERGIS] liegt indessen darin, dass es der Kontinentaleuropavorstellung von HAUSHOFER am Geist politischer Verständigung fehlte".[203]

Eine exakte Aufstellung und Auswertung möglicher sprachlicher Parallelen, Metaphern und Rhetoriken mag den Germanisten überlassen bleiben. Doch drängt sich der Eindruck auf, dass sich das Thema des Untergangs, der Bedrohung und auch der instrumentalisierten Hysterie wie ein Leitmotiv durch die Mitteleuropadebatten zieht. Daher soll als ein Beleg für die bleibende "Apokalysengläubigkeit" innerhalb der Mittteleuropa-Debatten ein Dokument der Friedensbewegung von RUDOLF BAHRO exemplarisch erwähnt werden, und man kann weiterhin fragen, ob und wie weit hier Kontinuitäten bis in die Zeit vor dem Zweiten Weltkrieg hinein festzustellen sind.

*Wie die Tatsachen täglich zeigen, werden die Blöcke, wird also die Dynamik des Wettrüstens nicht dadurch verschwinden, daß die beiden Supermächte ihre Konkurrenz aufgeben, die sie im Gegenteil auf die ganze Welt ausdehnen, Das ist die Stunde, da Europa in seine eigene Geschichte zurückkehren muß; und es besitzt die Voraussetzungen dazu. Westeuropa allein ist heute ökonomisch und kulturell stärker als jede der beiden Super-*

---

[201] HAUSHOFER, KARL. *Wehr-Geopolitik.* Berlin 1941. S. 178. Die entworfene Blocklandschaft Haushofers erinnert in Grundzügen an die Orwell'sche Weltkarte der Blöcke Eurasien, Ozeanien und Ostasien aus dem Roman 1984.

[202] HAUSHOFER, KARL. "Der Kontinentalblock: Mitteleuropa – Eurasien – Japan". In: JACOBSEN, HANS ADOLF. *Karl Haushofer – Leben und Werk.* Bd.1 Boppard am Rhein. 1979. S. 607.
PAASI, ANSSI. "Territory". in: AGNEW, JOHN. MITCHELL, KATHARYNE. TOAL, GERARD. (Hg) *A Companion to Political Geography.* Malden 2003. S. 112: "Territorium ist ein sozialer Prozess."

[203] WEI, LI. *Deutsche Pläne zur europäischen wirtschaftlichen Neuordnung 1939-1945: Weltwirtschaft, kontinentaleuropäische Autarkie und mitteleuropäische Wirtschaftsintegration.* Dissertation HU-Berlin 2005. S. 45.

*mächte. Ganz Europa wäre ebenso stark wie sie beide zusammen. Jetzt muß jeder Ablösungstendenz in dem einen Block eine entsprechende Initiative auf der anderen Seite folgen.*[204]

Für den gegenwärtigen Zweck ist festzustellen, dass es vor allem die drastisch veränderten Grundbedingungen waren, die die beiden Mitteleuropadebatten so stark voneinander abtrennten, dass die Gemeinsamkeiten kaum mehr ins Gewicht fallen und höchstens dem ideengeschichtlich interessierten Forscher bemerkenswert erscheinen. Den Protagonisten der achtziger Jahre hätten sich entsprechende Erkenntnisse wohl eher nicht erschlossen – zu unterschiedlich erschienen und waren die realpolitischen Gegebenheiten.

Nach dem Wegfall der nationalsozialistischen Deutungshoheit über den Raum Mitteleuropa war kein Vakuum entstanden, denn die Logik der Blockbildung der fünfziger Jahre ließ für die Nachfolgestaaten auf dem Gebiet des ehemaligen Großdeutschen Reiches (mit Ausnahme Österreichs) keine dritten Wege zu. Das bedeutet, dass das Thema "Vormacht" oder "Imperium" nach wie vor Bestand hatte und ideengeschichtlichen Druck ausübte.

Wenn man diese Veränderungen und Kontinuitäten einmal listenartig zusammenfassen will, ergibt sich folgendes Bild:

**1.) Situation um 1938**
- Existenz von "funktionierenden Großräumen" außerhalb Europas: USA, British Empire, Sowjetunion.
- Drohender konventioneller Krieg in Europa
- Strukturelle und politische Schwäche der kleinen östlichen Nachbarn Deutschlands.
- Erfahrung der Unterdrückung und Fremdherrschaft in der Generation der Verantwortlichen durch Habsburg, Russland, Preussen.
- Enttäuschte Hoffnung auf Unterstützung durch "den Westen"
- Praktische Erfahrung der wirtschaftlichen Uneinheitlichkeit der Region

---

[204] BAHRO, RUDOLF. FREYHOLD, MICHAELA VON. "Charta für ein atomwaffenfreies Europa. In: *MSZ* 1982. Ausgabe 3. Verein zur Förderung des marxistischen Pressewesens e.V. München 1982: "Das günstigste Ergebnis wäre ein Europa, das bis zum Ural atomwaffenfrei ist und seinerseits unter keinerlei atomarer Bedrohung steht".

- Deutliches Wohlstandsgefälle zwischen Deutschland und den östlichen Nachbarn
- Existenz von Vorschlägen zur Neuordnung Mitteleuropas
- Bereitschaft auf deutscher Regierungsebene, diese Pläne umzusetzen

**2.) Situation um 1988**
- Existenz von "funktionierenden Großräumen" außerhalb Europas: NATO, Warschauer Pakt.
- Befürchteter Atom-Krieg in Europa
- Strukturelle und politische Schwäche der kleinen Satelliten der Sowjetunion.
- Erfahrung der Unterdrückung und Fremdherrschaft in der Generation der Verantwortlichen durch Nationalsozialismus und Stalinismus.
- Gefühlte Zugehörigkeit zum "Westen" bei faktischer Zugehörigkeit zum "Osten"
- Praktische Erfahrung der wirtschaftlichen Spaltung der Region durch den "Eisernen Vorhang"
- Deutliches Wohlstandsgefälle zwischen Deutschland und den östlichen Nachbarn
- Existenz von Vorschlägen zur Neuordnung Mitteleuropas.
- Ablehnung der Mitteleuropagedanken seitens der Bundesregierung

Darüber hinaus ist zu sagen, dass diese beiden Perioden gleichermaßen Nachkriegszeiten waren, in deren Verlauf der eigentliche Verlierer des Krieges, Deutschland, sich von einem international geächteten "Schurkenstaat" wieder zu einem relativ respektieren und, wichtiger, wirtschaftlich bedeutenden *Global Player* entwickelt hatte.[205]

Die vielleicht grundsätzlichste Parallele besteht darin, dass der fragliche Raum, Mitteleuropa, als formbar aufgefasst wird. Hierin liegt ein entscheidender Unterschied zur kulturellen Konzeption des "Westens" aus deutscher Perspektive.

---

[205] ALLEN, JOHN. "Power". in: AGNEW, JOHN. MITCHELL, KATHARYNE. TOAL, GERARD. (Hg). *A Companion to Political Geography*. Malden 2003. S. 101.
"Geo-power is a term (...) to convey the kinds of representational practices used by statespersons, elites, and policy writers to proclaim certain "truths" about how and why political space is ordered, occupied, and administered in the way that it is."

Mitteleuropa stellt sich als ein Raum dar, der auf seine Entwicklung wartet, der gestaltet und " von außen her irgendwie neu" gefasst werden muss. Der Westen indessen erscheint als der Raum der sich selbst ständig neu erschafft.[206]
In der Literatur erscheint Mitteleuropa oder Zentraleuropa, Kerneuropa, das Zwischeneuropa, daher stets als das Unfertige: ein Projekt für viele Disziplinen: Wirtschaft, Recht, Militär, Kultur, Religion, etc.[207]
In Bezug auf den Norden oder Süden des Kontinents sind derartige Wellen von Konzeptionen, Träumen, Drohungen und Gestaltungsvorschlägen nicht feststellbar.

---

[206] STRAUß, FRANZ JOSEF. *Herausforderung und Antwort. Ein Programm für Europa.* Stuttgart 1968: "Eine deutsche Wiedervereinigung kann nur Wirklichkeit werden, wenn Westeuropa durch seine Entwicklung so anziehend wird, daß es wie ein Gravitationszentrum auf die Länder Osteuropas wirkt." Vgl. dazu: NIEDERHAUSER, EMIL. *The Rise of Nationality in Eastern Europe.* [englisch] Budapest 1982.

[207] KAHRS, HORST. "Von der 'Großraumwirtschaft' zur "Neuen Ordnung". in: KAHRS, HORST ET AL. (Hg). Modelle für ein deutsches Europa. Ökonomie und Herrschaft im Großwirtschaftsraum. Beiträge zur Nationalsozialistischen Gesundheits- und Sozialpolitik 10. Rotbuch, Berlin. 1992. 9-28. Oder: GOEBBELS, JOSEPH. "Das Kommende Europa. Rede an die tschechischen Kulturschaffenden und Journalisten", in: *Zeit ohne Beispiel* (Zentralverlag der NSDAP. 1941), S. 314-323. Vgl: LEICHT, ROBERT. "Die neue Welle alter Träume. Das Wiedererwachen nationaler Erwartungen aus dem deutschen Drang nach dem Unmöglichen". in: *SZ* 5./6. 6. 1982.

# 3. Parameter der bundesdeutschen Debatte 1982 bis 1990

Die Auseinandersetzungen in der Bundesrepublik zu der Frage, wie der Begriff "Mitteleuropa" in seiner Beziehung zu Deutschland zu verstehen sei, bezogen sich häufig auf Einflüsse von außen. Auch wenn nun die Diskussionen der Nachbarländer häufig andere Intentionen und Beweggründe aufwiesen, so befruchteten sie dennoch die bundesdeutsche Debatte nicht unerheblich. Viele deutsche Beiträge enthalten Verweise auf internationale Stellungnahmen, wobei auffallend ist, dass sich verschiedene thematische Gewichtungen oder Leitmotive ergeben, je nachdem, aus welchem Land die Beiträge kommen. Die vier großen Gruppen und ihre Leitmotive sind:

a.) Beiträge aus der DDR: Imperialismuskritik
b.) Ideen aus Ungarn und den westslawischen Ländern: kulturelle Identität
c.) Beiträge aus Italien und Österreich: aktive Donauraumpolitik
d.) Perspektiven westlicher Länder: Sorge vor deutschen Sonderwegen

Aus diesen vier Bereichen speiste sich die bundesdeutsche Debatte zu einem nicht unerheblichen Teil, und thematisch ist mit jedem dieser Bereiche ein besonderes Leitmotiv verbunden. Interessanterweise jedoch nicht immer im Sinn der Ursprungsländer. Einige Motive, wie zum Beispiel das der deutschen Beteiligung an Aufgaben der Weltpolitik, wie es vor allem von amerikanischer Seite immer wieder eingefordert wurde, stieß in der Bundesrepublik häufig auf Ablehnung. Vor allem diejenigen politischen Gruppen, die sich in stärkster Opposition zur deutschen Vergangenheit als Militärstaat sahen, lehnten eine deutsche Armee ab.
In den Augen der amerikanischen Verbündeten stellte sich diese Haltung häufig als erneuter Versuch von Sonderwegen oder Alleingängen dar und damit als das genaue Gegenteil von nationaler Zuverlässigkeit gegenüber den Verbündeten. Einer der entschiedensten Vertreter dieser Sichtweise ist JENS HACKER, der die Spaltung des europäischen Kontinents immer wieder thematisierte, indem er die seiner Ansicht nach zu große Akzeptanz des Eisernen Vorhangs durch führende deutsche Politiker als gottgegebenes Schicksal kritisierte. Gleichzeitig, und dies stellt HACKERS Position gegenüber vielen anderen heraus, sah er die Debatte um Mitteleuropa mit klarem Blick als einen Versuch,

*die Teilung Deutschlands für richtig, gerecht und notwendig zu erachten. Mit den Gedanken an Mitteleuropa wurde der Wunsch verknüpft, es aus dem Ost-West-Konflikt herauszulösen, da dieser von den Großmachtinteressen nicht jedoch von System-Verschiedenheiten und Wertunterschieden geprägt sei.*[208]

Was zunächst wie ein Widerspruch aussieht, erweist sich unter HACKERS Prämissen als offensive Interpretation der deutschen Mentalität. Der scheinbare Widerspruch besteht darin, dass Mitteleuropagedanken einerseits schon allein aufgrund ihrer Natur grenzüberwindend sein müssen, aber andererseits das Prinzip des Nationalen verpflichtet zu bleiben, da man deutscherseits in der Teilung eine Art von nationaler Strafe sah, die es geduldig und einsichtig zu tragen galt. Gegen solche Interpretationen verwahrte sich HACKER mit "deutlichen Worten"[209], wie es CHRISTIAN WEIMER zurückhaltend formulierte.

Doch waren die Überlegungen zur Frage nach Deutschlands Zugehörigkeit zu Mitteleuropa tatsächlich allein Ausdruck einer nationalen "Malaise"?[210] Auf welchem Niveau spielten sich die Überlegungen ab und zu welchen Zwecken wurden sie instrumentalisiert? Diese Kontraste aufzuzeigen ist die Aufgabe der folgenden Abschnitte.

Eine weitere Vorbemerkung zum Thema "Mitteleuropa in den achtziger Jahren" muss darauf lauten, dass es in den verschiedenen Entwürfen zwar immer auch darum geht, wo die Grenzen Mitteleuropas denn eigentlich liegen, aber dies geschieht meist nicht anhand von politischen Grenzen von Staaten. Daher ist die Frage nach den Ländern Mitteleuropas, beziehungsweise die Frage, welche Länder ausgehend von der Debatte nun zu Mitteleuropa gehören und welche nicht, im Grunde irreführend. Das Ziel der Debatte bestand nicht darin, eine Liste von Mitgliedern zu erstellen. Der Grund dafür liegt folgenden Punkten:

Erstens gehen viele Entwürfe und Beschreibungen des mitteleuropäischen Raumes auf eine Zeit zurück, als die heutigen Grenzen noch nicht bestanden. Dies wird insbe-

---

[208] HACKER, JENS. "Die Lebenslüge der Bundesrepublik. Publizisten, Politiker, Wissenschaftler und die deutsche Einheit". in: *FAZ* 18.4. 1997.

[209] WEIMER, CHRISTIAN. "'Mitteleuropa' Ein komplexer und ambivalenter politischer Terminus und die kontroverse Diskussion über ihn in den achtziger und neunziger Jahren". in: KICK, KARL G. WEINGARZ, STEPHAN. BARTOSCH, ULRICH (Hg). *Wandel durch Beständigkeit. Studien zur deutschen und internationalen Politik. Jens Hacker zum 65. Geburtstag.* Berlin 1998. S. 507.

sondere im Fall der eher kulturell argumentierenden Entwürfe deutlich, z.B. bei OTTO VON HABSBURG. Zweitens berücksichtigen viele Pläne Differenzierungen, die parallel zu geistigen Grenzen verlaufen, etwa der Einstellung gegenüber politischen Werten der Freiheit im Konflikt mit dem der Gleichheit. Drittens argumentieren einige Teilnehmer mit dem einleuchtenden Argument, dass der Raum Mitteleuropa eben deshalb so schwer zu greifen sei, weil er viele Länder zwar berühre, aber nicht ganz einschließe. Vor allem in Bezug auf Deutschland sei dies der Fall. Der entscheidende Punkt bei der Frage der Zuordnung lautete: Gehört das moderne Deutschland dazu oder nicht? Aus deutscher Perspektive wurde die Frage mehrheitlich positiv beantwortet.

An dieser Stelle finden sich klare Traditionslinien in die Zeit vor 1945 hinein: Entweder ist Deutschland klar Bestandteil des Großraumes oder Mitteleuropa hat zumindest mehr mit Deutschland zu tun als mit jedem anderen Land des Westens. Auf der polnischen Seite indessen lehnte man diese Definition wiederum mehrheitlich ab. Mitteleuropa aus der Sicht der Osteuropäer ist der Raum zwischen deutschem und russischem (in Differenzierung von "sowjetischem") Einflussgebiet ohne Einschluss dieser beiden für den Raum zu großen Länder.

### 3.1 Einflüsse aus der DDR: "Imperialismuskritik"

Nur eine relativ kleine Zahl von Autoren marxistischer Perspektive hat sich mit dem Begriff "Mitteleuropa" auseinandergesetzt. Dabei ist zu bemerken, dass dies aus einer anderen Motivation heraus geschah als im Fall nationaler oder liberaler Publizisten in den westlichen Ländern oder Autoren östlicher Herkunft im westlichen Exil.
In erster Linie betrafen die Ausführungen der sozialistischen Theoretiker die Frage nach den Motivationen der deutschen Regierungen von 1914 und 1933 zur Kriegsführung. Daher haben diese Beiträge meist einen weniger "utopischen" Ansatz als andere und als man es vielleicht gemeinhin von kommunistischer Literatur über Fragen der Zukunft erwarten würde. Beispielhaft sei ein Referent der kommunistischen Internationale, genannt, ABRAHAM DEBORIN, dessen Beitrag Mitteleuropakonzepte[211] der zweiten Hälfte des 19. Jahrhunderts bis in die vierziger Jahre des 20. Jahrhunderts

---

[210] STÜRMER, MICHAEL. "Gibt es Mitteleuropa?" in: *FAZ* 10.12.1986.
[211] DEBORIN, ABRAHAM M. "Die Mitteleuropa-Idee in der Propaganda der deutschen Imperialisten. Zur Geschichte der ideologischen Vorbereitung der beiden Weltkriege". in: *Neue Welt* 22. 1954.

darstellt, um die geistesgeschichtlichen Grundlagen der beiden Weltkriege herauszupräparieren. Auch die DDR-Forschung hat sich mit dem Themenfeld "Mitteleuropa" befasst, wobei sich der Fokus der Analyse eindeutig in Richtung Bundesrepublik verschob.

Eine wichtige Gemeinsamkeit vieler Arbeiten ist die ideologisch von der Forschung erwartete Frage, ob die Bundesrepublik versuchen werde, in der Tradition der beiden Weltkriege einen neuen Angriff zu lancieren. Die entscheidende ideologische Bedingung hierfür war die Gleichsetzung von Kapitalismus und aggressivem Imperialismus, beziehungsweise die Weigerung, zwischen sozialer Marktwirtschaft bundesrepublikanischer Prägung und dem kaiserzeitlich-preußischen Imperialismus zu differenzieren. Um es in einem Satz zu sagen: Für die Regierung der DDR stellte sich das Thema "Mitteleuropa" als ebenso problematisches Tabu dar wie für die der Bundesrepublik und da eine freie Publizistik praktisch nicht bestand, konnte das Thema auch nicht in nennenswertem Umfang von anderen Stellen aufgegriffen werden.

Für heutige Zwecke sind jedoch die Quellensammlungen der DDR-Forschung, trotz thematischer Einengungen, weiterhin von gewissem Wert. Exemplarisch können die Arbeiten von WOLFGANG SCHUMANN mit LUDWIG NESTLER, HASS und EICHHOLTZ genannt werden.[212] Es ist bezeichnend, dass die bundesdeutsche Forschungsliteratur die Beiträge aus der DDR weitgehend ausgeklammert hat, auch wenn es in der fraglichen Zeit Konsultationen zu Mitteleuropa zwischen den beiden deutschen Staaten gab, jedoch keine Mitteleuropa-Politik auf Regierungsebene.[213]

Auf der anderen Seite ist es bemerkenswert oft zu Diskussionen *über* die DDR und ihre Zukunft gekommen, also über die Frage, welche Rolle die DDR *in* einem zu begründenden System von Mitteleuropa einmal spielen würde. Generell kann man sagen, dass der deutschen Zweistaatlichkeit kein allzu langer Bestand prognostiziert

---

[212] EICHHOLTZ, DIETRICH. SCHUMANN, WOLFGANG. (Hg). *Anatomie des Krieges. Neue Dokumente über die Rolle des deutschen Monopolkapitals bei der Vorbereitung und Durchführung des 2. Weltkrieges*. Berlin 1969. und HASS, GERHART. SCHUMANN, WOLFGANG. (Hg). *Anatomie der Aggression. Neue Dokumente zu den Kriegszielen des faschistischen deutschen Imperialismus im 2. Weltkrieg*. Berlin 1972. sowie SCHUMANN, WOLFGANG. NESTLER, LUDWIG. (Hg). *Weltherrschaft im Visier. Dokumente zu den Europa- und Weltherrschaftsplänen des deutschen Imperialismus von der Jahrhundertwende bis Mai 1945*. Berlin 1975.

[213] KAISER, CARL-CHRISTIAN. "Wandel durch Wettbewerb?" in: *Die Zeit*. 11/1986 über eine Konferenz zwischen Vertretern der SED und der SPD Fritz-Erler-Akademie der Friedrich-Ebert-

wurde, jedenfalls nicht in seiner damaligen Form. Vielmehr stand die Idee im Mittelpunkt, dass die beiden deutschen Staaten zunächst entmilitarisiert und dann langsam auf der Ebene der Verwaltung angeglichen werden sollten, so dass schließlich die tatsächlich trennenden Aspekte im Rahmen einer Wirtschaftseinheit nicht mehr zum Tragen kommen würden.[214] Eine solche langsame Annäherung ist etwa von LÖSER und SCHILLING vorgeschlagen worden. Auch OTTO SCHILY sah dergleichen als realistische Option an.

Solche Gedankenspiele sind nur möglich, wenn die Prämisse gilt, dass eine Annäherung über die bestehenden Grenzen hinweg überhaupt möglich sei. Damit standen diese Überlegungen der Logik des Kalten Krieges diametral entgegen. KARL SCHLÖGEL formulierte es so:

*Was bedeutete es für die Bundesrepublik, dass die Kommunistische Partei verboten wurde, was bedeutete es für die DDR, dass alle Kräfte, die nicht so mitmachen konnten, wie die Regierung es verlangte, aus dem Land gedrängt wurden?*[215]

Die Diskussion über Mitteleuropa zu pflegen, lag nicht im Interesse der Regierung der DDR, denn es zeichnet Mitteleuropagedanken aus, dass sie das Gemeinsame suchen, auf dessen Grundlage eine weitere Annäherung stattfinden soll. Man könnte in Anlehnung an das bekannte Diktum sagen, dass jede Form von Annäherung automatisch mit einer Art von Wandel verbunden ist. Dies zu vermeiden lag im Interesse der SED. Daher blieben die Untersuchungen der Mitteleuropafrage auf die traditionellen Aspekte der Imperialismusforschung beschränkt.[216]

---

Stiftung in Freudenstadt im Schwarzwald zur Frage nach grenzüberschreitender Kooperation zur Friedenssicherung.

[214] Vgl. KIEßLING, GÜNTER. "Das Ende von Jalta". in: VENOHR, WOLFGANG. (Hg). *Ein Deutschland wird es sein.* Erlangen 1990.

[215] SCHLÖGEL, KARL. "Mitteleuropa als Verlegenheit, Mitteleuropa als Realität". in: ÖSTERREICHISCHES INSTITUT FÜR FRIEDENSFORSCHUNG UND FRIEDENSERZIEHUNG (Hg). *Mitteleuropa? Beiträge zur Friedensforschung.* Stadtschlaining o.J. (1988). S. 37.

[216] EBERHARTER, MARKUS. "Die Idee Mitteleuropas in den achtziger und neunziger Jahren. Annäherung an ein kulturelles Phänomen". in: BREYSACH, BARBARA. (Hg). *Europas Mitte. Mitteleuropa. Europäische Identität?* Berlin 2003. S. 189.

Eine grundlegende Annahme der "DDR-sozialistischen" Forschung bestand darin, dass jegliche Form von Kapitalismus früher oder später in imperialistische Politik und dann in faschistische Herrschaft münden müsse, um Rohstoffversorgung und Absatzmärkte zu erschließen, zu konsolidieren und zu verteidigen. Daher mussten alle Konzepte kapitalistischer Länder, die sich mit der Erschließung geographischer Räume befassten, immer aus der Perspektive drohender Kriege gesehen werden, beziehungsweise der Verantwortung der sozialistischen Staaten, diese Kriege zu verhindern oder abzuwehren. WOLFGANG SCHUMANN hat versucht, diese Gefahr anhand von umfangreichen Quellensammlungen deutlich zu machen, noch bevor die Mitteleuropadebatte in der Bundesrepublik ihren Höhepunkt erreichte.[217] Doch stellte dieser zeitliche Vorsprung keinen Vorteil dar, denn als die Debatte in der Bundesrepublik entbrannte, war man in der DDR nicht darauf vorbereitet, dass die Argumente eine gänzlich andere Richtung einschlugen, indem sie die Annäherung suchten ohne den Systemkonflikt zu betonen, sondern im Gegenteil, dessen Bedeutung zu leugnen oder zu relativieren.

Eine weitere Quellensammlung zu der Frage nach den imperialistischen Absichten des deutschen Kapitals ist von MANFRED MENGER FRITZ PETRICK UND WOLFGANG WILHELMUS vorgelegt worden.[218] Hier stehen Strategiepapiere und Stellungnahmen deutscher Eliten zur Zeit des 2. Weltkrieges im Mittelpunkt, sowie deren Kontinuität über das Ende des Krieges hinaus. Entsprechend deutlich formuliert sind auch die Titel dieser Quellensammlungen: Weltherrschaft im Visier, Anatomie der Aggression oder Anatomie des Krieges.[219] Es verwundert nicht, wenn es kaum zum Dialog mit

---

[217] SCHUMANN, WOLFGANG (Hg). *Griff nach Südosteuropa. Neue Dokumente über die Politik des deutschen Imperialismus und Militarismus gegenüber Südosteuropa im 2. Weltkrieg.* Berlin 1973.

[218] MENGER, MANFRED. PETRICK, FRITZ. WILHELMUS, WOLFGANG (Hg). *Expansionsrichtung Nordeuropa. Dokumente zur Nordeuropapolitik des faschistischen deutschen Imperialismus 1939 – 1945.* Berlin 1987.

[219] SCHUMANN WOLFGANG. NESTLER, LUDWIG (Hg). *Weltherrschaft im Visier. Dokumente zu den Europa- und Weltherrschaftsplänen des deutschen Imperialismus von der Jahrhundertwende bis Mai 1945.* Berlin 1975.
HASS, GERHART. SCHUMANN WOLFGANG (Hg). *Anatomie der Aggression. Neue Dokumente zu den Kriegszielen des faschistischen deutschen Imperialismus im 2. Weltkrieg.* Berlin 1972.
EICHHOLTZ, DIETRICH SCHUMANN, WOLFGANG (Hg). *Anatomie des Krieges. Neue Dokumente über die Rolle des deutschen Monopolkapitals bei der Vorbereitung und Durchführung des 2. Weltkrieges.* Berlin 1969.

westdeutschen Autoren kam, deren Anliegen darin bestand, die Kontinuität der Blockkonfrontation in Frage zu stellen und das gemeinsame deutsche Erbe der Zeit bis 1945 kritisch aufzufassen und nach Möglichkeiten zu suchen, wie eine Emanzipation von der Last zu erreichen sei. Die offizielle Geschichtsschreibung der DDR konnte also aufgrund von prinzipiellen Überlegungen kaum wirklich an der Mitteleuropadebatte teilhaben. Damit ist das Verhalten der offiziellen DDR in der Frage der Wiedergutmachung und Sühne für die deutsche Rolle im 2. Weltkrieg eng verbunden. FELIX LUTZ hat es so auf den Punkt gebracht: "Die DDR leistete in keiner Weise Wiedergutmachung, weder moralisch noch finanziell" Die Nazivergangenheit wurde schlicht "externalisiert".[220]

Es mag sein, dass auch die Bundesrepublik durch die in den ersten Jahren konsequent durchgeführte Politik der Nichtanerkennung auf der Grundlage der so genannten "Hallsteindoktrin" mit dazu beitrug, dass die offizielle DDR an der Vergangenheitsbewältigung[221] keinen Anteil nehmen konnte oder wollte. Doch der langsame und von beiderseitigem Misstrauen geprägte Prozess der gegenseitigen Anerkennung machte neue Gesprächsforen möglich. Was folgt daraus? WILHELM BLEEK benennt das Dilemma im Zusammenhang mit der Frage, weshalb die Wende von 1989 in einem ganz allgemeinen Sinn so überraschend kam:

*Der Streit um die Prognosefähigkeit der bundesrepublikanischen DDR-Forschung illustriert die verführerische Neigung auch in akademischen Diskussionen, ex post aus der Kenntnis späterer Entwicklungen auf die Notwendigkeit früherer Einsichten zu schließen, die aber zu deren Zeitpunkt keineswegs selbstverständlich waren. Es ist bezeichnend, dass kaum einer der heutigen Kritiker der DDR-Forschung sich selbst durch einschlägige Bemühungen, geschweige denn zutreffende Voraussagen ausgezeichnet hat.*[222]

---

[220] LUTZ, FELIX P. "Geschichts-Bewusstsein". in: WEIDENFELD, WERNER. KORTE, KARL-RUDOLF. (Hg). *Handbuch zur deutschen Einheit 1949-1989-1999.* Bonn 1999. S. 393.

[221] HERF, JEFFREY. *Divided Memory. The Nazi-Past in the Two Germanys.* Cambridge, Mass. 1997. Mit der Frage, warum die Erinnerung an den Holocaust in der DDR so konsequent unterdrückt wurde, sowie mit der interessanten Beobachtung, dass fast die gesamte Führungsriege der DDR bereits vor dem Krieg politisch etabliert war.

[222] BLEEK, WILHELM. "Deutschlandforschung". in: WEIDENFELD, WERNER. KORTE, KARL-RUDOLF. (Hg). *Handbuch zur deutschen Einheit 1949-1989-1999.* Bonn 1999. S. 226.

Diese Aussage trifft auch auf die Frage nach der Mitteleuropadebatte in der DDR in vollem Umfang zu und benennt eine zentrale Schwierigkeit im Umgang mit den erwähnten Quellen.

Inwiefern sich nun die Dissidenten der DDR mit dem Thema "Mitteleuropa" auseinandersetzten gehört nicht primär in die Aufgabenstellung der vorliegenden Arbeit, denn in der bundesdeutschen Auseinandersetzung sind Samisdat-Papiere nicht nennenswert rezipiert worden. Anders war es den Dissidenten jedoch kaum möglich, zu Wort zu kommen. Entsprechende Publikationen sind offenkundig nicht in den Westen gelangt oder, sofern dies doch geschehen ist, wurden sie nicht wahrgenommen, ganz im Gegenteil zu den Beiträgen der im westlichen Exil lebenden Dissidenten aus Prag oder Budapest in bedeutenden Periodika wie *Lettre International*. Neben Wien ist hier vor allem Paris als Hauptexilort zu nennen.

Insgesamt kann man daher die Einflüsse und Beiträge aus der DDR auf die Debatte, wie sie in der Bundesrepublik geführt wurde, als äußerst gering und schwach bezeichnen. Umso interessanter ist es dann, dass die DDR grundsätzlich mit bedacht wurde. Die Debatte um Mitteleuropa wurde von westdeutscher Seite aus ohne die DDR geführt und die DDR beteiligte sich nicht nennenswert an den Auseinandersetzungen. Viele westdeutsche Beiträge verfügten jedoch im Rahmen der Utopien gedanklich über die DDR, beziehungsweise über deren staatliche Zukunft, indem sie eine gemeinsame Abrüstung, Räumung von Massenvernichtungswaffen und stufenförmige staatliche Annäherung als Ziel formulierten. Die verborgene Prämisse lautet hierbei, dass die atomare Bewaffnung der Sowjetunion für die DDR die größere Gefahr gewesen sei. Diese These von der sowjetischen Bedrohung hätte jedoch niemals östlich der Elbe formuliert werden können. Aus diesem Grund musste die Mitteleuropa-Forschung in der DDR sich auf das Erbe des Nationalsozialismus beschränken, ähnliche Tendenzen in der aktuellen Politik der Bundesrepublik erkennen oder aber über Mitteleuropa schweigen. Diese Alternative passte nicht in das gedankliche Schema der Dissidenten im Osten, die sich dagegen verwahrten, die Gefahren des Atomkrieges als Argument dafür zu gebrauchen, gesellschaftliche Unterschiede zu nivellieren. An dieser Stelle ist eine klare Gabelung der Debatte festzustellen.

Immerhin fanden Friedensgespräche[223] statt, die sich mittelbar und peripher auf die Auseinandersetzungen über die Zukunft des Kontinents auswirkten. Das wichtigste

---

[223] KAISER, CARL-CHRISTIAN. "Wandel durch Wettbewerb?" in: *Die Zeit.* 11/1986.

Element der Gespräche war zumeist die Bewertung der Gefahren eines Atomkrieges, dessen Vernichtungsgewalt jeden systemtheoretischen Vergleich ad absurdum führen würde. Daraus folgte die Konsequenz, dass der Wettbewerb zwischen Kapitalismus und Sozialismus nur auf friedlichem Wege vonstatten gehen dürfe. Eine interessante Parallele besteht hier zu der von ALEXANDER GALLUS ausführlich dargestellten Konfrontationslinie des Nationalneutralismus in der Bundesrepublik. Ähnlich wie im Fall Mitteleuropas kam es auch hier zu keinem nennenswerten Austausch zwischen den beiden deutschen Staaten, ihren offiziellen Vertretern und den inoffiziellen Positionen, soweit diese überhaupt aufeinander trafen.[224]

### 3.2 Kulturelle Identität aus Polen, Ungarn und der CSSR

Für diesen Zusammenhang sind solche Texte relevant, die zwar aus den östlichen Nachbarländern stammen, doch in den achtziger Jahren in deutscher Sprache publiziert wurden und somit den allgemeinen deutschen Diskurs beeinflussen konnten. Es fällt insgesamt auf, dass hierbei die Erwähnungen von Werken der schönen Literatur, der Musik und auch, wiederum ganz allgemein die Verweise[225] auf das, was man "mitteleuropäische Lebensart" nennen könnte, in dieser Quellenfamilie weitaus häufiger anzutreffen sind als in vergleichbaren Beiträgen aus der Bundesrepublik. Dies wird deutlich, wenn man die Akteure beim Namen nennt: GYÖRGY KONRÁD, MIKLOS MOLNAR, Leszek Kolakowski, Czeslaw Milos, Adam Zagajewski, Adam Krzemzinski, Krzystof Glass, Zdenek Hejzlar, Rudolf Jaworski, Jiri Dienstbier, MILAN KUNDERA, VACLAV HAVEL, ZDENEK MLYNAR. Fast alle diese Namen entstammen der Belletristik, dem Journalismus oder der Kulturphilosophie. Eine wichtige Wasserscheide verläuft hierbei zwischen Nord und Süd, zwischen Polen auf der einen Seite[226] und dann den anderen Staaten, hier wiederum vorrangig CSSR und Ungarn, aber

---

[224] GALLUS, ALEXANDER. "Die Nationalneutralisten 1945 bis 1990. Deutschlandpolitische Außenseiter zwischen Drittem Weg und Westorientierung". in: JESSE, ECKHARD. LÖW, KONRAD (Hg). *50 Jahre Bundesrepublik Deutschland.* Berlin 1999. S. 29-63.

[225] KONSTANTINOVIC, ZORAN. "Das Mitteleuropa-Verständnis in der Literatur der Gegenwart". in: DRABEK, ANNA M. PLASCHKA, RICHARD G. HASELSTEINER, HORST. *Mitteleuropa – Idee, Wissenschaft und Kultur im 19. und 20. Jahrhundert. Beiträge aus österreichischer und ungarischer Sicht.* Wien 1997.

[226] RAUTENBERG, HANS-WERNER. *Traum oder Trauma? Der polnische Beitrag zur Mitteleuropa-Diskussion 1985-1990.* Marburg 1991.

auch Jugoslawien. Drei zentrale Motive haben die bundesdeutsche Debatte insbesondere beeinflusst, von denen wiederum zwei unmittelbar mit den Namen international bekannter Schriftsteller verbunden sind.

a.) MILAN KUNDERA: die These vom "gekidnappten Westen"
b.) GYÖRGY KONRAD: Antipolitik als erster Schritt zur Bürgergesellschaft
c.) Abgrenzungen nach Osten und Süden: der Balkan

Der dritte Abschnitt dieser Liste ist am kürzesten, sowohl innerhalb der östlichen als auch der bundesdeutschen Beiträge. Er kann als Gegenklammer für die Frage verstanden werden, ob Deutschland in Mitteleuropa liege oder nicht, denn auch hier geht es darum, eine Gruppe von Ländern einem größeren Raum zuzuordnen, wobei auf verschiedene historische Argumente zurückgegriffen wird. Dieser kleine Teil der Mitteleuropadebatte hatte für die zentralen Inhalte der bundesdeutschen Vorgänge allerdings kaum Gewicht.[227]

a.) MILAN KUNDERA: die These vom "gekidnappten Westen"
Wenn man den Kern der östlichen Mitteleuropadebatte nach KUNDERA in wenige Worte fassen will, so kann man sagen: "Mitteleuropäer" wurde als Bezeichnung für die "kleinen" Völker zwischen Russland einerseits und Deutschland andererseits verstanden, wobei die jeweiligen Staatsformen dieser mächtigeren Nachbarn, Zarenreich und Kaiserreich oder Sowjetunion und Großdeutsches Reich nur einen sehr bedingten Unterschied machten. Die Machtkonstellation von groß zu klein war immer gegeben und bedrohte allein dadurch die kulturellen Werte der kleineren Staaten Mitteleuropas – unabhängig von den konkreten Inhalten dieser Einflüsse, ob monarchisch, nationalsozialistisch, stalinistisch oder demokratisch. Das ist ein aus heutiger deutscher Sicht geradezu schockierender Standpunkt. Akzeptiert man Definition jedoch, ergibt sich ganz von selbst der Ausschluss Deutschlands aus Mitteleuropa. Hier besteht der erste zentrale Unterschied zur deutschen Debatte, die wiederum durch den Gedanken gekennzeichnet war, dass Deutschland ebenfalls zwischen den Fronten liege, aller-

---

[227] Wohl aber in der Forschung: Vgl. hier für einen Überblick der Diskussion: AGH, ATTILA. *Emerging Democracies in East Central Europe and the Balkans*. Cheltenham 1998. S. 5. Seine Definition lautet: Mitteleuropa reiche nur bis an die Adria, beinhalte keine griechisch-russisch-orthodxoe Kulturräume und sei das ehemalige Gebiet der Habsburger, nicht das der Osmanen.

dings zwischen den Supermächten USA und der Sowjetunion.[228] Mitteleuropa scheint als Konzept immer vorauszusetzen, dass eine Bedrohung, Einkreisung, oder Bedrängung besteht. Für die Mitteleuropäer im Osten geschah diese Einbindung durch die Etablierung des Warschauer Paktes und als Ergebnis der Kriegskonferenzen gegen den Willen der Betroffenen, für die Bundesrepublik trat diese Einbindung ebenfalls auf der Grundlage der Ergebnisse von Teheran, Jalta und Potsdam ein, jedoch dann mit dem entscheidenden Unterschied, dass auch die Regierung die Integration, unterstützt von einem weiten Konsens in der Bevölkerung, eigenständig trug und sogar beschleunigte.

Eine der zentralen Voraussetzungen für das Entstehen der östlichen Mitteleuropadebatte bestand zunächst in dem Bewusstsein der Andersartigkeit, der Verschiedenheit des Raumes in Bezug auf Russland und Deutschland unabhängig von der jeweiligen Staatsform der beiden großen Nachbarn. Vor allem die Hegemonialmacht Sowjetunion wurde als Bedrohung der nationalen Identität dadurch empfunden, dass die alten Verbindungen zum Westen unterbrochen oder zumindest massiv erschwert wurden. Gleichzeit jedoch war der Einfluss der Sowjetunion auf die publizistischen Vorgänge etwa in Polen und Ungarn so gering, dass es möglich war, diese Sichtweisen mehr oder weniger offen zu vertreten. Somit ist das Entstehen der Debatte um das Wesen und die Zukunft Mitteleuropas auch ein Indikator für eine gewisse Freiheit, besser, Halbfreiheit, wie GYÖRGY KONRAD den Umstand nannte,[229] dass zwar gewisse Inhalte publiziert werden durften, aber an eine öffentliche Diskussion der Umsetzbarkeit nicht zu denken war. Man kann einen Schritt weitergehen und in dem Entstehen der Debatte ein Aufflammen von Hoffnung auf Reformierbarkeit des Systems erblicken, innerhalb dessen Grenzen es langsam möglich wurde, über Alternativen zumindest nachzudenken. Hierin besteht ein zentraler Unterschied zu der Debatte der Bundesrepublik. Zwar wurden durch die Formulierung von Mitteleuropagedanken auch Tabus verletzt, aber es waren eben "nur" Tabubrüche und keine konspirative Betätigung.
Die besondere Betonung kultureller Inhalte schlägt sich indirekt darin nieder, dass wirtschaftliche Aspekte kaum je diskutiert werden. Dies mag mit der spezifischen Kompetenz der Autoren zusammenhängen, deren Interessenschwerpunkte anders lagen. Hier ist ein Beitrag von PETER HANAK zu nennen, der immerhin die ökonomi-

---

[228] BERG, HEINO. BURMEISTER, PETER (Hg). *Mitteleuropa und die deutsche Frage*. Bremen 1990.
[229] KONRÁD, GYÖRGY. *Antipolitik. Mitteleuropäische Meditationen*. Frankfurt/M 1984. S. 54.

schen Umstände des ehemaligen Mitteleuropa thematisiert.[230] Jedoch sind die marxistischen Denkschablonen so deutlich zu erkennen, dass die allgemeine Bedeutung seiner Interpretation eher gering ist. Man könnte auch sagen: Die Brisanz der Mitteleuropapläne lag nicht darin, dass alternative Wirtschaftsmodelle vorgeschlagen wurden, sondern darin, dass die Grenzen des Kalten Krieges und die Identität der kleinen Länder des Warschauer Paktes durch Mitteleuropagedanken radikal und antisowjetisch in Frage gestellt wurden.

Der Diskurs ging zeitlich der Reformpolitik GORBATSCHOWS um etwa drei Jahre voraus und wurde von dieser sodann weiter begünstigt. Der Begriff "Mitteleuropa" an sich brachte eine Infragestellung des Ost-West-Konfliktes in seiner damaligen Gestalt mit sich. So lösten sich die Länder, die östlich des Eisernen Vorhangs aber westlich der Sowjetunion lagen, wenigstens begrifflich aus ihrem weltpolitischen Lager.[231] Die Postulierung eines wie auch immer gearteten Mitteleuropa richtete sich daher auch an den Westen. Das zentrale Motiv hierbei lautet auf Verantwortung des Westens gegenüber dem Osten, der sich im Griff der Sowjetunion befindet: Durch Berufung auf das gemeinsame Erbe, lateinisches Christentum, Antike und Aufklärung, wurde zunächst allein mehr Aufmerksamkeit eingefordert, bzw. dazu aufgerufen, den Osten nicht der Sowjetunion zu überlassen. Dies geschah mit der Anregung, die westeuropäische Integration, deren Zuschauer die Mitteleuropäer im Osten waren, nicht als Selbstzweck aufzufassen, sondern Verantwortung für den Osten mit zu übernehmen und dafür zu sorgen, dass die Integration nicht allein auf ökonomischen Interessen des Westens beruhen würde – insofern ein moralischer Hinweis.

Die Definitionen wiesen somit einen mehr oder weniger offen vorgetragenen Vorwurf auf, der Westen befasse sich nur einseitig und selbstbezogen mit dem Aufbau der Europäischen Märkte. LSZEK KOLAKOWSKI appellierte an den Westen, in "Kategorien des ganzen Europa" zu denken.[232] Man kann den Kontrast abschließend so formulieren: Es bestand ein deutliches Ungleichgewicht zwischen den eskapistischen Träumen des Ostens und den harten Fakten der Integration im Westen.

---

[230] HANAK, PETER. "Mitteleuropa als historische Region in der Neuzeit". in: BURMEISTER, HANS-PETER. BOLDT, FRANK. MÉSZÁROS, GYÖRGY (Hg). *Mitteleuropa - Traum oder Trauma? Überlegungen zum Selbstbild einer Region.* Bremen 1988.

[231] Vgl. REIßMÜLLER, JOHANN GEORG. *Die vergessene Hälfte. Osteuropa und wir.* München 1986.

[232] KOLAKOWSKI, LESZEK. "Mitteleuropa – das ist mehr als nur ein Mythos". Interview mit Adalbert Reif. in: *Die Welt.* 2. 11. 1987.

Es ist offenkundig, dass die Dissidentenszene der osteuropäischen Staaten in keiner Weise eine einheitliche Gruppe bildete, weder regional noch nach politischer Ausrichtung oder Verfasstheit. Daher fällt es schwer, einen eindeutigen Beginn der Debatte ausfindig zu machen. Üblicherweise wird der erneute Eintritt des Begriffs "Mitteleuropa" in den osteuropäischen Diskurs auf das Erscheinen des Beitrages "Tragödie Mitteleuropa" im Herbst 1983 in der französischen Zeitschrift *Le Debat* datiert, etwa zwei Jahre, bevor der Diskurs in der Bundesrepublik mit einem Mitteleuropabegriff als "Gegenhypothese"[233] zu den Realitäten der Nachkriegszeit seinen Höhepunkt erreichte.[234]

KUNDERA war jedoch nicht der erste Publizist, der die Frage nach der Position Mitteleuropas im Spannungsfeld zwischen Ost und West gestellt hatte. Bereits 1979 hatte der ungarische Literaturhistoriker ENDRE BOJTAR eine Bewegung Mitteleuropas nach Osten hin konstatiert, die allerdings nicht erst mit dem 2. Weltkrieg eingesetzt habe, sondern schon 150 Jahre zuvor. Die Mitte des Kontinents sei auf dem Weg nach Osten und diese Entwicklung könne nur gestoppt werden,

*at the price of a historic turn of such magnitude that would probably involve worldwide destruction. Yet, there might be another solution: to accept the community of nations living in the region, and try to turn Eastern Europe into Central Europe.*[235]

Der deutsche Blick war zum Zeitpunkt des Entstehens der Beiträge Kunderas noch auf die Frage der Stationierung von Mittelstreckenwaffen gerichtet und sollte erst später auf den Bereich der Kulturfragen abschweifen. Als es im Osten schon darum ging, die Rolle der Sowjetunion mit Hinblick auf die Vorstellungen von der eigenen Freiheit neu zu bestimmen, was nur einer Kritik an den undemokratischen Verhältnissen münden konnte, bezog sich die Debatte in der Bundesrepublik in ihrer Kritik auf die Vereinigten Staaten von Amerika. Während in Prag und Budapest das Thema der mitteleuropäischen Kultur diskutiert wurde, die Frage nach den gemeinsamen mitteleuropäischen Wurzeln und dem Weg, der einzuschlagen sei, um das alte Erbe

---

[233] SONTAG, SUSAN. "Europa. Noch eine Elegie". in: SCHIRRMACHER, FRANK. (Hg). *Im Osten erwacht die Geschichte. Essays zur Revolution in Mittel- und Osteuropa*. Stuttgart 1990. S. 15.
[234] KUNDERA, MILAN. "Un Occident Kidnappé ou la tragédie de l'Europe centrale" in: *Le Débat*. 1983.
[235] ENDRE BOJTAR. "Eastern or Central Europe?". in: *Cross Currents* 1988. S. 268.

erneut zu beleben, drehten sich die Auseinandersetzungen im westlichen Teil Deutschlands um die Frage, welche Rolle die Bundesrepublik künftig in der NATO zu spielen habe, ob die Westbindung ein Erfolgsmodell sei oder ob nicht der Austritt aus dem Militärbündnis mehr Sicherheit vor dem drohenden Atomkrieg bieten würde. Gemeinsamkeiten bestehen in dem Punkt, dass beide Debatten sich auf das gemeinsame Erbe beziehen, auf gemeinsame Ursprünge in Antike und christlichem Mittelalter, aber auch auf den für die Debatte entscheidenden Bruch des Jahres 1945, als sich Mitteleuropa in zwei benachbarte Randregionen verschiedener Systeme aufteilte. Diese Aufteilung wird in vielen Beiträgen als willkürlich und ungerecht dargestellt,[236] als "Zwangsjacke von Jalta"[237].

b.) GYÖRGY KONRAD: Antipolitik als erster Schritt zur Bürgergesellschaft
Als einer der Debattenteilnehmer, die sich mit größter Ausdauer über Jahre hinweg, mit der Frage nach Mitteleuropa befassten, beschrieb KONRAD das Wesen der Mitteleuropäer auf einem Vortrag in Wien nach der Wende mit vorsichtigen Worten:

*Mitteleuropäer ist in dieser Region ein jeder, der sich als relativer Neuling die Spielregeln der Demokratie aneignet. Mitteleuropäisch ist ein Land dann, wenn in ihm keine siegreiche bürgerlich demokratische Revolution stattgefunden hat. Westlich sind in Wirklichkeit nur jene Länder, die aus eigener Kraft eine demokratische Verfassung verabschiedet und einen Rechtsstaat aufgebaut haben.*[238]

Für Deutschland ergäbe sich aus dieser Aussage die kuriose Folge, dass die ehemalige DDR zum Westen gehört, da sie im Verlauf der Revolution von 1989-1990 aus eigener Kraft und mittels einer freien Wahl der Bundesrepublik beitrat, aber für die Länder der drei westlichen Besatzungszonen nach 1945 diese Vorstellung der "eigenen Kraft" nur bedingt zu akzeptieren ist. Immerhin unterstanden die frühen Parteien und der Parlamentarische Rat der alliierten Kontrolle in einem solchen Maß, dass für die frühe Bundesrepublik nicht von Souveränität gesprochen werden kann: Gehörte

---

[236] MILOSZ, CZESLAW. "Unser Europa". in: *Kontinent*. 42. (1986) Heft 4. S. 6-14. Osteuropa als der "schlechtere Teil" Europas.
[237] KONRÁD, GYÖRGY. *Antipolitik. Mitteleuropäische Meditationen*. Frankfurt/M1984. S. 65.
[238] KONRÁD, GYÖRGY. *Die Erweiterung der Mitte Europa und Osteuropa am Ende des 20. Jahrhunderts*. Wien 1990. S. 9.

die Bundesrepublik eher zu Mitteleuropa als die DDR? Was die Beteiligung an der Debatte über das Wesen Mitteleuropas, seine Kultur, seine Geschichte und Zukunft betrifft, ist diese paradoxe Frage positiv zu beantworten, auch was die Beteiligungsbereitschaft innerhalb der Debatte betrifft.

Es wird deutlich, dass ein wesentlicher Aspekt der Mitteleuropadebatte darin bestand, darüber zu diskutieren, was man nicht sein wollte, nämlich Untertan. Ganz grundsätzlich kommt KONRAD dem am nächsten, was man einen wirklichen Entwurf Mitteleuropas nennen könnte, allerdings nicht in dem Sinn eines Vorschlages für eine künftige staatliche, überstaatliche oder zwischenstaatliche Gestalt. Man könnte sogar sagen: ganz im Gegenteil! KONRAD interessiert sich stets für den Bürger im Kontext des Staates und nicht für den Staat als System, das für den einzelnen Bürger bestimmte Funktionen zu erfüllen habe.[239]

Es ist der liberale Blick von unten auf den Staat, der seine Vorstellungen maßgeblich prägt, und in diesem Blick von unten sieht er die Ausgangslage für die Reform des Staates, beziehungsweise die Abschaffung repressiver Strukturen, wie sie durch Staaten sowjetischen Typs entstehen: "Zur Wende von 1989 haben zahlreiche Faktoren geführt, zu einem der wichtigsten aber gehörte der Aufruhr solidarischer Kreise von freien Individuen."[240] Aber auch für bestehende Demokratien ist das "Auftreten freier Individuen" eine Grundvoraussetzungen dafür, dass die Demokratie "gestärkt, geläutert und artikuliert" werde. Daraus leitet KONRAD die Schlussfolgerung ab, dass die Zeit der Supermächte allmählich ablaufe.[241] Einen Grund hierfür sieht er darin, dass Supermächte ebenso wie autoritäre Staaten geradezu zwangsläufig einen erodierenden Einfluss auf Individuen, im Sinn wahrhaft freier Menschen, ausüben. Die Mechanik der militärischen Blöcke habe die Vernunft aus der Kommunikation zwischen den beiden Supermächten vertrieben, so dass echte Lösungsversuche inner-

---

[239] KONRÁD, GYÖRGY. *Antipolitik. Mitteleuropäische Meditationen.* Frankfurt/M 1984. S. 54:
"Wir wollen jenen inneren Prozess, mit dem Ost-Mitteleuropa schwanger geht, wir wollen eine bürgerliche Entwicklung und bürgerliche Freiheitsrechte, frei von Verbotsverordnungen und Stacheldraht. Wir wollen kein diskretionäres Recht der Behörden gegen uns. Wir wollen verfassungsmäßige Garantien, deren Logik darin besteht, dass die Halbfreiheit keine Freiheit ist, die Halbwahrheit keine Wahrheit, die Liberalisierung kein Liberalismus, die Demokratisierung keine Demokratie. Wir können nicht weniger wollen als das, was in den entwickelten Demokratien bereits vorhanden ist."

[240] KONRÁD, GYÖRGY. *Die Erweiterung der Mitte Europa und Osteuropa am Ende des 20. Jahrhunderts.* Wien 1990. S. 47.

halb dieser Konfrontationslogik kaum Aussicht auf Erfolg haben würden. Dabei spielt es für KONRAD eine offensichtlich geringe Rolle, zwischen demokratisch legitimierten Supermächten und diktatorischen zu differenzieren. Die Lösung liege in der konsequenten Anwendung dessen, was KONRAD "Antipolitik" nennt, die Lösung von eingefahrenen Mustern auf der Grundlage der zivilen Bürgergesellschaft.

> *Es wäre ideal, wenn die Amerikaner den Russen ein großes Angebot machten: Ihr bekommt eine vollkommene Sicherheitsgarantie, wenn ihr dafür den osteuropäischen Ländern die Selbstbestimmung gewährt. Lassen wir zwischen uns ein friedliches uns starkes Europa zu, das sowohl mit uns als auch mit euch auf gutem Fuß steht.*[242]

LUDVIK VACULIK indessen sieht die Position der Europäer zwischen den Supermächten anders, wenn er dem europäischen Erbe ganz eindeutig die Freiheit zuordnet und dem un-europäischen (im Kontrast zu "außereuropäischen") die Unfreiheit. Er fragt daher ganz offen, ob denn die Bewohner des Ostblocks Europäer seien, solange sie nicht reisen dürfen.[243] Auch dies ist eine Argumentation auf der Grundlage des Individuums. Auch hier lauert eine paradoxe Schlussfolgerung. Sie lautet, dass die Eliten der osteuropäischen Länder, die Vollmachtträger der sozialistischen Staaten aus den genannten Gründen eher Europäer waren als die Dissidenten, die sich auf eben jene Bürgerrechte beriefen, denn die einen konnten reisen, die anderen nicht. Diese unnatürliche Lage erscheint als Motiv des Mitteleuropäischen vor allem bei GÁBOR ERDÖDY:

> *Die friedlichen Revolutionen von 1989/1990 haben in der Geschichte Mitteleuropas eine neue Periode eingeleitet. Durch die Wiederherstellung der natürlichen Westorientierung und durch die Perspektive einer Mitgliedschaft der Staaten der Region in der Europäischen Union wurde Mitteleuropa mit neuem SelbstBewusstsein und erneuertem Selbstverständnis ausgestattet. Seither bietet sich für Mitteleuropa eine reale Chance, um die*

---

[241] KONRÁD, GYÖRGY. *Antipolitik. Mitteleuropäische Meditationen.* Frankfurt/M 1984. S. 33.
[242] KONRÁD, GYÖRGY. *Antipolitik. Mitteleuropäische Meditationen.* Frankfurt/M 1984. S. 58. Ebenso: KONRÁD, GYÖRGY. "Mein Traum von Europa". in: MICHEL, KARL MARKUS. SPENGLER, TILMAN. (Hg.) *Kursbuch 81. Die andere Hälfte Europas.* Berlin 1985. S. 175.
[243] VACULIK, LUDVIK. "Mon europe". in: *Lettre Internationale.* Nr. 19. 16.12. 1988. S. 14.

*teilweise mehrhundertjährigen Schulden und die ebenso mehrhundertjährigen Konflikte und Widersprüche endgültig zu überwinden.*[244]

Der Wunsch der osteuropäischen Intellektuellen nach Freiheit und Reformen fand seinen Ausdruck in einer manchmal nostalgischen Darstellung der eigenen nationalen Vergangenheit. Auch wenn differenzierte Darstellungen stets auch die problematischen Seiten der "guten alten Zeit" berücksichtigen müssen.[245] Viel wichtiger als die Aufgabe, dem System Metternich Gerechtigkeit widerfahren zu lassen, war die Sicht auf das, was diesem System dann folgte. Aus diesem Grund beziehen sich auffällig viele Beiträge aus den osteuropäischen Ländern auf die Kriegskonferenzen, vor allem die von Jalta, deren Ergebnisse, und dies ist fast ein Konsens der Beiträge, den Beginn der erneuten Unfreiheit signalisierte, diesmal als Unfreiheit unter sowjetischem Joch.[246] Man ist beinahe versucht, von dem gedanklichen Motiv einer "verpassten Chance von Jalta" sprechen.

Diese Spaltung Europas brachte es für die kleinen Länder im Osten des ehemaligen Deutschen Reiches mit sich, dass sie von der Mitte an den Rand gedrängt wurden - in mehr als in einer Hinsicht. Darin ist sicher auch eine Wurzel für die grundsätzliche Bereitschaft zur Opposition gegen sowjetische Politik zu sehen, selbst auf der Ebene nationaler Regierungen, etwa der in Prag 1968 kam es zu solchen Widerständen: Jeder Mitteleuropaplan ist auf die eine oder andere Weise mit einer ethischen Bewertung der Sowjetunion und ihrer Rolle in den kleinen Ländern verbunden.

Aber auch für die Sowjetunion, so wurde eingeräumt, bestanden in dem gegenwärtigen System Risiken, die den staatlichen Bestand massiv in Frage stellten, und so kam es zu der paradoxen Schlussfolgerung, dass die Sicherheit der Sowjetunion durch einen Rückzug aus Mitteleuropa erhöht werden könnte. JANOS KIS hat auf die Gefahr

---

[244] ERDŐDY, GÁBOR (Hg). *Mitteleuropa. Politische Kultur und europäische Einigung. Schriften des Zentrums für Europäische Integrationsforschung* (ZEI), Bd. 54) 2003. Vorwort.

[245] DALOS, GYÖRGY. "Mitteleuropa: Nostalgie und Pleite". in: BERG, HEINO. BURMEISTER, PETER (Hg). *Mitteleuropa und die deutsche Frage*. Bremen 1990.

[246] Vgl. MÜLLER, HELMUT L. "Die unvollendete Revolution in Osteuropa: Charakter und Ziele des politischen Umbruchs von 1989". in: *Aus Politik und Zeitgeschichte*. 1993. Heft B 10/93. S. 20. CHRISTIAN WEIMER weist auf die Problematik der Berufung auf Jalta, i. S. einer Fehlinterpretation der Quellen hin. Auf Jalta sei "keine Verabredung der Teilung des Kontinents" erfolgt.

hingewiesen, die der Sowjetunion aus Mitteleuropa erwachsen könne.[247] An dieser gedanklichen Stelle, und dies verbindet wiederum diese Debatte mit jener der Bundesrepublik, werden häufig die vier großen Beweisjahre für die Dynamik der Freiheitsbewegungen zwischen Budapest und Danzig erwähnt: 1953, 1956, 1968 und 1980, als vier Warnungen vor dem Kollaps der schließlich 1989/1990 eintreten sollte.[248]

RAFAL GRUPINSKI hat im Zusammenhang mit Jalta festgestellt, dass die Ungerechtigkeit der Grenzziehungen so groß gewesen sei, dass dadurch Mitteleuropa im Sinn dieser Debatte überhaupt erst entstehen konnte. Aus diesem Grund sei auch das Motiv der Nostalgie so stark zu spüren, vor dem GRUPINSKI allerdings die folgende Warnung ausspricht:

> *Nur, das Heilmittel der Vergangenheit kann bei falscher Dosierung statt zu stärken die Kräfte schwächen; statt mit Hoffnung zu erfüllen und die neuen Kräfte anzuregen, kann es lähmen und wehleidig machen.*[249]

Der Zusammenschluss der "betrogenen Völker" habe Mitteleuropa ergeben.[250] Dieser Ansicht ist auch CZESLAW MILOSZ, wenn er Osteuropa als den "schlechteren Teil" Europas beschreibt, wobei diese Wertung so zu verstehen ist: Länder, die unverdientermaßen, also unschuldig, einem nachteiligen System zugeordnet wurden, dem sie sich nicht verwandt fühlten.[251] Daher wurde die Lage der osteuropäischen Länder im Warschauer Pakt als unnatürlich und den gewachsenen kulturellen Grenzen entgegengesetzt empfunden - das Schicksal vieler, nicht nur europäischer Völker, die unter imperiale Herrschaft geraten. Besonders bei CZESLAW MILOSZ erscheint das Motiv

---

[247] KIS, JÁNOS. "Das Jalta-Dilemma in den achtziger Jahren". in: MICHEL, KARL MARKUS. SPENGLER, TILMAN. (Hg.) *Kursbuch 81. Die andere Hälfte Europas.* Berlin 1985. S. 153.
[248] KRASINSKI, ANDRZEIJ. "Mitteleuropa" in: BURMEISTER, HANS-PETER. BOLDT, FRANK. MÉSZÁROS, GYÖRGY (Hg). *Mitteleuropa - Traum oder Trauma? Überlegungen zum Selbstbild einer Region.* Bremen 1988.
[249] GRUPINSKI, RAFAL. "Schwierigkeiten mit der Mitte Europas" in: BURMEISTER, HANS-PETER. BOLDT, FRANK. MÉSZÁROS, GYÖRGY (Hg). *Mitteleuropa - Traum oder Trauma? Überlegungen zum Selbstbild einer Region.* Bremen 1988. S. 55.
[250] GRUPINSKI, RAFAL. "Schwierigkeiten mit der Mitte Europas" in: BURMEISTER, HANS-PETER. BOLDT, FRANK. MÉSZÁROS, GYÖRGY (Hg). *Mitteleuropa - Traum oder Trauma? Überlegungen zum Selbstbild einer Region.* Bremen 1988. S. 56.
[251] MILOSZ, CZESLAW. "Unser Europa". in: *Kontinent.* 42. (1986) Heft 4. S. 6-14.

des Antirussischen sehr deutlich; er konstatiert es auch für die drei wichtigsten Teilnehmer der Debatte, KUNDERA, KONRAD und SCHLÖGEL.[252]

Dagegen hat sich MILAN SIMECKA[253] zur Wehr gesetzt und Beispiele für Kollaboration mit den kommunistischen Herrschern angeführt. Es sei nicht der Fall gewesen, dass eine sozusagen dämonische Sowjetunion sämtliche Kontrolle über einige kleine Länder übernommen habe, vielmehr sei die Sowjetisierung (der CSSR, für die SIMECKA spricht) ganz maßgeblich von Tschechen und Slowaken selbst betrieben worden. Diese These belegt er mit einigen Berichten aus der Dissidentenzeit. Daher sei auch die Darstellung bei KUNDERA insgesamt zu pessimistisch; viel erfolgversprechender sei eine zumindest kulturell offene Haltung Russland (als das sozusagen der Sowjetunion übergeordnete Prinzip in der Tradition der Zaren) gegenüber. Inwiefern jedoch eine offene Haltung bei vollkommener Ungleichheit der Waffen zu einem guten Ergebnis für die Dissidenten führen kann, bleibt bei SIMECKA eher unklar. Es wird auch nicht eindeutig ersichtlich, ob er diese Offenheit für die Zeit "nach der Sowjetunion" fordert oder für die Gegenwart von 1988.

Das Motiv der größeren Offenheit Russland beziehungsweise der Sowjetunion gegenüber tritt am stärksten bei dem ungarischen Philosophen und Holocaust-Überlebenden MIHALY VAJDA auf. Sein Beitrag hat den programmatischen Titel "Wer hat Russland aus Europa ausgeschlossen?".[254] Insgesamt erscheint VAJDAS Ansatz fairer, denn er sieht den Begriff der Freiheit für ganz Europa als konstituierend an. Es bestehe für jeden Staat freie Wahlmöglichkeit, in Europa zu verbleiben oder gewissermaßen aus dem Klub auszutreten. Russland habe diesen zweiten Weg ge-

---

[252] Vgl. hierzu SCHMIDT, RAINER. *Die Wiedergeburt der Mitte Europas. Politisches Denken jenseits von Ost und West.* Berlin 2001. Die Diskussion der drei großen Namen wird noch um Vaclav Havel erweitert, wobei letzten Endes eine Gegenüberstellung von Havel und Kundera im Mittelpunkt steht. Die Diskussion der achtziger Jahre erscheint hier in einem sehr mageren Licht. Vielmehr geht es dem Autor um die Frage, mit welchen Mitteln die Civil Society in Osteuropa unterdrückt wurde, beziehungsweise wie die Dissidenten Versuche unternahmen, eine offenere Gesellschaftsform zu etablieren. Dies sei die wahre Grenze zwischen Osten und Westen.

[253] SIMECKA, MILAN. "Noch eine Zivilisation? Eine andere Zivilisation?" in: BURMEISTER, HANS-PETER. BOLDT, FRANK. MÉSZÁROS, GYÖRGY (Hg). *Mitteleuropa - Traum oder Trauma? Überlegungen zum Selbstbild einer Region.* Bremen 1988. S. 69.
MILAN SIMECKA: Zwischen 1970 und 1980 nach Vaclav Havel einer der wichtigsten Dissidenten der ehemaligen CSSR. Von 1981-1982 in Haft (wegen Landesverrates: SIMECKA hatte literarische Manuskripte außer Landes gebracht.)

[254] VAJDA, MIHALY. "Wer hat Russland aus Europa ausgeschlossen?" in: BURMEISTER, HANS-PETER. BOLDT, FRANK. MÉSZÁROS, GYÖRGY (Hg). *Mitteleuropa - Traum oder Trauma? Überlegungen zum Selbstbild einer Region.* Bremen 1988. S. 73 ff.

wählt und werde solange nicht zu Europa gehören, wie dort Dissidenten verfolgt würden.

PETER BENDER hat darauf hingewiesen, dass es sich im Fall der Dissidenten keineswegs um einheitliche Wünsche und Zielsetzungen in Opposition gegen Moskau handelte. Vielmehr reiche das Spektrum von klerikal-konservativen bis hin zu reformkommunistischen Vorstellungen und darüber hinaus. Ähnliches gelte im Übrigen für ganz Osteuropa:

> *Die Osteuropäer sind einander richtige Nachbarn: Sie verachten oder hassen sich von Herzen; damit eine gewisse Sympathie aufkommt (etwa Polen und Ungarn), muss mindestens ein Land dazwischen liegen.*[255]

Erst mit dem Fall der Sowjetunion hält eine bedingte Vereinfachung der Begriffe in die Debatte Einzug. Zwar wurde die Chance auf eine einheitliche Definition des Raumes immer noch nicht erreicht, doch das zentrale Motiv der Bedrohung durch die Sowjetunion war vorerst in den Hintergrund getreten.

Man kann sicher sagen, dass viele der wichtigsten Stellungnahmen osteuropäischer Autoren zu der Frage, was Mitteleuropa denn eigentlich sei, nicht nur Aussagen über jeweils spezifische Dissidentenschicksale sind, sondern darüber hinaus auch Aussagen über die nationale Identität der entsprechenden Länder, wie sie gegen die Einflüsse der Sowjetunion verteidigt werden musste. Hier ist eine klare Parallele zum Mitteleuropadiskurs der Bundesrepublik festzustellen, der sich, zumindest in Teilbereichen gegen die Rolle der USA wandte. Der Politologe LADISLAV CABADA hat diese nationale Verteidigung so dargestellt:

> *So können wir beobachten, dass die Mitteleuropa-Idee im tschechischen Kontext vor allem als eine defensive nationalistische Idee gebildet wurde. Dies galt mehr oder weniger auch für andere Nationen Mitteleuropas (vielleicht mit der Ausnahme eines Teils der deutschsprachigen Bevölkerung in der Habsburgischen Monarchie). Mitteleuropa [entstand] in erster Linie*

---

[255] BENDER, PETER. *Das Ende des ideologischen Zeitalters. Die Europäisierung Europas.* Berlin 1981.

*wegen der langfristigen Untauglichkeit der Deutschen ein Reich, beziehungsweise eine Großmacht zu bilden.*[256]

Jede Art von Verteidigung bedeutet immer Verteidigung gegen jemanden oder gegen etwas. Auf die Sonderposition Polens ist bereits verwiesen worden, und an dieser Stelle tritt sie besonders prominent zutage.[257] Nicht zuletzt aufgrund der spezifischen Eigentümlichkeiten der polnischen Geschichte erscheinen Stereotype, besser gesagt, Selbstbilder im Kontext der polnischen Mitteleuropadebatte sehr viel differenzierter als etwa im Fall der deutschen Debatte. Dies betrifft auch das jeweilige Bild des Nachbarn. Im Gegensatz zu den meisten Beiträgen aus Ungarn oder der Tschechoslowakei stellen polnische Überlegungen zwar das weitere Schicksal Polens in enge Verbindung mit der Existenz und dem Auftreten des deutschen Nachbarn, ohne jedoch Deutschland einen Platz in Mitteleuropa zuzugestehen. Das Motiv des Opfers, zentral für das polnische NationalBewusstsein, ist von polnischer Seite aus nicht auf einen deutschen Nachbarstaat anzuwenden, gleich, ob es sich um die DDR oder die Bundesrepublik handelte.[258]

c.) Abgrenzungen nach Osten: der Balkan

Die Frage nach der Zugehörigkeit von Bulgarien und Rumänien zu dem einen oder anderen Raum stand in diesem letzten Bereich im Mittelpunkt, wobei wiederum, bezeichnend für die Debatte insgesamt, keine einhelligen Meinungen zu konstatieren sind. Durch die Differenzierung zwischen Westeuropa – Mitteleuropa – Osteuropa und Balkan – entsteht eine Art abgestufte West-Ost-Achse quer durch den Kontinent. FERENC FEHER sprach in diesem Zusammenhang von einer Art "collective self-gratification for the intellectuals of *Café Zentraleuropa*"[259] und damit meinte er genau

---

[256] CABADA, LADISLAV. "Die Mitteleuropa-Idee in der tschechischen Öffentlichkeit". in: ERDŐDY, GÁBOR (Hg). *Mitteleuropa. Politische Kultur und europäische Einigung. Schriften des Zentrums für Europäische Integrationsforschung* (ZEI), Bd. 54) 2003. S. 28.

[257] PFEIFER, ANKE. "Bilder von Polen und Deutschen in der Presse: Die Instrumentalisierung eines Polenbildes im innerdeutschen Diskurs." in: BUCHOWSKI, MICHAL. CHOLUJ, BOZENA (Hg). *Die Konstruktion des Anderen in Mitteleuropa. Diskurse, politische Strategien und soziale Praxis.* Frankfurt an der Oder 2001. S. 123.

[258] SCHULTZ, HELGA. (Hg). *Preußens Osten, Polens Westen. Das Zerbrechen einer Nachbarschaft.* Berlin 2001. FELDMANN, EVA. *Polen – Für Eure und unsere Freiheit. Zum Verständnis der polnischen Gesellschaft, Kultur und Identität.* Frankfurt/M 2000.

[259] FEHER, FERENC. "On Making Central Europe". in: *East European Politics and Societies.* Fall 1989. S. 443.

das, was auch der tschechische Historiker DUSAN TRESTIK[260] auszudrücken versuchte: "We rather feel like poor but still respectable Almosteuropeans and only some for whom begging is unbefitting, are poor but proud Centraleuropeans" – jedoch immer noch mehr europäisch als die Nachbarn auf dem Balkan.

Es wird hinsichtlich der Mitteleuropadebatte in der Bundesrepublik deutlich, dass es sich in der Tat um zwei voneinander zu trennende Vorstellungen handelt, wenn es etwa in den Debatten in Prag oder Budapest um die Frage geht, ob denn die Slowakei nun zu Mitteleuropa oder zu Osteuropa oder gar dem Balkan zu rechnen sei. Eine derartige Differenzierung ist vom bundesdeutschen Diskurs nicht zu erwarten, denn, welche Konsequenzen wären aus einer beliebigen Entscheidung dieser Fragen zu ziehen?

Insgesamt stehen sich zwei Gruppen von Ländern gegenüber: auf der einen Seite Polen, Tschechien (eben mit oder ohne Slowakei) und Ungarn auf der mitteleuropäischen Seite und dann Rumänien, Albanien, Bulgarien, die ehemaligen Staaten Jugoslawiens auf der anderen Seite, zu der auch die anderen Länder des ehemaligen Ostblocks gehören, also der westliche Rand der ehemaligen Sowjetunion, die Ukraine, WeissRussland und Moldawien, sowie Russland, das in dieser zweiten Gruppe mehrheitlich als etwas Eigenständiges wahrgenommen wird. Die von Nord nach Süd verlaufenden Grenzen stehen ganz in der Tradition der gängigen Vorstellungen und Stereotype über den Verlauf der europäischen Sprachgrenzen, Konfessionsgrenzen, Blockgrenzen.

Es ist zu betonen, dass die Zugehörigkeit der erwähnten Länder zu Mitteleuropa in hohem Maße davon abhänge, wie sich die Regierungsarbeit in den entsprechenden Ländern gestalte. Der ungarische Publizist JANOS MATYAS KOVACS sieht Transitmöglichkeiten nach Mitteleuropa vor allem für die Slowakei und Kroatien:

*Nach den letzten Regierungswechseln können die Slowakei und Kroatien zum Beispiel wahrscheinlich leichter nach "Mitteleuropa" zurückkehren als Serbien, Rumänien oder Bulgarien je "den Balkan" verlassen könnten oder Russland das Stigma eines "asiatischen" Landes los wird. Während der ersten Jahre mögen die Ukraine oder Moldawien es vermieden haben, mit Russland identifiziert zu werden, aber dies führte nicht zu einer Aufnahme*

---

[260] TRESTIK, DUSAN. "We Are Europe". in: *Iztok-Iztok*. 1993/10.

*in die imaginäre Gemeinschaft Mitteleuropa. Diese Länder blieben auf der symbolischen Landkarte in einer Grauzone.*[261]

Interessant für den bundesdeutschen Zusammenhang ist seine Feststellung, dass Kriterien der Religion (im Sinn des westlichen Christentums) zur Unterscheidung von Mittel- und Osteuropa seit dem Krieg in Jugoslawien "kompromittiert" seien. Er fragt an der gleichen Stelle provokatorisch: "Ist die Korruption in Ungarn moderner als die in Litauen?" Das wichtigste Ergebnis der Untersuchung der Mitteleuropadebatte in den östlichen Nachbarländern der Bundesrepublik lautet, dass in Prag oder Budapest ein wesentlich höheres Problembewusstsein der Binnendifferenzierung Mitteleuropas besteht als in der deutschen Debatte der Bundesrepublik. Für die dortigen Intellektuellen spielten, anders als für die deutschen Teilnehmer Fragen nach Zugehörigkeit oder Nichtzugehörigkeit eine größere Rolle. Dies hatte nicht zuletzt damit zu tun, dass nach dem Fall der Sowjetunion eine Art von Wettlauf um Mitgliedschaft im Westen einsetzte, bei der solche Länder im Vorteil waren, die als möglichst wenig "östlich" galten. Mit dieser Bewertung, die in hohem Umfang von den Publizisten des Ostens selbst vorgenommen wurde, war auch verbunden, dass die eigenen Länder im Vergleich mit dem Westen häufig ungünstige Bewertungen erfuhren. Selbstbewusste Töne im Stil eines GÜNTER KIEßLING waren selten zu hören.

Der Diskurs um Mitteleuropa ist von der Tatsache gekennzeichnet, dass Eigen- und Fremdbilder der Nationen miteinander in Beziehung gesetzt werden. Dadurch entsteht eine aufschlussreiche Vergleichsmöglichkeit über die Identität der Beteiligten, sowohl auf persönlicher als auch auf nationaler Ebene. Für die Bundesrepublik Deutschland trifft diese Diskrepanz besonders zu. Im Fall der osteuropäischen Nachbarländer ist deutlich geworden, dass dort Mitteleuropa als eine "innere Angelegenheit" unter Ausschluss Deutschlands betrachtet wurde. Dies hatte zum Teil mit der deutschen Vergangenheit zu tun. Ein anderer, noch wichtigerer Aspekt liegt darin, dass der westliche Teil Deutschlands nicht unter sowjetische Herrschaft geraten war und somit nicht das Schicksal der Nachbarländer teilen musste. Der Begriff "Schicksalsgemeinschaft" beschreibt diese Sicht am besten.

---

[261] KOVACS, JANOS MATYAS. "Westerweiterung: Zur Metamorphose des Traums von Mitteleuropa" in: *Transit - Europäische Revue.* Nr. 21/2002.

Es gehört zu den Besonderheiten der Mitteleuropadebatte in der Bundesrepublik, dass die originären Beiträge der polnischen Regierung zur Befreiung Mitteleuropas von atomaren Waffensystemen kaum wahrgenommen wurden. Am 8. Mai 1987 hatte Präsident Wojciech Jaruzelski innerhalb des Warschauer Pakts die Errichtung einer nuklearwaffenfreien Zone angeregt. In einem ersten Schritt sollten lediglich alle Aufrüstungen auf dem Gebiet der Kernwaffen eingestellt werden. Dann würde ein allgemeiner Abzug dieser Systeme und darauf Abzug auch konventioneller Waffensysteme, vor allem Panzer erfolgen. Parallel zu diesen Maßnahmen sollten geeignete Vertreter beider Seiten über den Charakter der jeweiligen Militärdoktrin verhandeln.

Kern der Vorstellungen Jaruzelskis war jedoch der Gedanke, den beiden militärischen Blöcken die Fähigkeit kurzfristigen Angreifens zu nehmen. Der Grund für die mangelnde Rezeption des Jaruzelski-Plans kann zunächst in seiner zeitlichen Lage gesehen werden. 1987 war der Höhepunkt der sicherheitspolitischen Mitteleuropadebatte in der Bundesrepublik längst überschritten. Entsprechende Vorstellungen wären zehn Jahre zuvor sicherlich stärker wahrgenommen worden, als der NATO-Doppelbeschluss die Diskussion über Mitteleuropadebatte dominierte. Ein zweiter Grund kann darin gesehen werden, dass die Vorstellungen von einer "Entflechtungszone" keineswegs originell waren.[262]

### 3.3 Beiträge aus Italien und Österreich: operative Donauraumpolitik

Von dem südöstlichen Nachbarland Deutschlands gingen trotz Sprachgleichheit nur geringe Auswirkungen auf den bundesdeutschen Diskurs aus. Dies hatte einen Grund: Anders als in Polen oder der CSSR auf der einen Seite des Eisernen Vorhangs oder der Bundesrepublik Deutschland auf der anderen Seite, hatten sich dem neutralen Österreich viele Türen des Dialogs nicht verschlossen. Inwiefern dies mit den gemeinsamen Wurzeln etwa Ungarns oder, teilweise, auch Jugoslawiens im Reich der Habsburger zu tun hatte, ist schwer zu sagen. Sicher ist jedoch, dass der Kalte Krieg nördlich der Adria nicht so kalt war wie an der Elbe. Zwei Aspekte prägen den österreichischen Umgang mit dem Thema "Mitteleuropa":

---

[262] SENGHAAS, DIETER. "Systemöffnende Kooperation". in: *84. Bergedorfer Gesprächskreis* Beitrag Nr. 54, 83. und für enen Überblick: BOREJKO, AGNIESZKA LUDMILA. *Die Mitteleuropa-Plaene in Polen zwischen den beiden Weltkriegen.* Wien 2001.

a.) die Diskussion der 1918 untergegangenen Habsburgerzeit
b.) die praktische Kooperation mit den östlichen Nachbarländern

Hier liegt ein entscheidendes Alleinstellungsmerkmal: Während in der Bundesrepublik Deutschland die Diskussionen auf Gedankenspiel und Träumerei beschränkt blieben, entstanden in Österreich zahlreiche Initiativen verschiedener Kooperation, so dass in der Tat von einer aktiven Mitteleuropa-Politik gesprochen werden kann. Der deutsche Diskurs profitierte von beidem nur wenig.

a.) die Diskussion der 1918 untergegangenen Habsburgerzeit
In Bezug auf seine Größe, Vielsprachigkeit und Multikulturalität war das Reich der Habsburger in Europa einzigartig. Die einzelnen Länder deckten darüber hinaus eine große weitgehend geschlossene Fläche ab, die vom Bodensee im Westen bis nach Montenegro im Süden, die Bukowina im Osten und im Norden bis an die Grenzen Sachsens reichte. Die Bewohner kommunizierten in einer Vielzahl von slawischen, germanischen, romanischen Sprachen, Dialekten und Akzenten, außerdem auf Ungarisch und Jiddisch. Diese Sprachen waren jedoch nicht großräumig voneinander getrennt, sondern durchmischten sich besonders im Osten der Monarchie zu einer Art linguistischem Flickenteppich.[263]
CLAUDIO MAGRIS'[264] Betrachtungen über den Mythos der Habsburger in der zeitgenössischen österreichischen Literatur, bereits 1969 in Deutschland erschienen, erreichten ein beachtliches Echo. In Bezug auf die Mitteleuropadebatte erscheint die Bemerkung wichtig, dass nicht zuletzt hier der alte preußisch-österreichische Dualismus wieder aufzuleuchten scheint: Hier NAUMANN, dort Habsburg.[265]

Man kann den Beginn eines erneuten Nachdenkens über die mitteleuropäische Kultur auf den Erscheinungstermin dieses Buches setzen, was in Österreich sicherlich bis zu einem gewissen Grad auch als Ersatz für die nicht nennenswert stattfindende Vergan-

---

[263] HANÁK, PETER. "Gab es eine mitteleuropäische Identität in der Geschichte?" in: *Europäische Rundschau*. 2. 1986.
[264] MAGRIS, CLAUDIO. *Il mito absburgico nella letteratura austriaca moderna*. Torino 1963.
[265] ARENS, KATHERINE. "Politics, History, and Public Intellectuals in Central Europe after 1989". in: TÖTÖSY DE ZEPETENEK, STEVEN. *Comparative Central European Culture*. West Lafayette 2002. S. 115.

genheitsbewältigung oder Wiedergutmachung der NS-Zeit zu werten ist. Dennoch war das belastende Erbe zu spüren. BRUNO KREISKY formulierte den österreichischen Auftrag in Mitteleuropa so:

> *Wollen wir in diesen Staaten* [den östlichen Nachbarn Österreichs, A.B.] *Kulturpolitik betreiben, so muss sie frei sein von jeglicher Kreuzzugsmentalität; frei sein von der Arroganz jener, die glauben, aus einer überlegenen kulturellen Sphäre zu kommen; frei sein von Begriffen, die ihres Inhalts durch allzu großen Gebrauch entleert werden.*[266]

Im Gegensatz zu Polen oder der CSSR kam es nach 1945 und dem Holocaust in dieser Region nicht zu weiteren großflächigen Vertreibungen, gewissermaßen "Entmischungen" der verschiedenen Volks- und Sprachgruppen, was die späteren Beziehungen über die Grenze hinweg erleichtert haben mag.[267] Als sich der Konflikt zwischen USA und Sowjetunion zuspitzte und die deutsche Teilung immer stärker abzeichnete, blieb die Grenzsituation zwischen Österreich und Ungarn auf einem erheblich niedrigeren Niveau der Eskalation zurück.[268] Dies schlug sich etwa im schwächeren Ausbau der Grenzanlagen nieder, was schließlich 1989 die Massenfluchten aus der DDR auch begünstigen sollte. Als Länder nun, die weniger im Licht der internationalen Aufmerksamkeit standen und ferner als Länder mit geringerem wirtschaftlichen Potential, Österreich dazu außerhalb von EG[269] und NATO, jedoch seit 1955 in der UNO, waren Kooperationen innerhalb der Region nicht mit Provokationen gegen die jeweiligen Hegemonialmächte verbunden, wie dies im Fall der Bundesrepublik Deutschland der Fall gewesen wäre.

---

[266] KREISKY, BRUNO. "Chance Mitteleuropa". in: *Neues Forum* 15 (1968) S. 145 f. Vgl. die "Brückentheorie" des rumänischen Philosophen CIORAN, EMILE. *Histoire et Utopie*. Paris 1960. nach der die mitteleuropäischen Staaten zwischen Westrom und Ostrom zu vermitteln hätten.
[267] TRUGLY, EDMUND. "Liegt Österreich in West-Europa? Grundlegung der Mittelosteuropäistik" in: PAPCKE, SVEN. WEIDENFELD, WERNER (Hg). *Traumland Mitteleuropa? Beiträge zu einer aktuellen Kontroverse*. Darmstadt 1988.
[268] KREISKY, BRUNO. *Neutralität und Koexistenz: Aufsätze u. Reden*. München 1975.
[269] HESCHL, FRANZ. *Drinnen oder draussen? Die öffentliche österreichische EU-Beitrittsdebatte vor der Volksabstimmung 1994*. Wien 2002.

Die so genannte Alpen-Adria-Gruppe[270] bestand zunächst aus Österreich, Jugoslawien, Ungarn und auch Italien, (immerhin ein Gründungsmitglied der EG), sowie später Polen und der CSSR Diese Kooperation stellte in der Tat den Kern eines weitergehenden Projektes dar, das auf staatlicher Grundlage die Zusammenarbeit der kleinen Staaten strukturieren sollte.[271] Hierbei war den Beteiligten klar, dass die Verschiedenartigkeiten der Zielsetzungen und Ausgangslagen durchaus auch in der Tradition des Habsburgerreiches lagen. ERHARD BUSEK, ehemaliger Vizekanzler, formulierte dies geradezu als Programm: "Europäisch ist daher nicht, was einheitlich ist."[272] und sah in der Anerkennung dieser Vielfalt einen Schutz gegen ein Wiedererstarken des Nationalismus und Kommunismus. HORST HASELSTEINER, Historiker an der Universität Wien, hat diesen Gedanken noch weiter entwickelt und einen direkten Zusammenhang zwischen Föderalismus und dem typisch mitteleuropäischen Interessengemisch hergestellt.[273]

Doch die Diskussion über die Eigenständigkeit Mitteleuropas entsprang nicht diesen emanzipatorischen Bestrebungen einiger Regierungen, sondern den Dissidentenkreisen der mitteleuropäischen Hauptstädte im Osten. Die Debatte über Mitteleuropa nahm also ihren Anfang durchaus mitten in Europa, vor allem in Ungarn und in der Tschechoslowakei. Dort stellte sich jedoch nicht zuletzt auch in der Tradition der Aufstände von 1956 und 1968 eine Vielzahl von Dissidentenzirkeln der Frage nach einer unabhängigen Identität der "osteuropäischen" Nationen jenseits der stalinistischen Einheitskultur[274] und trotz aller relativen Freiheiten im Vergleich mit anderen sozialistischen Ländern wie der DDR oder auch der Sowjetunion selbst.

---

[270] LE RIDER, JACQUES. *La Mitteleuropa*. Paris 1994. S. 125.
[271] MARJANOVIC, VLADISLAV. *Die Mitteleuropa-Idee und die Mitteleuropa-Politik Österreichs 1945-1995*. Frankfurt/M 1998.
[272] BUSEK, ERHARD. "Akzente Mitteleuropäischer Gegenwartsgestaltung". in: PLASCHKA, RICHARD G. HASELSTEINER, HORST. SUPPAN ARNOLD. DRABEK, ANNA. ZAAR, BRIGITTA. (Hg). *Mitteleuropa-Konzeptionen in der ersten Hälfte des 20. Jahrhunderts*. Wien 1995. S. XIII.
[273] HASELSTEINER, HORST. "Mitteleuropa und das Gestaltungsprinzip Föderalismus". in: PLASCHKA, RICHARD G. HASELSTEINER, HORST. SUPPAN ARNOLD. DRABEK, ANNA. ZAAR, BRIGITTA. (Hg). *Mitteleuropa-Konzeptionen in der ersten Hälfte des 20. Jahrhunderts*. Wien 1995. S. XX. Bei vielen derartigen Texten stellt sich die Frage, inwiefern Mitteleuropa denn tatsächlich so einzigartig in seiner Vielfalt sei, haben doch auch andere dichtbesiedelte Regionen, wie etwa der Nahe Osten oder auch viele Regionen Indiens Flickenteppiche aufzuweisen.
[274] Vgl. die Gründung 1966 des Istituto per gli Incontri Culturali Mitteleuropei in Gorizia, Region Friuli-Venezia Giulia mit dem Programm: "Mitteleuropa dunque come sintesi e impegno da rea-

Die Vorstellung ist plausibel, dass gerade der Misserfolg der Erhebungen von Prag und Budapest dazu beigetragen habe, den Diskurs auf die Reflektion der Vergangenheit zu lenken, vor allem auf die Zeit vor dem 1. Weltkrieg, als das Habsburgerreich noch bestand. Die Debatte über Mitteleuropa ist von der aktiven Politik[275] in Mitteleuropa, wie sie von der Regierung der Republik Österreich geführt wurde, streng zu unterscheiden. Dies wurde auf einem Symposion der Universität Innsbruck im Jahr 1986, dem Höhepunkt der Debatte in Deutschland, offenkundig.[276]

JOSEPH KAISER stellte im Rahmen dieser Veranstaltung die Frage nach dem Unterschied:

*Wenn der Begriff "Mitteleuropa" gegenwärtig auch in Österreich diskutiert wird, darf man darin ein Ergebnis der Europäisierung sehen, die in Westeuropa die Vision eines vereinten Europa hervorgebracht hat und dem mühsamen IntegrationsProzess in der Europäischen Gemeinschaft immer noch Kraft gibt?*[277]

Außerdem stellte sich ihm eine zweite Frage, nämlich nach dem Platz der Nationen in Mitteleuropa, insbesondere die Frage der Wiedervereinigung Deutschlands und die Frage nach einer Region atomarer Entwaffnung in Übereinstimmung mit dem Plan des schwedischen Ministerpräsidenten Carlsson vom 7. Oktober 1986, der einen Streifen von 150 km Breite zu beiden Seiten der Blockgrenzen vorsah, in dem keine ABC-Waffen stationiert sein sollten. Doch die anderen Teilnehmer des Symposions setzten andere Prioritäten: GYULA VARGYAI etwa beklagte, bezeichnender Einwand,

---

lizzare nella concreta pratica del dialogo quotidiano fra est ed ovest, nord e sud, mondo latino, slavo e tedesco, minoranze e maggioranze." in: http://www.incontrimitteleuropei.it/home.html (der tägliche Dialog zwischen Osten und Westen, Norden und Süden, die romanische, slavische und deutsche Welt, Mehrheiten und Minderheiten.)

[275] JANKOWITSCH, PETER. "Mitteleuropa im Lichte der aktuellen österreichischen Außenpolitik". in: UNIVERSITÄT INNSBRUCK (Hg). *Symposion an der Universität Innsbruck zum Thema: Mitteleuropa – Spuren der Vergangenheit und Perspektiven der Zukunft. 30. und 31. Oktober 1986.* Innsbruck 1987. S. 24.

[276] UNIVERSITÄT INNSBRUCK (Hg). *Symposion an der Universität Innsbruck zum Thema: Mitteleuropa – Spuren der Vergangenheit und Perspektiven der Zukunft. 30. und 31. Oktober 1986.* Innsbruck 1987.

[277] KAISER, JOSEPH H. "Mitteleuropa aus südwestdeutscher Sicht. Spuren der Vergangenheit und Perspektiven der Zukunft". in: UNIVERSITÄT INNSBRUCK (Hg). *Symposion an der Universität*

einen Mangel an historischen Herangehensweisen und ein Übergewicht politischen Kalküls:

> *Ich halte es übrigens für selbstverständlich, dass das Herangehen an die Frage politisch motiviert ist, dass oft kaum oder überhaupt nicht getarnte, keinerlei Dechiffrierung bedürfende außenpolitische Inhalte mit im Spiel sind.*[278]

Um es mit GYÖRGY KONRAD auszudrücken: VARGYAI beklagte einen Mangel an Antipolitik. MLYNAR ZEDENEK[279] kam der Aufforderung nach historischer Herangehensweise nach und stellte eine Landschaft von Täter-Opfer-Beziehungen dar, die sich im Verlauf der totalitären Geschichte Mitteleuropas ergeben hatten. Insgesamt, so ZEDENEK, seien daher vier Aspekte für Mitteleuropa kennzeichnend: Nationalitätenvielfalt und große Sensibilität gegenüber dieser Vielfalt; politische Traditionen, die sich vom Wesen der westeuropäischen, vor allem angelsächsischen Traditionen in Teilen grundsätzlich unterscheiden; Tradition des Kompromisses und damit keine Tradition von Umstürzen und Revolutionen bei gleichzeitiger Westorientierung hinsichtlich moralischer und kultureller Werte. Diese Aspekte zusammen ergeben für ZEDENEK einen für Mitteleuropa typischen Hang zur Neutralität, dem er jedoch einen ungünstigen Verlauf prognostiziert. Die Sowjetunion werde niemals bereit sein, die kleinen Länder in die Unabhängigkeit zu entlassen.

Der Begriff des Wertes wurde von ROLAND RIZ[280] aufgegriffen: "Mitteleuropa ist kein staatlicher, kein nationaler und kein politischer Begriff, sondern ein Wertbegriff." Hier tritt erneut ein Verbindungspunkt mit der bundesdeutschen Debatte zutage, denn die publizistische Auseinandersetzung über "Werte", brachte auch in der Bun-

---

*Innsbruck zum Thema: Mitteleuropa – Spuren der Vergangenheit und Perspektiven der Zukunft. 30. und 31. Oktober 1986.* Innsbruck 1987. S. 43.

[278] VARGYAI, GYULA. "Historische und aktuelle Beziehungen zum mitteleuropäischen Raum". in: UNIVERSITÄT INNSBRUCK (Hg). *Symposion an der Universität Innsbruck zum Thema: Mitteleuropa – Spuren der Vergangenheit und Perspektiven der Zukunft. 30. und 31. Oktober 1986.* Innsbruck 1987. S. 55-64.

[279] MLYNAR, ZEDENEK. "Mitteleuropa im Ost-West-Konflikt". in: UNIVERSITÄT INNSBRUCK (Hg). *Symposion an der Universität Innsbruck zum Thema: Mitteleuropa – Spuren der Vergangenheit und Perspektiven der Zukunft. 30. und 31. Oktober 1986.* Innsbruck 1987. S. 66.

[280] RIZ, ROLAND. "Südtirol und Mitteleuropa". in: UNIVERSITÄT INNSBRUCK (Hg). *Symposion an der Universität Innsbruck zum Thema: Mitteleuropa – Spuren der Vergangenheit und Perspektiven der Zukunft. 30. und 31. Oktober 1986.* Innsbruck 1987. S. 80.

desrepublik das Ergebnis, dass die Zukunft Mitteleuropas allein pluralistisch sein könne. In Bezug auf die erste Mitteleuropadebatte, wie sie von FRIEDRICH NAUMANN angeregt und weitergeführt wurde, ist dies ein kaum zu überschätzender Fortschritt in Richtung modernes Europa. RIZ stellt es so dar:

> *Mitteleuropa ist ein Ausdruck von Freiheit der Idee und Kultur; von Freiheit der Gestaltung unserer Welt. Mitteleuropa ist ein Ausdruck des Humanismus, der kulturellen Überwindung von Gegensätzen und Grenzen, der Freizügigkeit von Sprachen und Traditionen, des Schutzes der Volksgruppen, Minderheiten und kleinen Kulturräumen. Mitteleuropa ist ein Idealbild einer pluralistischen Gemeinschaft, die die Voraussetzung für einen dauerhaften Frieden ist. Mitteleuropa ist aber auch eine Sehnsucht, an die man sich klammert, in der man die Zukunftsperspektive im Kontakt mit anderen Kulturen und Ideen erblickt.*[281]

b.) Donauraumpolitik

Es blieb nicht bei Symposien: Unmittelbar nach dem Mauerfall von Berlin gründete sich in Budapest am 11. November 1989, was 1990 nach dem Beitritt der CSSR unter dem Namen Pentagonale, beziehungsweise nach dem Beitritt Polens zur Hexagonale (1991) werden sollte. Eine lose Kooperation der Staaten Italien, Österreich, Ungarn, Jugoslawien, der Tschechoslowakei und Polen für Zwecke der Wissenschaft und Kultur. Dabei berief man sich ausdrücklich auf das gemeinsame Erbe der Habsburger. In einer zweiten Stufe der Kooperation wurden gegenseitige Hilfestellungen auf technischen Gebieten etabliert, etwa GPS-Vermessungen und geographischen Kartierungen.

Am 1. August 1990, vor der deutschen Wiedervereinigung, wurde, nicht zuletzt auf Initiative des italienischen Außenministers GIANNI DE MICHELIS in Venedig ein weiteres Abkommen über engere Kooperation zwischen Italien, Österreich, Ungarn, Jugoslawien unterzeichnet. Die Süddeutsche Zeitung titelte dazu in ihrer Ausgabe des Folgetages über eine der potentiell reichsten Regionen der Welt. Dieses Abkommen war der vorläufige Höhepunkt einer bereits seit längerem betriebenen erfolgreichen

Zusammenarbeit[282] der genannten Staaten etwa auf dem Gebiet des Straßenbaus. Was erfolgversprechend begann und durchaus eine Verschiebung des wirtschaftlichen Schwerpunktes innerhalb des europäischen Kontinents nach Südosten hin hätte bedeuten können, stagnierte aus mehreren Gründen: Zunächst einmal erwies sich die Finanzierung der gemeinsamen Projekte als zu schwach, dann traten Differenzen zwischen einigen der Mitgliedern, namentlich Serbien und Kroatien zunehmend in Erscheinung.

Die Gründung der so genannten *Visegrad-Gruppe* im Februar 1991 kann als Folge dieser Schwächungen bezeichnet werden. In Visegrad, im ungarischen Donauknie, schlossen sich erneut einige mitteleuropäische Staaten zu einer Arbeitsgemeinschaft zusammen: Polen, Ungarn, Tschechien und die Slowakei, um das drohende Ungleichgewicht, das sich im Süden abzeichnete, abzufangen, aber auch, um eine Balance gegenüber den "westlichen" Ländern Italien und Österreich herzustellen. Österreich befand sich überdies seit 1991 in einer Phase der verstärkten Diskussion darüber, ob das Land der EG/EU beitreten solle. Auch die Visegrad-Gruppe unterstützte gemeinsame kulturelle und technische Projekte und, neu, die gemeinsame Politik zur Lösung von Minderheitenfragen. 1992 war dieses Problem für Europa maßgebend. Die Initiative gab sich unter dem Eindruck des Zerfalls Jugoslawiens den neuen Namen "Central European Initiative" (CEI).

Die exakten Vorgänge der Vereinigungen, deren Fort- und Rückschritte und die Bedeutung der Zusammenschlüsse für das restliche Europa sind im bundesdeutschen Diskurs de facto nicht zur Kenntnis genommen worden, obwohl im Rahmen dieser Entwicklungen genau das praktiziert wurde, was viele der Teilnehmer auch des bundesdeutschen Diskurses gefordert hatten. Doch die Ereignisse der deutschen Wiedervereinigung hatten sich als so dominant erwiesen, dass Mitteleuropa aus dem Gesichtsfeld der deutschen Debatte weitgehend verschwand. Deswegen ist es gerechtfertigt, das verwandte, aber separate Thema der operativen Donauraumpolitik Österreichs knapp zusammenzufassen[283] Dem abschließenden Urteil HEINO BERGS ist zu-

---

[281] RIZ, ROLAND. "Südtirol und Mitteleuropa". in: UNIVERSITÄT INNSBRUCK (Hg). *Symposion an der Universität Innsbruck zum Thema: Mitteleuropa – Spuren der Vergangenheit und Perspektiven der Zukunft. 30. und 31. Oktober 1986.* Innsbruck 1987. S. 87.

[282] MICHELIS, GIANNI DE. "Ein Ansatz für Mitteleuropa". in: *Die Zeit.* Nr. 46. 1989.

[283] PELINKA, ANTON. *Zur österreichischen Identität. Zwischen deutscher Vereinigung und Mitteleuropa.* 1990. Zu einem ähnlichen Schluss kommen KONRAD, GYÖRGY. "Der Feind feiert rauschende Feste". in: *Die Zeit.* 13. 1993. S. 64 und UNTERBERGER, ANDREAS. "Mitteleuropas En-

zustimmen, dass die Mitteleuropadebatte im Donauraum anderen Gesetzen folgte als die der Bundesrepublik.

> *Die Donauraumkonföderation* [steht] *in ungebrochener Tradition nationaler und sozialer Emanzipationsbestrebungen von unterdrückten Völkern und Klassen, zunächst gegen Wien und Petersburg, dann gegen Berlin und zuletzt gegen Moskau.*[284]

Dies wurde nicht zuletzt durch die Neutralität Österreichs unterstützt, denn es ist ja gerade ein wesentliches Merkmal von Mitteleuropagedanken, dass die Einflussmöglichkeiten der großen Blöcke USA und Sowjetunion in diesem Raum als fremd und störend empfunden wurden. Auch wenn die Supermächte kritisch gesehen wurden, der österreichische Abstand zu ihnen war zu jedem Zeitpunkt größer als in der Bundesrepublik. Daher entwickelte sich im Verlauf der Diskussionen auch keine vergleichbare Schärfe.

### 3.4 Perspektiven westlicher Länder: Sorge vor deutschen Sonderwegen

Die westeuropäischen Länder werden in vielen osteuropäischen Definitionen als zu einer Entwicklungslinie gehörend dargestellt, die durch erfolgreiche Freiheitskämpfe bereits vor und während der Industrialisierung gekennzeichnet ist und als deren Folge moderne Bürger- und Freiheitsrechte, in welcher Form auch immer in die Verfassung, die ebenfalls ein Ergebnis dieser Erhebungen darstellte, aufgenommen wurden. Die wichtigsten Revolutionen dieser Art sind die englische Revolution, die mit dem Jahr 1688 ihren Abschluss fand; die amerikanische Unabhängigkeitsbewegung; die französische Revolution auf vielen ihrer Ebenen; sowie die Folgerevolutionen von 1830 und 1848. Hierdurch wird klar, dass Deutschland in dieser Hinsicht weder der einen noch der anderen Gruppe eindeutig angehört. Doch die Stimmen aus dem Westen stellten sich gegen die Vorstellung, dass Deutschland einen eigenen Weg zu gehen habe oder gegangen sei. Innerhalb der westlichen Länder wiederum muss zwi-

---

de". in: *Die Presse.* 9. November 1996. S. 2, sowie MARJANOVIC, VLADISLAV. *Die Mitteleuropa-Idee und die Mitteleuropa-Politik Österreichs 1945-1995.* Frankfurt/M 1998.

schen der geistesgeschichtlich älteren britisch-französischen Position einerseits und der moderneren amerikanischen Position andererseits differenziert werden:

a.) britisch-französische Warnungen vor erneuter deutscher Großmacht
b.) amerikanische Aufrufe zu aktiver Beteiligung am Weltgeschehen

Die gedankliche Ausgangslage in Bezug auf die Frage nach Mitteleuropa war zwischen den USA und Großbritannien um 1945 sehr ähnlich, entwickelte sich jedoch schnell in zwei voneinander getrennte Konzepte auseinander: Während sich die amerikanische Deutschlandpolitik rasch von den Ideen HENRY MORGENTHAUS emanzipierte, blieb die Tradition ROBERT VANSITTARTS in der britischen Regierung bis in die Zeit MARGRET THATCHERS hinein in deutlichen Spuren der Germanophobie sichtbar. Aus welchen Gründen die amerikanische Position, die ganz generell in wesentlich geringerem Maße von Ressentiments und Bezügen auf die Weltkriege geprägt ist, als die der beiden anderen ehemaligen westlichen Alliierten, ist nicht zuletzt auch eine geschichtsphilosophische Frage.[285] Faktoren für die amerikanische Position reichen von der Tradition des amerikanischen Pragmatismus und Utilitarismus bis hin zu der Frage nach der aussichtsreichsten Strategie im Kalten Krieg.

a.) britisch-französische Warnungen vor erneuter deutscher Großmacht:
Das ideengeschichtliche Spektrum der Bewertung Deutschlands aus westlicher Perspektive ist nicht nur durch außerordentliche Breite gekennzeichnet, sondern auch durch pragmatische Umschwünge je nach Großwetterlage der Weltpolitik. Einige der britisch-amerikanischen Deutschlandpläne aus der Zeit der Weltkriege haben es dabei zu weitaus mehr Berühmtheit gebracht als selbst NAUMANNS Entwurf.
Zunächst ROBERT VANSITTART und HENRY MORGENTHAU, deren Einschätzungen des deutschen Nationalcharakters eine nahe Verwandtschaft aufwiesen. Im Grunde gingen beide davon aus, dass die Deutschen als Volk einem unverbesserlich aggressiven Wesen unterworfen seien, das nicht auf anderem Wege zu bändigen sei, als durch die

---

[284] BERG, HEINO. "Deutschland und Mitteleuropa – die deutsche Frage in der alten und neuen Mitteleuropadebatte". in: BERG, HEINO. BURMEISTER, PETER. *Mitteleuropa und die deutsche Frage*. Bremen 1990. S. 103.
[285] STIRK, PETER (Hg). *Mitteleuropa. History and Prospects*. Edinburgh 1994. 21: "The idea of Mitteleuropa, discredited by its association with German imperialism, seemed irrelevant to the new world."

dauerhafte Dekonstruktion des deutschen Staatswesens. Ein wichtiges Motiv in den Gedanken ROBERT VANSITTARTS[286] war das der von Selbstmitleid gequälten deutschen Nation in Verbindung mit einem notorischen Minderwertigkeitskomplex.[287] Dies mündete nach VANSITTART zwangsläufig immer wieder in gewalttätige Übergriffe auf die Nachbarn.[288] HENRY MORGENTHAU ging einen Schritt weiter und zog entsprechende Konsequenzen für die staatliche Grundlage Deutschlands mit dem nach ihm benannten Plan der Kriegszeit, der zunächst eine gründliche Demilitarisierung vorsah und dann einen stufenweisen Abbau der Industrie, vor allem der Montanindustrie, bis auf das Niveau eines größtenteils harmlosen Agrarstaates, der wiederum in einen Nord- und eine Südhälfte geteilt werden sollte. Geistesgeschichtlich spielt MORGENTHAUS Konzept eine wesentlich einflussreichere Rolle als realgeschichtlich, denn er wurde bekanntlich nie umgesetzt. Vielmehr trat die Trumandoktrin an seine Stelle, deren pragmatischer Ansatz darin bestand, zwischen zwei Übeln das Kleinere zu wählen.

Das große Übel sah Truman im Vormarsch der kommunistischen Bewegung; das kleinere Übel war eine Partnerschaft mit Deutschland, deren Qualität und Ausgang noch nicht klar abzusehen war. Nur vier Jahre nach der Publikation des MORGENTHAUplans wurde Westdeutschland in den Bereich des Marshallplans mit einbezogen, und dies ist bereits die andere Seite des erwähnten Spektrums.[289]

Aus dieser Einschätzung Deutschlands erwachsen für den Westen im weltpolitischen Kontext Schwierigkeiten, die TIMOTHY GARTON ASH folgendermaßen einschätzte:

> *Wenn ich Befürchtungen für die kommenden Jahre habe, dann nicht die, dass Deutschland sich als wirtschaftliche Großmacht irgendeine Vormachtstellung anmaßt. Ich fürchte eher, dass es in Nabelschau versinkt, dass es die aus der Vereinigung resultierenden Probleme überbewertet und darüber selbstmitleidig und eigennützig wird. Und dass es an seiner Ostgrenze*

---

[286] SPÄTER, JÖRG. *Vansittart. Britische Debatten über Deutsche und Nazis 1902-1945.* Göttingen 2003.
[287] VANSITTART, ROBERT. *Black Record. Germans Past and Present.* London 1941.
[288] Vgl. TAYLOR, ALAN JOHN PERCIVALE. *The Course of German history.* London 1961. LEBOW, RICHARD NED. *The tragic vision of politics: ethics, interests and orders.* Cambridge 2003.
[289] FROHN, AXEL. *Neutralisierung als Alternative zur Westintegration: die Deutschlandpolitik der Vereinigten Staaten von Amerika 1945 - 1949. Dokumente zur Deutschlandpolitik. Beih. 7.* Frankfurt/M 1985.

*eine neue Mauer errichten wird, die seine westeuropäischen Partner dann bereitwillig verstärken helfen.*[290]

Das Motiv des aggressiven deutschen Militärstaates, der neben anderen Aspekten für den Ausbruch des 2. Weltkrieges verantwortlich gemacht wird, tritt mit zunehmendem zeitlichen Abstand in den Bewertungen des Westens insgesamt weiter zurück, jedoch in Großbritannien langsamer als in anderen Ländern.[291] Was jedoch nicht in den Hintergrund tritt, ist die Forderung an Deutschland, internationale Verantwortung zu übernehmen. Hier liegt ein offenkundiges Missverhältnis zwischen dem innerdeutschen und dem außerdeutschen Diskurs vor. Während es für Deutschland streckenweise oder in Bezug auf manche Parteien so scheint, als sei die beste Sühne für das deutsche Vorgehen in der Weltkriegszeit außenpolitische Zurückhaltung und Nichteinmischung, sehen ausländische Beobachter eben in jener Zurückhaltung eine erneute Gefahr, die von Deutschland ausgeht.[292] Vielmehr sei eine in die Völkergemeinschaft aktiv eingebundene Bundesrepublik erwünscht gewesen.

FRIEDRICH NIETZSCHE hatte einmal die folgende Bemerkung über den Nationalcharakter der Deutschen gemacht:

*Gut deutsch sein heißt sich entdeutschen. [...]Erwägt man zum Beispiel, was alles schon deutsch gewesen ist, so wird man die theoretische Frage: was ist deutsch? sofort durch die Gegenfrage verbessern: was ist jetzt deutsch? – und jeder gute Deutsche wird sie praktisch, gerade durch Überwindung seiner deutschen Eigenschaften, lösen.*[293]

Es scheint, als ob die westlichen Partner diesen angeblich deutschen Wesenszug der Nachkriegszeit kaum je umfassend gewürdigt hätten. Vor allem nach 1945 und in den

---

[290] ASH, TIMOTHY GARTON. *Zeit der Freiheit. Aus den Zentren von Mitteleuropa*, München, Wien 1999. S. 101.

[291] Vgl: MAHNCKE, DIETER. "Bewundert, beneidet aber kaum geliebt: Das vereinte Deutschland aus der Sicht des Auslandes". in: HACKER, JENS. (Hrsg.) *Der Weg zur realen Einheit. Fortschritte und Hemmnisse*. Berlin 1994. S. 62. "die dominante Überlagerung des Deutschlandbildes durch die Erfahrungen der Nazizeit geht fast überall zurück, es bleiben jedoch Fragilitäten und ein wichtiger Restbestand alter, von uns selbst so nicht perzipierter Deutschlandängste, die [...] immer wieder aufbrechen können."

[292] HACKER, JENS. *Deutsche Irrtümer 1949-1989*. Berlin 1992.

[293] NIETZSCHE, FRIEDRICH. *Menschliches, Allzumenschliches, II Aph. 323*. Schlechta o. J. S. 851.

Folgejahren der 68'er-Revolte scheint Nietzsches Diktum zuzutreffen: Das Erbe zweier verlorener Weltkriege hatte die Bundesrepublik zu der international kritisierten Position gebracht, sich in militärischen Konflikten so weit wie möglich zurückzuhalten. Was deutscherseits als Verantwortungsbewusstsein vor der Geschichte empfunden wurde, erschien in den Augen der westlichen Verbündeten in den Worten von ASH als "Nabelschau".

THEO WAIGEL hat in diesem Zusammenhang betont, dass in der Bundesrepublik Diskussionen über Fragen des nationalen Interesses geradezu unter einen Generalverdacht gestellt würden,[294] und er zeigt dem entgegengesetzt auf: "Die Formulierung wohlverstandener eigener Interessen zählt indes zu den Grundvoraussetzungen einer erfolgreichen Außenpolitik."

Der Sonderweg, vor dem in den achtziger Jahren besonders gewarnt wurde, war der der Neutralität Deutschlands nach dem Vorbild Finnlands oder auch dem der Schweiz. Hierin liegt eine Paradoxie, denn diese Pläne zur deutschen Neutralisierung wurden von jenen politischen Kräften am entschiedensten vorgetragen, die sich selbst als absolute Antipoden jeder von Deutschland ausgehender Gefahr betrachteten und doch im Ausland als Traditionsträger eben dessen wahrgenommen wurden.[295] Dies mag daran liegen, dass, wie ALAN JOHN T. TAYLOR bemerkte, die Deutschen "in tausend Jahren alles außer Normalität erlebt [haben]".[296] Das Volk der Mitte habe nie einen echten Mittelweg gefunden, heißt es an dieser Stelle.

ALAN SKED hat in der Rückschau auf die Ereignisse von 1989 und 1990 die Frage gestellt, auf welchen Mythen die europäische Einheit denn gegründet sei, denn Mythen, obzwar wichtig für das Funktionieren von Gemeinwesen, seien jedoch immer als das zu begreifen, was sie sind, nämlich stilisierte Vergangenheiten.[297] In der Hauptrichtung seiner Argumentation jedoch wendet sich SKED gegen eine allzu idealistische Bewertung der Zukunft Europas und gegen ein von ihm prognostiziertes Auftreten eines neuen europäischen Nationalismus. Die eigentliche Debatte zu Mit-

---

[294] WAIGEL, THEO. "Deutschlands neue internationale Rolle". in: KICK, KARL G. WEINGARZ, STEPHAN. BARTOSCH, ULRICH (Hg). *Wandel durch Beständigkeit. Studien zur deutschen und internationalen Politik. Jens Hacker zum 65. Geburtstag.* Berlin 1998. S. 15.
[295] MARTENS, STEPHAN. *Allemagne. La nouvelle puissance européenne.* Paris 2002.
[296] TAYLOR, ALAN JOHN PERCIVALE. *The Course of German History.* London 1971.

teleuropa spielt in seinen Ausführungen keine Rolle, und damit stellt er keinen Sonderfall dar. Generell kann man sagen, dass die bundesdeutsche Mitteleuropadebatte im westlichen Ausland nicht auf übermäßiges Interesse stieß, solange die Berliner Mauer noch stand. Dies änderte sich erst, als die Frage nach der Zukunft der beiden deutschen Staaten immer drängender wurde und erreichte seinen Höhepunkt während der Zwei-plus-Vier Gespräche.

Die Argumente gegen ein neutrales Mitteleuropa erscheinen am deutlichsten bei JOSEPH ROVAN: Zunächst zieht er eine Grenze zwischen Frankreich und Deutschland.[298] Frankreich gehöre sicherlich nicht zu Mitteleuropa. Dies zu entscheiden sei leichter als das Gegenteil, nämlich die Bestimmung, was denn dazu gehöre. Mitteleuropa sei ein eher politischer Begriff, der vorrangig das Land der Deutschen kennzeichne, wobei es von sekundärer Bedeutung sei, ob dieses Land innerhalb der tatsächlichen staatlichen Grenzen liege oder in einer Art Einflussbereich. Diese Denkfigur ist noch von FRIEDRICH NAUMANN her in Erinnerung. Probleme entstehen durch die Nachbarschaft ungleich großer Völker. Mit Ausnahme von Frankreich und Polen seien alle anderen Nachbarn erheblich kleiner und selbst die beiden großen Nachbarn seien jeweils für sich genommen an Bevölkerungszahl und Wirtschaftsmacht unterlegen. Die lange Zeit vorherrschende deutsche Zersplitterung[299] habe jedoch diesen Effekt neutralisiert. Im Endeffekt diene, und mit dieser Betrachtung vollendet ROVAN den Schritt von der Beschreibung zur Wertung, die Mitteleuropadebatte den Interessen der Sowjetunion dadurch, dass die Bindungen Deutschlands zum Westen geschwächt oder zumindest in Frage gestellt werden, also eine Art von "Waffe gegen Europa". Ferner sei der Begriff "Mitteleuropa" an sich durch Militarismus und Drittes Reich schwer belastet und könne so nicht mit einer positiven Rezeption bei irgendeinem der vielen Nachbarn der Deutschen rechnen. ROVANS äußerst klare und dezidierte Haltung zur Frage nach Mitteleuropa mündet in die Feststellung, dass wer Europa wolle, Mitteleuropa abweisen müsse.

---

[297] SKED, ALAN. "Die Mythen von der europäischen Einheit." in: *Europäische Rundschau* 19, 1991. S. 97.
[298] ROVAN, JOSEPH. "Mitteleuropa gegen Europa". in: PAPCKE, SVEN. WEIDENFELD, WERNER (Hg). *Traumland Mitteleuropa? Beiträge zu einer aktuellen Kontroverse*. Darmstadt 1988. S. 1. Über die Problematik solcher Grenzziehungen, vgl. LE RIDER, JACQUES. *La Mitteleuropa*. Paris 1994. S. 3.
[299] ROVAN, JOSEPH. "Mitteleuropa gegen Europa". in: PAPCKE, SVEN. WEIDENFELD, WERNER (Hg). *Traumland Mitteleuropa? Beiträge zu einer aktuellen Kontroverse*. Darmstadt 1988. S. 7.

Diese Haltung vertritt nicht minder explizit GORDON CRAIG, der alle Pläne zur Neutralisierung Mitteleuropas für irrational hielt. Er stellte dem gegenüber, dass der westliche Teil Deutschlands in seiner Außenpolitik nach 1945 vielmehr außerordentliches Glück gehabt hätte, was dann unnötigerweise nach 1989 im Inneren wieder leichtfertig aufs Spiel gesetzt und verloren worden sei: "Der Respekt, den sich Helmut Kohl 1989 und 1990 erwarb, wurde durch blinden Optimismus und durch eine völlig unrealistische Einschätzung der wirtschaftlichen und psychologischen Ergebnisse der Wiedervereinigung verspielt."[300]

Die Wirkung nach außen indessen stand nicht im Spannungsfeld zwischen Optimismus und Pessimismus, sondern zwischen der alten, kleinen, westgebundenen Bundesrepublik und der Entstehung eines neuen deutschen Staates, dessen Marschrichtung trotz aller Kontinuitätsbeteuerungen der Bundesregierung mit Argwohn betrachtet wurde. Vor allem die britische Presse muss an dieser Stelle als ausgesprochen kritisch und teilweise sogar harsch beurteilt werden. Diese Phase der aufmerksamen Beobachtung Deutschlands durch die früheren Kriegsgegner einerseits, aber auch durch die kleineren Nachbarstaaten andererseits, hier wiederum vor allem Polen, hielt nach REIMUT JOCHIMSEN bis zum Inkrafttreten der Währungsunion an. Die Wiedervereinigung wurde aus einer von Wohlwollen, Skepsis und Nervosität verfolgt:

> *Die meisten Regierungen der Europäischen Union sehen im Engagement der Bundesrepublik zur termingerechten Verwirklichung der Währungsunion einen wichtigen Testfall für die Ernsthaftigkeit des deutschen Europawillens, für die Bereitschaft zu einem "europäischen Deutschland", statt eines "deutschen Europa", wie Thomas Mann schon 1928 die Vision umschrieb.*[301]

Man kann auch argumentieren, dass diese Phase erst mit dem Beitritt der MOE-Länder zur Europäischen Union im Mai 2004 ihr Ende fand und der Diskurs über

---

[300] GORDON A. CRAIG Im Vorwort zu HACKE, CHRISTIAN. *Die Außenpolitik der Bundesrepublik Deutschland. Weltmacht wider Willen?* Berlin 1997.

[301] JOCHIMSEN, REIMUT. "Die Europäische Wirtschafts- und Währungsunion – Zur Kursbestimmung für Maastricht II aus wirtschafts- und währungspolitischer Perspektive." in: ZOHLNHÖFER, WERNER (Hg). *Europa auf dem Wege zur Politischen Union? Probleme und Perspektiven der europäischen Integration vor 'Maastricht II'.* Berlin 1996. S. 11.

Deutschland damit eine Wendung nahm. Die wichtigsten Fragen betrafen nun den deutschen Arbeitsmarkt im Verhältnis zu Polen und die Integration der neuen Staaten. Durch den Beitritt Polens, Tschechiens und der anderen Staaten rutschten die Neuen Bundesländer einen Platz auf der Hierarchie nach oben. Die Bewertung der Gründe für das Entstehen von Mitteleuropagedanken in Deutschland ist relativ unumstritten und wurde von JACQUES LE RIDER treffend formuliert:

> *La Mitteleuropa réapparaît dans la discussion allemande et européenne à chaque fois que les pays de langue allemande conaissent une crise – ou simplement une profonde mutation – de leur identité géopolitique.*[302]

Dieser Zusammenhang leuchtet ein, und er gibt Aufschluss darüber, wie in der Bundesrepublik, zumindest was die öffentliche und die veröffentlichte Meinung betraf, immer wieder und dann auch stellenweise radikal nach Alternativen zum Bestehenden dann gesucht wurde, wenn die Partnerschaft im Westen sich als schwierig erwies. Je offener die Diskussion über die Zukunft Deutschlands geführt wurde, beziehungsweise je größer die Zweifel an der Richtigkeit der Westbindung waren, man denke an die Vertreter der deutschen Friedensbewegung, desto wahrscheinlicher wurden Vorstellungen über Mitteleuropa formuliert; nur war dieses Lavieren keine Besonderheit der achtziger Jahre.

Das Aufkommen von Mitteleuropagedanken und das Abflauen der Qualität in den Beziehungen zwischen Deutschland und den westlichen Ländern ist kausal miteinander verbunden. Je negativer oder pessimistischer die Möglichkeiten zur Realisierung deutscher Interessen gegenüber dem Westen standen, desto wahrscheinlicher wanderte der deutsche Blick nach Osten. Solange der Eiserne Vorhang noch hielt, stellte dieser Blick, man denke an die Vorstellungen EGON BAHRS, keine realistische Handlungsmöglichkeit in Aussicht. Als sich diese Möglichkeiten dann zwischen 1989 und 1990 doch ergaben, hatte die Regierung der Bundesrepublik Deutschland weder ein Interesse daran noch die Instrumente dazu, Mitteleuropagedanken im Sinne NAUMANNS oder, schlimmer, HAUSHOFERS, umzusetzen.

---

[302] LE RIDER, JACQUES. *La Mitteleuropa.* Paris 1994. S. 6.

Dies war Beobachtern aus dem westlichen Ausland nicht durchweg klar, und es sollte einige Jahre dauern, bis sich die entsprechenden Sorgen legten, ehe sie von neuen Sorgen über die deutsche Apathie abgelöst wurden.[303]
Dies ist der zweite grundlegende Zusammenhang neben dem der Qualität der Westbindung, nämlich die Qualität der Einschätzung der deutschen Möglichkeiten in Verbindung mit der Erkenntnis über die tatsächlichen Interessen Deutschlands. Dass es für die westlichen Partner nicht immer offensichtlich war, worin die deutschen Interessen bestanden, betonen CHRISTIAN HACKE und JÖRG BRECHTFELD.[304]
Eine sehr deutliche Stellungnahme hat DAVID MARSH bezogen. Er sieht ein doppeltes Missverständnis des Westens in Bezug auf Deutschland. Zunächst einmal unterschätze der Westen den Umfang, in dem die Deutschen der Bundesrepublik Lehren aus der nationalsozialistischen Vergangenheit und aus dem Krieg gezogen haben. Gleichzeitig überschätze man die realen Handlungsmöglichkeiten der Bundesrepublik im Rahmen der westlichen Bündnisse. Dennoch kommt MARSH zu einem positiven und optimistischen Schluss. Vor allem bei den europäischen Bevölkerungen werde die Bundesrepublik günstig beurteilt, etwas weniger positiv indessen bei den westeuropäischen Eliten.[305]

b.) amerikanische Aufrufe zu aktiver Beteiligung am Weltgeschehen:
Eine generelle Bemerkung muss lauten, dass von deutscher Seite aus kaum auf amerikanische Stimmen in Bezug auf Mitteleuropa reagiert wurde. Hierin kann man einen indirekten Beweis für eine allgemeine antiamerikanische Grundstimmung sehen. An dieser Stelle wird, wie im Fall der osteuropäischen Dissidenten gegenüber der

---

[303] MAUREL, MARIE-CLAUDE. *Recomposition de l'Europe médiane*. [Paris] 1997. S. 17: "La division de l'Europe en deux blocs avait eu pour effet de déplacer le centre de gravité de la RFA vers l'ouest, le long de l'axe rhenan. Avec la disparation du rideau de fer et la réunification, la position de l'Allemagne acquiert une nouvelle 'centralité' dont les implications peuvent apparaître source d'ambiguïté et d' inquiétude. Il est révélateur que l'espression de *Mitteleuropa* [Hervorhebung im Original] ou celle qui se veut plus neutre de *Mittellage* [ebenfalls] aient surgi à nouveau."

[304] BRECHTEFELD, JÖRG. *Mitteleuropa and German Politics. 1848 to the Present*. New York 1996. S. 71ff.
HACKER, JENS. Integration und Verantwortung. Deutschland als europäischer Sicherheitspartner. Bonn 1995. sowie: KÜHNHARDT, LUDGER. "Wertgrundlagen der deutschen Außenpolitik". in: KAISER, KARL. MAULL, HANNS W. (Hrsg.). *Deutschlands neue Außenpolitik Bd.1 Grundlagen*. München 1994.

[305] MARSH, DAVID. *Die Bundesbank – Geschäfte mit der Macht*. München 1992. S. 70.

Rolle der Sowjetunion die Ungleichheit innerhalb der Bündnisse deutlich. Der Einfluss der Supermächte wurde auf beiden Seiten kritisch gesehen.
BEATE NEUSS[306] hat die Frage nach der Rolle der Vereinigten Staaten im europäischen Einigungsprozess gestellt und dabei die Beobachtung gemacht, dass der amerikanische Einfluss häufig als zu gering veranschlagt wird. Die amerikanische Europapolitik spielte ihrer Ansicht zunächst die Rolle eines Katalysators für die Integrationsbestrebungen, doch dann, wichtiger, traten sicherheitspolitische Interessen hervor, die sich als noch prägender erwiesen als wirtschaftspolitische. Dies ist im Zusammenhang mit der Untersuchung der Mitteleuropadebatte von Bedeutung, weil auch hier sicherheitspolitische Motive für wichtiger genommen wurden als ökonomische. Mit dem aufkommenden Kalten Krieg erwies es sich nach 1945 bald als notwendig, das westdeutsche Potential besser zu nutzen und auf staatlicher Grundlage mit Deutschland zu kooperieren. Dieser Gedanke fand einen bereitwilligen Gegenpart in KONRAD ADENAUER.

Den Vorstellungen einer dem Westen verbundenen neuen deutschen Republik stellte sich in den achtziger Jahren NORMAN BIRNBAUM[307] entgegen, der die These vertrat, dass ein neutrales Deutschland gewissermaßen eine Köderfunktion übernehmen könne, um nicht zu sagen, "Magnetfunktion". Ausgehend von einem neutralen Deutschland würden nach und nach andere Länder der Region, wobei natürlich die östlichen Nachbarn gemeint waren, ebenfalls in das neutrale Lager hinüberwechseln, wodurch eine langsame Auflösung der Blöcke begünstigt würde. BIRNBAUM stand mit dieser Vorstellung in den USA indessen weitgehend allein.

Das vor allem jedoch entscheidende Konzept innerhalb der mehrheitlichen amerikanischen Sichtweise ist von HENRY KISSINGER gezeichnet worden,[308] Europa und vor allem Deutschland sollten sich weltpolitisch stärker engagieren, von Neutralitätsplänen absehen und den Status den Juniorpartners der USA abstreifen. Diese Aufforderung, die bei KISSINGER zuweilen einen leicht paternalistischen Klang annimmt, un-

---

[306] NEUSS, BEATE. *Geburtshelfer Europas? Die Rolle der Vereinigten Staaten im europäischen IntegrationsProzess 1945-1958*. Baden-Baden 2000.
[307] BIRNBAUM, NORMAN. "A Neutral Unified Germany Could Help" in: *International Herald Tribune*. 3./4.12. 1983.
[308] KISSINGER, HENRY. "Ein Umbau-Plan für die NATO" in: *Die Zeit*. 2.3.1984.

terscheidet sich hinsichtlich ihrer Befürchtungen grundlegend von britischen Perspektiven auf die entstehende Bundesrepublik.[309] Den Unterschied zwischen den Vereinigten Staaten und Großbritannien in Bezug auf Deutschland im sich vereinigenden Europa muss man auf den unterschiedlichen machtpolitischen Status dieser beiden Siegermächte zurückführen. Großbritannien blickte und dachte aus der Perspektive eines Konkurrenten, die USA aus einer distanziert-überlegenen und pragmatischen Perspektive. Die Differenzen zwischen einer echten Weltmacht und dem Rumpfstaat eines ehemaligen Weltreiches sind hier besonders deutlich auszumachen.

DEBRA J. ALLEN hat darauf hingewiesen, dass in den sechziger Jahren ein ganz ähnliches Phänomen in Bezug auf die Oder-Neiße-Linie aufgetreten sei. Es ist ganz offenkundig, dass eine gedankliche Verbindung zwischen Mitteleuropavorstellungen und Fragen der deutsch-polnischen Grenzziehungen hergestellt werden können, ohne die allgemeine Plausibilität zu strapazieren. Allerdings stehen diese Gesichtspunkte eher in der Tradition der ersten Mitteleuropadebatte, also in der Tradition FRIEDRICH NAUMANNS, stellte doch die Mitteleuropadebatte der achtziger Jahre herkömmliche Grenzbegriffe oftmals in Frage. ALLEN konstatiert folgenden Konnex:

> *As the United States and West Germany drew apart in the 1960s largely over Bonn's dissatisfaction with Washington's perceived acceptance of the status quo in Europe, including the division of Germany, the Oder-Neisse border issue again gained prominence.*[310]

GEORGE BUSH SEN. drückte das amerikanische Interesse in Europa 1983 folgendermaßen aus: Zentrales Kernstück der amerikanischen Europapolitik sei die Zurückdrängung des sowjetischen Einflusses in Osteuropa durch eine differenzierte Politik, die die nationalen Selbständigkeitsbestrebungen der osteuropäischen Staaten fördert.

---

[309] Vgl. DER SPIEGEL vom 22.5.1989. S. 23: "Verrückte Welt: Nirgendwo, nicht einmal an Stammtischen Republikaner in der Bundesrepublik wird Deutschlands Wiedervereinigung im Moment so offen und heftig diskutiert, wie in Amerikas Redaktionsstuben und politischen Think-Tanks."
[310] ALLEN, DEBRA J. *The Oder-Neisse Line. The United States, Poland, and Germany in the Cold War.* Westport 2003. S. 5.

Eine solche Europavision schließe die Sowjetunion weitgehend aus, denn Europa habe immer nur nach Westen geblickt, nicht nach Osten.[311]

Diese Perspektive ist allerdings angesichts der Begehrlichkeiten deutscher Kriegszielpolitik, aber auch hinsichtlich der Ikonen der deutschen Studentenbewegung von 1968, Mao, Stalin und Ho Tschi Minh, nur schwer durchgängig zu vertreten.

Es ist kennzeichnend für die Mitteleuropadebatte in den achtziger Jahren, dass diese Feststellung eines amerikanischen Präsidenten in hohem Maß auf Zustimmung bei den osteuropäischen Dissidenten im Gefolge KUNDERAS gestoßen wäre, aber in der Bundesrepublik von den Vertretern des Mitteleuropagedankes abgelehnt wurde.

---

[311] GEORGE BUSH in der *Frankfurter Rundschau* am 22.9.1983.

## 4. Teilbereiche der bundesdeutschen Mitteleuropadebatte nach Themen

EGBERT JAHN[312] hat vorgeschlagen, die neuere Mitteleuropadebatte in Themenfelder einzuteilen und dabei zwischen einem sicherheitspolitisch-technokratischen Mitteleuropa, dem westslawisch-ungarischen, dem Donauraum-Mitteleuropa und dem deutschen Mitteleuropa zu unterscheiden. Zuzustimmen ist dieser Einteilung allenfalls hinsichtlich der Sonderstellung des deutschen Mitteleuropa, doch problematisch erscheint die Zuordnung der östlichen Nachbarländer Deutschlands zu verschiedenen Gruppen, wenn etwa der Donauraum in Differenzierung von Ungarn erscheint. JAHN sieht die Donauraum-Debatte vielmehr als hauptsächlich von Österreich und Italien getragen. Dabei war jedoch gerade die Blocküberschreitung ein zentrales Merkmal der Donauraumpolitik der österreichischen und italienischen Regierung. Dies war offensichtlich ohne Partner auf der anderen Seite nicht möglich. Doch JAHN glaubt, die eigentliche Motivation ohnehin nicht darin zu entdecken, östliche Partner zu stärken, sondern innerhalb der bestehenden Wirtschaftsverbindungen innerhalb des Westens festen Grund und Boden zu gewinnen: "Auf der realpolitischen Ebene dient diese Mitteleuropa-Ideologie Österreich und Italien zur wirtschaftlichen und politischen Ost-West-Kooperation über die südlichen Abschnitte der Systemgrenzen hinweg."[313]

Es stellte sich für die Bundesrepublik, und hier liegt das Alleinstellungsmerkmal der deutschen Debatte, als äußerst schwer heraus, mit irgendjemandem außerhalb des deutschen Kontextes über Mitteleuropagedanken zu verhandeln: Man blieb unter sich.

Der folgende Teil der Darstellung hat die Funktion, die unterschiedlichen Bereiche der bundesdeutschen Debatte so darzustellen, dass ihre Spezifik erkennbar wird, ohne Kategorien miteinander zu verwechseln. Daher soll zwischen vier getrennten Berei-

---

[312] JAHN, EGBERT. "Zur Debatte über 'Mitteleuropa' in westlichen Staaten". in: ÖSTERREICHISCHES INSTITUT FÜR FRIEDENSFORSCHUNG UND FRIEDENSERZIEHUNG (Hg). *Mitteleuropa? Beiträge zur Friedensforschung*. Stadtschlaining o.J. (1988). S. 46.
[313] JAHN, EGBERT. "Zur Debatte über 'Mitteleuropa' in westlichen Staaten". in: ÖSTERREICHISCHES INSTITUT FÜR FRIEDENSFORSCHUNG UND FRIEDENSERZIEHUNG (Hg). *Mitteleuropa? Beiträge zur Friedensforschung*. Stadtschlaining o.J. (1988). S. 46.

chen differenziert werden: 1.) Wirtschaft; 2.) Sicherheit; 3.) Kultur und 4.) deutsche Frage.

Diese Bereiche sind thematisch und nach dem Volumen betreffender Publikationen nicht gleich groß. Während, wie erwähnt, kaum wirtschaftspolitische Mitteleuropapläne zu verzeichnen sind, besteht eine ganze Reihe von sicherheitspolitischen Beiträgen und solchen zu Fragen der Kultur. Die deutsche Frage hat schließlich den größten Umfang.

Anzumerken ist ferner, dass die einzelnen Themenfelder Berührungspunkte zueinander haben, etwa in der Art, wie ministerielle Ressorts einander berühren. Die Befürworter alternativer Entwürfe für die Zukunft Europas verwendeten diese vier Bereiche als Grundlage für die Entwicklung von Argumenten, anhand derer der Austritt Deutschlands aus den bestehenden westlichen Bündnissen propagiert werden sollte. Die Gegner von Mitteleuropaplänen in einem allgemeinen Sinn versuchten, diese Vorstellungen durch Berufung auf den Erfolg und das geschichtliche Erbe Deutschlands zu widerlegen. Eine derartige Frontstellung bedeutet für eine Debatte, dass Argumente aus verschiedenen Feldern vermischt miteinander in Erscheinung treten.

Die folgenden Kapitel sollen dazu dienen, das Konglomerat der Debatte zu bestimmen und die einzelnen Argumentationsstränge zu isolieren. Das wiederum geschieht am besten durch eine Gegenüberstellung von verteidigenden und kritisierenden Positionen, so dass sich folgende Fragen beantworten lassen: Wer waren die Akteure der Debatte? Welche Positionen vertreten sie und auf welche Weise stehen jene Positionen und Zielvorstellungen miteinander in Berührung? Es ist ein Kennzeichen von politischen Utopien, dass sie nicht allein eine wie auch immer geartete Alternative aufzeigen, ob in Form einer Abschreckung oder auch Wunschvorstellung, sondern auch dadurch, dass sie bestehende Umstände auf die eine oder andere Art kommentieren. Diese beiden Aspekte sind zwangsläufig miteinander verbunden: Jedes Nachdenken darüber, wie die Welt sein könnte, beruht auf der mehr oder weniger offengelegten Annahme, dass die bestehende Welt und die kontrafaktische Welt miteinander vergleichbar seien.[314]

---

[314] Dies betrifft vor allem politische und ökonomische Utopien, während es im Fall von eher literarischen Entwürfen zu ganz von allen realen Bezügen losgelösten Vorstellungen gehen kann. Nun stammen zwar viele Teilnehmer der Mitteleuropadebatte aus dem literarischen Feld, aber die in Frage stehenden Entwürfe sind dem Bereich der politischen und nicht der literarischen Fiktion zuzurechnen.

Man kann diesen Gedanken weitertreiben und fragen, gegen was sich die Mitteleuropadebatte ganz allgemein richteten. Wenn es zutrifft, dass kontrafaktische Entwürfe mit Kritik an Tatsächlichkeiten verbunden sind, dann muss für die Auseinandersetzungen um den Raum Mitteleuropa gefragt werden, welche Kritikpunkte dies waren: Ging es um eine Diskussion von Werten, politisch-ethischen Maßstäben oder um etwas kurzfristigeres, um eine Art von Zeitgeistdebatte? Weiter kann man fragen, ob oder inwiefern die Suche nach alternativen Zukunftsmodellen auch Auskunft über die geistig-moralische Befindlichkeit zulässt und in welchem Zusammenhang sie mit der in den achtziger Jahren neu entstehenden Frage nach dem Begriff des Raumes in der Politik stehe.[315]

## 4.1 Wirtschaftspolitische Pläne – vom Kern zum Tabu

Anhand keines Themenfeldes der Mitteleuropadebatte kann der Kontinuitätsbruch zwischen 1945 und den achtziger Jahren so deutlich aufgezeigt werden, wie anhand des Bereiches der wirtschaftlichen Fragen. Dies war kein Zufall, denn die ökonomische Situation der Bundesrepublik war seit Gründung zutiefst von der Einbindung in die Systeme der liberalen Wirtschaftsformen des Westens geprägt. Drei Faktoren bestimmen das Bild:

a.) die veränderte territoriale, staatliche, etc. Form Deutschlands nach 1945
b.) die erfolgreiche Integration in die westlichen Bündnissysteme
c.) die effektive Isolation von den östlichen Nachbarn durch den Kalten Krieg

Eine Bestandsaufnahme der Literatur ergibt folgendes: Bis 1945 standen wirtschaftspolitische Aspekte Mitteleuropas im Zentrum der Debatte. Dabei wird von vielen Autoren die Kontinuität zwischen 1914 und 1945 betont. DIRK STEGMANN differenziert weiterhin, wenn er auf die Rolle der Weimarer Republik verweist, indem er zwei separate Phasen voneinander unterscheidet: eine defensive bis 1927/28 und eine zu-

---

[315] Etwa hinsichtlich der Frage nach der deutschen Mittellage, wie sie im Rahmen des Historikerstreits diskutiert wurde.

nehmend offensive Haltung bis 1933.[316] Wobei die Zielsetzung durchweg die gleiche blieb, nämlich die Errichtung eines von Deutschland dominierten Wirtschaftsraumes in Mitteleuropa und vor allem in unmittelbarer Nachbarschaft zu Deutschland.[317] Diese Perspektive sollte sich auch im Hinblick auf die spätere nationalsozialistische Autarkiepolitik weiter verfestigen. Anders als im Fall des britischen Empire sollten das deutsche Hinterland weder durch Meere noch Korridore vom Reich getrennt sein.

Auch JOACHIM PETZOLD macht diese Beständigkeit deutlich, wenn er seine Aufmerksamkeit auf den südlichen Teil Mitteleuropas sowie den Balkan richtet, wobei nicht vollendet klar wird, inwiefern der Balkan als Ganzes oder Teilen zu Mitteleuropa zu rechnen sei.

Insgesamt, so PETZOLD, ging die Weimarer Republik drei Wege, um die Balkanstaaten zu gewinnen: zunächst die Pflege intensiver Wirtschaftsbeziehungen, zweitens die Pflege deutschfreundlicher Vereinigungen in den Ländern des Ostens und, drittens, die Unterstützung der dortigen deutschen Minderheiten.[318]

Vor allem Autoren sozialistischer Perspektive bestimmen die wirtschaftspolitische Mitteleuropadebatte der achtziger Jahre, passt doch das Bild des expansionistischen Imperialismus sehr gut zu dem politisch gewünschten Ergebnis sozialistischer Forschung, dass aus liberalen Wirtschaftsordnungen automatisch, besser historisch-materialistisch vorhersagbar, faschistische Kriege entstehen müssen. Dass dies grundsätzlich eine weltweite Angelegenheit sei, hat ABRAHAM DEBORIN hervorgehoben[319] und dargestellt, dass die frühen deutschen Planungen zu Mitteleuropa in den Kontext eines weltumspannenden Gedanken zur Gewinnung deutscher Kolonien in Afrika und Übersee zu setzen seien.

---

[316] STEGMANN, DIRK. "'Mitteleuropa' 1925-1934 Zum Problem der Kontinuität deutscher Außenhandelspolitik von Stresemann bis Hitler". in: STEGMANN, DIRK; WENDT, BERND-JÜRGEN; WILL, PETER-CHRISTIAN (Hg). *1978 Industrielle Gesellschaft und politisches System. Beiträge zur politischen Sozialgeschichte Festschrift für Fritz Fischer zum siebzigsten Geburtstag.* Bonn 1978. S. 203-221.

[317] Vgl. GÜRGE, WILHELM. GROTKOPP, WILHELM. (Hg). *Großraumwirtschaft. Der Weg zur europäischem Einheit.* Berlin 1931. In diesem aus einer Vortragsreihe hervorgegangenen Sammelband wird vorrangig das Erbe Friedrich Lists beschworen und versucht, eine praktikable Lösung für dessen Ideen zu entwickeln. Ebenso bei: WISKEMANN, ERWIN. *Mitteleuropa. Eine deutsche Aufgabe.* Berlin 1933.

[318] OPITZ, REINHARD. "Deutsche Frage und Mitteleuropa-Diskussion". in: *Marxistische Blätter* 6 (1986), S. 21-30.

[319] DEBORIN, ABRAHAM M. "Die Mitteleuropa-Idee in der Propaganda der deutschen Imperialisten. Zur Geschichte der ideologischen Vorbereitung der beiden Weltkriege". in: *Neue Welt 22.* 1954.

Neben einer allgemeinen Aufzählung verschiedener Mitteleuropagedanken aus dem 19. Jahrhundert legt er besonderen Wert auf den Hinweis, dass deutsche Mitteleuropakonzepte immer Teil von Kriegsvorbereitungen waren. Die marktwirtschaftlich organisierte Bundesrepublik stehe daher, weil kapitalistisch, in der Tradition dieser expansionistischen Politik. Das Argument weist eine Schwäche hinsichtlich der Gleichsetzung von Weltpolitik und Mitteleuropapolitik auf, denn bereits im Kaiserreich wurden diese als gegensätzliche Entwürfe wahrgenommen.[320]

In die gleiche Kerbe schlägt REINHARD OPITZ, der jedoch zwischen verschiedenen Sparten der Industrie und Interessengruppen differenziert. Zusammengefasst besteht der Unterschied in der Ausrichtung der Montanindustrie auf die westlichen Nachbarn Deutschlands, während die Chemie- und Elektroindustrie verstärkt nach Osten geblickt habe. Bedeutend für den gegenwärtigen Zweck wird OPITZ' Untersuchung durch die Feststellung einer gewissen Kontinuität anti-sowjetischer Gedanken, die bis in die Friedensbewegung hineinreiche. Damit stehe die westdeutsche Friedensbewegung nicht zuletzt auch in der Tradition der Anti-Komintern, so die problematische Behauptung.

Ganz dezidiert im Mittelpunkt der Aufmerksamkeit steht der Nationalsozialismus bei GÖTZ ALY und CHRISTOPH DIEKMANN.[321] Wichtig ist hier die Bemerkung, dass für die Auffassung der Nationalsozialisten Mitteleuropa immer nur der Anfang einer weltweiten wirtschaftlichen Dominanz sein konnte. Hier liegt ein zentraler Unterschied zur bundesrepublikanischen Debatte der achtziger Jahre vor, da das Konzept eines Zwischeneuropa, also zwischen den Blöcken gelegen, gar keine Expansion zulassen konnte, ohne sich selbst zu widerlegen. Doch muss gesagt werden, dass auch in der Selbstbeschränkung des modernen Mitteleuropagedankens als eine Art Keil zwischen den Supermächten in gewisser Weise eine expansionistische Grundannahme bestand. Je größer der Keil, desto wahrscheinlicher ein Ende des Kalten Krieges.

CHRISTOPH DIEKMANN weist gemeinsam mit MATTHIAS HAMANN weiter auf den Zusammenhang von nationalsozialistischen Mitteleuropaplänen und Terror gegen die Zivilbevölkerung hin, der notwendig war, um der Herrschaft der Besatzer Dauer zu

---

[320] FISCHER, FRITZ. *Griff nach der Weltmacht. Die Kriegszielpolitik des kaiserlichen Deutschland 1914/18*. Düsseldorf 1967. S. 134 und S. 174.
[321] ALY, GÖTZ. DIEKMANN, CHRISTOPH ET AL. (Hg). *Modelle für ein deutsches Europa. Ökonomie und Herrschaft im Großwirtschaftsraum*. Berlin 1992.

verleihen.³²² Nun war dem System der Nationalsozialisten diese Dauer bekanntlich nicht beschieden, allein, noch im Herbst 1944 publizierte RICHARD RIEDL, der Aufsichtsratsvorsitzende der zur IG-Farben gehörenden Donau Chemie AG eine Denkschrift, die unter dem bezeichnenden Akronym W.E.St, Wirtschaftsbündnis Europäischer Staaten, angesichts des scheiternden Expansionsversuches einen Zusammenschluss freier Staaten vorschlägt.

*Wenn die Schaffung des europäischen Großraumes, die vom Führer wiederholt als Ziel unserer Politik proklamiert wurde, in Form eines Wirtschaftsbündnisses durchgeführt werden soll, setzt dies allein schon unsere Absicht voraus, den nationalen Bestand der besetzten Gebiete und auch der kleinen Völker in ihrer staatlichen Selbständigkeit nicht anzutasten.*³²³

Über die Frage nach den Ursprüngen der europäischen Integration in der Zeit des 2. Weltkrieges besteht eine ausführliche Diskussion.³²⁴ Zu betonen ist für den gegenwärtigen Zweck, dass die wirtschaftliche Realität der Bundesrepublik in Bezug auf Mitteleuropa sich grundlegend von den Wirklichkeiten und Zielen der Vorkriegszeit unterschied. Mit dem Fall des Eisernen Vorhanges jedoch änderte sich die Lage in dieser Beziehung erneut. Vor allem im westlichen Ausland sah man mit teilweise erheblicher Sorge auf den neuen "Hinterhof", der sich dem darüber hinaus auch noch angewachsenen Deutschland mit einem Male erschloss.³²⁵

Die erheblichen Kosten, die Schwierigkeiten der Privatisierung, die Hürden auf dem Weg zu mehr Demokratie wurden indessen weniger gesehen. Als sich diese Problematiken dann immer deutlicher abzuzeichnen begannen, nicht zuletzt unter den Vorzeichen der Konflikte in Jugoslawien, war die Mitteleuropadebatte allerdings schon

---

[322] DIEKMANN, CHRISTOPH. HAMANN, MATTHIAS ET AL. (Hg). *Besatzung und Bündnis. Deutsche Herrschaftsstrategien in Ost- und Südosteuropa. (Beiträge zur nationalsozialistischen Gesundheits- und Sozialpolitik Band 12)*. Berlin 1995.

[323] RIEDL, RICHARD. "Weg zu Europa. Gedanken über ein Wirtschaftsbündnis Europäischer Staaten (W.E.St.)" in: OPITZ, REINHARD. (Hg). *Europastrategien des deutschen Kapitals 1900-1945*. Bonn (Pahl-Rugenstein Nachfolger) 1994. S. 990-1007.

[324] WURM, CLEMENS A. "Early European Integration as a Research Field: Perspectives, Debates, Problems". in: WURM, CLEMENS A. *Western Europe and Germany. The Beginnings of European Integration 1945-1960*. Oxford 1995. S. 11.

[325] EGGERDINGER, STEFAN. "Maastricht II und die Europastrategien des deutschen Kapitals". in: *Streitbarer Materialismus Nr. 21*. 1997. S. 7-62.

so weit versandet, dass die problemverschärfenden Realitäten die Debatte nicht weiter beflügeln konnten.

Zwar hatte sich nach einer langen Phase des wirtschaftlichen Wachstums in den siebziger Jahren eine deutliche Verlangsamung abgezeichnet, die von den Zeitgenossen durchaus als Krise wahrgenommen wurde, doch hatte diese Krise keine Dimensionen angenommen, die Zweifel an der grundsätzlichen Richtigkeit der wirtschaftlichen Ausrichtung nach Westen aufkommen ließen. In den achtziger Jahren, jenen Jahren, in denen die Mitteleuropadebatte ihren Höhepunkt erreichte, war indessen die ökonomische Lage wieder weitgehend sicher, der Staatshaushalt im Großen und Ganzen konsolidiert und die Steuerbelastung für Unternehmen und private Haushalte reduziert. Das Preisniveau blieb auf einem durchaus akzeptablen Stand weitgehend stabil und die deutsche Exporttätigkeit erreichte eine bedeutende Dynamik. Daher verwundert es kaum, wenn in wirtschaftspolitischer Hinsicht nicht nach grundsätzlichen Alternativen gesucht werden musste, denn diese Alternativen konnten nicht im Osten liegen, jenen Ländern, denen mit erheblichen Krediten dabei geholfen wurde, den sich langsam abzeichnenden, aber ungern zur Kenntnis genommenen Kollaps hinauszuschieben.[326] Mögliche Expansionschancen wurden vielmehr im südostasiatischen Raum, etwa den so genannten "Tiger-Staaten", ausgemacht, aber eben nicht im Bereich der unmittelbaren Nachbarn im Osten.[327]

Diese Konstellation, hoher wirtschaftlicher Erfolg mit Blickrichtung Westen oder Übersee war hinsichtlich vergangener Zeiten in echtes Novum. Nie zuvor war Deutschland, mithin nun die Bundesrepublik, in so starkem Maß von dem Raum getrennt, in dem sich jahrhundertelang wichtige wirtschaftliche Aktivitäten, man denke an den sächsischen Silberbergbau oder die ostelbische Getreideproduktion, abgespielt hatten. Man kann sagen, dass die harten Realitäten des bundesdeutschen Wirtschaftswunders in seiner Neuauflage dazu beitrugen, dass "Träume" von Mitteleuropa hier eine allzu schlechte Ausgangslage hatten. Um es noch weiter zuzuspitzen: Wo die Exportzahlen traumhaft sind, haben es andere Träume schwer.

---

[326] ABIZADEH, SOHRAB. MILLS, ALLEN (Hg). *The Return of Mitteleuropa: Socio-Economic Transition in Post-Communist Central Europe*. New York 1999. S. 37.

[327] Zur Frage der Kontinuität: GADDUM, JOHANN WILHELM. *Die deutsche Europapolitik in den 80er Jahren. Interessen, Konflikte und Entscheidungen in der Regierung Kohl*. Paderborn 1994. S. 51-61.

Es wäre dennoch ein Missverständnis zu glauben, dass zu der Frage bundesdeutscher Gestaltungsmöglichkeiten im östlichen Ausland keine Vorstellungen bestanden hätten. Entscheidend für die vorliegende Untersuchung ist vielmehr, dass diese Vorstellungen kaum gehört und rezipiert wurden. FRIEDRICH WILHELM CHRISTIANS etwa, 1988 gemeinsam mit Alfred Herrhausen Vorstandschef der Deutschen Bank, hatte seit 1969 als deren Vertreter auf quasi-diplomatischer Ebene versucht, Kontakte zur Sowjetunion herzustellen, mit dem Fernziel der Errichtung einer Freihandelszone rund um Kaliningrad, das ehemalige Königsberg. Gemeinsam mit der sowjetischen Führung sollte die Bundesrepublik CHRISTIANS' Plan zufolge eine Art Verantwortungsposition für Mittel- und Osteuropa übernehmen und sich im Interesse der übrigen westeuropäischen Staaten für verbesserten Handel zu engagieren.

Die erste Stufe dieser Kooperation sollte in der Errichtung eines deutsch-sowjetischen Technologiezentrums bestehen. Später würden weitere gemeinsame Projekte folgen, bei denen jedoch grundsätzlich weitere westeuropäische Partner hinzugezogen werden sollten.

Auf diese Weise sollten Vorwürfe besser entkräftet werden können, Deutschland suche nach einseitigen Vorteilen im Raum Mitteleuropas. Der Beitrag fällt in eine Zeit, in der die Debatte sich bereits von sicherheitspolitischen Überlegungen weitgehend gelöst hatte und in das Stadium der Kulturdiskussion eingetreten war. Ob dies der Grund für die relativ geringe Rezeption ist oder ob die Ursache hierfür darin zu suchen ist, dass von einem der wichtigsten Bankmanager der Republik allenfalls Interessenpolitik zu erwarten sei, kann nicht leicht entschieden werden. Sicher ist allein, dass einer der wenigen Entwürfe für wirtschaftliche Gestaltung des mitteleuropäischen Raumes über die bestehenden Möglichkeiten hinaus auf wenig Echo stieß. Dies änderte sich schlagartig mit dem Fall der Berliner Mauer und der immer schnelleren Öffnung des mitteleuropäischen Raumes für den Westen.[328] Ein anderer Beitrag, nicht so umfangreich wie der eben erwähnte, stammt von HORST TELTSCHIK - ebenfalls aus dem Jahr 1988, also ebenfalls kurz vor dem Ende der Debatte.[329] Hier steht der Gedanke im Vordergrund, dass die Beziehungen zwischen Ost und West nicht auf

---

[328] LINSS, HANS PETER. SCHÖNFELD, ROLAND. (Hg). *Deutschland und die Völker Südosteuropas. Festschrift für Walter Althammer zum 65. Geburtstag.* München 1993.

[329] TELTSCHIK, HORST. "Das Konzept vom gemeinsamen europäischen Haus. Frieden, Sicherheit, Freiheit und Menschenrechte: Perspektiven aus der Sicht der Bundesrepublik". *FAZ.* 23.12.1988.

Aspekte der Abrüstung reduziert werden durften und dass das "gemeinsame Haus Europa", ein Begriff, der bereits von Breschnew geprägt worden war, nicht auf bestehenden Grenzen errichtet werden könne.[330]

TELTSCHIK sah darüber hinaus Möglichkeiten der Kooperation im Bereich der Menschenrechte. Doch dieses Thema verlässt bereits wieder das Feld der wirtschaftspolitischen Gedanken.

Dem entgegengesetzt ist ein Entwurf des damaligen CSU-Vorsitzenden FRANZ JOSEF STRAUß.[331] Er plädierte bereits Ende der sechziger Jahre für eine verstärkte und weitgehend umfassende wirtschaftliche und politische Einigung Westeuropas als Grundbedingung weiterer Expansionen, auch nach Osten. Denn je stärker und einheitlicher Westeuropa, zu dem STRAUß auch die Bundesrepublik rechnete, sei, desto eher könnten Chancen darauf bestehen, den Osten wirtschaftlich in Abhängigkeit zu bringen. Die Regierung der Bundesrepublik solle daher Pläne entwickeln, "die mehr der inneren Verbindung der getrennten Teile Europas als der wirtschaftlichen Stärkung des osteuropäischen Regimes dienen". Diese magnetische Auswirkung der westlichen Integration bestand als Grundannahme konservativer westdeutscher Politik seit KONRAD ADENAUER. Man kann die "Magnettheorie" als Gegenstück zu Mitteleuropagedanken verstehen, weil das stabile Zentrum der Anziehungskraft eindeutig im Westen lag. Das, was sich bewegen sollte, war der Osten, dessen ideologische Widerstandskraft auch durch Kredite und Bürgschaften aufgeweicht werden sollte.

Nicht zuletzt in dieser Hinsicht ist die Vermittlung der so genannten "Milliardenkredite" an die DDR durch FRANZ JOSEF STRAUß auch zu verstehen. In der Bayerischen Landesbank in München wurde der entsprechende Vertrag am 1. Juli 1983 unterzeichnet, wobei die Bundesregierung sämtliche Risiken des Kredits trug. Ein Jahr darauf wiederholte sich die Transaktion unter vergleichbaren Bedingungen.

Es wäre sicherlich zu weit gegriffen, diese Kredite als bundesdeutsche Mitteleuropa-Politik *in nuce* zu verstehen. Doch in einer Hinsicht besteht ein Zusammenhang mit der Debatte: Etwa zeitgleich mit dem Entstehen der meisten Beiträge auf publizistischer Ebene überwand die Bundesregierung den Eisernen Vorhang auf dem Bankwe-

---

[330] Vgl. für einen Ausblick nach Mitte der neunziger Jahre der deutschen Wirtschaftspolitik in diesem Raum auf der Grundlage von Fallstudien. KATZENSTEIN, PETER (Hg). *Mitteleuropa between Europe and Germany*. Providence 1998.

[331] STRAUß, FRANZ JOSEF. *Herausforderung und Antwort. Ein Programm für Europa* Stuttgart 1968. "Eine deutsche Wiedervereinigung kann nur Wirklichkeit werden, wenn Westeuropa

ge. Nur wenige Jahre später sollte die DDR aufgehört haben zu existieren und Gelder in wesentlich höherem Umfang den gleichen Weg gehen wie zuvor die bayerischen Kredite. Viele der deutschen[332] und europäischen Subventionen erreichten im nächsten Schritt auch Länder östlich der DDR. Damit hatte die Magnettheorie die Mitteleuropavorstellungen von einem neuen Raum im Herzen des Kontinents eindeutig überlebt.

### 4.1.1 Fehlende real-ökonomische Grundlagen der Mitteleuropadebatte

Der "Eiserne Vorhang" war und blieb eine Tatsache, die sogar über das Ende der tatsächlichen europäischen Teilung hinaus ihre Relevanz behielt. Doch lag nicht im Eisernen Vorhang an sich der Grund oder der Ursprung der uneinheitlichen Entwicklung in wirtschaftspolitischer Hinsicht. Diese Dichotomie war wesentlich älter. Westlich und östlich dieser Teilungslinie hatten sich jeweils Wirtschaftsräume entwickelt, die bereits vor dem Zweiten Weltkrieg schon deutliche Unterschiede aufwiesen. Innerhalb des Deutschen Reiches etwa, war die Elbe als Grenze geradezu sprichwörtlich, etwa, wenn auch im alltags-sprachlichen Sinn von einem "Bündnis zwischen Roggen und Stahl" die Rede war.[333] Der Osten des Kontinents hinkte über einen Jahrhunderte langen Zeitraum hindurch der Entwicklung des Westens hinterher.

In den achtziger Jahren umfasste die Europäische Gemeinschaft rund 270 Mio. Menschen im Westen des Kontinents unter einem Dach regionaler, pragmatischer Organisationen im Sinn der "Methode Monnet", die in gewisser Hinsicht genau das Gegenteil von "Ideologie" bedeutet. Alle Mitglieder der EG konnten ein, wenn auch unterschiedlich stark ausgestaltetes, wettbewerbfähiges Wirtschaftsniveau vorweisen, das sie als Handelspartner für jedes andere Land der Welt interessant machte – und zwar in ihrer Gesamtheit ebenso gut wie als Einzelfall. Auf der Ebene der Verwaltung der EG ist zu bemerken, dass der supranationale Charakter es erlaubte, zum Beispiel Zöl-

---

durch seine Entwicklung so anziehend wird, dass es wie ein Gravitationszentrum auf die Länder Osteuropas wirkt."

[332] MAUREL, MARIE-CLAUDE. *Recomposition de l'Europe médiane*. [Paris] 1997. S. 49 : eine Darstellung der Aktivitäten vor allem deutscher Firmen nach 1989 im mitteleuropäischen Raum, etwa Henkel.

[333] WEHLER, HANS-ULRICH. *Das Deutsche Kaiserreich 1871-1918*. Göttingen 1994. S. 103.

le zu senken oder gar aufzuheben, so dass die treibende Kraft der Integration "von unten" geschehen konnte. Spätestens mit Beginn der europäischen Industrialisierung wurde offenbar, dass der Osten des Kontinents andererseits auf absehbare Zeit die Vorsprünge des Westens nicht würde einholen können.

Fast alle wichtigen Industriegebiete des Kontinents (mit Ausnahme von Sachsen und Böhmen): fielen mit der Teilung des Kontinents 1945 dem Westen zu: Das Rheinland, die britischen Industriegebiete, Flandern, Lothringen, Saar und Ruhr, Norditalien, etc.

Ein ähnlicher Hintergrund ist bei den Rohstoff-Vorkommen zu konstatieren: Das erz- und kohlereiche Grenzgebiet zwischen Frankreich und der Bundesrepublik Deutschland, die Nordsee mit ihren Ölvorkommen. Bezeichnenderweise wanderten darüber hinaus in den ersten Jahren nach 1945 viele Unternehmen vom Osten Deutschlands in den Westen ab, wie etwa, exemplarisch, fast das gesamte Führungspersonal der Waffenindustrie aus dem Raum Suhl im Thüringischen.

Der Osten, namentlich die Ukraine, galt traditionell als Kornkammer des Kontinents, nicht als Innovationsschmiede.[334] Diese Grundkonstellation ist für sämtliche Mitteleuropadebatten von Bedeutung: Westen dynamisch - der Osten in Aufholjagd begriffen.

CHRISTOPH BOYER hat einen Vergleich der beiden großen Wirtschaftsblöcke in Europa (jenseits der EFTA), also die Europäische Gemeinschaft im Westen und den Rat für Gegenseitige Wirtschaftshilfe, COMECON, unternommen. Auf der einen Seite stellt er eine "Explosion" von Massenwohlstand fest, in dessen Verlauf ein Wertewandel in Bezug auf den Konsum festzustellen sei, aber auch, und darin ist eine wertvolle Erkenntnis in Bezug auf die östlichen Nachbarn zu sehen: eine Kultur der behutsamen Wirtschaftspolitik im Rahmen der europäischen Integration.

---

[334] THUM, GREGOR. „Europa" im Ostblock. Weiße Flecken in der Geschichte der europäischen Integration, in: Zeithistorische Forschungen/Studies in Contemporary History, Online-Ausgabe, 1 (2004), H. 3,URL: <http://www.zeithistorische-forschungen.de/16126041-Thum-3-2004>
Thum verweist auf die Versuche der Europäischen Einigung "Im Kleinen", wie etwa die Tschechoslowakische Republik, Jugoslawien oder die Versuche Polens und der CSSR gemeinsame Wirtschaftsräume zu gründen.
Vgl. ferner: LIPGENS, WALTER. (Hg). *Europa-Föderationspläne der Widerstandsbewegung 1940-1945*. München 1968. S. 311-315.

BOYER kommt zu dem Schluss, dass die Attraktivität der beiden Systeme derart unterschiedlich war, dass "die Ostintegration im RGW deutlich schwächer [war] als die Westintegration".[335]

Auch wenn BOYER den nächsten Schritt nicht explizit geht, so ist doch mit dieser Einsicht verbunden, dass aufgrund dieser Ausgangslage im Westen ein weitaus günstigeres Klima für "echtes Unternehmertum" entstehen konnte, wie es im Osten des Kontinents (nicht nur aus ideologischen Gründen) nicht gedeihen konnte.[336] TIMOTHY GARTON ASH stellte hierbei einen übergeordneten Zusammenhang fest:

> *things were even less clear at the level of society and culture. Was there ever such a thing as an 'East European Society'? Did East German society have more in common with Polish society than with West German society?*
> *(...)*
> *When Czech, Hungarian and Polish intellectuals initiated a cultural-historical revival of the idea of 'Central Europe' in the early 1980's, they aimed to challenge precisely these simplistic dichotimies.*[337]

Wie verhielt es sich mit den "harten Fakten" der mittel-osteuropäischen Integration in den Jahren bis zum Ende der Sowjetunion? Das "System COMECON" kann für die Zwecke einer Darstellung der Mitteleuropadebatte folgendermaßen charakterisiert werden:

Rund 450 Mio. Menschen in zehn Ländern und in drei Kontinenten waren zu einer Wirtschaftsorganisation zusammengefasst, die überaus uneinheitlich war. Anders als die EG, wo Deutschland, Frankreich und später auch Großbritannien in verschiedener Hinsicht um die Führungsrolle konkurrierten, war es im Fall der COMECON zu keinem Zeitpunkt strittig, welches Mitglied die Führungsrolle innehatte:

Als die Sowjetunion nach dem Zweiten Weltkrieg zur Vormacht des östlichen Teils Europas aufgestiegen war und die kleineren "Bruchstücke" des ehemaligen Deut-

---

[335] BOYER, CHRISTOPH. "Die Europäizität der ostmitteleuropäischen Zeitgeschichte". In: *Themenportal Europäische Geschichte* (2006). URL: http://www.europa.clio-online.de/2006/Article=168.

[336] CASSON, MARK. "Der Unternehmer. Versuch einer historischen Deutung". in: *GG*, 27, 2001, S. 524-544. BOSSMANN: "Weshalb gibt es Unternehmungen?" in: *Zeitschrift für die Gesamte Staatswissenschaft* 1981, S. 667-674.

[337] ASH, TIMOTHY GARTON. *In Europe's Name. Germany and the Divided Continent.* London 1993. S. 10.

schen Reiches (Polen, Böhmen und Mähren, etc.) dabei waren, eine neue nationale Gestalt anzunehmen, mussten die sowjetischen Machthaber verschiedene parallele Einflussmöglichkeiten aufrechterhalten, um zum Beispiel das Jugoslawien Titos, Österreich, oder die entstehende Tschechoslowakische Republik entweder zu neutralisieren, vom Eintritt in die westliche Welt abzuhalten oder dem eigenen Machtbereich einzuverleiben. Der Preis hierfür lag in der Ablehnung der Hilfsfonds des Marshallplans für die eigenen Länder.[338] Dadurch hatte sich der Osten des Kontinents von den verheißungsvollen Dynamiken des Westens abgekoppelt, nebenbei, ganz ähnlich dem auch "nicht-integrierten" Griechenland jener Jahre.[339]

Das System COMECON wurde darüber hinaus noch dadurch belastet, dass eine Reihe von wirtschaftlich problematischen Mitgliedern aufgenommen wurde, wie Kuba, die Mongolei, Vietnam, Nord Korea. Dadurch differenzierte sich das Gefälle innerhalb des Systems weiter aus. Ökonomisch betrachtet waren die Mitglieder des COMECON im Laufe der Zeit des Bestehens immer weniger miteinander vergleichbar. Das Dach unter dem die Gemeinsamkeiten stattfinden sollten war das Dach der Ideologie des Marxismus-Leninismus mit ihren überaus unterschiedlichen Ausprägungen, wenn man an den Fernen Osten, Afrika, die Sowjetunion oder eben Mitteleuropa denkt. Die Ebene, auf der das System COMECON tatsächlich funktionierte war die Ebene der Kontakte zwischen den Kommunistischen Parteien der Mitgliedsländer. Der Rest mit seinen 30 Institutionen war allzu uneinheitlich, was allein bereits aus der Mitgliederstruktur abzulesen ist. Man kann zwischen folgenden Typen von Mitgliedschaft unterscheiden:

1.) Vollmitgliedschaft wie im Fall der europäischen Länder.
2.) Assoziierter Status: Jugoslawien auf der Grundlage eines Vertrags von 1964 nahm an 21 Organisationen von (später 32 Organisationen) wie ein Vollmitglied teil.
3.) Halb-Mitgliedschaften nichtsozialistischer Länder wie Finnland, Irak, Mexiko und Mozambique.
4.) Beobachter und Kooperationspartner kommunistischer oder pro-sowjetischer Führung wie Afghanistan, Äthiopien, Laos, Nicaragua nach dem Jahr 1957.

---

[338] HEERING, WALTER. "Der Marshall-Plan und die ökonomische Spaltung Europas" in: *Aus Politik und Zeitgeschichte*, B22-23/97. S. 30-38.
[339] ÖHLINGER, THEO. *Verfassungsfragen einer Mitgliedschaft zur Europäischen Union. Ausgewählte Abhandlungen.* Wien 1999. S.7 spricht von einer Dynamik, die auch "zahlreiche Staaten in den Bann zieht".

Auf der anderen Seite, im Westen des Kontinents, wetteiferten Großbritannien und Deutschland um das größere Wachstum, so dass der Lebensstandard der Einwohner, aber auch die wirtschaftspolitischen Handlungsspielräume des Westens immer einheitlicher und vergleichbarer wurden. Es wäre eine interessante, und noch zu beantwortende Frage, inwiefern gerade ein "Rückschlag" wie die Ölkrise der siebziger Jahre zur Entwicklung einer europäischen Identität beigetragen haben mag.

Zu den Erfolgen des Systems COMECON gehört sicherlich in erster Linie die Investition in die Entwicklung sowjetischer Erdöl- und Erdgasförderung in den Jahren um und nach 1970, in deren Folge die Preise für Kraftstoffe im Bereich des Kernlandes der COMECON sanken, so dass die "Ölkrise" von 1973 im Osten wenig bis keine Auswirkungen zeigte. Dennoch gelang es dem Wirtschaftsbündnis nicht, den Lebensstandard der Einwohner dauerhaft zu festigen und zu steigern. Im Gegenteil! Durch fehlgeleitete Importpolitik und nicht zuletzt auch dadurch, dass Technologietransfer aus dem Westen unterbunden wurde, gelangten hochwertige Einfuhren wie Luxusgüter zumeist nur in die Hände der Parteiprominenz.

Ferner ist der Aspekt der Planwirtschaft zu erwähnen, der "von oben" regelte, oder zu regeln vermeinte, was die tatsächlichen wirtschaftlichen Bedürfnisse und Realitäten der Mitglieder betraf. Ein weiterer entscheidender Unterschied ist in der Rolle der teilnehmenden Regierungen zu sehen: Während es in der EG und ihren Organisationen in erster Linie darum ging, die Einflussmöglichkeiten der Regierungen zu begrenzen oder zu definieren, setzte die Wirtschaftspolitik des Systems Comecon voraus, dass die betreffenden Regierungen aktiv in die Wirtschaftspolitik einzugreifen bereit waren. Daher konnten im Fall der EG nationale Rivalitäten, wie die berüchtigte "Erbfeindschaft zwischen Deutschland und Frankreich"[340] langsam von marktwirtschaftlichen Fragestellungen abgelöst werden, während es im Bereich der COMECON dabei blieb, dass Nationen miteinander im Wettstreit zu liegen schienen, wobei sich Vorurteile und Rivalitäten erhalten konnten oder sogar neu herausbildeten, wie sie im Westen Europas bereits im Abklingen waren. In Anbetracht des Anspruchs (oder Selbstbildes) der "kommunistischen Internationale" fällt es dabei aus heutiger

---

[340] KONRAD ADENAUER in: *DIE ZEIT* am 3.11.1949: "Im heutigen Stadium Europas sind *Erbfeindschaften* völlig unzeitgemäß geworden. Ich bin daher entschlossen, die deutsch-französischen Beziehungen zu einem Angelpunkt meiner Politik zu machen. Ein Bundeskanzler muss zugleich ein guter Deutscher und guter Europäer sein."

Sicht schwer, diese Entwicklung anders als mit ironischen Nebengedanken zu verfolgen.[341]

Mit Glasnost und Perestroika schließlich kam auch das System COMECON zu einem Ende, das zunächst dadurch eingeleitet wurde, dass es den Mitgliedern ab 1988 ermöglicht wurde bilaterale Abkommen mit Mitgliedern der Europäischen Gemeinschaft abzuschließen. Die europäischen Mitglieder der COMECON" exchanged asymmetrical trade dependence on the Soviet Union for an equally asymmetrical commercial dependence on the European Community."[342]

Weitere Faktoren der ökonomischen Teilung des Kontinents sind darin zu sehen, dass
1.) eine gemeinsame Verkehrssprache mit dem Westen, Englisch, als *lingua franca*, nicht nur fehlte, sondern auch von Sowjetischer Seite in ihrer Entstehung nicht gefördert wurde.[343]
2.) Konsumverhalten, bzw. Konsumideale der Bevölkerungen standen nicht nur nicht im Einklang, sondern waren aufgrund der fehlenden Export- und Importmöglichkeiten über den Eisernen Vorhang hinweg nicht miteinander vergleichbar. Diese Umstände waren etwa an den geradezu legendären Nachfragewellen nach westeuropäischen Jeanswaren oder Nylonstrümpfen abzulesen.
3.) Die Märkte östlich des Eisernen Vorhanges unterstanden dem komplexen und aus westlicher Sicht politisch durchaus wenig berechenbaren COMECON-System, das es westlichen Investoren schwer oder unmöglich machte, einen sicheren Einfluss auf die dortigen "Markt"-Entwicklungen zu nehmen, also etwa, was den Handel mit Rohstoffen und den Werkzeugbau betraf.

---

[341] Vergleiche hierzu für einen Überblick: AMBROSIUS, GEROLD. HUBBARD, WILLIAM H. *Sozial- und Wirtschaftsgeschichte Europas im 20. Jahrhundert*. München 1986. Und FISCHER, WOLFRAM. (Hg.) *Europäische Wirtschafts- und Sozialgeschichte vom Ersten Weltkrieg bis zur Gegenwart*. Stuttgart 1987.

[342] BIDELEUX, ROBERT; JEFFRIES IAN. *A History of Eastern Europe: Crisis and Change*. London, 1998. S. 582.

[343] LEPENIES, WOLF. "Der Untergang Mitteleuropas". in: *Cicero* Juli 2006. Vgl. für die amerikanische Perspektive der gleichen Frage: MAUSBACH, WILFRIED. *Zwischen Morgenthau und Marshall: das wirtschaftspolitische Deutschlandkonzept der USA 1944 – 1947*. Düsseldorf 1996. GREINER, BERND. *Die Morgenthau-Legende - zur Geschichte eines umstrittenen Plans*. Hamburg 1995.

Dennoch gab es natürlich Kooperationen auch jenseits von staatlicher Wirtschaftspolitik: Ein interessanter Einzelaspekt der europäischen Wirtschaftsbeziehungen in der fraglichen Zeit ist im Transportwesen entlang der Elbe zu sehen. JACUBEC argumentiert folgendermaßen:

> *Die relativ kleinen Seehäfen in der SBZ/DDR, Rostock und Stralsund, waren in keiner Weise geeignet, den großen Welthafen Hamburg zu irgendeinem Zeitpunkt zu ersetzen.*[344]

Das ist insofern von (wenn auch marginaler) Bedeutung für die Mitteleuropadebatte, da hier, auf dem an sich wenig spektakulären Gebiet der Wirtschaftslogistik Kooperationen entstanden, bzw. weitergepflegt wurden, die gewissermaßen "still und leise" eine Art gelebtes Mitteleuropa in sich trugen, weit abseits von politisch-utopischen Konzepten der hohen Politik und Diplomatie oder auch "Träumen" von Schriftstellern und Intellektuellen.[345]

Hierin ist wahrscheinlich der Hauptgrund für die weitgehende Abwesenheit konkreter oder auch visionärer wirtschaftspolitischer Konzepte für Mitteleuropa in den achtziger Jahren zu sehen: Die maßgeblichen Akteure der Mitteleuropa-Debatte, wie sie in den Jahren vor der Deutschen Wiedervereinigung aufgetreten ist, entstammen sämtlich weder der angewandten noch der theoretischen Ökonomie.[346]
Diejenigen Vertreter von Handel, Wirtschaft oder Finanz, die sich mit den östlichen Nachbarn befassten, nahmen aus historischen wie auch aus pragmatischen Gründen Abstand von dem Begriff "Mitteleuropa", so dass die ohne Frage vorhandenen Kon-

---

[344] JACUBEC, IVAN. *Schlupflöcher im Eisernen Vorhang. Tschechoslowakisch-deutsche Verkehrspolitik im Kalten Krieg. Die Eisenbahn und Elbschiffahrt 1945-1989.* Stuttgart 2006.

[345] Vgl. Dazu auch ganz grundsätzlich in Bezug auf die Rückschritte dieser Bestrebungen: SEGERT, DIETER. *Die Grenzen Osteuropas. 1918, 1945, 1989 - Drei Versuche im Westen anzukommen.* Frankfurt/M. 2002. Oder die Fortführung: RÜB, MATTHIAS. "Wettlauf nach Westen. Wie die Nato-Osterweiterung Staaten ins Niemandsland stößt". *FAZ.* 29.4.1997. Oder, in der Rhetorik der "politischen Klasse": TEUFEL, ERWIN. "Vier für Europa". in: *EG-magazin* Oktober 1991. S.33: "Nur ein 'Europa der Regionen' ist ein 'Europa der Bürger', ein lebendiges, vielgestaltiges Europa mit eigenen Identitäten."

[346] Vgl hierzu: CLEMENS, GABRIELE (Hg). *Die Integration der mittel- und osteuropäischen Staaten in die Europäische Union.* Hamburg 1999.

takte in Finanz und Wirtschaft zwischen Ost und West nicht unter dem Oberbegriff "Mitteleuropadebatte" zusammenzufassen sind.[347]

*Ex negativo* kann die mangelnde ökonomische Bedeutung des Wirtschaftsraumes Mitteleuropa zur Zeit des Ost-West-Konfliktes anhand der Förderpolitik der Jahre nach dem Ende der COMECON dargestellt werden. Nun, da der Eiserne Vorhang gefallen und die Vormacht der Sowjetunion gebrochen war, konnten umfangreiche Mittel fließen, die den Aufbau der Region und damit die Sicherheit des Kontinents unterstützen würden.[348] Dass dieser Übergang zu einer, wie auch immer gearteten "neuen" Zeit sofort wahrgenommen wurde, zeigt die Berichterstattung in der Wirtschaftspresse.[349]
Einen langfristigen Überblick für die einzelnen Beitrittsländer wie Polen, Ungarn und Tschechien haben FRANZEN, HAARLAND und NIESSEN erstellt.[350]

Bei allen Bemühungen der Organe der EG, zutreffende und umfangreiche Statistiken (z.B. über den Kapitaltransfer)[351] zu erstellen, und damit über die Umfänge[352] geleis-

---

[347] KRAMER, ESTHER. *Europäisches oder atlantisches Europa? Kontinuität und Wandel in den Verhandlungen über eine politische Union 1958–1970.* Baden-Baden 2003.

[348] MARSH, DAVID. *Die Bundesbank – Geschäfte mit der Macht.* München 1992. Der zusätzlich noch die These vertritt, dass die Deutsche Bundesbank einen "neuen Versuch" unternehme, die Herrschaft über Europa zu erlangen. HERBST, LUDOLF. "Die Bundesrepublik in den Europäischen Gemeinschaften" in: BENZ, WOLFGANG (Hg). *Die Geschichte der Bundesrepublik Deutschland.* Band 2: Wirtschaft. Frankfurt/M 1989. Dazu theoretisch fundiert: IMMERLING, RUTH. *Externe Einflüsse auf die Integration von Staaten. Zur politikwissenschaftlichen Theorie regionaler Zusammenschlüsse.* Freiburg 1991.

[349] So titelte die *SZ* vom 11.11.89 "Börse in Hochstimmung: Die Öffnung der DDR-Grenzen führte auf dem deutschen Aktienmarkt zu hausseartigen Kurssteigerungen. Vor allem die Bau- und Kaufhauswerte, aber auch Stahl- und Elektrotitel sowie die VW-Aktie schossen in die Höhe. Bei Konsumwerten war die Euphorie so stark, daß Karstadt, Kaufhof und Salamander mit Pluszeichen angekündigt wurden, weil Tagesgewinne von mehr als 5 Prozent zu erwarten waren. Tatsächlich schnellten diese Papiere dann um 30 bis 50 Mark empor."

[350] FRANZEN, WOLFGANG. HAARLAND, HANS PETER. NIESSEN, HANS-JOACHIM. *Osteuropa zwischen Euphorie, Enttäuschung und Realität* - Daten zur Systemtransformation 1990-2003. Vgl. auch: ABIZADEH, SOHRAB. MILLS, ALLEN (Hg.) *The Return of Mitteleuropa: Socio-Economic Transition in Post-Communist Central Europe.* New York 1999. Für eine Differenzierung zwischen Mitteleuropa und dem Balkan.

[351] SCHWAMMEL, INGE. *Deutschlands Aufstieg zur Großmacht. Die Instrumentalisierung der europäischen Integration. 1974-1994.* Frankfurt/M 1997.

teter Fördermittel, ist und bleibt es für den Rahmen einer ideengeschichtlichen Arbeit schwer, die simplen Tatsachen der Reisefreiheit, der sich ausweitenden Importtätigkeit westlicher Unternehmen und auch die sich wandelnde Mentalität der kleinen Länder zwischen der GUS und der EG mit Statistiken zu fassen und damit zu würdigen.[353]

Daher mag ein Blick auf die tatsächlich geleisteten "harten" Hilfestellungen der EG ausreichen, um zu zeigen, was vorher, also zur Zeit der COMECON, fehlte. Insbesondere waren es folgende Programme:

1.) LACE = *Linkage Assistance And Cooperation For The European Border Regions;* zur Vernetzung der Grenzregionen in Mittel- und Osteuropa
2.) PHARE = *Poland-Hungary Action for Restruction of Economies*;
3.) OUVERTURE = Netzwerk der Regionen in Ost und West.

Das Volumen der Fördermittel, die im Rahmen des PHARE Programms[354] an die MOE-Länder gezahlt wurden, umfassten allein in den Jahren zwischen 1990 und 1993 rund 3.294 Mio. ECU.[355] Diese Hilfen wurden vor allem eingesetzt für: Privatisierungen, Investitionsförderung, Verwaltungsreform, Aus und Weiterbildung, Forschung und Soziales, wobei der Sektor Unternehmensförderung mit 23,5% einen Anteil von fast einem Viertel der Gesamtsumme umfing. Ausbildung und Gesundheitssysteme mit rund 14%; Lebensmittelhilfe mit 13% und Landwirtschaft mit 11% folgten.[356]

---

[352] BURCKHARD, MANFRED. *Produktionsverlagerungen in mittel- und osteuropäische Staaten: Chancen und Gefahren. eine Tagung der Friedrich-Ebert-Stiftung am 16. Juni 1994 in Berlin.* Bonn, 1994. Electronic ed.: Bonn/ FES Library, 2001.

[353] WITT, ANDREA. „National Borders: Images, Functions, and Their Effects on Cross-Border Cooperation in North America and Europe." In: PAPADEMETRIOU, DEMETRIOS / WALLER MEYERS, DEBORAH (Hg.) *Caught in the Middle. Border Communities in an Era of Globalization.* Washington, D.C. 2001. 166-199.

[354] EUROPÄISCHE KOMMISSION/GENERALDIREKTION AUSWÄRTIGE BEZIEHUNGEN. *PHARE: Operational programmes 1994*: Update n°6. Europäische Kommission. Brüssel 1995.

[355] Zum damaligen Wechselkurs von 1,1 US-Dollar.

[356] Europäische Kommission - PHARE - Statistisches Amt der Europäischen Gemeinschaften. Informationsbüro Brüssel, 2002. Mit entsprechenden Schlussfolgerungen: JANNNING, JOSEF. "Europa braucht verschiedene Geschwindigkeiten". in *EA.* 18/1994. S. 527-536. Interessante Parallelen zur Zeit nach 1945 weist nach: BUGGELN, MARC. "Europa-Bank oder Dollar-Freihandel? Westdeutsche Auseinandersetzungen über eine Europäische Währungsunion zu Beginn der fünfziger Jahre". in: DIECKMANN, CHRISTOPH; GERLACH, CHRISTIAN; GRUNER, WOLF, ET AL.

Eine weitere zentrale Antwort auf die Frage, warum die Mitteleuropadebatte der achtziger Jahre sich nicht in volkswirtschaftlichen Umständen widerspiegelte, liegt darin, dass nicht nur die Staaten des sowjetischen Wirtschaftsraumes wenig attraktive Partner waren, sondern auch darin, dass es reizvollere Alternativen zu diesen Ländern gab, die dazu noch ein erheblich höheres Maß an Planungssicherheit versprachen, namentlich die Staaten der EFTA, die sich 1960 als Reaktion auf die Gründung der EG zusammengeschlossen hatten.[357]

Allein ein Blick auf die Namen der Gründungsmitglieder reicht aus, um den qualitativen Kontrast zur COMECON herauszustellen: Großbritannien, Dänemark, Norwegen, Österreich, Schweden und die Schweiz. Mit Ausnahme Portugals, ebenfalls Gründungsmitglied, waren dies sämtlich *Top-Player* der Weltwirtschaft mit erheblichen Wachstumsquoten, vor allem Österreich, so dass sich in den Folgejahren, besonders jedoch in den siebziger Jahren vor dem Austritt Großbritanniens, ein deutliches Konkurrenzverhältnis zwischen EG und EFTA entwickeln konnte.[358]

Diese Konkurrenz zeigte bald überaus gesunde ökonomische Wirkungen, wie etwa den jeweiligen Abbau von Binnenzöllen, wobei die EG das Rennen für sich entscheiden konnte.

Bereits im Verlauf der sechziger Jahre zeichnete sich indessen der schrittweise Übertritt einiger EFTA Länder in die EG ab, Dänemark und Norwegen, so dass die EFTA sich in einen Klub der Neutralen verwandelte (Schweiz, Schweden, Österreich), die sich in Folge dieser Entwicklungen mit der EG assoziierten. Seit 1995 besteht die EFTA lediglich aus Island, Liechtenstein, Norwegen und der Schweiz.[359]

---

(Hg). *Beiträge zur Geschichte des Nationalsozialismus. Bd 18. Europäische Integration.* Göttingen 2002. S.127: "Nach dem Ende des Zweiten Weltkrieges waren fast alle europäischen Staaten auf Lieferungen aus den USA angewiesen, um ihre Bevölkerungen zu ernähren und die industrielle Produktion aufrechtzuerhalten." Ferner: HARTWIG, HANS HERMANN. *Die Europäisierung des deutschen Wirtschaftssystems. Fundamente, Realitäten, Perspektiven.* Opladen 1998.

[357] BRUNN, GERHARD. *Die Europäische Einigung von 1945 bis heute.* Stuttgart 2002. S. 120.

[358] GILLINGHAM, JOHN R. European Integration 1950–2003. Superstate or New Market Economy? Cambridge 2003. Hier die Vorstellung, dass Großbritannien eine Art Ausnahme innerhalb der EFTA darstelle, deren Mitglieder in der Regel, klein und reich seien. S. 40 ff. Vgl. dazu: DI NOLFO, ENNIO (Hg). *Power in Europe? II Great Britain, France, Germany and Italy and the Origins of the EEC, 1952-1957.* Berlin-New York 1992.

[359] Grundlegend für einen Überblick: MAURHOFER, ROLAND. Die Schweizerische Europapolitik vom Marshallplan zur EFTA 1947 bis 1960. Bern 2001. Sowie: SENTI RICHARD. *EG, EFTA, Binnenmarkt. Organisation, Funktionsweise, Perspektiven.* Zürich 2000. Und: SPECTOR, MI-

Dieses Kapitel der europäischen Wirtschaftsintegration ist für den Blick auf die Mitteleuropadebatte nicht deswegen von Bedeutung, weil zwei oder, je nach Betrachtungsweise drei Wirtschaftssysteme sich zusammenschlossen, sondern deswegen, weil die Dynamik der Entwicklungen überhaupt den Blick der marktwirtschaftlich organisierten Länder vom Osten und damit von Mitteleuropa ablenkten.[360]
Mit dem Beginn des sogenannten Luxemburg Prozesses 1984 entwickelte sich weiterhin die Perspektive auf den Europäischen Binnenmarkt der EG. Zwei Jahre später traten Spanien und Portugal der EG bei und verschoben den Fokus erneut nach Westen.

Die Deutsche Bank hat in den neunziger Jahren umfangreiche Studien über die Wirtschaftskraft der DDR veröffentlicht, wobei das Erkenntnisinteresse vor allem darin bestand, das Zahlenwerk der DDR auf modernen, westlichen Standard zu bringen.[361]
In dem Bericht über die "Zahlungsbilanz der ehemaligen DDR" heisst es an dieser Stelle:

*Der grenzüberschreitende Kapitalverkehr der DDR war – weil zum erheblichen Teil lediglich Reflex der güterwirtschaftlichen Ströme und nicht etwa eigenständiger Aktionsparameter – auf das Notwendigste beschränkt. Direktinvestitionen in der DDR hat es weder von Seiten der sozialistischen "Bruderstaaten" gegeben, noch haben die westlichen Industriestaaten in der DDR investiert. Umgekehrt hat sich die DDR auch im Grundsatz nicht an Betrieben in den Staaten des so genannten sowjetischen Lagers beteiligt. Eine Ausnahme stellte die Beteiligung an verschiedenen Projekten der Sowjetunion dar, die der eigenen langfristigen Rohstoffversorgung dienten. In beschränktem Umfang hat die DDR überdies Unternehmen im*

---

CHAEL. "The European Community's Expansion Mechanism and the Differing Approaches of EFTA and Eastern Europe to Community Membership", in: *Law and Policy in International Business*, Vol. 25, 1993.

[360] EFTA. Die EFTA an einem Scheideweg, Genf 1980. und: HUG, PETER. "Neue Unübersichtlichkeit bei den Neutralen - Die internationale Politik von Finnland, Österreich, Schweden, Schweiz 1992/93" in: ÖSTERREICHISCHES STUDIENZENTRUM FÜR FRIEDEN UND KONFLIKTLÖSUNG (Hg). *Friedensbericht 1994 - Krieg und gewaltfreie Konfliktlösung*. Chur/Zürich 1994.

[361] DEUTSCHE BUNDESBANK (Hg). Die Zahlungsbilanz der ehemaligen DDR 1975 bis 1989. Frankfurt/M 1999. S. 13 und 18.

*westlichen Ausland gegründet oder erworben, was allerdings vom Betrag her kaum zu Buche schlug.*

Und zum Thema der privaten Haushalte und den Konsum ist folgende Passage aufschlussreich, die schlaglichtartig beleuchtet, warum der Fokus für westliche Unternehmen nicht im Osten des Eisernen Vorhanges liegen konnte:

> *Für die privaten Haushalte waren grenzüberschreitende Aktivitäten im Warenverkehr in erster Linie durch den Devisenmangel beschränkt. Sie konnten zwar über in der Schweiz und Dänemark ansässige Agenturen der DDR-Firma Genex, einem Koko-Unternehmen, Waren importieren. Jedoch stellte der Staat dafür keine Devisen bereit. Vielmehr hatten die DDR-Bürger den Gegenwert im Ausland in Form von Devisen durch Verwandte oder aus eigenen Guthaben bei Banken in der Bundesrepublik bereitzustellen.*

Die Debatte über Mitteleuropa in den achtziger Jahren ist geradezu dadurch gekennzeichnet, dass wirtschaftswissenschaftliche und volkswirtschaftliche Beiträge fehlen, ebenso, wie die tatsächliche wirtschaftliche Verflechtung des Raumes ja auch (vor allem im Vergleich mit dem Westen des Kontinents) deutlich unterentwickelt war. Diese Schlussfolgerung wirft nicht nur ein Licht auf die tatsächlichen Hintergründe der Debatte der achtziger Jahre, sondern trägt auch dazu bei, diese Debatte von der Vorgängerdebatte über Mitteleuropa, wie sie von DAITZ oder HAUSHOFER geführt wurde, abzugrenzen. Erst mit dem Ende der europäischen Teilung und der Erweiterung der EU um Staaten wie Slowenien, Polen oder Tschechien ist das Element der Wirtschaft in das Denken über Mitteleuropa wiedergekehrt, wobei gleichzeitig zu konstatieren ist, dass die Stimme der Literaten und Philosophen weniger deutlich zu vernehmen ist als zuvor.

Eine spekulative Bewertung dieses Umstandes könnte lauten, dass mit der mitteleuropäischen Erweiterungswelle der EU dem kulturell-literarischen Nachdenken über Mitteleuropa zwar nicht die Grundlage entzogen worden ist, wohl aber die Notwendigkeit, da eben diese mitteleuropäische Identität zwischen Berlin-Wien-Prag-Budapest und Warschau nun nicht mehr als von russisch-sowjetischem Totalitarismus bedrohter Kulturraum erscheint und somit genau die Normalität Einzug gehalten hat, die von der Debatte der achtziger Jahre gefordert worden war.

### 4.2 Sicherheitspolitische Konzepte: die Friedensbewegung

Das Jahrzehnt, das der Schlussakte von Helsinki folgte, stand in mehrfacher Hinsicht im Zeichen von Widersprüchlichkeiten was die Stellung Europas, seine Beziehung zu den Vereinigten Staaten bzw. die Selbstwahrnehmung der Europäer betraf. Einerseits hatten verschiedene Konferenzen, wie die KSZE[362] für einen verstärkten Dialog der militärischen Blöcke gesorgt, andererseits aber standen weitere Aufrüstungsschritte, wie sie durch neue Technologien möglich geworden waren, unmittelbar bevor. Grundlage dieser Entwicklungen waren in erster Linie Fortschritte der Luft- und Raumfahrttechnik, die später unter dem Sammelbegriff "Star Wars" und "Strategic Defense Initiative", SDI, bekannt wurden. Die für die sicherheitspolitische Lage Deutschlands bedrohlichste Innovation Mitte der achtziger Jahre bestand darin, dass mit der neuen Generation von Atomwaffen auch so genannte "taktische" Atomschläge möglich geworden waren.[363] Dies stellte eine erhöhte Gefährdung der beiden deutschen Staaten sowie Gesamtmitteleuropas dar. Vor allem die Stationierung von Cruise Missiles und Pershing II traf auf massiven Widerstand der Friedensbewegung. Im Zentrum der Reaktionen auf diese Gefahren standen jedoch Ideen aus den fünfziger Jahren, wobei vor allem folgende Positionen zu verzeichnen sind:

a.) ULRIKE SCHILLING und JOCHEN LÖSER
b.) GÜNTHER KIEßLING
c.) OTTO SCHILY
b.) Die Neutralisten: Vorrang der Wiedervereinigung

1979 hatte der NATO-Rat beschlossen, in den folgenden Jahren 464 bodengestützte Marschflugkörper und etwa hundert Mittelstreckenwaffen vom Typ Pershing II. auf dem Gebiet der Bundesrepublik zu stationieren. Diese Aufstellung war eine Reaktion auf die Stationierung von SS 20 Raketen durch die Sowjetunion zwei Jahre zuvor. Die beiden Systeme galten aufgrund ihrer ungefähren militärischen Äquivalenz als

---

[362] SCHLOTTER, PETER. *Die KSZE im Ost-West-Konflikt: Wirkung einer internationalen Institution.* Frankfurt/M 1999.
[363] GRUNER, WOLF D. *Die deutsche Frage in Europa 1800-1990.* München 1993. S. 13.

gegeneinander anrechenbar. Aus dem zeitlichen Abstand von zwei Jahren jedoch hatte sich ein technologischer Vorsprung der westlichen Waffen ergeben, und dieser Vorsprung wurde nun zur Verhandlungsmasse. Das Angebot an die Sowjetunion glich einem Ultimatum bis zum Jahr 1983[364] als Kombination von Gesprächsangeboten und Drohung mit Aufrüstungen auf dem Sektor der Mittelstreckenwaffen.

a.) ULRIKE SCHILLING und JOCHEN LÖSER
Aus Sicht der deutschen Friedensbewegung stellte sich diese Situation für Deutschland gleich bei welchem Ausgang der Alternative, die der Doppelbeschluss eröffnete, als negativ dar. In jedem Fall würde die Menge oder die Schlagkraft der auf deutschem Boden stationierten Waffen nicht verringert werden, wahrscheinlicher jedoch noch erhöht. Hinzu kam, dass die neuen Waffen vom Typ Pershing II. militärische und zivile Ziele, etwa in Moskau, in durchschnittlich unter zehn Minuten erreichen würden, was die Folgerisiken eines Fehlalarms drastisch erhöhte.
Dass die Anregung zum NATO-Doppelbeschluss auch auf den sozialdemokratischen Bundeskanzler SCHMIDT zurückging, insbesondere auf dessen Rede vor dem *London Institute of Strategic Studies* 1977, trug dazu bei, friedensbewegte Gruppen innerhalb der SPD von ihrer politischen Heimat weiter zu entfremden. Die Entstehung der deutschen Friedensbewegung ging schnell vonstatten. Innerhalb etwa eines Jahres hatte sie einen beachtlichen Umfang erreicht. Dabei konnte sie sich auf gewisse Wurzeln der Frühzeit der Bundesrepublik stützen, etwa die Protestbewegung Mitte der fünfziger Jahre gegen die Wiederbewaffnung, auf pazifistische Kreise der Kirchen und Gewerkschaften und auf so genannte "alternative" Gruppen späterer Jahrzehnte. Das rapide Anwachsen dieser Bewegung wurde beispielsweise an der Zahl der Unterzeichner des so genannten "Krefelder Appells" als Ergebnis einer Friedensinitiative deutlich, die Mitte November 1980 erstmals in Erscheinung trat.

*Alle Mitbürgerinnen und Mitbürger werden (...) aufgerufen, diesen Appell zu unterstützen, um durch unablässigen und wachsenden Druck der öffentlichen Meinung eine Sicherheitspolitik zu erzwingen, die eine Aufrüstung Mitteleuropas zur nuklearen Waffenplattform der USA nicht zulässt; Abrüs-*

---

[364] LIEBSCH, LOTHAR. *Frieden ist der Ernstfall. Die Soldaten des "DARMSTÄDTER SIGNALS" im Widerspruch zwischen Bundeswehr und Friedensbewegung.* Kassel 2003. S. 9.

*tung für wichtiger hält als Abschreckung ; die Entwicklung der Bundeswehr an dieser Zielsetzung orientiert.*[365]

Unter der Leitung von u.a. Petra Kelly, Gert Bastian und Martin Niemöller entstand ein "Dokument der Sorge" über die Eskalation nicht zuletzt auch des technischen Fortschrittes der Waffentechnologie. Der "Krefelder Appell" wurde im Verlauf der nächsten anderthalb Jahre von über 3 Mio. Bundesbürgern unterzeichnet. Es gibt vermutlich wenige andere Zeitpunkte in der bundesdeutschen Geschichte, bei denen die öffentlich diskutieren Inhalte in einem derartigen Widerspruch zur offiziellen Staatsräson standen, wie sie damals von der Regierung und Opposition vertreten wurden. 1982 hatte KLAUS HARPRECHT das Grundgefühl der Friedensbewegung auf den Punkt gebracht: "Die Generalstäbe haben für jede Möglichkeit präpariert zu sein: so war das immer. Die Regierenden aber sollten keinen Augenblick vergessen, was das Volk ohnedies weiß: dass wir alle in West und Ost mit dem Rücken zur Wand stehen."[366]

In diese und die folgenden Jahre fällt sowohl der Höhepunkt der Friedensbewegung als auch der friedenspolitischen Mitteleuropadebatte. Doch während die Frage der Mittelstreckenwaffen 1987 mit der Unterzeichnung des INF-Abkommens (Intermediate Range Nuclear Forces) zwischen USA und Sowjetunion endete, dauerte die Mitteleuropadebatte unter dem neuen Thema der deutschen Frage noch etwa zwei Jahre an.

Mit Blick auf die Mitteleuropadebatte ist eine Veröffentlichung von JOCHEN LÖSER und ULRIKE SCHILLING[367] zu nennen, deren Argumente vielleicht nicht zu den intellektuell stechendsten Beiträgen der Debatte gehören, die aber aufgrund ihrer zeitlichen Positionierung und aufgrund ihrer Radikalität eine Sonderrolle innerhalb der Debatte spielen. Die Argumentation der beiden Autoren[368] verläuft nach folgendem

---

[365] Abgedruckt in BREDTHAUER, KARL D. *Sage Niemand, er habe es nicht wissen können*. Köln 1983. S. 195f.

[366] HARPRECHT, KLAUS. "Entspannung in Freiheit". in: REINISCH, LEONHARD. (Hg). *Dieses Europa zwischen West und Ost. Eine geistige und politische Ortsbestimmung*. München 1982. S. 209.

[367] LÖSER, JOCHEN. SCHILLING, ULRIKE. *Neutralität für Mitteleuropa: Das Ende der Blöcke*. München 1984.

[368] Es ist anzumerken, dass der Beitrag zwei Jahre vor SCHLÖGELS Publikation erschienen ist und in der Debatte insgesamt auf ein relativ geringeres Echo stieß. Möglicherweise hing das mit der auf sicherheitspolitische Erwägungen beschränkten Argumentation zusammen. Erst mit SCHLÖGELS

Muster: Der Konflikt zwischen USA und Sowjetunion brachte es mit sich, dass aus deutscher Sicht die Rolle der Supermächte neu überdacht werden musste, vor allem, was die Frage nach dem Wettrüsten und die sich daraus ergebenden Folgen für die Bundesrepublik betraf. LÖSER und SCHILLING verfolgen eine Argumentationslinie, die darauf beruht, dass die gegenwärtige Machtkonstellation in Europa sich in steter Gefahr des Scheiterns befindet.[369]

> *Wir wollen in diesem Buch nachweisen, dass die in Jalta zusammen gewürfelten Machtverhältnisse und Strukturen verfallen und das Leben der Bürger Mitteleuropas auf die Dauer nicht zu sichern vermögen. Dabei wird auch deutlich werden, dass selbst die USA und die UdSSR immer schmerzlicher spüren, wie unhaltbar die Situation geworden ist, weil sie sich durch ihre Europapolitik gegenseitig lähmen und ihre Ressourcen mehr und mehr belasten.*[370]

Die Autoren konstatieren zunächst ein schwindendes Bewusstsein der Zusammengehörigkeit innerhalb der militärischen Blöcke NATO und Warschauer Pakt, das durch sich langsam auseinander entwickelnde Interessen immer deutlicher werde. In der unmittelbaren Nachkriegszeit habe kein Anlass bestanden, die Stabilität der Blöcke in Frage zu stellen. Durch die fortschreitende europäische Integration im Westen Europas sei eine Konstellation entstanden, die die Bundesrepublik mit ihrer singulären Frontstellung gegenüber dem kommunistischen Osten allein lasse:

> *In Brüssel hat das Problem der europäischen Spaltung noch nie auf der Tagesordnung gestanden, weil die Westeuropäer mit ihren eigenen Schwierigkeiten vollauf beschäftigt sind. Die Europäische Gemeinschaft dient*

---

"Mitteleuropa" richtete sich der deutsche Blick auch auf die Positionen osteuropäischer Intellektueller, beziehungsweise die Frage nach den kulturellen Gemeinsamkeiten der Mitteleuropäer.

[369] Vgl. JAHN, EGBERT. "Zur Debatte über 'Mitteleuropa' in westlichen Staaten". in: ÖSTERREICHISCHES INSTITUT FÜR FRIEDENSFORSCHUNG UND FRIEDENSERZIEHUNG (Hg). *Mitteleuropa? Beiträge zur Friedensforschung.* Stadtschlaining o.J. (1988).: "Zunächst kommt Mitteleuropa "kulturell" daher, dann "antipolitisch", schließlich unverschleiert politisch." Diese Einschätzung ist angesichts der Konzeption von Löser und Schilling sicherlich nicht mehr haltbar. Vgl. auch: OPITZ, REINHARD. "Deutsche Frage und Mitteleuropadiskussion". in: *Marxistische Blätter.* 16. 6.1986. S. 21-30.

*nicht den gemeinsamen Interessen ihrer Mitglieder, sondern ist ein partikularistischer Zweckverband.*[371]

Gleichzeitig, im Osten, verlösche der "Vulkan des Kommunismus" zusehends.[372] Solche durchaus auch in polemischer Weise vorgetragenen Annahmen und Bewertungen bilden das argumentatorische Fundament der Untersuchung: Der Westen habe Deutschland allein gelassen, der kommunistische Osten sei nicht lern- oder reformfähig und die NATO finanziell "ausgezehrt".[373] Es ist bezeichnend für die Autoren, insgesamt zwar differenzierte Bilder zu entwerfen, etwa den Unterschied zwischen verschiedenen Ausprägungsformen des Kommunismus in Moskau und in Budapest,[374] doch letztlich an den entscheidenden Unterschieden zwischen Ost und West gedanklich zu scheitern. Spätestens in ihrem Entwurf eines zukünftigen Mitteleuropa wird dies deutlich, in dem den westeuropäischen Staaten, immerhin Frankreich und Großbritannien, keinerlei wirtschaftliche Magnetkraft auf die Bundesrepublik zugestanden wird.[375] Das Kernstück des Mitteleuropakonzepts von LÖSER und SCHILLING ist inspiriert von dem vierstufigen Plan EGON BAHRS aus einem Interview mit WALTHER F. HAHN.[376]

Der erste Schritt auf dem Weg nach Mitteleuropa würde darin bestehen, die DDR mittels eines Grundlagenvertrags staatsrechtlich anzuerkennen. Darauf sollte eine gemeinsame Gewaltverzichtserklärung erfolgen, deren zentraler Bestandteil eine Garantie der Oder-Neiße Grenze zur Republik Polen sein würde. Das Ergebnis eines solchen mitteleuropäischen Integrationsprozesses wäre dann bereits eine Art Friedenszone, die sich auf beide Seiten der Blockgrenzen erstrecken sollte. Darauf fol-

---

[370] LÖSER, JOCHEN. SCHILLING, ULRIKE. *Neutralität für Mitteleuropa: Das Ende der Blöcke*. München 1984. S.9.
[371] ibid. S.56.
[372] ibid. S.72.
[373] ibid. S.100.
[374] ibid. S.71.
[375] "In der Bundesrepublik Deutschland wird von den Treuen im Geiste heute noch geglaubt, ein vereintes Westeuropa könne [...] die dritte Supermacht [werden]. Diese Hoffnung beruht auf der Annahme, Washington und Moskau nähmen dieses neue Machtgebilde hin, wenn sie es schon nicht begrüßten. Dies ist allerdings sehr unwahrscheinlich." LÖSER, JOCHEN. SCHILLING, ULRIKE. *Neutralität für Mitteleuropa: Das Ende der Blöcke*. München 1984. S. 59.
[376] HAHN, WALTHER F. "West Germany's Ostpolitik: The Grand Design of Egon Bahr". *Orbis* 1973. Dazu auch: WEIDENFELD, WERNER. "Mitteleuropa – ein alter Mythos stiftet Unruhe". In: *Rheinischer Merkur*. 3. Oktober 1986. S. 3.

gend würden zunächst die amerikanischen, dann die sowjetischen Truppen dieses Gebiet verlassen. Die Reihenfolge des Abzugs ergab sich für BAHR aus der ohnehin bestehenden konventionellen Überlegenheit der Sowjetunion, beziehungsweise der atomaren Überlegenheit der NATO.[377] Demilitarisiert und neutralisiert bestünden für weitere vertragliche Regelungen zwischen den beiden deutschen Staaten keine grundsätzlichen Hindernisse mehr. Vielmehr sollten die östlichen Nachbarländer, namentlich Polen, CSSR, Ungarn, später auch die nördlichen, Dänemark, Belgien, Niederlande und Luxemburg dieser Partnerschaft beitreten, jedoch ohne die staatliche Souveränität aufzugeben.[378] Darauf, im letzten Schritt der Erweiterung dann Rumänien, Bulgarien und Jugoslawien, sowie Italien, Norwegen und Schweden.[379] Alle diese Staaten waren nichtnukleare Mächte mit teilweise sehr geringer konventioneller Stärke. Daraus ergab sich für LÖSER und SCHILLING auch der Ausschluss Frankreichs und Großbritanniens aus dem "Klub" der Nichtatomaren.[380]

Insbesondere für Frankreich hätte die vollkommen unakzeptable Alternative gelautet, entweder auf eigene Atomwaffen zu verzichten oder aber die Einbindung Deutschlands in ein System hinzunehmen, das sich französischem Einfluss entziehen können würde. Damit wäre die Achse der europäischen Integration zerbrochen.

Der Argumentation EGON BAHRs folgend, sahen die beiden Autoren eine langsame Auflösung der militärischen Bündnisse NATO und Warschauer Pakt voraus, die sie insgesamt begrüßten. An die Stelle der alten Bündnisse würde ein Geflecht von bila-

---

[377] Vgl. BRECHTEFELD, JÖRG. *Mitteleuropa and German Politics. 1848 to the Present.* New York 1996.
[378] Vgl. kritisierend dazu: KRÜGER, PETER. "Der Wandel der Funktion von Grenzen im internationalen System Ostmitteleuropas im 20. Jahrhundert". in: LEMBERG, HANS (Hg). *Grenzen in Ostmitteleuropa im 19. und 20. Jahrhundert. Aktuelle Forschungsprobleme.* Marburg 2000. S. 39: "Wahllose Begeisterung für das Überwinden und Aufheben von Grenzen, gleich welcher Art, zeugt nur von Naivität oder fortgeschrittener Gedankenlosigkeit, keinesfalls jedoch von fortschrittlichem Denken, aber das bedeutet nicht, dass man der Versuchung nachgeben sollte, sie zum Mythos zu stilisieren. [...] Heutzutage kann man, besonders in so genannten fortschrittlichen Kreisen, den Eindruck gewinnen, Grenzen seien nur noch dazu da, um überwunden zu werden."
[379] LÖSER, JOCHEN. SCHILLING, ULRIKE. *Neutralität für Mitteleuropa: Das Ende der Blöcke.* München 1984. S.131.
[380] ibid. S.134.

teralen Vereinbarungen treten.[381] Diese Vorgehensweise untermauern die Autoren mit einer Statistik über die zum Zeitpunkt der Publikation bestehenden Größenverhältnisse der europäischen Armeen.[382] Man kann es als eine schlichte Erweiterung des BAHRSCHEN Konzepts bezeichnen, wenn die Autoren im Folgenden noch die Vernichtung von chemischen und biologischen Waffen über einen Zeitraum von fünfzehn Jahren fordern.[383]
Interessant im Sinne von "problematisch", vor allem auch hinsichtlich der späteren Debatte wird es, wenn Autoren versuchen, das Gebiet Mitteleuropas zu bestimmen. Dies sei, so beinahe ein Konsens, nur von den Grenzen her möglich:

*Im Gegensatz zu dem stets schwammigen Begriff eines Europas, dessen Ostgrenzen sich in der persönlichen Deutung verlieren, kann man die zukünftige Gestalt Mitteleuropas klar umreißen [...]. Um Mitteleuropa einzugrenzen, muss der alte Kontinent von der Peripherie aus betrachtet werden. Das Gebiet, das als Mitte stabilisiert werden soll, ergibt sich, wenn von allen traditionell zentrifugalen Elementen abgesehen wird. Mitteleuropa umfasst somit folgende Länder: die Beneluxstaaten, die Bundesrepublik Deutschland, die DDR, die CSSR, Österreich, Polen, Ungarn, Rumänien und Jugoslawien.[384]*

---

[381] Als Mitglied der so genannten Palme-Kommission 1982 hatte auch EGON BAHR dazu beigetragen, entsprechende Vorschläge zu entwickeln, allerdings mit dem bemerkenswerten Unterschied, dass nun nicht mehr an erster Stelle die Beziehungen von Nationalstaaten, sondern Regionen innerhalb von Nationalstaaten den Anfang machen sollten. Zu beiden Seiten der Grenze, nämlich auf einer jeweiligen Breite von 150 Kilometern vom äußersten Norden bis zur Adria sollte eine entmilitarisierte Zone eingerichtet werden, aus der zunächst alle Atomwaffen entfernt, später auch konventionelle bis auf ein Minimum abgerüstet werden sollten. Dies betraf Regionen in stärkerem Maß als Nationen. Daraufhin würden aus allen Staaten, die selbst nicht über Atomwaffen verfügten, auch die Atomwaffen der Verbündeten abgezogen werden. Somit sei ein Gleichgewicht an konventionellen Waffen schnell auf einen niedrigen Niveau zu erreichen.

[382] LÖSER, JOCHEN. SCHILLING, ULRIKE. *Neutralität für Mitteleuropa: Das Ende der Blöcke.* München 1984. S.150. Vgl. Auch: SCHNEIDER, ROLF. "Vor Mitteleuropa wird gewarnt." *TAZ.* 10.6.1986.

[383] LÖSER, JOCHEN. SCHILLING, ULRIKE. *Neutralität für Mitteleuropa: Das Ende der Blöcke.* München 1984. S.165.

[384] ibid. S.142.

Norditalien ist nicht darunter. Das lässt den Schluss zu, dass die gedankliche Kategorie des Habsburgerreiches, wie sie nach KUNDERA und KONRAD zum Comment der meisten Beiträge wurde, noch ganz fehlt oder bewusst ausgeklammert wird.[385] Dabei spielt Österreich[386] in der Argumentation der Autoren eine beispielhafte Rolle als Land mit "kluger" Außenpolitik und vernünftiger Einschätzung dessen, was realistisch erreichbar sei, angesichts der Frontstellung des eigenen Territoriums vor den Toren des Warschauer Pakts. Andererseits aber waren auch in Österreich bereits zahlreiche Beiträge zum Thema "Mitteleuropa" erschienen: Italien, zumindest der Norden, fehlt hier in keinem. Sprachlich ist anzumerken, dass die Arbeit von LÖSER und SCHILLING hin und wieder Rätsel aufgibt. So ist etwa ein Kapitel mit der Überschrift: "Die Sowjetunion – ein Teil Europas"[387] bezeichnet. Gerade angesichts der von den Autoren konstatierten Zerfallserscheinungen innerhalb des Warschauer Paktes wäre eine begriffliche Differenzierung zwischen Russland und der Sowjetunion mit ihren 15 Republiken, darunter etwa dezidiert nicht-europäische Regionen wie Kasachstan und Usbekistan, notwendig gewesen.[388]

Die bundesdeutsche Friedensbewegung erlebte ihren Höhepunkt 1983 zur Zeit der Umsetzung des NATO-Doppelbeschlusses[389] als die Fokussierung alternativer, pazifistischer, frauenemanzipatorischer, christlicher, ökologischer, sozialistischer und kommunistischer Gruppen auf das allen gemeinsame Ziel der Abrüstung weitgehend abgeschlossen war. Gleichzeitig blieb die Friedensbewegung intern überaus vielgestaltig. WILFRIED VON BREDOW hat gemeinsam mit RUDOLF H. BROCKE darauf hingewiesen, dass die Friedensbewegung darüber hinaus auch als Kritik an der Moderne in einem allgemeinen Sinn verstanden werden kann:

*An wissenschaftlichen Erklärungsversuchen der neuen sozialen Bewegungen herrscht kein Mangel. Ihr kleinster gemeinsamer Nenner ist der Hinweis auf die Krise der Moderne, die allerdings ganz unterschiedlich bestimmt wird, aus der sich dann als Hauptkennzeichen der neuen sozialen*

---

[385] BÜTLER, H. "Stichwort Mitteleuropa: Tatsachen, Ideen, Illusionen". *NZZ.* 6/7 Juli 1985.
[386] BUSCH, ERHALD. (Hg). *Aufbruch nach Mitteleuropa.* Wien 1986.
[387] LÖSER, JOCHEN. SCHILLING, ULRIKE. *Neutralität für Mitteleuropa: Das Ende der Blöcke.* München 1984. S.142.
[388] KROHN, AXEL. Nuklearwaffenfreie Zone: Regionales Disengagement unter der Rahmenbedingung globaler Machtinteressen. Baden-Baden 1989.
[389] BREDOW, WILFRIED VON. RUDOLF H. BROCKE. *Krise und Protest. Ursprünge und Elemente der Friedensbewegung in Westeuropa.* Opladen, 1987. S. 24.

*Bewegungen ihre mehr oder weniger ausgeprägte anti-modernistische Stoßrichtung ergibt.*[390]

An dieser Stelle tritt das Motiv der Postmoderne erneut auf, deren Merkmal in der Kombination von Widersprüchlichem und Ungleichzeitigem besteht, nicht zuletzt auch ein bestimmter Hang zur Nostalgie.[391] Nun war die Friedensbewegung keine alles negierende, nihilistische Tendenz, sondern durchaus auch eine als utopistisch zu bezeichnende Bewegung mit teilweise sehr klaren Vorstellungen dessen, was die Zukunft bringen sollte, doch ließen sich die verschiedenen Träume nicht widerspruchsfrei miteinander kombinieren. Man kann sagen, dass die gemeinsame Ablehnung der atomaren Bewaffnung das zentrale und verbindende Element war. Das Bindeglied bestand in einer Negation.

Einer der prominentesten Kritiker der bundesdeutschen Friedensbewegung war HENRY KISSINGER, der in einem scharfen Zeitungsartikel auf die zentralen Positionen der Friedensbewegung einging, indem er die Probleme der NATO charakterisierte. Insgesamt sah KISSINGER vier Punkte: Das Fehlen einer insgesamt glaubwürdigen Strategie, die Problematik bei der Durchführung von Rüstungskontrollen, die zu schwachen Ost-West-Beziehungen und das weitgehend ungeklärte Verhältnis zur Dritten Welt.[392]

Es ist für die deutsche Mitteleuropadebatte bemerkenswert, dass KISSINGER sich für ein verstärktes Europa ausspricht: "Während der gesamten Nachkriegszeit war es ein Axiom amerikanischer Politik, dass [...] ein starkes Europa ein wesentlicher Baustein der atlantischen Partnerschaft sei". Doch ist hiermit nicht das Mitteleuropa KONRADS oder KUNDERAS gemeint, sondern das Europa von Straßburg und Brüssel.[393]

Insgesamt kann man sagen, dass die Argumente für ein militärisch unbelastetes Mitteleuropa in engem Zusammenhang mit dem verwandten Thema "Neutralismus" stehen, doch von diesem abgegrenzt werden müssen. Der entscheidende Unterschied liegt in der Vorstellung vom Charakter nationaler Grenzen, beziehungsweise der Auf-

---

[390] ibid. S. 30.
[391] HINTERHOFF, EUGÈNE. *Disengagement*. London 1959. Zählt allein 170 verschiedene Typen von Disengagement auf.
[392] KISSINGER, HENRY. "Ein Umbau-Plan für die NATO" in: *Die Zeit*. 2.3.1984.
[393] Vgl. dazu: NONNENMACHER, GÜNTHER. "Welche Rolle für den alten Kontinent?" in: *FAZ* 19.3.1992.

fassung von überregionalen Kooperationen. Wie kein anderer Bereich der Mitteleuropadebatte neigt der sicherheitspolitische zu polemischen Vorstellungen. Die bundesdeutsche Mitteleuropadebatte drehte sich in ihrem Kern um die Frage, wie der als paradox wahrgenommenen Bedrohung durch Kernwaffen begegnet werden könne. Ihren Höhepunkt fanden die Vorgänge 1982-1983, als der NATO-Doppelbeschluss umgesetzt wurde und zahlreiche bundesdeutsche Gruppen nach Alternativen zu der bestehenden Blockkonfrontation suchten[394] und diese in der Errichtung eines mitteleuropäischen, von ABC-Waffen freien Gebietes zu erkennen hofften.[395]

Die Argumente für ein neutrales, friedliches und grenzübergreifend kooperierendes Mitteleuropa setzten indessen eine gewisse Äquidistanz zwischen Ost und West voraus. Ähnlich wie im Helsinki-Prozess lagen auch in den Überlegungen über Mitteleuropas Zukunft die Brennpunkte der Diskussion auf den Regierungen der osteuropäischen Länder und weniger auf den oppositionellen Gruppen, deren Rolle in den Jahren vor 1989 immer wichtiger werden sollte. Insbesondere die polnische Solidarnosc entwickelte sich zu einem Symbol dieses Widerstandes, auf den viele westliche Beobachter nicht zuletzt deshalb mit Befremden blickten, weil er die klassischen, relativ schlichten Kategorien des Kalten Krieges widerlegte.

Auch die Mitteleuropadebatte[396] in der Bundesrepublik ist ein Zeichen für diese Veränderung: Die bipolaren Denkmuster begannen sich endgültig aufzulösen;[397] neue, grenzübergreifende Lösungsansätze entstanden. Diese Vorschläge wurden äußerst verschieden aufgenommen[398] und bewertet. Kritikpunkte betrafen den visionären Charakter der meisten Entwürfe, der als praxisfern, unpraktikabel oder naiv empfunden wurde. Kritiker des Mitteleuropagedankens wie JENS HACKER sahen geradezu den Tatbestand des Verrats an all den Werten erfüllt, die die Bundesrepublik im Verlauf der Vorgeschichte zu dem gemacht hatten, was sie inzwischen geworden war. Die traditionelle Westbindung konnte nicht mit den Vorstellungen eines neuen Mit-

---

[394] FRIEDMANN, BERNHARD. *Einheit statt Raketen. Thesen zur Wiedervereinigung als Sicherheitskonzept.* Herford. 1987.

[395] STOBBE, DIETRICH. "Der Traum von der Wiederherstellung der europäischen Mitte" in: *Neue Gesellschaft/Frankfurter Hefte.* 33. 1986. S.586-7.

[396] FRANZ, OTMAR. (Hg). *Europas Mitte.* Göttingen 1987.

[397] GLOTZ, PETER. "Ein Instrument der Entspannung" in: *Rheinischer Merkur / Christ und Welt.* 31. Oktober 1986.

[398] VGL. FRANZ, OTMAR. "Gibt es Mitteleuropa?". *FAZ.* 10. Dezember 1986. und MORELL, RENATE. STEGER, HANS-ALBERT. (Hg). *Ein Gespenst geht um... Mitteleuropa. Dokumentation der internationalen Tagung 'Grenzen und Horizonte' in Regensburg 1986.* München 1987.

teleuropa in Einklang gebracht werden. Die Befürworter in der Tradition EGON BAHRS sahen den Westen nicht zuletzt auch durch die Reformpolitik GORBATSCHOWS unter Zugzwang.[399]

Dass sich die Konstellation der Supermächte veränderte, stand für alle Beteiligten fest, doch die Konsequenzen wurden durchaus verschieden empfunden. Eine gründliche Bewertung der bundesdeutschen Friedensbewegung hinsichtlich ihrer Ursprünge und Zielsetzungen, sowie ihres Verhältnisses zu Werten wie repräsentative Demokratie, zivile Bürgergesellschaft und nationale Verantwortung, wie sie etwa von HENRY KISSINGER in dem erwähnten Essay eingefordert wurde, steht noch aus.

Als sich dann mit den Umbrüchen innerhalb des Warschauer Paktes von 1989 und 1990 die Historie mit einer seit langem nicht mehr gesehenen Dynamik wieder in Bewegung setzte und nicht nur osteuropäische, sondern auch westliche Regierungen wachrüttelte, blieb für diese Träume kein Platz mehr. Verschüttete Fragen des 2. Weltkrieges und des Kalten Krieges, etwa das Verhältnis zwischen der Bundesrepublik Deutschland und Polen brachten sehr konkrete Probleme auf die Agenda, die nicht durch große utopische Entwürfe, sondern allenfalls durch kleine wenn auch schnelle diplomatische Schritte gelöst werden konnten.

Das kurze Aufleuchten der Utopie Mitte der achtziger Jahre endete damit, dass die Realpolitik durch Glasnost und Perestroika, durch Wende und Wiedervereinigung wieder reale Chancen erhielt, Europa weitergehend zu formen.

### b.) GÜNTHER KIEßLING

Der nächste Beitrag zur Frage der europäischen Unabhängigkeit von den beiden Supermächten und dem Schutz vor den Folgen des Konflikts ist von General a.D. GÜNTER KIEßLING vorgelegt worden.[400] Eine Besonderheit liegt darin, dass KIEßLINGS Buch im Jahr der Wiedervereinigung erschien, kurz vor den Ereignissen, die seine Prognosen dann überholten und größtenteils zu Makulatur machten.

Die zentrale These lautete, dass der Ost-West-Konflikt allein dadurch zu entschärfen sei, dass die beiden deutschen Staaten aus ihren jeweiligen Militärbündnissen austreten, um eine gemeinsame, neutrale Föderation einzugehen, gewissermaßen als ein deutscher *cordon sanitaire* zwischen NATO und dem Warschauer Pakt. Begründet werden die Vorstellungen, weniger überraschend, mit vorrangig strategischen Argu-

---

[399] BAHR, EGON. *Zum europäischen Frieden. Eine Antwort auf Gorbatschow.* Berlin 1988.
[400] KIEßLING, GÜNTER. *Neutralität ist kein Verrat.* Erlangen 1989.

menten. Wie eine große Zahl von anderen Teilnehmern an der Debatte fasst auch KIEßLING das Festhalten am *Status quo* als Hauptproblem der Deutschlandpolitik auf: "Mit diesem Begriff ist gleichermaßen der Zustand der deutschen Teilung wie die militärische Konfrontation der Blöcke mitten in Deutschland verbunden."[401]

Auch KIEßLING konstatiert eine mitteleuropäische Paradoxie, ganz im Sinne SCHLÖGELS, wenn er von dem Widerspruch zwischen dem Glauben an Fortschritt und dem Streben nach Aufrechterhaltung des Wohlstandes spricht. An dieser Stelle unternimmt der Autor Versuche eher allgemeiner Kulturkritik.[402] Schließlich jedoch sei es unvermeidbar, Opfer auf sich nehmen zu müssen, wenn die Wiedervereinigung in Neutralität eines Tages aktuell werden würde. Dabei wären die wesentlichen Schritte dorthin zu erreichen über: eine generelle Zustimmung der vier Siegermächte; die Wiedererlangung des Selbstbestimmungsrechts der Deutschen; die Wiedervereinigung und der Aufbau einer europäischen Friedensordnung, sowie der Aufbau einer freiheitlichen Verfassung für Deutschland.[403]

Dies ist eine relativ gute Vorhersage dessen, was im Rahmen der 2+4 Gespräche tatsächlich geschah, allerdings mit dem ganz entscheidenden Unterschied, dass die Konstellation der Siegermächte diesen Prozess ebenfalls nicht überdauerte und dass am Ende kein neutraler deutscher Staat entstand: "Die Sowjets werden die DDR nur dann freigeben, wenn auch der Westen die Bundesrepublik zumindest aus der militärischen Organisation der NATO entlässt."[404] Dies trat nicht ein.

Die zentrale gedankliche Grundlage jeglicher Vorstellungen einer gemeinsamen Sicherheitspolitik zwischen DDR und Bundesrepublik, vor allem, wenn sie sogar teilweise gegen die Interessen der USA beziehungsweise der Sowjetunion geführt werden sollte, bestand in der Annahme, dass eine solche Kooperation von gleich zu gleich grundsätzlich möglich sei. Eine besondere Problematik lag nun darin, dass die Unterdrückung demokratischer Bürgerrechtsgruppen in der DDR durch Regierungsorgane, vor allem das Ministerium für Staatssicherheit, dann nicht thematisiert werden konnte, wenn es darum ging, eine solche Kooperation schnell zuwege zu bringen. MANFRED WILKE hat darauf hingewiesen, dass vor allem in der westdeutschen Politik- und Literaturwissenschaft eine Art "Blindheit" gegenüber dem Schicksal der

---
[401] ibid. S. 68.
[402] ibid. S. 72: "Das gestörte Verhältnis der Deutschen zu ihrer Geschichte."
[403] ibid. S. 86.
[404] ibid. S. 98.

DDR-Opposition bestanden habe: "verdrängt, vergessen und verschüttet".[405] Diese Verdrängung diente nicht zuletzt dem Zweck der Vereinfachung einer Konfliktlage, die in ihrem Umfang kaum überblickt werden konnte und der auch andere Beteiligte zum Opfer fielen, etwa die amerikanische Regierung:

> *During the Cold War* [...] *the geopolitical reasoning of the American administration contributed to a dangerous simplification of politics as global areas were divided into "friendly" and "hostile" spaces. The subsequent investment in military forces and weapons programs in Europe and the wider world was justified on the basis of conflicting geographic and ideological blocs.*[406]

Anders als in den fünfziger Jahren stellen sich die Probleme der Auseinandersetzungen nun vielgestaltiger dar. LEONHARD REINISCH hat im Vorwort[407] zu seinem Sammelband über die geistige und politische "Ortsbestimmung" Europas zwischen Osten und Westen diesen Einflussverlust als besonders gefährlich dargestellt: Gerade weil die Supermächte an Einfluss verlören, sei das Risiko eines atomaren Schlagabtausches gestiegen, ein Motiv, das auch bei einem der wichtigsten Vordenker der Friedensbewegung immer wieder auftaucht, bei ERHARD EPPLER. Die Vorstellungen EPPLERS stehen mit den Positionen der frühen Mitteleuropadebatte in Zusammenhang. Zunächst konstatiert EPPLER eine Stagnation des politischen Denkens in einem ganz allgemeinen Sinne:[408]

---

[405] WILKE, MANFRED. "Der Historiker und die Politik. Alexander Fischer als Sachverständiges Mitglied der Bundestags-Enquete-Kommission 'Aufarbeitung von Geschichte und Folgen der SED-Diktatur in Deutschland'" in: KICK, KARL G. WEINGARZ, STEPHAN. BARTOSCH, ULRICH (Hg). *Wandel durch Beständigkeit. Studien zur deutschen und internationalen Politik. Jens Hacker zum 65. Geburtstag.* Berlin 1998. S. 98.

[406] DODDS, KLAUS. "Cold War Geopolitics". in: AGNEW, JOHN. MITCHELL, KATHARYNE. TOAL, GERARD. (Hg). *A Companion to Political Geography.* Malden 2003. S. 206.

[407] REINISCH, LEONHARD. (Hg). *Dieses Europa zwischen West und Ost. Eine geistige und politische Ortsbestimmung.* München 1982. S. 9.

[408] Jedoch nicht analog zu FRANCIS FUKUYAMAS "End of History" als Endpunkt der Evolution politisch möglicher Verfassungsformen, die mit dem weltweiten sich abzeichnenden Sieg liberaler Konstitutionen eine Art Schlusspunkt erreicht habe, sondern im Sinn einer Sklerose. Man fühlt sich bei EPPLERS Worten an GEORG HEYMS berühmten Tagebucheintrag erinnert: "Es ist immer das Gleiche, so langweilig, langweilig, langweilig. Es geschieht nichts, nichts, nichts. Wenn doch einmal etwas geschehen wollte, was nicht diesen faden Geschmack von Alltäglichkeit hinterlässt... sei es auch nur, dass man einen Krieg begänne, er kann ungerecht sein. Dieser Friede

*Man hatte den Eindruck, eine ganze Gesellschaft sei nach einer emotionalen Scheinpolarisierung jäh in den Sog des politischen Nichts geraten; lähmende Langeweile drang in die letzten Ritzen des gesellschaftlichen Gefüges ein. Niemand, ganz zuletzt die Opposition konnte das Vakuum füllen, das sich aufgetan hatte.*[409]

Ausgehend von dieser Lähmung suchen alternative und pazifistische Gruppen nun nach Lösungen, die sie darin sehen, alte Grenzvorstellungen zu überwinden und gewissermaßen im Geist einer universalen Humanität, die durch die gemeinsame Bedrohung mit selbstverschuldetem Untergang entstanden ist nach verbindenden Elementen zu suchen. Diese Versuche waren teilweise von erheblicher Naivität geprägt, oder, in den Worten CHRISTIAN WEIMERS:

*Wie kein zweiter Begriff dokumentiert die vielschichtige Metapher 'Mitteleuropa' die gescheiterten Utopien, die verblaßten Hoffnungen, die zerstobenen Phantasien, aber auch die realisierbaren Vorhaben und erreichbaren Ziele in der Frage nach einer neuen Ordnung der Mitte unseres Kontinents.*[410]

Bis Ende 1989 schien es vielen Beobachtern so, als würde Europa bis auf weiteres in zwei Blöcke gespalten bleiben. Das betraf ebenfalls die deutsche Teilung. Selbst 1989 erschien die Option der Wiedervereinigung für viele ganz außer Reichweite. HANS EICHEL etwa, damals Landesvorsitzender der SPD in Hessen, vertrat im November 1989 noch die folgende Einschätzung: "Die deutsche Frage steht derzeit als akute Frage der Wiedervereinigung [...] nicht auf der weltpolitischen Tagesordnung." Weiter argumentierte er an gleicher Stelle, dass das "Wiedervereinigungsgetöne" am Selbstbestimmungsrecht der Deutschen hüben und drüben vorbeigehe.[411] CHRISTIAN

---

ist so faul, ölig, schmierig wie eine Leimpolitur auf alten Möbeln." Vgl. MÄRZ, ROLAND (Hg). *Der Potsdamer Platz*. Berlin 2001. S. 18.

[409] EPPLER, ERHARD. *Wege aus der Gefahr*. Hamburg 1981. S. 12.

[410] WEIMER, CHRISTIAN. "'Mitteleuropa' Ein komplexer und ambivalenter politischer Terminus und die kontroverse Diskussion über ihn in den achtziger und neunziger Jahren". in: KICK, KARL G. WEINGARZ, STEPHAN. BARTOSCH, ULRICH (Hg). *Wandel durch Beständigkeit. Studien zur deutschen und internationalen Politik. Jens Hacker zum 65. Geburtstag*. Berlin 1998.

[411] *Wir Hessen*. November 1989.

WEIMER hat in diesem Zusammenhang von "Denktabus" gesprochen, die über Jahrzehnte hinweg aufgebaut worden seien.[412]

c.) OTTO SCHILY

Zusätzlich zu den beiden "misstrauischen Weltmächten" hatte in Gestalt der Friedensbewegung ein weiterer "misstrauischer" Akteur die politische Bühne betreten, der aufgrund seiner vorerst noch schwachen realpolitischen Möglichkeiten in Visionen und Utopien flüchtete. Der Kernpunkt bestand darin, aus dem Zentrum der Konfrontation zwischen Ost und West zu entkommen.[413] Kaum eine Verweigerung ist so radikal wie die Flucht. OTTO SCHILY hat in einigen seiner frühen Bundestagsreden die Motive jener Totalverweigerung aufgezeigt:

> *Was immer an Kriegsursachen in einem Gewirr von Wirkungszusammenhängen entscheidend gewesen sein mag, den blutrünstigen Kriegen ist stets eine Militarisierung des Denkens und der Aufbau einer gewaltigen Kriegsmaschinerie vorausgegangen. Das gilt nicht zuletzt und vor allem für die beiden Weltkriegskatastrophen in diesem Jahrhundert.*[414]

Um dann unmittelbar danach festzustellen, dass die Deutschen die "Militarisierung des Denkens" noch keineswegs überwunden hätten. Insgesamt, und hier vertritt OTTO SCHILY keine Minderheitenposition innerhalb der Friedensbewegung, fällt die Bilanz des Kalten Krieges ausgesprochen negativ aus. Die in der Bundesrepublik vertretenen sicherheitspolitischen Rezepte seien allesamt nicht zukunftsfähig. Das erste Modell, die strikte Anlehnung an das amerikanische Sicherheitssystem habe eine fundamentale Bedrohung Deutschlands mit sich gebracht. Das zweite Konzept, das sich nicht auf eine bilaterale, sondern eine gesamtwestliche Sicherheitskoalition berufe, sei im Wesentlichen nur eine Alternative zum ersten Modell, wobei sich für die Bundesrepublik keine grundsätzlichen Verbesserungen dadurch ergeben, ob französische, britische oder amerikanische Raketen auf deutschem Boden stationiert seien. Ein drittes Kon-

---

[412] WEIMER, CHRISTIAN. "Mitteleuropa" in: KICK, KARL G. WEINGARZ, STEPHAN. BARTOSCH, ULRICH. (Hrsg.). *Wandel durch Beständigkeit. Studien zur deutschen und internationalen Politik. Jens Hacker zum 65. Geburtstag.* Berlin 1998. S. 508.
[413] BÜTLER, HUGO. *'Mitteleuropa' in Ostwest-Beziehungen, Analysen und Perspektiven.* Zürich 1985.
[414] SCHILY, OTTO. *Vom Zustand der Republik.* Berlin 1986. S.103.

zept, die Wiederbelebung der alten sozialdemokratischen Ostpolitik habe die entscheidende Schwäche, dass bei einer besseren Verständigung zwischen der Bundesregierung und Regierungen des Warschauer Paktes die Rolle der Bürgerrechtsbewegungen in jenen Ländern automatisch geschwächt werden. Der Ausgleich mit den Kommunistischen Parteien gehe immer zu Lasten derjenigen, die sich gegen die Herrschaft ebendieser Parteien stellen.

Der letzte Ansatz, den SCHILY im Spektrum der Grünen und Alternativen verortete, sei noch zu fragmentarisch und unausgegoren[415], um auf die eine oder andere Weise ertragbringend zu sein. Bemerkenswerterweise stellt sich SCHILY ausdrücklich gegen jede Art einseitiger Abrüstung: "Die Ausrufung isolierter Blockfreiheit im Schnellverfahren, das kann kaum gutgehen." Dennoch ist SCHILY kein Gegner von Mitteleuropagedanken, sondern, im Gegenteil, ein Befürworter eines Stufenplanes in die gleiche Richtung. Zunächst wäre eine Friedensunion zwischen der Bundesrepublik und der DDR, Polen, Ungarn, der CSSR, Österreich, den Benelux-Staaten und Dänemark zu errichten. Alle Teilnehmer würden ihre bisherige Blockzugehörigkeit oder Neutralität beibehalten. "Friedensunion" hieß für SCHILY die Entfernung aller Massenvernichtungswaffen aus dem Gebiet der genannten Länder, Reduzierung aller militärischen Truppen, Verringerung der Rüstungsausgaben um 10% und Investition dieser eingesparten Gelder in einen Fonds für notleidende Menschen. Diese Maßnahmen sollten durch gegenseitige Inspektion der Teilnehmerländer gewährleistet werden, wobei weitere Abrüstungsinitiativen durch die Unterstützung eines gemeinsamen Ministerrates vonstatten gehen würden.

Diese Initiativen könnten auch kulturelle, wirtschaftliche und politische Projekte betreffen. Eine weitere Stufe dieser Integrationsentwicklung wäre die Gewährleistung von Reiseerleichterungen über die Blockgrenzen hinweg mit dem Ziel völliger Reisefreiheit einige Jahre später. Die Parallelen zu der im Westen Europas in Gestalt der EG tatsächlich bestehenden Integrationsrichtung sind offenkundig. Dennoch bleibt SCHILY die Antwort auf die Frage schuldig, auf welche Weise solche Fragen innerhalb der Bündnisse gelöst werden sollen, die dann entstehen, wenn die Doppelzugehörigkeit eines der Länder Bündnisverpflichtungen miteinander in Konflikt bringt.

---

[415] "Insbesondere scheint es den Befürwortern eines sofortigen NATO-Austritts keinerlei Kopfzerbrechen zu bereiten, ob sich die Bundesrepublik damit nicht in eine höchst unerfreuliche Abhängigkeit von der Sowjetunion begäbe." in: SCHILY, OTTO. *Vom Zustand der Republik*. Berlin 1986. S.108.

Vielmehr sieht SCHILY die Grundlage der Gemeinsamkeiten in der kulturellen Herkunft der Teilnehmerländer.

> *Das Konzept einer mitteleuropäischen Friedensunion zeichnet sich dadurch aus, dass es an einer historisch gewachsenen kulturellen mitteleuropäischen Identität anknüpft. Es unterscheidet sich dadurch auch sehr wesentlich von Vorstellungen eines deutsch-deutschen Sonderweges in Form einer neutralen deutsch-deutschen Konföderation oder ähnlichem.*[416]

Es kennzeichnet die bundesdeutsche Mitteleuropadebatte, dass Bereiche wie Kultur und Sicherheitspolitik vor allem dann miteinander in Beziehung gesetzt werden, wenn die Argumentation innerhalb eines der Bereiche allein nicht weitergelangt. Im Fall OTTO SCHILYS geht dies soweit, dass man von einem Kategorienfehler im Sinn der klassischen Logik sprechen muss.[417]

b.) Die Neutralisten: Vorrang der Wiedervereinigung
Im Kern verschiedener Vorstellungen über Alternativen zur militärischen Westbindung der Bundesrepublik standen häufig Schlagworte wie "Neutralität" oder "Demilitarisierung". Derartige Pläne sind nicht nur von deutscher Seite aus vorgelegt worden, sondern auch von polnischer oder etwa schwedischer. Man kann die Debatte um ein weitgehend entwaffnetes, neutrales Deutschland auf den MORGENTHAUplan und den Vansittartismus zurückführen, mit der Besonderheit, dass diese durchaus als radikal zu bezeichnenden Ideen auch in Deutschland Anhänger fanden.
Derartige Positionen waren jedoch zu keiner Zeit Teil eines Regierungsprogrammes. Vielmehr ist es ein Kennzeichen von Mitteleuropagedanken, dass Sie sich gegen bestehende Regierungspositionen richteten, wie sie etwa von HANS-DIETRICH GENSCHER am 27.4. 1989 vor dem Deutschen Bundestag vertreten wurden:

---

[416] SCHILY, OTTO. *Vom Zustand der Republik.* Berlin 1986. S.109.
[417] ZDENEK MLYNÁR hat diesen schwachen Punkt sehr deutlich gesehen. Er argumentierte, dass fast alle Versuche, nationale Inhalte gegen die jeweilige Vormacht durchzusetzen, er spricht hier von der Sowjetunion, letzten Endes gescheitert seien. Vgl. MLYNÁR, ZDENEK. "Mitteleuropa im Ost-West-Konflikt". in: PAPCKE, SVEN. WEIDENFELD, WERNER (Hg). *Traumland Mitteleuropa? Beiträge zu einer aktuellen Kontroverse.* Darmstadt 1988.

*Wir wollen* [auch] *keinen so genannten begrenzten Nuklearkrieg. In diesem Sinne darf es keine Zonen unterschiedlicher Sicherheit geben, weder im Bündnis noch in Europa.*[418]

Zonen unterschiedlicher Sicherheit jedoch waren es, wenn Mitteleuropa mit Hinblick auf atomares Wettrüsten definiert wurde. Die Frage nach der Beziehung zwischen den "Neutralisten" und Vertretern der Idee eines eigenständigen Mitteleuropa ist nach ALEXANDER GALLUS[419] nicht unproblematisch. Einerseits liegt die Antwort nahe, dass ein blockfreies Deutschland, ob wiedervereint oder als Föderation mehrerer deutscher Staaten ebenfalls eine Art von Mitteleuropaplan darstelle, wenn auch einen sehr reduzierten. Andererseits bleibt dann die Frage nach der Verortung der östlichen Nachbarn weiterhin offen. Man kann ohne Zweifel annehmen, dass eine deutsche Neutralität aus polnischer oder ungarischer Sicht nicht als zukunftsfähiges, beziehungsweise attraktives Mitteleuropakonzept angesehen worden wäre. Die vorrangigen Ähnlichkeiten bestehen darin, dass die Lage Deutschlands innerhalb des europäischen Staatenverbundes als problematische Mittellage beschrieben wurde.

Die geographischen Gegebenheiten eines relativ großen Landes mit einer überdurchschnittlichen Anzahl von Nachbarn an der Schnittstelle wesentlicher Transportwege des Kontinents war in den Augen vieler Vertreter von Neutralitätsplänen ein Grund dafür, dass sich der so genannte deutsche Sonderweg als eine zumindest für eine gewisse Zeit gangbare Möglichkeit erwiesen hatte. Hier reichen die Urteile von wirtschaftlichen bis hin zu politisch-moralischen Wertungen.

Ein weiterer Aspekt der Gemeinsamkeit liegt in der Bewertung der beiden Atommächte USA und Sowjetunion. Sowohl das amerikanische Wirtschafts- und Sozialsystem, das der Bevölkerung soziale Fürsorge weitgehend verweigert als auch der sowjetisch-russische Zentralismus, der von vielen Autoren in der Tradition der Zaren gesehen wurde, kamen für die Neutralisten nicht als denkbare deutsche Perspektive in Frage. Der entscheidende Unterschied zwischen Neutralisten und Vertretern des Mitteleuropagedankens liegt in der Bewertung des Pazifismus, beziehungsweise seiner

---

[418] zit. n. HACKE, CHRISTIAN. "Der Mantel der Geschichte: 2+4 und deutsche Einheit in gesamteuropäischer Konkordanz". in: LUCAS, HANS-DIETER. (Hg) *Genscher, Deutschland und Europa.* Baden-Baden 2002.

[419] GALLUS, ALEXANDER. *Die Neutralisten. Verfechter eines vereinten Deutschland zwischen Ost und West 1945-1990.* Düsseldorf 2001

konkreten Gestalt für die deutsche Problematik im Kalten Krieg, der Abbau von atomaren Waffensystemen und die allmähliche Annäherung an die von der gleichen Bedrohung betroffenen Nachbarn im Osten. Während der Neutralismus nicht gleichbedeutend ist mit Waffenlosigkeit, waren Mitteleuropakonzepte der Friedensbewegung grundsätzlich von der Notwendigkeit der Abrüstung überzeugt.

JENS HACKER sieht vier wesentliche Wurzeln des deutschen Pazifismus: Zunächst das Trauma der nationalsozialistischen Herrschaft, dann die Erkenntnis aus der Nachkriegszeit über eine ungenügende deutsche Machtbasis zur Durchsetzung eigener Ordnungsvorstellungen, ferner ein Gefühl der "Exponiertheit", ein altes Motiv deutscher Außenpolitik, die "Welt von Feinden" ringsum, und zuletzt die Erstarkung einer neuen öffentlichen Einstellung in der Bundesrepublik, die darin bestand, dass eine bürgerliche Ausrichtung auf die Welt allgemein, die westliche Welt insbesondere die alte nationale Einstellung deutlich überflügelte.[420] Das Verdienst von ALEXANDER GALLUS besteht darin, die verschiedenen neutralistischen Pläne, wie sie seit den Fünfziger Jahren entwickelt worden waren, minutiös aufgezeichnet und dokumentiert zu haben. Den Zusammenhang mit dem so genannten deutschen "Sonderweg" arbeitet er deutlich heraus, den er bis weit in die Nachkriegszeit hinein weiterverfolgt. Methodisch verfolgt GALLUS dabei einen phänomenologischen Ansatz, der es ihm erlaubt, hauptsächlich die Quellen sprechen zu lassen, wobei er allerdings die Sicht auf das *bigger picture* eher verstellt als herausarbeitet.

Jegliche Neutralismuskonzepte sind mit der Frage nach einer ganz grundsätzlichen Bewertung der deutschen Vergangenheit verbunden. Hier ist an wichtiger Stelle die Position HEINRICH AUGUST WINKLERS zu nennen, der Mitte der neunziger Jahre einen neuen Historikerstreit aufkeimen sah, und zwar in der Gestalt einer Neubewertung der Geschichte der bundesdeutschen Westbindung:

> *Für die einen bleiben die altbundesdeutsche Öffnung zum Westen und die damit verbundene selbstkritische Geschichtskultur Errungenschaften, die es im vereinten Deutschland zu bewahren gilt. Die anderen halten es für not-*

---

[420] HACKER, JENS. *Integration und Verantwortung. Deutschland als europäischer Sicherheitspartner.* Bonn 1995. S.227.

*wendig, dass der neue deutsche Nationalstaat die politische wie die geistige Westbindung hinterfragt und wenn nicht abstreift, so doch lockert.*[421]

Die Gefahr der Konfrontation zwischen USA und Sowjetunion wird unterschiedlich bewertet. Dabei spielt jedoch das Motiv der abnehmenden Einflussmöglichkeiten der Supermächte in fast allen Beiträgen eine wichtige Rolle.
Die Dekade vor der Wiedervereinigung stellte eine neue Stufe in der Geschichte des Ost-West-Konfliktes dar. Nach einer Anfangsphase der Ultimaten in den fünfziger Jahren, der zeitweisen Entspannung der sechziger - und Anfang der siebziger Jahre schloß sich nun der Kreis zum "Cold War II",[422] dem Krieg der Worte unter Ronald Reagan.
Auch in den Ländern des östlichen Europa kam es zu Veränderungen: Nach Budapest, Prag und Ostberlin als einer Traditionsreihe von Schauplätzen des zivilen Ungehorsams, bzw. des Versuchs, nationale Traditionen[423] erneut zu begründen und gegen die sowjetische Suprematie durchzusetzen, wie ZDENEK MLYNAR es beschrieben hat, fand in Polen die vielleicht folgenreichste Gründung einer Oppositionsgruppe statt: Ein Jahr nach dem in seiner Bedeutung oft unterschätzten Besuch des Papstes Johannes Paul II.[424] wurde in Danzig die *Solidarnosc*-Bewegung gegründet, deren beharrliche Aktionen in ganz Europa auf Sympathie stießen. Die östlichen Nachbarländer traten nun verstärkt in das Bewusstsein der bundesdeutschen Publizistik.
Insgesamt neigte sich die Waagschale der internationalen Mächterelation zugunsten des Westens, doch der Preis erschien vielen, vor allem in Deutschland, zu hoch. Die westdeutsche Friedensbewegung war in ihrer Intensität und thematischen Ausrichtung weltweit eine einmalige Erscheinung. Ihre gedanklichen Ursprünge lagen in den Protesten gegen die Wiederbewaffnung Mitte der Fünfziger Jahre, in kirchlich-pazifistischen Traditionen, etwa der Ostermärsche und im antiamerikanisch gefärbten

---

[421] WINKLER, HEINRICH AUGUST. "Westbindung oder was sonst? Bemerkungen zu einem Revisionsversuch". in: *Politische Vierteljahresschrift*. Jg. 35/1994. S.113-117.

[422] http://www.cia.gov/csi/monograph/coldwar/source.htm: ("Never, perhaps, in the postwar decades was the situation in the world as explosive and hence, more difficult and unfavorable, as in the first half of the 1980s." Mikhail Gorbachev, February 1986)

[423] MLYNÁR, ZDENEK. "Mitteleuropa im Ost-West-Konflikt". in: PAPCKE, SVEN. WEIDENFELD, WERNER (Hg). *Traumland Mitteleuropa? Beiträge zu einer aktuellen Kontroverse*. Darmstadt 1988.

Protest gegen den Vietnamkrieg. Bemerkenswert für den Kontext der Mitteleuropadebatte ist, dass die Friedensbewegung sich gedanklich und personell vorrangig aus sozialistisch-sozialdemokratischen Quellen speiste, die nicht zuletzt durch die Politik des NATO-Doppelbeschlusses von der SPD-Regierung enttäuscht, eine neue politische Heimat suchten. Die Gründung der Partei der Grünen ist hier an erster Stelle zu nennen. Die sich selbst so bezeichnenden "Alternativen und Fundamentalisten" suchten nicht nur nach neuen Formen, etwa des parlamentarischen Umgangs, sondern auch, ganz grundsätzlich, nach neuen Finalitäten für Europa. Ein Begriff, der in diesem Zusammenhang auf fruchtbaren Boden fiel war "Mitteleuropa".

Der gedankliche Kern der meisten sicherheitspolitischen Mitteleuropakonzepte besteht zunächst in der Grundannahme, dass die Supermächte im Fall eines Atomkrieges die Vernichtung des europäischen Raumes notfalls in Kauf nehmen würden. Das bedeutet, dass im Fall einer militärischen Auseinandersetzung die Güterabwägung zwischen Friedenserhalt und Selbsterhalt zu Ungunsten Europas und seiner Bewohner ausfallen könnte, wobei die Vernichtung Europas ironischerweise mit eben jenen Waffen vonstatten gehen würde, die ursprünglich zum Schutz Europas aufgestellt worden waren. Dabei spielte die Herkunft der Raketen, ob amerikanisch oder sowjetisch, für die Betroffenen keine Rolle. Die Konfrontation des Kalten Krieges in ihrer europäischen Ausprägung betraf, zweitens, anders als in anderen Konflikten, etwa Vietnam, Kuba oder Afghanistan, einen wirtschaftlich und militärisch hoch entwickelten Wirtschaftsraum, an dessen Prosperität die beiden Supermächte gleichermaßen interessiert waren. Da nun die Grenze zwischen den Blöcken genau durch diesen Raum hindurch verlief, und weil der vermutliche Ablauf eines denkbaren atomaren Schlagabtausches in Kombination mit konventionellen Waffensystemen durchgeführt werden würde, war aus der Sicht der Blöcke die Entwicklung von atomaren Waffen mit mittlerer Reichweite notwendig. Diese so genannten Mittelstreckenwaffen waren im Gegensatz zu interkontinentalen Waffen von einer Stationierung in Europa abhängig.

Für die Vertreter der Friedensbewegung stellte sich dieser Umstand so dar, dass die Mittel zur eigenen Vernichtung im eigenen Land aufgestellt würden, ohne eigener

---

[424] WOLFSSOHN, MICHAEL. "Papa ante Portas". in: KICK, KARL G. WEINGARZ, STEPHAN. BARTOSCH, ULRICH (Hg) *Wandel durch Beständigkeit. Studien zur deutschen und internationalen Politik. Jens Hacker zum 65. Geburtstag.* Berlin 1998. S. 75.

Kontrolle zu unterstehen. Der von diesem Waffenpotential betroffene Raum war in erster Linie durch die Nachbarschaft zum Eisernen Vorhang geprägt.

### 4.3 Kultur, Identität und Verteidigung der Bürgergesellschaft

Während es im Fall sicherheitspolitischer Mitteleuropapläne eindeutig um die Frage ging, wie ein weiterer Weltkrieg verhindert werden könne, drehten sich andere Überlegungen um die Frage, worin denn die Gemeinsamkeiten jenes Raumes bestanden, der als Mitteleuropa bezeichnet wurde. Widerstand gegen atomare Aufrüstung muss sich nicht auf kulturelle Werte oder politische Ziele berufen, wenn es um das biologische Überleben einer Spezies oder der gesamten Schöpfung geht. Diese "Alles-oder-Nichts-Haltung" hatte für die radikalen Vertreter der Friedensbewegung teilweise dazu geführt, dass sie die Unterschiede der politischen Systeme in Ost und West als sekundär wahrnahmen.

a.) Schwierigkeiten der Grenzbestimmungen Mitteleuropas
b.) KARL SCHLÖGEL: Die Rolle von Kultur und Geistesgeschichte
c.) WALTER ROSNA: Aufstieg der Sowjetunion, Niedergang der USA

In diesem Feld der Mitteleuropadebatte kam es zu dem entgegengesetzten Phänomen: Hier suchte der Fokus der Aufmerksamkeit einen geographischen Raum zwischen Ostsee und Adria nach kulturellen Gemeinsamkeiten ab, um mittels der Definition eines gemeinsames Wertesystems Abgrenzungen nach Osten beziehungsweise Westen vornehmen zu können. Die Quellenlage ist äußerst reichhaltig und vielgestaltig. Vor allem fällt auf, dass im Hinblick auf das Erscheinungsdatum der Beiträge der Schwerpunkt zeitlich später liegt als im Fall der sicherheitspolitischen Aspekte. Die Jahre kurz vor der deutschen Wiedervereinigung 1987 und 1988 bilden den Höhepunkt, der somit etwa fünf Jahre nach dem Höhepunkt der Friedensbewegung zu liegen kommt. Diese Verschiebung kann man so deuten, dass sich die Debatte um sicherheitspolitische Aspekte im zweiten Drittel der achtziger Jahre totgelaufen hatte und vor allem angesichts der sowjetischen Reformen an Kraft verloren hatte. Nun erschienen die Kulturfragen, die von anderen Akteuren und innerhalb anderer intellektueller Zusammenhänge diskutiert wurden.[425] Später wiederum sollte auch die Kulturdebatte abgelöst werden, und zwar von der Debatte um die deutsche Frage.

a.) Schwierigkeiten der Grenzbestimmungen Mitteleuropas

MILAN KUNDERA formulierte das Problem der räumlichen Bestimmung zwischen Osten-Mitte und Westen so: "Es wäre sinnlos, diese Grenzen exakt ziehen zu wollen. Mitteleuropa ist kein Staat: Es ist eine Kultur oder ein Schicksal. Seine Grenzen sind imaginär und müssen in jeder neuen geschichtlichen Situation neu gezogen werden."[426] Diese Sicht geht sogar so weit, dass sie Lösungen von geradezu archäologischem Ausmaß hervorbringt, um die Frage zu klären, wo Mitteleuropa denn eigentlich liege, so im Fall ISTVAN EÖRSIS:

> *Falls irgendeine Naturkatastrophe unsere gesamte schriftliche Kultur auslöschte, werden die Archäologen der fernen Zukunft allein aus der Beschaffenheit der von ihnen ausgegrabenen Autobahntoiletten schließen können, wo einst die Grenze der europäischen Interessensphäre des Sowjetimperiums verlief.*[427]

Nach dem Ende der Sowjetunion sahen sich die Länder Mitteleuropas in einer Art Warteschlange vor den Toren der Europäischen Gemeinschaft. Je schneller der Eintritt erfolgen würde, desto besser, dachte man, für die Volkswirtschaft: "Central Europeanness became a device entitling its participants to a share of privileges."[428] Bemerkenswert scheint der Umstand zu sein, dass einige mitteleuropäische Staaten, etwa Polen, nach einer Phase der "Eingewöhnung" schnell bereit waren, auch gegen den europäischen Strom zu schwimmen. Die von vielen mitteleuropäischen Publizisten, etwa von JANOS MATYAS KOVACS diagnostizierte "Demut" der Mitteleuropäer gegenüber dem Westen war nicht von Dauer.[429]

---

[425] BURMEISTER, HANS-PETER. BOLDT, FRANK. MÉSZÁROS, GYÖRGY (Hg). *Mitteleuropa - Traum oder Trauma? Überlegungen zum Selbstbild einer Region.* Bremen 1988.

[426] KUNDERA, MILAN. "Die Tragödie Mitteleuropas". in: BUSEK, ERHARD. WILFLINGER, GERHARD (Hg). *Aufbruch nach Mitteleuropa.* Wien 1986.

[427] EÖRSI, ISTVAN. "Die Tücken der Ortsbestimmung". in: *Kafka*, 2001/1. S. 28.

[428] TODOROVA, MARIA. *Imagining the Balkans*, New York 1997. S. 156.

[429] KOVACS, JANOS MATYAS. "Westerweiterung: Zur Metamorphose des Traums von Mitteleuropa" in: *Transit - Europäische Revue.* Nr. 21/2002.: "Bitte adoptiert uns!"

Ob schließlich das von KOVACS ebenfalls vorhergesagte Einströmen östlicher Kultur in den Westen in dem Umfang erst nun stattfand, oder ob es nicht auch immer Bestandteil des Westens war, ist empirisch kaum zu eruieren, denn es handelt sich bei dabei um eher private oder individuelle als um nationale "Eigenschaften".

*Kaffeehauskultur ebenso wie unberührte Folklore, die Hochschätzung des geschriebenen Wortes ebenso wie ein elementarer Unternehmerinstinkt, Geschichtssinn, Ironie, Kreativität, Solidarität und eine unbeirrbare Suche nach der Wahrheit.*[430]

Insgesamt kann man sagen, dass die Fragen nach Mitteleuropa auf einer Ebene von Kultur und Identität sehr stark von der Idee des Individuums und seiner Biographie geprägt sind, was nicht zuletzt auch mit dem Berufsbild eines Intellektuellen zu tun haben mag, also jener Gruppe, die sich am stärksten mit dem Thema "Mitteleuropa" auseinandersetzte. Die Vorstellung des freien Einzelnen in der Gesellschaft kann ferner als klarer Gegenentwurf zum sozialistischen Modell des Kollektivismus aufgefasst werden. Es liegt im Wesen der bundesdeutschen Debatte, dass diese Frage nach dem Individuum oder der Gesellschaftsform nicht als vordringlich empfunden wurde. Die soziale Struktur der Bundesrepublik ermöglichte dem einzelnen Bürger das, was die Dissidenten der östlichen Länder einforderten. Daraus ergibt sich ganz von selbst eine abweichende Stoßrichtung der Debatten und dadurch bedingt auch thematische Distanz.

Während sich nun ein Zweig der Kontroverse um die Suche nach kulturellen Gemeinsamkeiten[431] der durch den Eisernen Vorhang getrennten Nachbarländer rankte, entwickelte eine zweite Richtung dezidiert politisch-utopischen Charakter.

*Diese Europadebatte entwickelte sich quer zu den bestehenden Europabünden in West und Ost und produziert nur unter dem Stichwort 'Mitteleuropa' inzwischen eine Rührigkeit, die zumindest in ihrer kulturellen und histori-*

---

[430] JANOS MATYAS KOVACS. "Westerweiterung: Zur Metamorphose des Traums von Mitteleuropa". in: *Transit - Europäische Revue*. Nr. 21/2002.
[431] BONDY, FRANÇOIS. "Das Phantom Mitteleuropa und die politische Wirklichkeit. Nachdenken über die gemeinsame Kultur zwischen Ost und West." in: *FAZ* 21.12. 1985: "Mitteleuropa hat keine gemeinsame Ordnung"

*schen Romantik die übliche Tagungslitanei des Berufseuropäertums in den Schatten stellt.*[432]

WEIDENFELD und PAPCKE trafen mit dieser Beschreibung genau das Zentrum des deutschen Problems, denn es ging nicht um die Frage, wie die Bundesrepublik sich an der aktiven Donauraumpolitik Österreichs beteiligen könnte. Vermutlich war die Debatte über das "eigentliche" Wesen Europas auch ein Ausdruck der Enttäuschung über den Verlauf des Kalten Krieges im Sinne der Stagnation über die als zu langsam und bürokratisch empfundene Entwicklung der europäischen Integration. Das Spektrum der Antworten auf diese Frage entfaltet sich zwischen den beiden Extrempunkten JENS HACKER als Vertreter eines "Mitteleuropaskeptizismus" und WOLFGANG VENOHR auf der anderen Seite, dessen Beitrag bereits 1985 erschienen war.[433] Seine Kernaussage lautete: "Nichts geht in Europa, solange Deutschland geteilt und besetzt ist." Dabei sah er die Wiedervereinigung nicht als ein bedingungslos anzustrebendes Ziel an, sondern warnte vor den Folgen militärischer Auseinandersetzungen in Form einer "Wiedervereinigung im Massengrab", wie auch WILFRIED LOTH es prägnant formulierte.[434]

Vielen Erklärungsansätzen, die sich sozusagen konzentrisch um die Frage nach der Kultur ansiedeln, ist der Umstand gemeinsam, dass sie das kulturelle Erbe Mitteleuropas gegen die politische Verfasstheit der osteuropäischen Staaten aufzurechnen versuchen und die fundamentalen Unterschiede zwischen demokratischen Rechtsstaaten des Westens und sozialistischen Einparteienstaaten des Warschauer Paktes relativieren oder sogar für zweitrangig erklären. Vor dem Hintergrund des atomaren Vernichtungspotentials seien nun einmal Systemunterschiede sekundär. Wichtig seien vielmehr die kulturellen Gemeinsamkeiten Musik, Theater, Gastronomie und anderen identitätsstiftenden Faktoren mit deren Hilfe die Leiter der Integration bestiegen werden könne, oder als erster Schritt auf dem Weg der Überwindung der Gefahr eines Atomkrieges.[435] So gingen etwa WOLFGANG SEIFFERT oder auch JOCHEN LÖSER[436]

---

[432] Die Herausgeber im Vorwort: PAPCKE, SVEN. WEIDENFELD, WERNER (Hg). *Traumland Mitteleuropa? Beiträge zu einer aktuellen Kontroverse.* Darmstadt 1988.

[433] VENOHR, WOLFGANG. (Hg). *Ohne Deutschland geht es nicht.* Krefeld 1985.

[434] LOTH, WILFRIED. *Ost-West-Konflikt und deutsche Frage. Historische Ortsbestimmungen.* Frankfurt/M 1989. S. 11.

[435] SCHNEIDER, ROLF. "Mitteleuropa ist so weich in den Konturen wie formlos, in der Substanz so ungreifbar und auch so wenig nahrhaft wie ein Himbeerpudding." *TAZ.* 10. 6. 1986.

sogar soweit, ihre Publikationen als direkte Vorschläge an die Sowjetunion zu begreifen, ohne freilich plausibel machen zu können, inwiefern der gemeinsame kulturelle Grund realpolitisch umzusetzen sei. Dass solche Thesen bei weniger utopiefreundlichen Beobachtern auf entschiedene Kritik stoßen mussten, lag auch daran, dass SEIFFERT zum Beispiel eine Wiedervereinigung der drei deutschsprachigen Staaten, Österreich, DDR und Bundesrepublik vorschlug.[437] Die Problematik, die darin liegt, kulturelle Grundlagenforschung mit realpolitischen Zielen zu verbinden (oder, um im Vokabular der Debatte zu bleiben: Träumen) wird offenkundig.

Auch bei FRANÇOIS BONDY erscheint das Motiv des Gespenstes im Titel einer seiner Beiträge.[438] Er betont die Abwesenheit von gemeinsamen Ordnungen im mitteleuropäischen Raum als charakteristisches Kennzeichen und vor allem als Merkmal der Abgrenzung gegenüber der "Kultur der Sowjetunion". Die Frage jedoch, inwiefern man von einer einheitlichen Kultur innerhalb der Sowjetunion sprechen kann, ist durchaus berechtigt. Gemeint ist insbesondere die von oben verordnete Kultur sowjetischer Prägung im Gegensatz zu den älteren Kulturschichten der Zarenzeit. BONDY sieht in erster Linie den Aspekt der Unterdrückung abweichender Bewegungen und individueller Entwicklungen als typisch sowjetisch an.[439] Mitteleuropa erscheint bei ihm als derjenige Raum, dessen Individualität zugunsten einer prosowjetischen Machtgruppe unterdrückt wird, betroffen seien in erster Linie Künstler und Intellektuelle, Leute, deren Beruf auf der Wahrnehmung hoher individueller Unabhängigkeiten basiert. Im Fall der Bundesrepublik bedeutet dies ferner die Suche nach einer neuen Identität, die sich von den Schatten der NS-Vergangenheit zu emanzipieren sucht[440]

---

[436] SEIFFERT, WOLFGANG. *Das ganze Deutschland. Perspektiven der Wiedervereinigung.* München 1986. und LÖSER, JOCHEN. SCHILLING, ULRIKE. *Neutralität für Mitteleuropa. Das Ende der Blöcke.* München 1984.
[437] SEIFFERT, WOLFGANG. *Das ganze Deutschland. Perspektiven der Wiedervereinigung.* München 1986. S. 226 f.
[438] BONDY, FRANÇOIS. "Das Phantom Mitteleuropa und die politische Wirklichkeit. Nachdenken über die gemeinsame Kultur zwischen Ost und West." in: *FAZ.* 21.12. 1985.
[439] Ebenso bei HELLER, AGNES. "L'Europe – un epilogue?" in: *Lettre Internationale.* Nr. 19. 16.12. 1988. Heller sieht im Genie den zentralen Aspekt europäischer Identität.
[440] BRECHTEFELD, JÖRG. *Mitteleuropa and German Politics. 1848 to the Present.* New York 1996.

Gegen die Vorstellung, dass Mitteleuropa überhaupt ein einheitlicher Kulturraum sei, wendet sich der polnische Philosoph KRZYSZTOF BRZECHCZYN, da alle wesentlichen Aspekte, die den Westen wie den Osten kulturell prägen, auch in Mitteleuropa vorhanden seien, allenfalls in anderen Gewichtungen. Seine Untersuchung der Frage, ob und gegebenenfalls wann sich Mitteleuropa zu etwas Eigenem entwickelte kommt zu dem Ergebnis, dass es allein graduelle Unterschiede zum Beispiel in der Bevölkerungsdichte, im Grad der Industrialisierung in der Prägung durch Katholizismus oder Protestantismus seien, durch die wesentliche Unterschiede zwischen den drei Teilen Europas, Westen, Osten und Mitte, zustande kämen. Objektive, harte Unterscheidungsmerkmale gebe es nicht.

Diese Beschreibung berührt die Frage nach dem Spezifikum Europas insgesamt, auf die JOHANNES WEIß folgendermaßen antwortet: "Eine Besonderheit des westlichen Denkens und der westlichen Kultur überhaupt liegt in ihrem Anspruch auf Nichtbesonderheit, das heißt auf ihrem Anspruch auf universelle Bedeutung und Geltung."[441]

b.) KARL SCHLÖGEL: Die Rolle von Kultur und Geistesgeschichte

Auch wenn bereits vor SCHLÖGELS Publikation aus dem Jahr 1986 eine ganze Zahl von Beiträgen zum Thema "Mitteleuropa" vorgelegt worden war, so muss doch festgestellt werden, dass es vor allem auf SCHLÖGEL zurückzuführen ist, wenn die Gedanken KUNDERAS und KONRADS auch in der Bundesrepublik eine weitere Bekanntheit erfuhren.[442] Begünstigend dafür war sicherlich auch eine bestimmte Grund-Sympathie, die SCHLÖGEL für den Gedanken hegt, dass Mitteleuropa ein eher minder als mehr homogener Raum sei, der jedoch bei aller kultureller Verwobenheit immer wieder durch wechselnde Nationalismen in Gefahr gebracht worden sei.[443] Das Thema jenes gefährdeten Erbes bei gleichzeitiger Unbestimmbarkeit dieses Erbes ist ein Leitmotiv in SCHLÖGELS Publikationen.

Durch solche gemeinsamen uralten Wurzeln bei widerstreitenden Interessen entstehe das typisch mitteleuropäische Paradoxon, das vor allem auch die Deutschen kenn-

---

[441] WEIß, JOHANNES. "Was heißt 'okzidentaler Rationalismus?'" in: DIETRICH, UTE. WINKLER, MARTINA (Hg). *Okzidentbilder Konstruktionen und Wahrnehmungen.* Leipzig 2000. S.11.
[442] SCHLÖGEL, KARL. "Die blockierte Vergangenheit. Nachdenken über Mitteleuropa" in: *FAZ.* 21.Februar 1987. Beilage Bilder und Zeiten.
[443] KARL SCHLÖGEL. *Die Mitte liegt ostwärts.* Berlin 1986. S. 9.

zeichne,[444] deren Entmischungsversuche Mitteleuropas im 2. Weltkrieg einen Lebensraum in ein "Totenreich" verwandelten.[445]

Mitteleuropa allgemein ist nach SCHLÖGEL jener Raum, der in der Zeit des Dritten Reiches als "Todeszone"[446] gedient habe und von dem man in unkritischer Weise nichts wahrhaben wollte, als die Bundesrepublik in der Gründungsphase den Weg der Neuorientierung nach Westen erfolgreich eingeschlagen hatte. Dies habe nicht unerheblich zur Schwächung der Dissidentenbewegungen beigetragen.

Deutschlands Chance liegt nach SCHLÖGEL darin, die Möglichkeiten Mitteleuropas auf verschiedenste, *grass-root*-artige Weise zu nutzen und dadurch dazu beizutragen, das Paradoxon zu lindern.[447] Beinahe ist man versucht zu sagen, die Welt solle am Wesen der deutschen Teilung genesen, aber es wäre, abgesehen von dieser Stelle, nicht gerechtfertigt, SCHLÖGEL ein entsprechendes Sendungs-Bewusstsein vorzuwerfen, das großdeutsche Träume gewissermaßen in ein bescheidenes aber weiterhin anmaßend auftretendes Gegenstück verkehrt. Vielmehr geht es in SCHLÖGELs Darstellung um eine Art Geschichtsschreibung im Konjunktiv, um eine Beschreibung dessen, was im Grunde bereits da ist, doch nicht aktiviert werden kann, solange der Eiserne Vorhang besteht:

> *Ein Mitteleuropa, das nicht zeigen könnte, was es heute ist, wäre bloß etwas fürs Sentiment; ein Mitteleuropa, das zeigt, dass es eine Zivilisationsform sein könnte, die eher in der Lage ist, mit dem fertig zu werden, was die Supernationalstaaten der westlichen und östlichen Hemisphäre an ungelösten Problemen und an Sprengstoff angehäuft haben, hätte wohl keine Chance, sich zu einem eigenen Mittelpunkt mit starker Attraktion oder gar mit Impulsen zur Umbildung in Ost und West auszubilden.*[448]

---

[444] ibid. S. 120.
[445] ibid. S. 45.
[446] Ein Motiv, das dann wieder in den Schriften der Friedensbewegung erscheint, wenn es um die Todeszone des befürchteten Atomkriegs geht. Vgl. UHLE-WETTLER, FRANZ. *Gefechtsfeld Mitteleuropa.* Gütersloh 1980. BOOß, BERNHELM. JARVAD, IB MARTIN. JORGENSEN, BENT C. *Kernwaffen in Mitteleuropa.* Köln 1982.
[447] ibid. S. 121.
[448] ibid. S. 51

Die zentrale Annahme lautet, dass es eine spezifisch mitteleuropäische Identität gebe, die sich grundsätzlich von der westeuropäischen und osteuropäischen unterscheide, die jedoch nicht klar im Sinne einer Definition zu benennen ist. Daher greift SCHLÖGEL häufig zu dem Stilmittel der Aufzählung, um das Assoziationspotential dieser Stichworte zu verdeutlichen.

Es ist offenkundig, dass eine derartig geführte Debatte über das kulturelle Wesen Mitteleuropas zu ungleich differenzierteren Ergebnissen kommen kann als die publizistischen Auseinandersetzungen im Feld der Sicherheitspolitik: Ein Grundmotiv der Kultur-Debatte ist das der mitteleuropäischen Vielfalt, die gegen die Gefahr der Vereinheitlichung durch die eine oder andere Hegemonialmacht verteidigt werden muss. BERNHARD DOPPLER hat darauf hingewiesen, dass der Mitteleuropagedanke der achtziger Jahre ganz wesentlich mit einer Bewertung nicht nur des Ost-West-Konflikts zusammenhängt, sondern auch mit einer Bewertung der jeweiligen Vormacht der Blöcke.[449]

Vielfalt ist stets auch ein kulturelles Problem und so verwundert es nicht, wenn die meisten Beiträge aus dem Bereich der Kulturwissenschaften kommen und sich mit belletristischem Werkzeug an einem eher politischen Problem zu schaffen machen. Auch dies ist eine Auswirkung postmodernen Denkens, wenn gewissermaßen interdisziplinäre Ansätze für Realpolitik oder das, was man dafür empfindet, erstellt werden. STEVEN TÖTÖSY DE ZEPETENEK hat in einem bemerkenswerten Sammelband den Versuch unternommen, verschiedene Beiträge aus den Kulturwissenschaften zu präsentieren und auf diese Weise das zu rekonstruieren, was man mitteleuropäische Identität nennen kann.[450] Das Bild, das sich hier abzeichnet wird von vier zentralen Motiven bestimmt:

1.) Vergangenheitsbewältigung insbesondere im Hinblick auf den Holocaust
2.) die Rolle der Intellektuellen in der Gesellschaft[451]
3.) die moderne und postmoderne Wahrnehmung kultureller Vorgänge
4.) die Bewertung der Supermächte aus der Sicht der kleinen Länder

---

[449] Doppler, Bernhard. "Zur Diskussion um Mitteleuropa". in: Österreichisches Institut für Friedensforschung und Friedenserziehung (Hg). *Mitteleuropa? Beiträge zur Friedensforschung.* Stadtschlaining o.J. (1988).

[450] TÖTÖSY DE ZEPETENEK, STEVEN. *Comparative Central European Culture.* West Lafayette 2002.

[451] PICHOVA, HANA. "Milan Kundera and the Identity of Central Europe". in: TÖTÖSY DE ZEPETENEK, STEVEN. *Comparative Central European Culture.* West Lafayette 2002. S. 103.

Dies fand Gehör: Der Ausgang des 2. Weltkrieges und der Kalte Krieg hatten Europa in zwei Hälften gespalten. Diese Teilung bestimme zu Unrecht die politische und kulturelle Wahrnehmung in der Bundesrepublik. Es sei daher notwendig in neuen Kategorien denken und nach Alternativen zu der Bedrohung zu suchen, die für Deutschland aus der einseitigen Bindung an Amerika erwächst. Als interessante Alternative zur Westbindung bestehe das inzwischen fast vergessene Erbe der beiden deutschen Monarchien von Preussen und Österreich, deren Blick immer vor allem nach Osten gerichtet gewesen sei.

Kulturelle Identität hat mit Vergangenheit zu tun, und während sich Mitteleuropagedanken der Friedensbewegung auf die Zukunft konzentrierten, suchten Vertreter der intellektuellen Publizistik nach gemeinsamen Wurzeln Mitteleuropas in vergangenen Epochen, indem sie das künstlerisch-kulturelle Erbe zu bestimmen versuchten und die Probleme der Bestimmung dessen, was Mitteleuropa geographisch sei, weiträumig umfuhren.[452] Mit diesen literarischen Versuchen sind illustre Namen verbunden wie die von Harry Mulisch, CLAUDIO MAGRIS, PETER BICHSEL,[453] Adolf Muschg und SUSANN SONTAG.[454]

KARL SCHLÖGEL wehrte sich mitunter ironisierend gegen den Vorwurf, die Diskussion habe keine Substanz: "Mitteleuropa ist kein Gespenst und der Mitteleuropagedanke ist nicht der Schatten eines Gespenstes", denn Gespenster organisierten keine Kongresse.[455]

Seine Kritik jedoch richtete sich in erster Linie gegen das, was er als politisch korrekte Blindheit gegenüber dem Land östlich der Elbe wahrnahm. Gerade durch den Verfall der dortigen Regime sei eine erneute Betrachtung der östlichen Nachbarländer notwendig geworden: "Die Wiederentdeckung der anderen Hälfte Europas, die so lange von ideologischen Klischees zugedeckt war, verdankt sich auch der Erosion des Totalitarismus-Syndroms." Bislang, so SCHLÖGEL weiter, hätten in erster Linie die

---

[452] LÖWENTHAL, RICHARD. "Europas Eigenart – Europas Zwangslage – Europas Chancen". in: REINISCH, LEONHARD. (Hg). *Dieses Europa zwischen West und Ost. Eine geistige und politische Ortsbestimmung*. München 1982. S. 152.
[453] BICHSEL, PETER. "La neutralité au neutre". in: *Lettre Internationale*. Nr. 19. 16.12. 1988. etwa zeigt sich ironisch verwundert über die Tatsache, dass nicht alle Staaten neutral sind - wie die Schweiz.
[454] BUCH, HANS-CHRISTOPH ((Hg). *Ein Traum von Europa*. Reinbek bei Hamburg 1988.
[455] SCHLÖGEL, KARL. "Die blockierte Vergangenheit. Nachdenken über Mitteleuropa". in: *FAZ. Beilage Bilder und Zeiten*. 21.2.1987.

Vereinigungen der Vertriebenen und Flüchtlinge die Diskussion dominiert und dies nicht immer in einwandfreier Form. Der Hauptvorwurf läuft auf den Begriff des historischen "Rechthabenwollens" jener Beteiligten hinaus, die gewissermaßen persönliche Aktien in der Zeitgeschichte haben.

Unter dem Titel "Mitteleuropa: Perspektiven einer politisch-kulturellen Topologie" fand im November 1988 im burgenländischen Stadtschlaining eine Tagung des Studienzentrums für Friedensforschung unter Teilnahme zweier wichtiger Teilnehmer der Mitteleuropadebatte statt: GYÖRGY KONRAD und KARL SCHLÖGEL. Dass der Höhepunkt der Debatte zu diesem Zeitpunkt schon überschritten war, wurde an ihren Beiträgen zur Tagung deutlich. Bereits im ersten Absatz seines Tagungsbeitrags formuliert KONRAD einen Gedanken, der geradezu diametral im Gegensatz steht zu den Forderungen etwa SCHILLINGS und LÖSERS aus den ersten Jahren. KONRAD formuliert es so:

> [...] *wieder einmal ist etwas in Bewegung geraten bei uns. Beunruhigend sein, das ist die Rolle, der wir uns nicht entziehen können. Wir sind interessiert an der Schaffung Europas. Wir fordern den Anschluss an die Europäische Union, an den Gemeinsamen Markt und an die sonstigen Institutionen der europäischen Integration.*[456]

KONRAD stellt eine grundsätzlich veränderte Lage zwischen den beiden Supermächten fest, wobei das Gleichgewicht sich zugunsten der USA derart verschoben habe, dass man im Grunde einfach "in Moskau anklopfen" müsse, um einmal nach dem Preis dafür zu fragen, der zu zahlen wäre, "wenn man beispielsweise Budapest eine ähnliche geopolitische Lage zugestünde wie Wien".[457] In anderen Worten, Mitteleuropa sei weiterhin möglich, doch allein auf Kosten der Sowjetunion. Von gleichen Schritten, von ersten Zugeständnissen des Westens, man denke etwa an EGON BAHRS Entwurf, war keine Rede mehr.

---

[456] ÖSTERREICHISCHES INSTITUT FÜR FRIEDENSFORSCHUNG UND FRIEDENSERZIEHUNG (Hg). *Mitteleuropa? Beiträge zur Friedensforschung.* Stadtschlaining o.J. (1988) S. 7. Vgl. ASH, TIMOTHY GARTON. MOISI, DOMINIQUE. "Let the East Europeans in". in: *The New York Review of Books.* 24. October 1991, S.19.
[457] ibid. S. 11.

Der Traum von Mitteleuropa blieb also weiterhin bestehen, KONRAD bezeichnete ihn an dieser Stelle als "romantisch und subversiv", aber mit veränderter Richtung. Die Neutralität steht nur noch am Anfang einer Entwicklung, die zuvor nicht gewollt war, nämlich die Integration Mitteleuropas in einen übergeordneten, bereits bestehenden Prozess, den der Europäischen Union. Leider führt KONRAD diesen Gedanken nicht weiter aus, stattdessen zieht er sich in bereits bekanntes Denken zurück, etwa die verschiedenen Beschreibungen dessen, was Mitteleuropa ausmache und woran man Mitteleuropäer erkennen könne: das besondere Wesen der Belletristik und das Streben nach Demokratie. Nach wie vor sei der mitteleuropäische Standpunkt ein "blocktranszendenter",[458] der Gedanke an Mitteleuropa ein kulturpolitischer Gegenentwurf. Auch KARL SCHLÖGELS Beitrag im Rahmen der gleichen Tagung trägt diesem Gefühl Rechnung, wenn er mit deutlich hörbarem Seufzer schreibt: "Mich hat diese Mitteleuropa-Diskussion auch ermüdet und ich habe es aufgegeben, alles, was zum Thema erscheint, noch zu lesen."[459] Der insgesamt zumindest nachdenkliche, eher jedoch desillusionierte Beitrag SCHLÖGELS endet mit der Beobachtung, dass

*Für eine Politik aus dem Gesagten gar nichts heraus* [springt]*, umso mehr für eine Arbeit im Vor- oder Antipolitischen, für eine Entfaltung des öffentlichen Nachdenkens, für die Organisierung eines irgendwie verbindlichen Diskurses* [...] *Die Frage wäre dann eher: Wo bekommen wir die Leute her?*[460]

Man kann darüber spekulieren, ob der Aspekt der Resignation, wie er hier zum Ausdruck kommt, nicht auch selbst wiederum ein integrales Element der mitteleuropäischen Mentalität sei. Die Geschichte der Resignation in Bezug auf Europas Mitte ist noch nicht geschrieben worden.

Der Karlsruher Historiker PETER STEINBACH brachte den Vorstellungen der osteuropäischen Intellektuellen mehr Verständnis entgegen. Er publizierte vier Jahre nach

---

[458] ibid. S. 18.
[459] ibid. S. 29. Über den Pessimismus der Debatte Vgl. ELVERT, JÜRGEN. *Mitteleuropa! Deutsche Pläne zur europäischen Neuordnung (1918-1945)*. Stuttgart 1999. S. 18.
[460] ibid. S. 39. Vgl. UNTERBERGER, ANDREAS. "Mitteleuropas Ende". in: *DIE PRESSE*. 9. November 1996. S. 2.

STEFAN MELNIKS[461] Feststellung, dass eine Ostorientierung der Bundesrepublik die westliche Wertegemeinschaft in Gefahr bringe, einen Aufsatz in der gleichen Zeitschrift der Friedrich-Naumann-Stiftung seinen Aufsatz, der die Bemühungen um Verständigung in ein anderes, positiveres Licht rückte.[462] Seine Position lässt sich kurz und prägnant zusammenfassen als: abschließende Bewertung der Mitteleuropadebatte auf Grundlage der veränderten Situation Deutschlands nach 1989/1990. Diese Perspektive erinnert wieder an die ursprüngliche Bedeutung des Begriffs in NAUMANNSCHER Zeit, wenn es heißt:

> *Es ist zu bezweifeln, ob es für die Staaten Zwischeneuropas derzeit wirklich sinnvoll und wünschenswert ist, sich mit dem Bekenntnis zu Mitteleuropa der Gefahr auszusetzen, von der mitteleuropäischen Vormacht Bundesrepublik dominiert zu werden.*[463]

Die Rolle Mitteleuropas ist geprägt von dem gedanklichen Motiv des Opfers oder des Ausgeliefertseins: die kleinen Nationen der Mitte unter der Vorherrschaft der großen und mächtigen Nachbarn – so könnte man das Wesen jenes Raumes beschreiben, wie er in den vorgestellten Diskussionen auftritt. Mitteleuropa scheint immer dann ein Begriff zu sein, wenn die Länder, die jenen Raum stellen, Verhandlungsmasse geworden sind oder im Begriff stehen, es zu werden. Es ist daher kein Zufall, wenn sich viele Beschreibungen Mitteleuropas auf eine Untersuchung der Rolle der Vormächte stützen und diese Rolle insgesamt eher negativ bewerten. Das Bild, das sich hierbei abzeichnet, zeigt den interessanten Umstand, dass die negative Bewertung nicht über Kreuz die jeweils feindliche Großmacht, sondern parallel die jeweils eigene Großmacht betrifft. Die bundesdeutsche Kritik zielt daher in erster Linie auf die Vereinigten Staaten, während die Beiträge aus den östlichen Nachbarländern sich vorrangig gegen die Sowjetunion richten. Die Anklage lautet in beiden Fällen auf Bevormundung eines kulturell höher stehenden, aber militärisch unterlegenen Raumes durch einen mächtigen (aber "primitiven") Hegemon.

---

[461] MELNIK, STEFAN. "Mitteleuropa. Überlegungen zur Untauglichkeit eines wiederbelebten Begriffes". in: *Liberal* Nr. 3/88 30. Jg. S. 75 – 82. hier S. 78.
[462] STEINBACH, PETER. "Die Mitteleuropa-Idee – ein Integrationsfaktor für Nationalitäten?" in: *Liberal Nr. 1/92. 34. Jg.* S. 89-99.
[463] ibid. S. 97.

Bedrohlich erscheint diese Haltung dann, wenn die Kritik an der eigenen Vormacht mit einer apologetischen Einstellung gegenüber der anderen Vormacht verbunden ist.

c.) WALTER ROSNA: Aufstieg der Sowjetunion, Niedergang der USA

Wenn es keine eigenständigen Merkmale Mitteleuropas im Sinne harter Faktoren gibt, so ist eine Diskussion über die Wurzeln, die Bedeutung und die Zukunft dieses Raumes allein nicht sinnvoll, sondern muss immer in dem übergeordneten Rahmen einer Gesamt-Europadiskussion eingebettet sein. Das jedoch lag nicht im Interesse aller Teilnehmer. Vor allem nicht solcher, die eine Zukunft ohne Russland wünschten.

WALTER ROSNA betonte 1988 den Umstand, dass die politischen Systeme Osteuropas, hier vor allem Polen, Ungarn und der Tschechoslowakei nach dem 2. Weltkrieg gegen den Willen der Bevölkerungen installiert wurden[464] und sieht daher vor allem zwei Punkte für die Zukunft Mitteleuropas als konstitutiv an: die Einhaltung aller bestehenden Verträge mit der Sowjetunion, inklusive derjenigen Verträge, die von Regierungen der DDR abgeschlossen wurden und, zweitens, die Eigenständigkeit Polens, beziehungsweise die Nicht-Integration Polens in einen zu schaffenden mitteleuropäischen Zukunftsstaat.[465] Der Sowjetunion misst ROSNA eine entscheidende Rolle innerhalb der Weltpolitik zu, die auch weiterhin immer mehr wachsen werde, während die Macht der USA im Abnehmen begriffen sei.[466]

Diese Einschätzung der Machtverhältnisse bringt ROSNA zu dem Schluss, dass die Bundesrepublik von NATO Truppen geräumt werden sollte, so dass die Sowjetunion im Anschluss daran bedenkenlos das Territorium von Ungarn, DDR und der CSSR räumen könne.

Diese Länder sollten in einem sich anschließenden Schritt eine neutrale Zone bilden, deren Regierung in freien Wahlen gebildet werden sollten. Dass ROSNA hierbei den kommunistischen Parteien keine Überlebens-Chance einräumt, verbindet ihn inhaltlich eng mit den Gedanken GÜNTER KIEßLINGS. Dieser nun entstandene Staat könne aus den respektiven Militärbündnissen NATO und Warschauer Pakt austreten und eine eigene Verteidigungsgemeinschaft bilden, der sich Österreich anschließen dürfe, sofern dies von der Bevölkerung gewünscht werde.[467] Auch sieht er eine Konferenz

---
[464] ROSNA, WALTER. *Neuordnung in Mitteleuropa.* Frankfurt/M 1989. S. 7.
[465] ibid. S. 65: "eine neue Konstruktion ohne historische Vorbilder."
[466] ibid. S. 16.
[467] ibid. S. 35.

der vier Siegermächte als Grundvoraussetzung dieses Integrationsprozesses an, wobei er allerdings eine 1+4 Konstellation vorschlägt, nämlich allein mit der Bundesrepublik.

ROSNA räumt völkerrechtliche, bzw. zwischenstaatliche Schwierigkeiten ein, wenn er auf die EWG zu sprechen kommt: "Nach wie vor hat die EWG auch politische Zielsetzungen, die mit der Neutralität im Widerspruch stehen."[468] Die letztliche Konsequenz liege daher in einer Neugestaltung auch der EWG, mit dem Ziel, den Verlust durch das auch hier nicht teilnehmende Deutschland auf irgendwelche Weise auszugleichen. Eine genauere Benennung dieser Konsequenzen erfolgt nicht. Vermutlich, weil die einzige Option des dann geschwächten Westens eben in einer verstärkten Bindung an die Vereinigten Staaten bestanden hätte, was eine erneute Teilung Europas nach sich ziehen könnte, nur eben nicht an der Elbe sondern am Rhein. So weit geht ROSNA jedoch nicht. Seine Utopie lautet vielmehr: "Durch die Neutralisierung Mitteleuropas wird die Spannungszone beiderseits der deutsch-deutschen Grenze beseitigt. Die unmittelbare Konfrontation der Weltmächte ist beendet, die Blöcke sind getrennt."[469] Mit der Folge, dass Europa als eigenständiger Machtfaktor wiedererstehen würde und dass "jede Expansion gleichgültig welcher Richtung ausgeschlossen" wäre.

Die Sowjetunion könnte sich dann der Erschließung Sibiriens widmen und dadurch dazu beitragen, dass die "sowjetisch-chinesische Grenze aufhört, eine Gefahrenzone zu sein". Das bemerkenswerte an ROSNANS Ausführungen ist, dass aus den geschilderten Umformungen der mitteleuropäischen Staatenordnung auch genau das Gegenteil gefolgert werden könnte, und dies auf mehreren Stufen:

Zunächst einmal ist anzumerken, dass ein neutraler Block zwischen den beiden großen Militärbündnissen die Expansion nicht *per se* besser verhindern würde, als die eindeutige Zuordnung der entsprechenden Gebiete zu einem dieser beiden Bündnisse. Dies wäre primär von der militärischen Stärke Mitteleuropas, insbesondere hinsichtlich der Ausrüstung mit Atomwaffen abhängig.

Die erwähnten Staaten Österreich, DDR, Ungarn, CSSR und die Bundesrepublik verfügten allerdings nicht über entsprechende Mittel. Auch die Einschätzung des chinesisch-russischen Konflikts erscheint durch die Kürze der Argumentation und die an

---

[468] ibid. S. 37.
[469] ibid. S. 43.

einigen Stellen geradezu apodiktische Redeweise fragwürdig. Ein besonderes Kennzeichen des Mitteleuropa-Plans, wie er von ROSNA präsentiert wird, besteht darin, dass die Teilnahme Polens nicht vorgesehen ist. Durch die Vertreibung der deutschen Bevölkerungsteile sei nach dem 2. Weltkrieg ein reiner Nationalstaat entstanden, dessen Territorium jedoch schon immer ein Ziel russischer Expansionspolitik gewesen sei.[470] Der polnische Nationalcharakter, Religion und Mentalität der Polen machten eine Integration in ein neues mitteleuropäisches Staatswesen ebenso unmöglich, wie eine Integration in die Sowjetunion.[471]

Auf der anderen Seite begründet ROSNA die Chance auf Integration Mitteleuropas damit, dass vom alten Habsburgerreich die "millionenfachen persönlichen Beziehungen zwischen den Menschen der drei Staaten und die wechselseitige Aufnahme der Kultur" übrig geblieben seien.[472] Warum dies mit Polen nicht möglich sein sollte, bleibt unerklärt.

Der Entwurf ist in vier Punkten bezeichnend für Überlegungen zum kulturellen Wesen Mitteleuropas:

1.) Ablehnung der Nachkriegsordnung, die unter den Einwirkungen des Kalten Kriegs entstanden ist
2.) Betonung der Bande zwischen den Ländern, die durch den Eisernen Vorhang getrennt sind
3.) Perspektive auf ein Ende des Ost-West-Konfliktes, hierbei vor allem die Hoffnung auf eine Abwendung des Atomkrieges. Damit wird implizit auch, und hier ist ROSNA kein Einzelfall
4.) die Zukunft der Europäischen Gemeinschaft in ein düsteres, wenig attraktives Licht gesetzt.[473]

### 4.3.1 Zwischen Anti-Amerikanismus und Antikommunismus

Dass Europa als Ganzes zwischen den neuen Supermächten von Amerika und Russland ungünstig zu liegen kommen wird, ist eine Beobachtung, die mindestens auf

---

[470] ibid. S. 58.
[471] ibid. S. 62.
[472] ibid. S. 65.
[473] Vgl. WITTE, BARTHOLD C. "Alte Bindungen und neue Wege nach Mittel- und Osteuropa". *Europa Archiv*. Nr. 46. 1991. S. 210-10.

ALEXIS DE TOCQUEVILLE zurückgeht und seit dem Moment der ersten Formulierung wohl eine ungebrochene geistesgeschichtliche Tradition[474] aufweisen dürfte. Mit der Spaltung Europas[475] um 1945 erreichte diese Zurücksetzung ihren bisherigen Tiefpunkt, denn nicht nur hatte sich das Gebiet Europas gespalten und vom Zentrum zur weltpolitischen Peripherie zwischen Moskau und Washington gewandelt, die europäischen Staaten hatten sich darüber hinaus auch aus weiten Teilen der gesamten Welt zurückzuziehen, wobei in zeitlicher Verzögerung ab 1918, 1948 und darüber hinaus, Deutsche, Briten und Franzosen jeweils verschiedene Rollen zu spielen hatten, alle aber insgesamt überseeischen Besitz einbüßten.

Im Endeffekt jedoch stand in allen Fällen ein vergleichbares Ergebnis: Dort, wo früher Deutsche, Briten oder Franzosen geherrscht hatten, befanden sich nun unabhängige Nationalstaaten in mehr oder weniger direkter Abhängigkeit von den neuen Supermächten, die wiederum die Welt mit einem "thickening web of security"[476] überzogen.

a.) Antikommunismus

In der bundesdeutschen Debatte nehmen Vorstellungen oder Forderungen, die sich direkt gegen die Sowjetunion richten einen sehr geringen Stellenwert ein bei Vertretern von Mitteleuropagedanken überwiegt die Kritik an den Vereinigten Staaten. Dies ist im Fall der östlichen Nachbarn anders.

EUGEN KOGON[477] sah in der Bewertung der Sowjetunion durch "die Europäer" drei aktive Parameter am Werk, nämlich:

1.) die negative Bewertung von Staats- und Regierungsform des Landes
2.) die Ablehnung der sowjetischen Art des Kommunismus
3.) Ablehnung des Landes und seiner Kultur insgesamt.

---

[474] DEPORTE, ANTON W. *Europe between the Superpowers. The Enduring Balance.* New Haven 1979. Im Vorwort.

[475] BENDER, PETER. "Die Notgemeinschaft der Teilungsopfer". in: PAPCKE, SVEN. WEIDENFELD, WERNER (Hg). *Traumland Mitteleuropa? Beiträge zu einer aktuellen Kontroverse.* Darmstadt 1988.

[476] DEPORTE, ANTON W. *Europe between the Superpowers. The Enduring Balance.* New Haven 1979. S. 166.

[477] KOGON, EUGEN. "Antisowjetismus". in: REINISCH, LEONHARD. (Hg). *Dieses Europa zwischen West und Ost. Eine geistige und politische Ortsbestimmung.* München 1982. S. 74.

KOGON hinterfragt diese Einstellungen anschließend mit folgenden Worten:

*Angesichts des erreichten Standes der Superrüstung und der gemeinsamen industriewirtschaftlichen Zivilisationsproblematik ist die bange Frage angebracht, ob wir es uns leisten sollen, in totalem feindlichen Gegensatz der Systeme zu verharren. Die innen- und außenpolitische Nüchternheit der Skandinavier, der Österreicher, der Franzosen wäre uns in der Bundesrepublik, um uns in erster Linie durch Politik, nicht nur durch Waffen zu sichern von Nutzen. Die Sowjetunion ist kein pazifistischer Staat, aber unser Verhältnis zu ihr muss kontinuierlich rational, ohne Vorurteile, die der komplexen Wirklichkeit nicht standhalten überprüft werden.*

Das Motiv der Belastung Europas durch den großen Nachbarn Russland findet sich in vielen Beiträgen der Mitteleuropadebatte wieder. Bei GYÖRGY DALOS erfährt es eine ironische Wendung, jedoch mit der gleichen Zielsetzung, wenn er die Befreiung der Sowjetunion von den mitteleuropäischen Ländern vorschlägt.[478] Durch die Andersartigkeit ihrer Kultur und nationaler Zielsetzung sind Länder wie Polen, Ungarn und die CSSR Belastungen, wie es sich in den Volksaufständen der Jahre 1956, 1968 und 1980 gezeigt habe.

Die Sowjetunion solle diese Länder in die Freiheit entlassen und, so die naivironische Forderung weiter, als gleichberechtigter Partner am Spiel der Mächte teilnehmen. Diese Utopie ist indessen mit dem Jahr 1990 in ungefährer Form in die Tat umgesetzt worden, allerdings mit dem entscheidenden Unterschied, dass die Sowjetunion nicht weiter bestand und dass die 1968 noch vorhandenen Machtmittel[479] bereits 1980 kaum noch vorhanden waren, viel weniger noch zehn Jahre später. Dies eingesehen zu haben, ist die große Leistung MICHAIL GORBATSCHOWS.

Auf das besondere Verhältnis zwischen Deutschland und Osteuropa hat KURT GASTEYGER aufmerksam gemacht. Durch die deutsche Teilung sei so etwas wie ein

---

[478] DALOS, GYÖRGY. "Die Befreiung der Sowjetunion von ihren Satelliten. Entwurf einer mitteleuropäischen Konföderation". in: MICHEL, KARL MARKUS. SPENGLER, TILMAN. (Hg). *Kursbuch 81. Die andere Hälfte Europas.* Berlin 1985.
[479] KIS, JÁNOS. "Das Jalta-Dilemma in den achtziger Jahren". in: MICHEL, KARL MARKUS. SPENGLER, TILMAN. (Hg). *Kursbuch 81. Die andere Hälfte Europas.* Berlin 1985.

Modell für Gesamteuropa entstanden, durch die Wiedervereinigung des Kontinents wie der beiden deutschen Staaten wachse das politische Gewicht Deutschlands. Ähnlich könne es sich mit Europa insgesamt verhalten.[480] Spätestens an dieser Stelle der Debatte wird klar, dass Russland (anstelle der alten Sowjetunion) nun zu den Verlierern[481] gehöre und somit antirussischen Grundeinstellungen sich als siegreich erwiesen hätten, so dass letztlich nur noch der Antiamerikanismus übrig bleibe. In der Tat, die antisowjetischen Beiträge, gleich welcher Tonart, ob ironisch oder ernst verfasst, verschwinden mit dem Jahr 1990 aus der Debatte.

Zwischen den beiden Extrempunkten, Antiamerikanismus und Antikommunismus, herrschte indessen kein Gleichgewicht. In westlichen Beiträgen kam das zur Geltung, was der Journalist ANDREAS OPLATKA so formulierte:

*Wer sich in der Öffentlichkeit äußerte, und Journalisten tun dies, glaubte oft genug, es seiner Modernität und Aufgeschlossenheit schuldig zu sein, die kommunistisch beherrschte Welt schonend, ja beinahe entschuldigend anzufassen. Dergleichen hieß "differenzierte Darstellung", und sie trug in der Meinungsbildung des Westens während all der Jahre nicht wenig dazu bei, den Blick für die östlichen Zustände zu trüben.*[482]


a.) Anti-Amerikanismus

Stellungnahmen gegen die Vormachtrolle der USA blieben über die gesamte Mitteleuropadebatte hindurch erhalten. Auch hier besteht eine gewisse Tradition, die nicht erst mit dem NATO-Doppelbeschluss entstanden ist, sondern sich aus älteren Quellen speist, etwa den anti-amerikanischen Demonstrationen der Zeit des Vietnamkrieges. GOLO MANN[483] hat zwei wesentliche Merkmale dieses modernen Antiamerikanismus

---

[480] GASTEYGER, KURT. "Die beiden deutschen Staaten und die Sowjetunion".in: ANWEILER, OSKAR. REISSNER, EBERHARD. RUFFMANN, KARL-HEINZ. (Hg.) *Osteuropa und die Deutschen. Vorträge zum 75. Jubiläum der deutschen Gesellschaft für Osteuropakunde.* Berlin 1990. S. 120.

[481] Rückblickend hierzu ein Beitrag des Historikers WJATSCHESLAW DASCHITSCHEW, auf dessen Ideen weite Teile der Gorbatschow'schen Reformen zurückgehen, vor allem jedoch eine kritische Bewertung der Stalinzeit. DASCHITSCHEW, WJATSCHESLAW. *Moskaus Griff nach der Weltmacht. Die bitteren Früchte hegemonialer Weltpolitik.* Hamburg: 2002.

[482] OPLATKA, ANDREAS. *Nachrufe auf den Ostblock. Zehn Essays.* Wien 1998. S. 104.

[483] MANN, GOLO. "Antiamerikanismus" in: REINISCH, LEONHARD. (Hg.) *Dieses Europa zwischen West und Ost. Eine geistige und politische Ortsbestimmung.* München 1982. S. 51.

festgestellt: Erstens das Merkmal des Antikapitalismus, vor allem im Hinblick auf die so genannte "Dritte Welt" und zweitens das Merkmal des Pazifismus, vor allem hinsichtlich der atomaren Übermacht der USA. Differenzierter ist das Bild bei GESINE SCHWAN, deren Beschreibung des Phänomens zwischen einer kritischen Einstellung gegenüber den Vereinigten Staaten als Kulturphänomen, politisch-wirtschaftlichem Machtfaktor einerseits und der Zugehörigkeit schwächerer Staaten zu den internationalen, von den Vereinigten Staaten dominierten Systemen unterscheidet. Dies bedeutet für die Mitteleuropadebatte, dass der Antiamerikanismus im zweiten Sinn

> *die Zugehörigkeit der Bundesrepublik zur westlich-demokratischen 'Wertegemeinschaft' in Frage stellt. [...] In der Regel richtete sich der Vorwurf des Antiamerikanismus gegen die politische Linke, deren demokratische Einstellung damit in Zweifel gezogen wurde. Sie konterte mit dem Gegenverdacht, dass der Antiamerikanismusvorwurf aus einer amerikahörigen Einstellung herrühre, die sich das deutsche nationale Selbstwertgefühl von der unreflektierten Identifizierung mit den amerikanischen Siegern auslieh, alte antikommunistische Vorurteile befestigte, demokratische Kritik diskreditierte und eine wirklich emanzipiert-demokratische Einstellung verwehrte.*[484]

Das von SCHWAN entworfene Bild suggeriert eine klare politische Scheidung zwischen rechts und links mit jeweils klar kalkulierten Positionen. Diese Sicht wird von WOFGANG POHRT in Frage gestellt, der die irrationalen Aspekte betont und Verwandtschaften zwischen dem Antisemitismus und dem Antiamerikanismus herausarbeitet. Das Gemeinsame bestehe darin, dass dem Objekt der Ablehnung alles Gute oder Schlechte nachgesagt werde, wobei je nach Bedarf "mystifiziert oder dämonisiert" werde.[485] POHRT sieht im deutschen antiamerikanischen Ressentiment der siebziger Jahre wenig mehr als eine völkische Ideologie.

Für die Frage nach der kulturellen Bedeutung der amerikanischen Vormacht gegenüber Europa stehen andere Aspekte im Vordergrund. Zunächst einmal geht es um die Überlegung, welchen Nutzen Europa aus einer bedingungslosen Westbindung ziehen

---

[484] GESINE SCHWAN *Antikommunismus und Antiamerikanismus in Deutschland*. Baden-Baden 1999. S. 60-61.
[485] POHRT, WOLFGANG. "Anti-Amerikanismus, Anti-Imperialismus". In: POHRT, WOLFGANG. *Stammesbewusstsein und Kulturnation*. Berlin 1984. S. 81.

könne.[486] KARL GROBE-HAGEL von der Frankfurter Rundschau fragte hierzu verkürzend:

> *Ist die neue Mitteleuropa-Debatte etwa mit Verstockungen der westeuropäischen Einigung in Verbindung zu setzen, deren hoffnungsfrohe Aussichten wenigstens den Bundesdeutschen einst so etwas wie Ersatzpatriotismus versprachen? Oder geht es dabei nur um eine Erweiterung des europäischen Gesichtsfeldes, die prinzipiell zu begrüßen wäre?*[487]

Die Verkürzung betrifft die Grundannahme, dass es sich bei der Mitteleuropadebatte um ein einheitliches Phänomen zu einem geschlossenen Thema handele und die Teilnehmer ohne Hintergedanken die wie auch immer gearteten Inhalte jenseits des Eisernen Vorhangs diskutierten. Dies war sicherlich so nicht der Fall. Wenn von einer Erweiterung des europäischen Gesichtsfeldes gesprochen werden kann, so allenfalls in dem Bereich der Debatte, die sich um die kulturellen Inhalte Mitteleuropas drehte.

MICHAEL STÜRMER hat in der für ihn charakteristischen Weise auf die Vorstellungen der Europäer in Bezug auf die Supermächte hingewiesen. Für ihn ist das Motiv der "Naivität" bei Diskussion von Mitteleuropagedanken bestimmend. Daher betrifft sein Kernvorwurf den Umstand, dass die Debatten über die Zukunft des Raumes Mitteleuropa von weltfremden oder ideologisch überbelasteten Vorstellungen dominiert würden:

> *Heute gibt es einen Wunderglauben, dass der Verdrängung der Amerikaner aus der Bundesrepublik alsbald der Rückzug der Sowjets aus der DDR und Polen folgen würde.*[488]

---

[486] Vgl. ROVAN, JOSEPH. "Mitteleuropa gegen Europa". in: PAPCKE, SVEN. WEIDENFELD, WERNER (Hg). *Traumland Mitteleuropa? Beiträge zu einer aktuellen Kontroverse.* Darmstadt 1988. S. 12. für die Frage nach der Gleichsetzung von Mitteleuropagedanke und Loslösung vom Westen.

[487] GROBE-HAGEL, KARL. "Deutschland – Mitteleuropa – Nation(alismus)"in: PAPCKE, SVEN. WEIDENFELD, WERNER (Hg). *Traumland Mitteleuropa? Beiträge zu einer aktuellen Kontroverse.* Darmstadt 1988.

[488] STÜRMER, MICHAEL. "Gibt es Mitteleuropa?" in: *FAZ* 10.12.1986. Vgl. BAHRO, RUDOLF. "Los von Amerika!" Leserbrief in der *TAZ* vom 22.12.83. und ausführlicher: BAHRO, RUDOLF. "Für ein atomwaffenfreies Europa" in: *Russel-Friedenskampagne* Berlin 1981.

Der Name dieses "Mirakels" sei Mitteleuropa. Nun kann man fragen, inwiefern es logisch gerechtfertigt ist, einem utopischen Entwurf vorzuwerfen, dass er auf einer wenig realistischen Grundlage stehe. Doch dies ist nicht die Absicht STÜRMERS. Viel mehr als die Frage nach der Umsetzbarkeit interessiert ihn die Überlegung, was das einfache Vorhandensein der Debatte über den mentalen Zustand der Bundesrepublik insgesamt aussagt. Er kommt an gleicher Stelle zu folgendem Schluss:

*Die neue Suche nach Mitteleuropa ist im westlichen Teil Deutschlands Ausdruck einer intellektuellen Malaise am Status Quo. Man hält Freiheit und Wohlstand für unveräußerliche Menschenrechte und glaubt deshalb, ihre Bedingungen ignorieren zu dürfen.*

Es geht daher meist nicht um eine Bestimmung eines Raumes, der "Mitteleuropa" genannt werden kann, um eine Liste von Ländern oder Regionen, die dazu gehören, sondern um das zugrunde liegende gedankliche Prinzip, das als Vehikel für politische Stellungnahmen verwendet werden kann. STÜRMER fragt entsprechend: "Wo liegt Mitteleuropa? In den Erinnerungen der Kultur noch immer überall, nirgendwo aber vorerst auf den Landkarten der Politik." Die Kultur prägt das Verständnis der Politik und hat auf diese indirekte Weise Einfluss darauf, wie die Position des eigenen Landes interpretiert wird. Durch die Perspektive aus Mitteleuropa heraus entstehe eine bedenkliche oder sogar gefährliche Distanzierung von Partnern und Verbündeten, so wie von fundamentalen Werten der westlichen Demokratie.

Ein bestimmendes Motiv bei der Debatte um die Zukunft Mitteleuropas ist seit jeher das der Bedrohung von außen durch die beiden übermächtigen Nachbarn Sowjetunion und USA. Doch was soll unter dem Begriff "Bedrohung" verstanden werden? Eine Bedrohung entsteht dann, wenn die eigene Identität oder Existenz in Gefahr gerät. Daher muss zwischen verschiedenen Typen von Bedrohung durch die Supermächte unterschieden werden. Auch hier sind die bestimmenden Elemente: Wirtschaft, Sicherheitspolitik und Kultur in einem allgemeinen Sinn.
Es ergibt sich dadurch ein differenziertes Bild der Supermächte innerhalb der deutschen Debatte, das zwischen zwei gedanklichen Extrempunkten liegt. Auf der einen Seite steht die Vorstellung, dass USA und Sowjetunion zwei grundsätzlich verschiedene Typen von Herrschaft verkörpern und dass eine reale Wahlmöglichkeit für Europa insgesamt besteht; auf der anderen Seite herrscht die Auffassung, dass die bei-

den Supermächte im Grunde vergleichbar sind, die eine so gefährlich wie die andere, so dass die Zukunft Europas nur durch konsequente Eigenständigkeit erreicht werden kann. Vor allem die zweite Sichtweise ist typisch für Vertreter von Mitteleuropagedanken.

### 4.4 Mitteleuropa und die deutsche Frage

Als 1982 die neue Bundesregierung unter HELMUT KOHL ihre Arbeit aufnahm, stand fest, dass die operative Deutschlandpolitik sich nicht grundsätzlich von der ihrer sozial-liberalen Vorgängerin unterscheiden würde. In beiden Fällen musste man davon ausgehen, dass die deutsche Teilung noch auf Jahre, wenn nicht Jahrzehnte hin Tatsache bleiben würde. Umso mehr betraf diese Sicht auch alle Einschätzungen, die über die DDR nach Osten hinausgingen. Der Warschauer Pakt schien auf absehbare Zeit Bestand zu haben. Man musste sich arrangieren. Dass dies ernsthaft unternommen wurde, mag anhand von zwei deutschlandpolitisch entscheidenden Jahren gezeigt werden: Zunächst die Gewährung des so genannten Milliardenkredits 1983 und dann, symbolisch und öffentlichkeitswirksam kaum zu überschätzen, der Besuch des DDR-Staatsratsvorsitzenden Erich Honecker in Bonn.
Ähnliches wäre auch unter einem sozialdemokratischen Kanzler möglich gewesen. Das betraf in einem praktischen Sinne auch die Umsetzung des NATO-Doppelbeschlusses. Insgesamt kann festgestellt werden, dass im Bundestag vor dem Einzug der Grünen die Westbindung nicht in Frage gestellt wurde. Dennoch gab es abweichende Positionen.

a.) Die Deutsche Frage in Bezug auf die Mitteleuropadebatte
b.) Antworten in der Mitteleuropadebatte

Bemerkenswert ist seitens der deutschen Bundesregierungen die konstante Ablehnung neutralistischer Vorschläge durch die gesamten achtziger Jahre hindurch. Dabei werden Mitteleuropakonzepte und Lösungen, die allein die Bundesrepublik und die DDR betrafen, wenig voneinander differenziert. Dies war auch nicht nötig, da sie beide gleichermaßen Alternativen zur Westbindung darstellten, die nicht in Frage gestellt werden durfte – vor allem nicht, was den Blick auf die westlichen Partner betraft.[489] Die Ablehnung ging sogar soweit, dass, wie HANS-DIETRICH GENSCHER es in einer Rede vor dem deutschen Bundestag ausdrückte, schon "das Spiel mit diesen Ideen" gefährlich sei,[490] weil es Unruhe und Misstrauen schaffe.

a.) Die Deutsche Frage in Bezug auf die Mitteleuropadebatte
In erster Linie ist IMMANUEL GEISS[491] zu nennen, der die Entwicklung des historischen Phänomens, das als Deutsche Frage bezeichnet wird, rekonstruiert hat und dabei auf diverse Unterfragen seit 1806 verwies. Insbesondere ob es für die Deutschen sinnvoll wäre, einen eigenen, zentralen oder föderalen Nationalstaat zu begründen oder ob gegebenenfalls Alternativen in Betracht kämen, mit welchen Mitteln dieser Staat zu errichten sei und innerhalb welcher Grenzen und welche machtpolitische Rolle ihm innerhalb Europas zufalle.

Für die Diskussion der Mitteleuropadebatte ist die Beobachtung wichtig, dass die so genannte deutsche Frage nur eine von vielen Nationalitätenfragen war. Neben der polnischen Frage, der jüdischen, jugoslawischen und italienischen nennt er die rumänische und die irische Frage.
Diese Aufzählung macht klar, dass die Problemstellungen Deutschlands keineswegs ein absolutes Unikum waren. Vielmehr stand das ungelöste Problem Deutschlands in einer langen Reihe derartiger Konstellationen. Relative Besonderheit erfährt die deutsche Frage durch einige Faktoren, die GEISS folgendermaßen charakterisiert: Die Deutschen existieren als das quantitativ größte Volk Europas in zentraler Lage mit einer überdurchschnittlichen Zahl an Nachbarländern, woraus sich ein besonderer Aspekt der "Durchgangslage" ergebe. Innerhalb Deutschlands treffen wesentliche europäische Großräume aufeinander; ferner haben sich nach GEISS Phasen großer Macht und relativer Machtlosigkeit häufig miteinander abgewechselt, und: "Die Deutschen sind das einzige sesshafte und zivilisierte Volk, das die meiste Zeit seiner Geschichte ohne Hauptstadt auskam."[492] Ferner seien durch die beiden Weltkriege und die daraus entstandene deutsche Hysterie in Bezug auf das Nationale Faktoren gewesen, die das deutsche Problem in stärkerem Maße als andere Nationalitätenfra-

---

[489] GALLUS, ALEXANDER. *Die Neutralisten. Verfechter eines vereinten Deutschland zwischen Ost und West 1945-1990.* Düsseldorf 2001. S. 315.
[490] GENSCHER, HANS-DIETRICH. Rede vor dem Deutschen Bundestag am 27. 2. 1985.
[491] GEISS, IMANUEL. *Die Deutsche Frage. 1806-1990.* Mannheim 1992. S. 12.
[492] ibid. S. 20.

gen zu einem originär europäischen Problem machten. Dies wurde nach Winkler besonders stark in der alten Bundesrepublik empfunden:

> *Für die einen bleiben die altbundesdeutsche Öffnung zum Westen und die damit verbundene selbstkritische Geschichtskultur Errungenschaften, die es im vereinten Deutschland zu bewahren gilt. Die anderen halten es für notwendig, dass der neue deutsche Nationalstaat die politische wie die geistige Westbindung hinterfragt und wenn nicht abstreift, so doch lockert.*[493]

Das, was WINKLER für die Jahre nach der Wiedervereinigung konstatiert, gilt bereits für die früheren Jahrzehnte. Gerade durch die Verbindung der als ungelöst empfundenen nationalen Lage mit Fragen nach der Zukunft Europas entstand jene Brisanz, wie sie etwa für ungarische Mitteleuropagedanken nicht zu verzeichnen ist. Kaum eine nationale Mitteleuropadebatte hat derartige Emotionen ausgelöst wie die deutsche. So erklärt sich auch die erhöhte Aufmerksamkeit, mit der die bundesdeutschen Beiträge verfolgt wurden. GYÖGY KONRAD beschrieb 1990 den aus seinen Augen nun abgeschlossenen Läuterungs-Prozess so:

> *Die Deutschen haben gelernt, dass sie Europa nicht beherrschen können, dass die Ausdehnung ihres Machtbereichs auf wirtschaftlich schwächere Gebiete nur in einem freundschaftlichen und gesetzlichen Rahmen möglich ist und dass sie immer und überall die gemeinsamen europäischen Normen beachten müssen. Auf nichts dürfen die Deutschen Anspruch erheben, was die Franzosen oder Engländer missbilligen würden und das trifft auch umgekehrt zu: Die Nationen halten sich – zum Glück für die Bürger – gegenseitig in Schach.*[494]

Diese Einschätzung sollte sich im Fall Deutschlands[495] als zutreffend erweisen, nicht jedoch für ein anderes mitteleuropäisches Land, Jugoslawien, das kurz nach der Pub-

---

[493] WINKLER, HEINRICH AUGUST. "Westbindung oder was sonst? Bemerkungen zu einem Revisionsversuch". in: *Politische Vierteljahresschrift*. Jg. 35/1994. S.113-117.

[494] KONRAD, GYÖRGY. *Die Erweiterung der Mitte Europa und Osteuropa am Ende des 20. Jahrhunderts*. Wien 1990. S. 17.

[495] KLUETING, HARM. (Hg) *Nation, Nationalismus, Postnation. Beiträge zur Identitätsfindung der Deutschen im 19. und 20. Jahrhundert*. Köln 1992. und für eine Übersicht: GLAAB, MANUELA.

likation dieser Worte in einen lang anhaltenden Konflikt geraten und das das europäische Selbstverständnis bis ins Mark treffen sollte.

Eine andere Perspektive wählte HEINO BERG, der aus dem Vergleich der NAUMANN-SCHEN Debatte und den Auseinandersetzungen der achtziger Jahre Aufschlüsse über die deutsche Identität zu gewinnen hoffte. Für ihn stellt das Kriegsende 1945 den entscheidenden Bruch dar, den zu bewältigen die bundesdeutsche Gesellschaft etwa vier Dekaden benötigte.

Mit Abschluss dieses Prozesses traten dann neue Themen in den Diskurs über Deutschland ein, wobei die Ereignisse innerhalb des Warschauer Paktes diese Entwicklungen begünstigte: "Schon die bloße Existenz einer Mitteleuropadiskussion [...] ist also der intellektuelle Reflex von realen Erschütterungen der europäischen Nachkriegsordnung."[496]

b.) Antworten in der Mitteleuropadebatte

WERNER WEIDENFELD und RUDOLF KORTE haben die Debatte in ihrer allgemeinen Bedeutung für die Bundesrepublik nach beschrieben und festgehalten, es sei um das

> *Verhältnis der Bundesrepublik Deutschland zu sich selbst" gegangen, wobei die sich "vermischenden kultur- und zivilisationskritischen Strömungen jedoch weniger Ausdruck des Unbehagens an der Nation* [waren] *als an der Verfasstheit der bundesrepublikanischen Gesellschaft.*[497]

Die Behauptung, dass die Bundesrepublik ihre Handlungsfähigkeit durch eine Lösung von den westlichen Partnern wiedererlangen können würde, setzte eine dezidiert negative Bewertung des politischen Machtgefüges innerhalb der NATO oder der EG voraus. Die Vorstellung, dass die Bundesrepublik oder ein wie auch immer wiedervereinigtes Deutschland eine Mittlerrolle zwischen Ost und West einzunehmen habe, wurde durch den Umstand problematisch, dass sich nicht nur die geographische Grö-

---

"Einstellungen zur deutschen Einheit". in: WEIDENFELD, WERNER. KORTE, KARL-RUDOLF. (Hg). *Handbuch zur deutschen Einheit 1949-1989-1999.* Bonn 1999.

[496] BERG, HEINO. "Deutschland und Mitteleuropa – die deutsche Frage in der alten und neuen Mitteleuropadebatte". in: BERG, HEINO. BURMEISTER, PETER. *Mitteleuropa und die deutsche Frage.* Bremen 1990. S. 92.

ße Deutschlands verändern würde (allein dies stellte sich, was die britische Position betraf, während der 2+4 Gespräche als ein bedenkenträchtiges oder zeitweise sogar "nicht hinnehmbares" Thema[498] heraus), sondern auch die Blockzugehörigkeit beider Teile. An dieser Stelle hielt auch in der bundesdeutschen Debatte der illusionäre Aspekt Einzug. HERMANN RUDOLPH beschrieb diesen Umstand als "Stellvertreterkrieg".[499]

JOSEPH ROVAN kritisierte die Bereitschaft der Westeuropäer, diese Illusionen der Deutschen hinzunehmen.[500] Deutschland als Land der Mitte, als Kreuzungs- und Verbindungspunkt des Kontinents dürfe sich nicht "unschuldigen" Überlegungen hingeben, sondern solle realistisch über den Preis der Entspannung zwischen Ost und West reflektieren. Daher sei der Mitteleuropagedanke mit einer "tödlichen Illusion" verbunden, die auf einer "künstliche[n] Verdrängung und Beschwichtigung der politischen Gegensätze" beruhe. RUDOLF JAWORSKI indessen betonte gerade den Aspekt des Utopischen als Stärke der Mitteleuropadebatte, auch wenn JAWORSKI die Auseinandersetzungen insgesamt als unbefriedigend empfindet, da "Mitteleuropa zur Metapher sehr unterschiedlicher, zum Teil ausgesprochen widersprüchlicher Zielvorstellungen geworden" sei.[501]

Kontrafaktische Träumereien könne man leicht von der Grundlage des *Status quo* her bemängeln und nachweisen, dass die Utopie weiter von der Realität entfernt sei, als das, was mit weniger Phantasie über die mögliche Zukunft des europäischen Kontinents vorhergesagt werden könne.[502]

Aus der Perspektive der Jahre nach 1989 gewinnt diese Warnung eine gewisse Komik durch die Tatsache, dass der von JAWORSKI als vermeintlich so stabil einge-

---

[497] KORTE, KARL-RUDOLF. WEIDENFELD, WERNER. "Deutsche Frage / Deutschlandpolitik". in: NOHLEN, DIETER. (Hg). *Wörterbuch Staat und Politik*. München 1991. S. 94.
[498] FRITSCH-BOURNAZEL, RENATA. *Das Land in der Mitte. Die Deutschen im europäischen Kräftefeld*. München 1986. S. 87.
[499] RUDOLPH. HERMANN. "Ein Stellvertreterkrieg am falschen Platz. Zur Mitteleuropa-Diskussion in der Bundesrepublik". in: PAPCKE, SVEN. WEIDENFELD, WERNER (Hg). *Traumland Mitteleuropa? Beiträge zu einer aktuellen Kontroverse*. Darmstadt 1988.
[500] ROVAN, JOSEPH. "Die Illusion des Westens. Zur Diskussion des Mitteleuropa-Gedankens". *FAZ*. 4.4.1987.
[501] JAWORSKI, RUDOLF. "Die aktuelle Mitteleuropadiskussion in historischer Perspektive". in: *HZ* 247 (1988) 529-550. S. 535 und 539.
[502] JAWORSKI, RUDOLF. "Die aktuelle Mitteleuropadiskussion in historischer Perspektive". in: *HZ* 247 (1988) 529-550. S. 451.

schätzte *Status quo* eben keinen so langen Bestand hatte. JAWORSKIS Beitrag ist insgesamt anzumerken, dass er zu einem Zeitpunkt verfasst wurde, als die Debatte sich bereits ihrem Ende zuneigte und an innovativer Kraft verloren hatte.

Alles in allem scheint das Urteil der Publizistin GABRIELE RIEDLE zuzutreffen, nach dem die Debatte einem Gemischtwarenladen glich, in dem sich seit jeher alle bedienten, was letztlich zu seinem, des Gemischtwarenladens, Ausverkauf und Untergang führte.[503] Die Diskussion der osteuropäischen Intellektuellen wurde indessen kaum berücksichtigt.

Vor allem OSKAR LAFONTAINE ist zu nennen, wenn es darum geht, abweichende Meinungen innerhalb der SPD zu beschreiben. Im Jahr der Milliardenkredite an die DDR prägte er den Ausdruck "Angst vor den Freunden", so der Titel seiner Publikation,[504] die als ein Mitteleuropakonzept in der Tradition EGON BAHRS gelesen werden kann. An erster Stelle nannte LAFONTAINE die Notwendigkeit eines deutschen Ausscheidens aus der NATO.[505] Dem sollte sich eine grundsätzliche Neugestaltung der Bundeswehr anschließen, beziehungsweise eine rein defensive Formierung. Dies, so sah LAFONTAINE dann den weiteren Weg des europäischen Kontinents, würde jedoch nicht in eine Renationalisierung Deutschlands münden, sondern in ein neues, eigenständigeres Europa.

Diese Vorschläge waren mit Hinblick auf die Bewertung der beiden Supermächte nicht originell, sie beruhen im Wesentlichen auf bereits bekannten und von mehreren aufeinander folgenden Regierungen abgelehnten Plänen. Daher war nicht damit zu rechnen, dass sich LAFONTAINES Position nennenswert etablieren würde. Bemerkenswert ist die Tatsache, dass sich diese Vorschläge auch auf die westeuropäischen Länder erstreckten. Wenn es bei der Diskussion von Mitteleuropaplänen darum geht, einen klaren Begriff einer Region zu entwickeln, dann muss man feststellen, dass es sich bei LAFONTAINES Ideen nicht um ein Mitteleuropakonzept im strengen Sinn handelt. Nimmt man jedoch an, dass Mitteleuropakonzepte vor allem dadurch gekennzeichnet sind, dass sie Europa als einen von Osten und Westen her bedrohten Kontinent verstehen, der sicherer aufgehoben wäre, wenn er weder an die eine noch an die

---

[503] RIEDLE, GABRIELE. "Mitteleuropäische Saltos". in: *TAZ* 28.8.1986.
[504] LAFONTAINE, OSKAR. *Angst vor den Freunden. Die Atomwaffenstrategie der Supermächte zerstört die Bündnisse.* Reinbeck 1983.
[505] ibid. S. 84.

andere Supermacht gebunden wäre, dann kann man LAFONTAINES Überlegungen dazuzählen.

Deutlicher noch stellten zwei andere Sozialdemokraten den Bezug zur Mitteleuropadebatte her. Es waren dies GERHARD HEIMANN und PETER BENDER.[506] Vor allem HEIMANN trat für eine Ausweitung deutscher Gestaltungsmöglichkeiten innerhalb des Bündnisses ein. Die Position HEIMANNS stellt eine Ausnahme dar: Er ging in seiner Bewertung der beiden Supermächte davon aus, dass zwischen der Bundesrepublik und der Sowjetunion, abgesehen von allen Unterschieden innerhalb des politischen und gesellschaftlichen Systems erhebliche sicherheitspolitische Gemeinsamkeiten bestünden, in der Tat, deutlichere als zwischen der Bundesrepublik und den Vereinigten Staaten. Einen deutschen Alleingang in die Neutralität indessen schloss er aus.[507] Bedeutsam war innerhalb der CDU die Position des Bundestagsabgeordneten BERNHARD FRIEDMANN, der im Rahmen einer Fraktionssitzung am 4.11.1986 dafür eintrat, die deutsche Frage gegenüber den Supermächten erneut zu thematisieren.[508] FRIEDMANN sah die Interessen der USA und der Bundesrepublik divergieren und befürchtete, dass die deutsche Frage aufgrund dieser sich langsam voneinander entfernenden Positionen nun zusehends in Gefahr geriet, für immer vergessen zu werden.

## 4.5 Diskontinuitäten und Kontinuitäten innerhalb der Debatte

Die Frage nach Elementen, die sich durch den Verlauf der Diskussionen über Mitteleuropa ziehen, fällt unterschiedlich aus, je nachdem, welchen Zeitrahmen man ansetzt. Es ist evident, dass es umso einfacher wird, Brüche nachzuweisen, je länger der Zeitrahmen einer Untersuchung gesetzt ist. Dies betrifft sowohl die eigentlichen Inhalte der Debatte als auch deren Bewertung in der Forschung. Man kann daher zwischen Verläufen innerhalb der Debatte der achtziger Jahre an sich und der Gesamtdebatte zwischen 1915 und 1990, sowie darüber hinaus unterscheiden.

---

[506] BENDER, PETER. "Mitteleuropa – Mode, Modell oder Motiv?" in: *NG*. 34. 1987. S.297-303. Und: BENDER, PETER. *Das Ende des ideologischen Zeitalters*. Berlin 1981.
[507] HEIMANN, GERHARD. "Thesen zur Deutschlandpolitik" in: *Evangelische Kommentare* 17. 1984. S. 149-151.
[508] KORTE, KARL-RUDOLF. *Deutschlandpolitik in Helmut Kohls Kanzlerschaft. Regierungsstil und Entscheidungen 1982-1989*. Stuttgart 1998. S. 309f.

a.) Diskontinuitäten

Die Debatte über die Zukunft des mitteleuropäischen Raumes zwischen Deutschland und Russland weist eine Vielzahl von verschiedenen Facetten auf, die sich teilweise berühren und überschneiden. Vergleicht man in einem ersten Schritt die beiden Schwerpunkte der Debatte in der NAUMANNzeit und in der Mitte der achtziger Jahre, so fällt auf, dass auch die Diskontinuitäten eine wichtige Rolle spielen. Dieser Umstand ist oben dargestellt worden. Der entscheidende Bruch lag im Jahr 1945, als Deutschland zerteilt wurde und damit die Chancen deutscher Gestaltungsmöglichkeiten für Mitteleuropa vorerst zum Erliegen kamen. Innerhalb der Debatte der achtziger Jahre fanden thematische Verschiebungen statt, ohne dass sich die staatliche Form Deutschlands, genauer, der beiden deutschen Staaten und Österreichs verschoben hatte.

Dies verlief von Fragen der Sicherheitspolitik über solche der gemeinsamen Kultur Mitteleuropas bis hin zu deutschlandpolitischen Überlegungen. EGBERT JAHN drückte dies so aus: "Zunächst kommt Mitteleuropa "kulturell" daher, dann "antipolitisch", schließlich unverschleiert politisch."[509] Dieser Reihenfolge ist auf Grundlage der Quellen nicht zuzustimmen, vielmehr wanderten die Beiträge zur Mitteleuropadebatte von sicherheitspolitischen über kulturelle bis hin zu deutschlandpolitischen Fragen, bis ein sozusagen "natürliches" Ende mit der Wiedervereinigung erreicht wurde.

Es ist nicht zulässig, die einzelnen Bereiche der Debatte als auf verschiedenem Niveau "verschleiert" darzustellen, wie EGBERT JAHN es unternahm. Dazu sind die Zielrichtungen und die Akteure zu uneinheitlich. Dies kann man etwa daran sehen, dass zu NAUMANNS Zeit Mitteleuropa mit Kriegszielen, in den achtziger Jahren mit der Friedensbewegung in Verbindung gebracht werden muss, dass deutsche Mitteleuropagedanken sich vorrangig gegen westliche Werte stellten, während zum Beispiel ungarische Mitteleuropagedanke sich gegen das System der Sowjetunion wandten.

Der Höhepunkt der Debatte lag in den Jahren 1983 bis 1984, als der NATO-Doppelbeschluss bereits feststand und die Friedensbewegung allenfalls noch gegen die Umsetzung protestieren konnte, nicht jedoch gegen den Beschluss selbst. Zuletzt, in der Phase, als die sowjetische Reformpolitik auch in den mitteleuropäischen Staaten Hoffnungen auf Reformen immer realistischer werden ließ, blieb allein die DDR

mit den bekannten Folgen dieser Bewegung fern. Als sich dann im Jahr 1989 / 1990 die Massenproteste und Fluchtwellen zu einer solchen Dimension gesteigert hatten, dass der Bestand der DDR an sich in Gefahr geriet, veränderten sich auch die Perspektiven auf die mitteleuropäische Zukunft.[510]
Die Konfrontation der Blöcke bestand nicht länger. Während der Warschauer Pakt in sich zusammenbrach ohne einen Nachfolger in Aussicht zu stellen, verblieb der Westen in seiner bisherigen Form weiter bestehen. Die DDR trat in Gestalt von fünf neuen Ländern bei. In diesem Schritt ist das vorläufige Ende der Mitteleuropadebatte insofern zu sehen, als die deutsche Frage und die Problematik des atomaren Wettrüstens nun für beendet erschienen.

Ob Debatten in welcher Form auch immer jemals wirklich enden, kann in philosophischer Hinsicht bezweifelt werden, aber für das praktische Auftreten von Auseinandersetzungen kann man das Ende dann ansetzen, wenn die wesentlichen Gründe, die zum Entstehen der Debatte geführt haben, aufhören existent zu sein. Mindestens zwei dieser Gründe, das atomare Wettrüsten und die deutsche Frage endeten mit dem Jahr 1990. Allein die von SCHLÖGEL nach Deutschland importierte Frage nach der kulturellen Identität Mitteleuropas wurde von diesen Ereignissen nur geringfügig berührt. Auch wenn der Konflikt zuende war - Polen, Ungarn, Tschechen, Slowaken, Deutsche, Österreicher und die anderen Völker Mitteleuropas blieben als kulturelle und nationale Subjekte weiterhin vorhanden.[511]

b.) Kontinuitäten

Die bedeutendste Konstante in der Gesamtentwicklung der Mitteleuropadebatte besteht darin, dass Mitteleuropa als politisches Konzept nie Wirklichkeit wurde und da-

---

[509] JAHN, EGBERT. "Zur Debatte über 'Mitteleuropa' in westlichen Staaten". in: ÖSTERREICHISCHES INSTITUT FÜR FRIEDENSFORSCHUNG UND FRIEDENSERZIEHUNG (Hg). *Mitteleuropa? Beiträge zur Friedensforschung.* Stadtschlaining o.J. (1988). S. 40.

[510] KRAMER, HANS RUDOLF. "Die weltpolitische Bedeutung des 9. November 1989". in: *Sechs Jahre danach – Eine Standortbestimmung Deutschlands in Europa und der Welt.* Köln 1996. S. 25: "Eine Gründerversammlung wie jene in Philadelphia vor 209 Jahren, die eine Verfassung für Amerika erstritt und ausarbeitete, ist in Europa nun einmal nicht möglich. Die deutschen, französischen und britischen Vorstellungen über das Endprodukt "Europa" sind weiterhin ziemlich inkongruent."

[511] MARJANOVIC, VLADISLAV. *Die Mitteleuropa-Idee und die Mitteleuropa-Politik Österreichs 1945-1995.* Frankfurt/M 1998. S. 13. In Österreich seien die Mitteleuropagedanken immer lebendiger gewesen als in der Bundesrepublik, nicht zuletzt auch deswegen, weil viele der Emigranten aus Ungarn und der CSSR vor allem nach Wien kamen und nicht nach Deutschland.

her alle Pläne und Überlegungen zur Errichtung auf Gedankenspiele beschränkt blieben. Dies betrifft die Debatte in ihrem gesamten Umfang: Trotz aller anfänglicher Erfolge des Kaiserreiches oder später der Nationalsozialisten im Osten kam es nie zu einer stabilen, auch die Friedenszeit erreichenden Mitteleuropapolitik Deutschlands im Sinne Friedrich Lists oder NAUMANNS. Ebensowenig wurden die späteren Vorstellungen LÖSERS, KIEßLINGS, VENOHRS oder KONRADS jemals Wirklichkeit.

Zu den bemerkenswerten Konstanten der gesamten Debatte gehört ferner das Bild der beiden Großmächte USA[512] und Sowjetunion, später GUS, die den Raum Mitteleuropas zwischen sich nehmen, wobei Westeuropa und Osteuropa bereits klar den jeweiligen Systemen zugeordnet sind. Daraus ergibt sich eine Vorstellung von Mitteleuropa als einem Raum, der vor dem Zugriff der Supermächte geschützt werden muss.[513] Die Art und Weise wie dies zu geschehen habe indessen unterscheidet sich stark, vergleicht man 1915 und 1980 miteinander. Der Reichstagsabgeordnete GERHART VON SCHULZE-GAEVERNITZ formulierte dies am 5. 4. 1916 so:

*Eingeklemmt zwischen Weltmächte im Westen und Osten sehen wir nur einen Ausweg: Mitteleuropa... Dieses Mitteleuropa im engen Bunde mit dem Balkan und der Türkei – Griechenland und seine Mittelmacht – wäre politische und wirtschaftliche Weltmacht, welche über Suez auch vom Lande her Druck auf Afrika ausüben könnte. Holen wir dieses Ergebnis aus dem Krieg heraus, so ist... dieser Krieg für uns nicht verloren, sondern gewonnen.*[514]

---

[512] MÜLLER, EMIL-PETER. *Antiamerikanismus in Deutschland. Zwischen Care-Paket und Cruise Missile*. Köln 1986. Müller betont die Kontinuität antiamerikanischer Protestbewegungen in der Bundesrepublik zwischen 1968 und 1979.

[513] SCHUBERT, MARKUS. *Die Mitteleuropa-Konzeption Friedrich Naumanns und die Mitteleuropa-Debatte der 80er Jahre*. Sindelfingen 1993. S. 26: „in erster Linie ungarische und tschechische Autoren verwenden die Mitteleuopa-Metapher, um auf die spezielle kulturelle ud politische Situation Ihrer Region aufmerksam zu machen. Für sie ist Mitteleuropa eine Gegen-Hypothese zum Status quo der Nachkriegsordnung."

[514] zit. n. FISCHER, FRITZ. *Griff nach der Weltmacht. Die Kriegszielpolitik des kaiserlichen Deutschland 1914/18*. Düsseldorf 1967. S. 137. Vgl. auch: DELBRÜCK, HANS. "Die Differenzen über die Kriegsziele hüben und drüben". in: Krieg und Politik. Bd. 1 1915. S. 143: "Das ganze deutsche Volk ist erfüllt von der Empfindung, dass wir, erst eingeengt, dann überfallen von einer teils neidischen, teils rachsüchtigen Koalition, unseren Sieg benutzen können und müssen, unsere politische Zukunft zu sichern und unsere nationale Zukunft auf eine so breite Basis zu bringen, dass wir den anderen Weltvölkern zum mindesten ebenbürtig bleiben."

Das Motiv der Einkreisung, der existenziellen Bedrohung durch Osten und Westen zieht sich durch die gesamten Auseinandersetzungen von der Kaiserzeit bis hin zu den Vorstellungen der Friedensbewegung in den achtziger Jahren. Dass dies mit den Mitteln der politischen Utopie geschah, also mit kontrafaktischen Formulierungen dessen, was sein sollte, ist ebenfalls eine der Konstanten. FRITZ FISCHER erwähnt in seiner berühmten Darstellung der deutschen Kriegszielpolitik die Vorstellungen FRIEDRICH NAUMANNS und beschreibt sie mit folgenden Worten:

> *Das Buch von FRIEDRICH NAUMANN über Mitteleuropa, das damals soviel Aufsehen erregte, wirkte daneben* [den Plänen der Wirtschafts- und Militärführung, A.B.] *wie ein bemerkenswertes, aber doch recht unrealistisches Gedankengebäude.*[515]

Die Diskontinuität liegt nicht in der Art des Zugangs zur Frage nach Mitteleuropa, sondern darin, wer sie formulierte. Zielrichtungen und Grundängste indessen blieben weitgehend dieselben. Die Darstellungen FISCHERS über den Verlauf der Rezeption deutscher Mitteleuropagedanken im westeuropäischen Ausland sind überaus erhellend auch für die Debatte der achtziger Jahre.[516]

> *Ende 1916 hatte die Deutschen angesichts erneuter innerer Friktionen um Mitteleuropa nichts Positives erreicht. Darüber hinaus waren durch die Agitation Naumanns eminente Rückwirkungen auf seiten der Entente hervorgerufen worden. Auf der Pariser Wirtschaftskonferenz wurde die Antwort auf eine Ausschließung Englands, Frankreichs und Russlands vom mitteleuropäischen Markt gegeben. Sollten die Mittelmächte ihren wirtschaftlichen Zusammenschluss auf Kosten der Handelsinteressen der übrigen Staaten durchführen, dann würden die Ententemächte die Feindseligkeiten als Zoll- und Wirtschaftskrieg auch nach Friedensschluss fortführen. Damit waren die Deutschen vor die Wahl gestellt, entweder angesichts der*

---

[515] FISCHER, FRITZ. *Griff nach der Weltmacht. Die Kriegszielpolitik des kaiserlichen Deutschland 1914/18.* Düsseldorf 1967. S. 174.
[516] Vgl. KAISER, JOSEPH H. "Mitteleuropa aus südwestdeutscher Sicht. Spuren der Vergangenheit und Perspektiven der Zukunft." in: UNIVERSITÄT INNSBRUCK (Hg). *Symposion an der Universität Innsbruck zum Thema: Mitteleuropa – Spuren der Vergangenheit und Perspektiven der Zu-*

*weltweiten Opposition auf Mitteleuropa zu verzichten, oder die Realisierung erst recht zu forcieren.*[517]

Die Reichsführung entschied sich für den zweiten Weg mit den bekannten Folgen. Doch auch für die Regierung der Bundesrepublik, insbesondere für HELMUT KOHL stellte sich im Jahr 1989 die Frage nach der Rolle Deutschlands im mitteleuropäischen Raum erneut. Vor allem in Bezug auf die Frage, wie Sorgen der westlichen Partner vor dem neu erstehenden Deutschland entschärft werden sollten. Es ist sicher, dass zu keinem Zeitpunkt der Verhandlungen über die deutsche Wiedervereinigung im Jahr 1989 Schritte, reale Chancen oder auch nur Pläne auf Regierungsebene bestanden, eine Art Neuauflage kaiserzeitlicher Mitteleuropapolitik zu forcieren, wie dies seitens der britischen und auch französischen Regierung eventuell befürchtet worden war und wie es von der britischen Presse auch unverhohlen formuliert wurde.[518]

Die Haltung der westlichen Nachbarn Deutschlands in der Frage der Bewertung deutscher Mitteleuropapolitik ist eine der deutlichsten Konstanten.[519] Die deutsche Frage sollte nun nicht mehr wie schon des Öfteren zuvor mit militärischen Mitteln gelöst werden, sondern auf dem Weg von Verhandlungen[520] mit den betroffenen Nachbarn, wobei vor allem Polen als ein Land zu nennen ist, das an den Gesprächen der vier Mächte und der beiden deutschen Staaten nur schwach repräsentiert war.[521] Auch dies

---

*kunft. 30. und 31. Oktober 1986.* Innsbruck 1987. S. 43: Das Schicksal Mitteleuropas sei es, geteilt zu sein.

[517] FISCHER, FRITZ. *Griff nach der Weltmacht. Die Kriegszielpolitik des kaiserlichen Deutschland 1914/18.* Düsseldorf 1967. S. 215.

[518] ein Beispiel von vielen: "London - Frau Thatcher beunruhigt über zu starkes Deutschland". in: *SZ* 19.6.90.

[519] Vgl. EISFELD, RAINER. *Mitteleuropa – Paneuropa: Der hegemoniale und der föderale Integrationsansatz im Zeichen der 'vierten Weltmacht'.* Bonn 1980.

[520] KOHL, HELMUT. "Aus dem Begriff Mitteleuropas darf keine gefährliche Sprengladung gegen die politische Integration des Europas der Freiheit werden." *FAZ.* 11. 3. 1988.

[521] GALL, LOTHAR. *Europa auf dem Weg in die Moderne 1850-1890.* München 1989. S. 55: "Dass die 'deutsche Frage' angesichts der Konkurrenz zweier Großmächte in diesem Raum letztlich nur mit den Mitteln traditioneller Machtpolitik, wahrscheinlich sogar nur unter Einsatz militärischer Mittel, gelöst werden könne, hat, wie schon gesagt, nach den Erfahrungen der Revolution von 1848 auch ein erheblicher Teil der Vertreter der liberalen und nationalen Bewegung, wenngleich vielfach mit innerem Widerstreben, anerkannt. "

ist eine Konstante, dass der betroffene Raum selber, Mitteleuropa, eher Objekt als Subjekt war.[522]

Deutsche Mitteleuropagedanken haben zuweilen mit einer kritischen Bewertung oder sogar mit einer Ablehnung des westlichen Modells von Wirtschaft und Gesellschaft zu tun. In den achtziger Jahren hatte sich die Kritik von wirtschaftspolitischen oder geopolitischen Vorstellungen emanzipiert und sah entweder eine kulturelle oder eine existenzielle Bedrohung durch den Westen, die im Bestehen der Militärblöcke manifestiert war. Man kann zwar nicht davon sprechen, dass die Mitteleuropadebatte in dieser Hinsicht oder auch ganz allgemein eine Art Anhängsel der ersten Debatte sei, aber eine Gemeinsamkeit der Stoßrichtung liegt dennoch vor, wenn etwa OTTO SCHILY von "Blockauflösung" sprach:

> *Wer die Militärblöcke überwinden will, mit dem Ziel ihres schließlichen Verschwindens, muss Zwischenschritte entwickeln, die die Blockkonfrontation mildern und eine Dynamik in Richtung Blockauflösung in Gang setzen. Das ist der Grundgedanke der Mitteleuropäischen Friedensunion, mit der eine engere Zusammenarbeit zwischen den mitteleuropäischen Nachbarstaaten westlicher und östlicher Paktzugehörigkeit einschließlich des neutralen Österreich angestrebt wird.*[523]

Ging es noch in der Kaiserzeit um das wirtschaftliche Überleben des deutschen Volkes, um Lebensraum in der NS-Zeit, so waren die Auseinandersetzungen der achtziger Jahre von Vorstellung der durch NATO und Warschauer Pakt bedrohten Schöpfung insgesamt geprägt.[524] Darin kann man sowohl ein Kontinuität sehen als auch

---

[522] BARDOS-FELORONYI, NICOLAS. *Un diagnostic géopolitique de l'Europe du centre.* Bruxelles 2001. S. 8: "La réalité géohistorique complexe, à la fois hétérogène et homogène au centre de l'Europe est characterisé par un processus long de décolonisation historiquement lente et de modernisation retardée, ainsi que par de crises de société et la recherche intense d'identification." Vgl. auch GRUPINSKI, RAFAL. "Schwierigkeiten mit der Mitte Europas" in: BURMEISTER, HANS-PETER. BOLDT, FRANK. MÉSZÁROS, GYÖRGY (Hg). *Mitteleuropa - Traum oder Trauma? Überlegungen zum Selbstbild einer Region.* Bremen 1988. S. 56. zu der Frage, ob Mitteleuropa eher antisowjetisch oder antideutsch sein solle.
[523] SCHILY, OTTO. *Vom Zustand der Republik.* Berlin 1986.
[524] FRIEDMANN, BERNHARD. *Einheit statt Raketen. Thesen zur Wiedervereinigung als Sicherheitskonzept.* Herford 1987. Die darin enthaltenen Gedanken sind eine Weiterführung eines Artikels

einen Bruch. Bestand hatte vor allem die Ablehnung des Status Quo in Europa,[525] die sich der Nostalgie als gedankliches Mittel bediente.[526]

---

aus dem Vorjahr: FRIEDMANN, BERNHARD. "Wiedervereinigung Deutschlands als Sicherheitsgarantie für Ost und West". in: *Die Welt.* 13.11.1986.

[525] KIEßLING, GÜNTER. "Das Ende von Jalta". in: VENOHR, WOLFGANG. (Hg). *Ein Deutschland wird es sein.* Erlangen 1990. "Eine ganz abwegige Vorstellung von Mitteleuropa ist in jüngster Zeit ins Gerede gekommen, indem eine Zusammenarbeit von Italien, Österreich, Ungarn und Jugoslawien forciert wird." und auch: GLOTZ, PETER. "Die Alleinherrschaft des Ost-West-Denkens gefährden". *Frankfurter Rundschau.* 25.Mai 1988.

[526] ZETTL, WALTER. "Mitteleuropa-Tarockanische Utopie oder Heimweh nach dem Völkerkerker". in: *Europäische Rundschau.* Vol. 14. Nr. 3 1986. S. 93.

## 5. Das Ende der neueren Debatte: 1990

Der Begriff "Debatte" unterstellt das Vorhandensein von zwei oder mehr Parteien, die einander lokalisiert haben, um sich aneinander zu messen. Für den Fall der Mitteleuropadebatte indessen lässt sich feststellen, dass der inhaltliche Schlagabtausch nicht reziprok war. Während viele Schriftsteller Ungarns und der Tschechoslowakei sich auf kulturelle Gemeinsamkeiten beriefen, richtete sich die deutsche Mitteleuropadebatte in erster Linie auf die Frage nach der Zukunft Deutschlands. Diese Auseinandersetzung hatte nach JENS HACKER die Aufgabe,

> [...] *die Teilung Deutschlands für richtig, gerecht und notwendig zu erachten. Mit den Gedanken an Mitteleuropa wurde der Wunsch verknüpft, es aus dem Ost-West-Konflikt herauszulösen, da dieser von den Großmachtinteressen nicht jedoch von System-Verschiedenheiten und Wertunterschieden geprägt sei.*[527]

Aus dieser Perspektive heraus ließen sich derartige Mitteleuropakonzepte letztlich als Nachfolger der Stalin-Note von 1952 verstehen, ein wiedervereinigtes Deutschland in die Neutralität zu entlassen, nur, dass diese Vorschläge in der Bundesrepublik entwickelt wurden und nicht in Moskau. Die Neutralität versprach Befreiung aus dem alten deutschen Problem eines *cauchemar des coalitions*, der das Land bekanntlich schon mehrfach gequält hatte. Die Verbindung von deutschem Sonderweg und Neutralität ist von IMMANUEL GEISS umfassend dargestellt worden.[528] THOMAS JÄGER fasste die Kritik an Neutralitätsplänen pointiert so zusammen:

> *Die Verfolgung von Mitteleuropaplänen ginge auf Kosten liberaler Werte, der Entwicklung und Steuerbarkeit innerwestlicher Kooperation und der Krisenstabilität im Ost-West-Konflikt, weil eine mitteleuropäische Ordnungsstruktur kein funktionales Subzentrum im Strukturkonflikt darstellte,*

---

[527] WEIMER, CHRISTIAN. "'Mitteleuropa' Ein komplexer und ambivalenter politischer Terminus und die kontroverse Diskussion über ihn in den achtziger und neunziger Jahren". in: KICK, KARL G. WEINGARZ, STEPHAN. BARTOSCH, ULRICH (Hg.) *Wandel durch Beständigkeit. Studien zur deutschen und internationalen Politik. Jens Hacker zum 65. Geburtstag.* Berlin 1998. S. 518.
[528] GEISS, IMANUEL. *Die Deutsche Frage. 1806-1990.* Mannheim 1992. S. 12.

*sondern eine grundlegende Neuordnung des Gesellschafts- und Staatensystems in Europa.*[529]

Man kann es als einen Beleg für die Richtigkeit dieser Einschätzung auffassen, dass die Mitteleuropadebatte mit dem Fall der Mauer und dem Untergang der Sowjetunion ebenfalls von der Agenda verschwand. Stattdessen traten neue Problemfelder zutage, die unter dem Stichwort "Neonationalismus" zusammengefasst werden können, vor allem und ironischerweise, in eben den Ländern des ehemaligen Habsburgerreiches, wie etwa Tschechien, der Slowakei und Slowenien.[530] Die Emanzipation Mitteleuropas, stieß in den Desintegrationsprozessen der neunziger Jahre auf ihr Ende. Insgesamt kann man in Bezug auf Deutschland in einem sehr allgemeinen Sinn, vier verschiedene Etappen unterscheiden, wenn es darum geht, den Abschluss der Mitteleuropadebatte in den achtziger Jahren zu beschreiben. Diese sind:

a.) Das Ende des Kalten Krieges zu Beginn von Glasnost und Perestroika
b.) Die Montagsdemonstrationen und die deutsche Wiedervereinigung
c.) qualitative Schritte der europäischen Integration im Westen
d.) der Beginn operativer Mitteleuropapolitik durch die EU

Wenn auch der Beginn der Mitteleuropadebatte der achtziger Jahre nicht eindeutig bestimmt werden kann, so ist doch ihr Ende auf Ort und Tag genau festzulegen. Jedenfalls der Tag, an dem weitere Beiträge oder Vorschläge für die Neuordnung Mitteleuropas unabhängig von den bestehenden westlichen Bündnissen NATO und Europäische Gemeinschaft auf kein Echo mehr hoffen durften: Mit den Unterschriften zu dem "Vertrag über die abschließende Regelung in Bezug auf Deutschland" endete die Mitteleuropadebatte am 12. September 1990 in Moskau, also bezeichnenderweise außerhalb von Mitteleuropa.

Artikel 6 des Vertrages regelte "das Recht des vereinten Deutschland, Bündnissen mit allen sich daraus ergebenden Rechten und Pflichten anzugehören". Dies war de facto gleichbedeutend mit einer gesamtdeutschen NATO-Mitgliedschaft. Für die Mitteleuropadebatte kann daher der Abschluss der Zwei-Plus-Vier-Gespräche als Endpunkt

---

[529] JÄGER, THOMAS. *Europas neue Ordnung. Mitteleuropa als Alternative?* München 1990. S. 442.
[530] RÜB, MATTHIAS. "Wettlauf nach Westen. Wie die NATO-Osterweiterung Staaten ins Niemandsland stößt". In: *FAZ*. 29. 4. 1997.

bezeichnet werden.[531] Doch diese Einigung war zu Beginn der Verhandlungen noch nicht abzusehen. Vor allem von sowjetischer Seite aus hatten grundlegende Einwände gegen eine solche Regelung bestanden, aber auch eine Reihe von mitteleuropäischen Ländern, im Sinne der Debatte der achtziger Jahre, stand dem Vorgang der Wiedervereinigung kritisch gegenüber.[532]

Die Wiedervereinigung Deutschlands, genauer gesagt, der Beitritt der ausklingenden DDR in Form von neuen Ländern zum Geltungsbereich des Grundgesetzes, brachte damit einerseits ein wichtiges Motiv der Mitteleuropadebatte zum Erliegen, aber andererseits stellte sich insbesondere mit Blick auf das Nachbarland Polen erneut und für kurze Zeit die Frage der ehemaligen Ostgebiete, beziehungsweise die Anerkennung der sog. Oder-Neiße-Linie als Grenze. In dieser Hinsicht trat die Bundesregierung nicht einheitlich auf. Zwischen Bundeskanzler KOHL und Außenminister GENSCHER kam es zu Differenzen, die im Ausland, vor allem Frankreich, Polen und Großbritannien sehr sensibel wahrgenommen wurden.
Reale Chancen auf eine um einige 1945 verlorene Gebiete erweiterte Wiedervereinigung bestanden jedoch zu keiner Zeit.
Entscheidender ist indessen, dass nun, mit dem tatsächlichen Ende des Kalten Krieges ganz neue Fragen auftraten und nach einer Lösung verlangten. Die Zeit der Träume war vorbei, weil die realen Problemstellungen so intensiv in den Vordergrund traten, dass neben ihnen kaum mehr Platz für utopische Gedanken der Raumordnung blieb. Gerade für die osteuropäischen Länder ging es nicht länger darum, eine eigene von Atomwaffen und sowjetischem Einfluss freie Sphäre zu errichten, sondern darum, möglichst schnell in die Europäische Gemeinschaft aufgenommen zu werden. Damit wurde der politischen Mitteleuropadebatte die Grundlage entzogen, die darin bestanden hatte, dass der Raum zwischen Deutschland und Russland eigenes Gewicht haben solle.[533] Erneut geriet Mitteleuropa damit zwischen die Fronten

---

[531] BLUMENWITZ, DIETER. *This is Germany. Germany's Legal Status after Unification.* Bonn 1994. für eine Darstellung der Aspekte Friedensvertrag, Selbstbestimmung und Grenzziehungen.
[532] Vgl. MARTENS, STEPHAN. *Allemagne. La nouvelle puissance européenne.* Paris 2002. Über die Frage nach einer neuen deutschen Mittellage als Gefahr für die Nachbarn.
[533] BARDOS-FELORONYI, NICOLAS. *Un diagnostic géopolitique de l'Europe du centre.* Bruxelles 2001. S. 8 "La réalité géohistorique complexe, à la fois hétérogène et homogène au centre de l'Europe est characterisé par un processus long de décolonisation historiquement lente et de modernisation retardée, ainsi que par de crises de societé et la recherche intense d'identification."

und erlag der Sogwirkung des mächtigen Nachbarn, nicht mehr der Sowjetunion, beziehungsweise der GUS, sondern der EU im Westen.
Für Deutschland bedeutete der Wandel eine neue Ausrichtung nach Osten. Dies betraf sowohl das eigene Land, das mit der Aufnahme der neuen Bundesländer insgesamt nördlicher und östlicher wurde, sondern auch, was die nun weitaus offenere Grenze nach Osten hin betraf. ROMAIN KIRT hat die Entwicklungen ab 1990 als einen späten "Sieg ADENAUERS", im Sinne seiner Magnettheorie, über Mitteleuropagedanken bezeichnet.[534]

### 5.1 Zwei-Plus-Vier *versus* Mitteleuropa

Die Verhandlungen zwischen den vier großen Siegermächten des 2. Weltkrieges und den beiden deutschen Staaten zwischen Mai und September 1990 waren deshalb gleichbedeutend mit dem Ende der Mitteleuropadebatte der achtziger Jahre, weil im Rahmen dieser Gespräche all die Punkte diskutiert wurden, die den Verlauf der Debatte in den Jahren zuvor beflügelt hatten. Vor allem traf dies auf den Bereich der sicherheitspolitischen Aspekte und die konkreten Lösungsvorschläge für die Deutsche Frage zu.

Bereits die Auswahl der Teilnehmer an den Gesprächen war eine klare Absage an Mitteleuropagedanken. Die beiden Vertreter der Bundesrepublik Deutschland - der Bundesminister des Auswärtigen, HANS-DIETRICH GENSCHER[535], und der damalige politische Direktor im Auswärtigen Amt, Dieter Kastrup - waren mit der Zielvorgabe in die vier Außenminister-Treffen und den ihnen jeweils vorgeschalteten Expertenberatungen gegangen, dass der Teilnehmerkreis möglichst zu beschränken sei auf die beiden deutschen Staaten, und die vier Mächte.

Ein weiteres Ziel bestand darin, die ersatzlose Ablösung der Rechte der vier Mächte und uneingeschränkte Souveränität für Deutschland zu erreichen, wobei das wieder-

---

    und auf S. 60: "La question allemande est-elle reposée?" Der Autor sieht ferner vor allem in der Partei der SPD einen neuen Drang nach Osten.

[534] KIRT, ROMAIN (Hg). *Die Europäische Union und ihre Krisen.* Baden-Baden 2001. S. 25.

[535] Grundlegend zur Rolle Genschers: LUCAS, HANS-DIETER. (Hg). *Genscher, Deutschland und Europa.* Baden-Baden 2002.

vereinigte Deutschland komplett zur NATO gehören sollte.[536] Der Abzug der sowjetischen Truppen schließlich stellte sich als eines der Hauptprobleme heraus, das später nicht zuletzt mit einem bundesdeutschen Kredit an Moskau in Höhe von rund 15 Mrd. D-Mark gelöst wurde.[537]

Im Rahmen dieser Termine wurden die wesentlichen Hindernisse auf dem Weg zur deutschen Einheit bewältigt, wobei ein besonders sensibler Punkt, die Anerkennung der polnischen Westgrenze, die am 17. Juli unter Einbeziehung der polnischen Regierung in Paris vereinbart worden war, in einem separaten Vertrag geregelt wurde und damit nicht Bestandteil der Gespräche war. Dennoch wurde dieser Vertrag in das Abschlussdokument mit aufgenommen.[538]
Für das Verständnis der Mitteleuropadebatte ist jedoch nicht in erster Linie das Ergebnis der Gespräche, die Wiedervereinigung, von Interesse, sondern der Verlauf und hier wiederum die Stellungnahmen der Teilnehmer in Bezug auf die deutsche Frage. Der allgemeine Nenner, auf den die internationalen Beiträge gebracht werden können lautet für die Zeit zwischen Sommer 1989 und Mai 1990: Sorge vor Destabilisierung Deutschlands[539] und dann, nach Beginn der Gespräche, Sorge vor einem übermächtigen Deutschland. JOSEF JOFFE schrieb dazu in der Süddeutschen Zeitung:

*Das Schöne an der Wiedervereinigung war jahrzehntelang, dass man sie weder für morgen noch für übermorgen erwarten musste. (...) Nein, sagt Präsident Bush, ihn störe der Gedanke* [an die dt. Einheit, A.B.] *nicht: "Es wird eine ganze Menge über die Furcht vor der Wiedervereinigung geschrieben, aber ich teile sie nicht" Präsident Mitterrand erklärt die Einheit gar zum "natürlichen Recht" der Deutschen, und Margaret Thatcher schließt sich beiden an. Man muss schon etwas ostwärts - oder zwischen die*

---

[536] HACKE, CHRISTIAN. "Der Mantel der Geschichte: 2+4 und deutsche Einheit in gesamteuropäischer Konkordanz". in: LUCAS, HANS-DIETER. (Hg). *Genscher, Deutschland und Europa.* Baden-Baden 2002.
[537] SCHOLZ, RUPERT. "Deutsche Frage und europäische Sicherheit". in: *Europa-Archiv* Jg. 45/1990. S. 239-247.
[538] SCHATZ, GEORG. "Der Wunsch Europäer zu sein. Bericht von einer Tagung in Krakau". in: *Stuttgarter Zeitung.* 9.11.1989.
[539] WEIDENFELD, WERNER. *Außenpolitik für die deutsche Einheit: Die Entscheidungsjahre 1989/90.* Stuttgart 1998. S. 64-65.

*Zeilen - schweifen, um die Seelenlage der Freunde und Nachbarn auszuloten.*
*Die schwankt zwischen dem Absurden und dem Bedenkenswerten. Unter die Rubrik "Absurd" fällt zum Beispiel der Kolumnist der Sunday Times (London), der die neunziger Jahre von zwei Ereignissen beherrscht sieht: dem Zusammenbruch der Sowjetunion und dem Aufstieg des "Vierten Reiches" als Supermacht.*[540]

Diese Darstellung deckt sich mit dem Befund der Quellenlage der beteiligten Regierungen, beziehungsweise den Rollen der einzelnen Regierungschefs und deren Vertreter.[541] ALEXANDER VON PLATO hat in einer entsprechenden Studie die internationalen Auswirkungen der deutschen Einheit auf der Grundlage von bisher unveröffentlichten Gesprächsprotokollen der Regierung GORBATSCHOWS und zahlreichen Interviews untersucht.[542] Seine Schlussfolgerung lautet, dass die Wiedervereinigung als politisches "Weltereignis" mit Folgen für die Demokratisierung Osteuropas verbunden war, aber vor allem mit einer Ausdehnung amerikanischer Macht bis weit in das Gebiet des ehemaligen Ostblocks hinein.

Auf diese Weise, ist man fast versucht zu sagen, sind Gedanken im Stile NAUMANNS durchaus realisiert worden, allerdings nicht auf der Grundlage deutscher Dominanz, sondern zugunsten der amerikanischen Vormachtrolle in der Welt.

Die Zwei-plus-Vier Gespräche waren für die Mitteleuropadebatte in ihrer bisherigen Gestalt auch deshalb ein Endpunkt, da allein drei ihrer vier integralen Bereiche (Wirtschaft, Sicherheit und Deutsche Frage), eine grundsätzliche Neubewertung oder zumindest eine fundamental neue Ausrichtung erfuhren. Der letzte Teilbereich der Mitteleuropadebatte, "Kultur und Verteidigung der Bürgergesellschaft", war bezeichnen-

---

[540] JOFFE, JOSEF. "Keiner will ein 'Viertes Reich'" in: *SZ* 10.11.1989.
[541] GORBATSCHOW, MICHAIL. *Erinnerungen*. Berlin 1995. S. 746. GENSCHER, HANS-DIETRICH. *Erinnerungen*. Berlin 1995. S. 799. TELTSCHIK, HORST. *329 Tage*. München 1993. S. 264-265. KAISER, KARL. *Deutschlands Vereinigung. Die internationalen Aspekte mit den wichtigsten Dokumenten*. Bonn 1991. S. 226-230. BUNDESMINISTERIUM DES INNERN UNTER MITWIRKUNG DES BUNDESARCHIVS. BEARB. VON HANNS JÜRGEN KÜSTERS UND DANIEL HOFMANN. *Dokumente zur Deutschlandpolitik. Deutsche Einheit. Sonderedition aus den Akten des Bundeskanzleramtes*. München 1989/90. Nr. 57. US-AMERIKANISCHE BOTSCHAFT IN BONN (Hg). *Amerika-Dienst*. Signatur Deutsche Bibliothek DZb 76/552. 36/90.

derweise nicht Gegenstand der eigentlichen Gespräche, sondern wurde allenfalls gelegentlich berührt, so etwa, früh im Verlauf der Ereignisse, in einem Schreiben HELMUT KOHLs an den ungarischen Ministerpräsidenten Németh am 4. Oktober 1989:

> *Ungarn hat damit* [der Öffnung der Grenzen zu Österreich, A.B.] *einen Reform-Prozess von gesamteuropäischer Bedeutung unternommen. Es hat zugleich seine traditionelle geistige und wirtschaftliche Verbindung zu Westeuropa gestärkt und die Tür für eine immer engere Verflechtung mit der Weltwirtschaft weit geöffnet.*
>
> *Die unter Ihrer Führung getroffene Entscheidung Ihres Landes gegen trennende Grenzen und für Freizügigkeit aller Bürger hat Ungarn weltweit Anerkennung und Sympathie erworben. Ihre Behandlung der ethnischen Minderheiten und Ihre Haltung in humanitären Fragen sind, richtungweisend auch für andere Länder Mittel- und Osteuropas.*[543]

So wichtig Fragen der Kultur und der Identität von den einzelnen Akteuren auch immer genommen wurden, so schwierig war es, diese Wertschätzung in konkrete Vertragsinhalte umzusetzen. Dies hatte sich fünfzehn Jahre zuvor bereits in der Schlussakte von Helsinki gezeigt. Diesmal jedoch ging es um Staatsgrenzen eines Landes, auf dessen Gebiet Truppen gegnerischer Blöcke stationiert waren. EDWARD SCHEWARDNADSE, der damalige Außenminister der Sowjetunion, bezeichnete das Problem der Truppenreduzierung im Rahmen der militärischen Situation Europas als "Frage aller Fragen".[544] Damit betrat die Friedenspolitik in neuem Kostüm erneut auf die Bühne des Dramas um Mitteleuropa.

MARION GRÄFIN DÖNHOFF schrieb in einem Leitartikel vor Beginn der Gespräche zu der Frage der Wiedervereinigung folgende Worte:

> *Das klingt gut, aber wie soll man sich dies konkret vorstellen: eine Wiedervereinigung unter einem europäischen Dach? Als Anschluss der DDR zu*

---

[542] PLATO, ALEXANDER VON. *Die Vereinigung Deutschlands - ein weltpolitisches Machtspiel*. Bonn 2003.
[543] BUNDESMINISTERIUM DES INNERN UNTER MITWIRKUNG DES BUNDESARCHIVS. Bearb. von HANNS JÜRGEN KÜSTERS UND DANIEL HOFMANN. *Dokumente zur Deutschlandpolitik. Deutsche Einheit. Sonderedition aus den Akten des Bundeskanzleramtes*. München 1989-1990. Nr. 57.
[544] SCHEWARDNADSE, EDWARD. *Die Zukunft gehört der Freiheit*. Hamburg 1993. S. 244.

*westlichen Bedingungen an eine in Europa integrierte Bundesrepublik – also Preisgabe ihrer von aller Welt anerkannten Eigenstaatlichkeit? Totale Kapitulation mitten im Frieden? Das kann doch wohl im Ernst kein Mensch glauben.*[545]

Überlegungen der kulturellen Identität des Raumes Mitteleuropa traten vor dem Gewicht der bisherigen militärischen Konfrontation und vor der schieren Unglaublichkeit[546] der Veränderungen erheblich an Bedeutung zurück. Ist darin eine Widerlegung KONRAD'scher Antipolitik zu verstehen?[547]

Das Konzept der in diesem Sinn antipolitischen Dissidentenbewegung lag in der Annahme begründet, dass sich die Struktur der kommunistischen Herrschaft langsam auflösen würde. Mittels eines staatsbürgerlichen Bummelstreiks sollten die Apparate der Einheitsparteien zuerst gemieden, dann ignoriert und schließlich umgangen werden, so dass sie in der Bedeutungslosigkeit verschwänden, besiegt, ohne jemals frontal angegriffen worden zu sein. Das Wesen der Umstürze im Osten und die Ausgangslage der Zwei-plus-Vier Verhandlungen war indessen von grundsätzlich anderer Art. Die Dissidenten saßen nicht am Verhandlungstisch, wohl aber die kommunistischen Machthaber, die, wenn auch reformbereit, so doch im eigenen Land weiterhin Gegner der Dissidenten blieben.

## 5.2 EU *versus* Mitteleuropa

Die Wiedervereinigung Deutschlands im Jahr 1990 fiel in eine Zeit, als die europäische Integration im Begriff war, zu einem qualitativen Sprung anzusetzen und Europa von der Gemeinschaft in die Union zu verwandeln. Gleichzeitig vollzog sich im restlichen Teil Europas ein streckenweise äußerst krisenreicher Übergang von den totalitären Regimes der Nachkriegszeit hin zu modernen mitteleuropäischen Staaten. Prob-

---

[545] *Die Zeit* am 20.1.1990.
[546] VAN MIERT, KAREL. *Markt, Macht, Wettbewerb*. München 2000. Hierin eine Beschreibung des Kommissionsmitgliedes Van Miert, dass die gesamte Kommission von der Wende vollkommen überrascht wurde. J. Delors war noch im November 1989 davon ausgegangen, dass eine eventuelle Wiedervereinigung allenfalls im 21. Jahrhundert stattfinden könnte (S. 244).
[547] BÜSCHER, WOLFGANG ET AL. (Hg). *Friedensbewegung in der DDR. Texte 1978–1982*. Hattingen 1982, S. 246 ff.

lematisch waren in erster Linie die Staaten des ehemaligen Jugoslawien, die bereits in der Zeit des Kalten Krieges eine Sonderrolle innegehabt hatten. Diese Themen erwiesen sich als so dominant, dass die Mitteleuropadebatte mit ihren hin und wieder allzu dramatischen Tönen im Vergleich dazu rasch an Anziehungskraft verlor.[548] Nicht nur hatten sich die Inhalte und Fragen der Debatte weitgehend erledigt, auch die Blickrichtung veränderte sich zusehends. Europa schaute nicht mehr vorrangig auf die alte Narbe des Eisernen Vorhangs: Mitteleuropa war unspektakulär geworden. EGBERT JAHN hatte 1988 noch gefragt:

> *Oder ist 'Mitteleuropa' eine neue Hoffnung? Entschärfung des Ost-West-Konflikts in seinem höchstgerüstetem Zentrum? Abschied von der Ost-West-Konfrontation und gleichzeitig vom Nationalismus? Ein neuer Internationalismus im kleineren, bescheideneren Maßstab? Eine Groß-Schweiz des Völkerfriedens und der lokal-regionalen Selbstbestimmung?(...) Mitteleuropa, wo die Umwelt wieder Welt werden darf, nachdem sie so lange als Schlachtfeld vorgesehen war? Mitteleuropa als Vermittlereuropa zwischen Westeuropa und Osteuropa, zwischen Amerika und Asien?*[549]

Angesichts der Krisen zum Beispiel um Kuwait oder Jugoslawien mussten diese Sätze nach dem 3. Oktober 1990 wie aus einer vergangenen Epoche erscheinen – und sie waren es auch.[550]

Auf staatsrechtlicher Ebene hatten sich Gedanken über eine mögliche Eigenständigkeit, um nicht zu sagen, eine mitteleuropäische Integration ebenfalls erledigt. Der Vertrag von Maastricht schuf die Grundlage für einen europäischen Staatenbund, der, wie es das Bundesverfassungsgericht formulierte,

> *von den Mitgliedstaaten getragen wird, und deren nationale Identität [er] achtet. er betrifft die Mitgliedschaft Deutschlands in supranationa-*

---

[548] SCHLEICHER, KLAUS. *Realisierung der Bildung in Europa: europäisches Bewusstsein trotz kultureller Identität?* Darmstadt 1994. S. 1.
[549] JAHN, EGBERT. "Zur Debatte über 'Mitteleuropa' in westlichen Staaten". in: ÖSTERREICHISCHES INSTITUT FÜR FRIEDENSFORSCHUNG UND FRIEDENSERZIEHUNG (Hg). *Mitteleuropa? Beiträge zur Friedensforschung.* Stadtschlaining o.J. (1988). S. 43.
[550] POND, ELIZABETH. *The Rebirth of Europe.* Washington D.C. 2002. S.9: "Contemporary statesmen see themselves as carpenters, not as architects".

*len Organisationen, nicht eine Zugehörigkeit zu einem europäischen Staat.*[551]

Mit diesem Schritt – spätestens - konnte keine Utopie mehr mithalten. Auch wenn nun im Folgenden die so genannten Europaskeptiker zunehmend Zweifel an der Zielsetzung oder der Umsetzung äußerten, so griffen sie doch nicht auf argumentative Muster der Mitteleuropadebatte zurück. Im Fall etwa der britischen *Eurosceptics* ist dies evident, doch auch die deutschen Kritiker mussten nicht rückwärtsgewandt argumentieren.

WOLFGANG SCHÄUBLE, sicherlich kein Euroskeptiker im allgemeinen Sinn des Wortes formulierte elf Jahre nach der Wiedervereinigung die Probleme, die sich bereits kurz nach der Wende zu entwickeln begannen: "Auch der 11. September 2001 und seine Folgen haben gezeigt, dass Europa längst noch nicht in dem wünschenswerten Ausmaß zu einer geschlossenen Form oder gar zu einem ernst zu nehmenden gemeinsamen Gewicht findet."[552]

Vor allem SCHÄUBLES Vorstellung eines "Kerneuropa" rund um die alten Gründungsstaaten ist hier zu nennen, um den neuen Trend weg von Mitteleuropa zu charakterisieren.[553]

Viele der gedanklichen Elemente der Mitteleuropadebatte sind jedoch auch weiterhin in Gebrauch, allerdings treten sie nun gelöst von den alten Bedeutungen auf. Dies wird anhand einer Beobachtung von LUDGER KÜHNHARDT, Direktor am ZEI, deutlich:

> *Man kann immer mit der Vergangenheit argumentieren und sagen, dass zu den unverwechselbaren Bausteinen Europas selbstverständlich die christliche Religion und die aus ihr erwachsene Ethik gehören. (...) Dass Europa*

---

[551] BVerfG 89, 155 (181) Vgl. KLEIN, ECKART. "Auf dem Weg zum 'europäischen Staat'?" in: HOLTMANN, DIETER. RIEMER, PETER (Hg). *Europa: Einheit und Vielfalt. Eine interdisziplinäre Betrachtung.* Münster 2001. S. 261.

[552] SCHÄUBLE, WOLFGANG. "Europas Herausforderung: Verantwortung für den Zustand der einen Welt". in: LANGER, MICHAEL; LASCHET, ARMIN. (Hg). *Unterwegs mit Visionen. Festschrift für Rita Süßmuth.* Freiburg 2002. S. 441.

[553] Vgl. HÜLSSE, RAINER. *Metaphern der EU-Erweiterung als Konstruktionen europäischer Identität.* Baden-Baden 2003. für eine Darstellung dieses Vorgangs aus linguistischer Perspektive. HÜLSSE fragt nach der Bedeutung von Begriffen wie "Rückkehr in die europäische Familie. Die

*Missionsgebiet geworden ist, gehört zu den harten, schockierenden Wirklichkeiten an der Schwelle des Jahres 2000 christlicher Zeitrechnung.*[554]

Dieses Missionsgebiet war in der Mitteleuropadebatte der achtziger Jahre noch als Kern einer erstrebenswerten Kultur begriffen worden, deren Wert allein durch die Übermacht der militärischen Blöcke behindert sei und die dabei helfen könne, die kulturelle Leere der Supermächte zu überwinden.[555]

Die EU gibt auf diese Fragen keine Antwort. Auch wenn die endgültige Rolle der EU noch nicht definiert war,[556] ebensowenig wie sie es zum gegenwärtigen Zeitpunkt ist, so ist doch klar, dass die Themenbereiche der Mitteleuropadebatte bis auf den Bereich der Kultur von den Organen und Zielsetzungen der EU in einem solchen Umfang abgedeckt werden, dass für die Ideen der Mitteleuropadebatte kein Raum mehr blieb: Sicherheit und Wirtschaft. Das Thema der deutschen Einheit war bereits in den Zwei-plus-Vier-Gesprächen beendet worden.

Die gegenwärtigen Aufgaben der EU haben mit den Inhalten der Mitteleuropadebatte nur peripher etwas zu tun: Die Frage der Verfassung, der militärischen Verteidigung (nicht der Abrüstung!); die Kompetenzverteilungen innerhalb Organe der EU; Demokratisierung; Haushalt und Subventionsordnung – sie alle stehen nicht in der Tradition der Diskussion der Friedensbewegung, der Neutralisten und Antipolitiker, auch wenn das Gebiet Mitteleuropas eine bedeutende Rolle im Rahmen der Aktivitäten der EU spielt. Somit schließt sich der Kreis zur Kulturdebatte um Mitteleuropa.

GABOR ERDÖDY hat diesen Übergang in einem Sammelband zu dokumentieren versucht.[557] Dabei richtet er seinen Blick in erster Linie auf die Donaustaaten, die, wie gezeigt worden ist, im Rahmen der Pentagonalen bereits ohnehin dem Gedanken der institutionellen Integration näher standen, als dies in der alten Bundesrepublik jemals

---

Erweiterungsfrage als Frage der Identität: je wesensverwandter mit dem Westen, desto besser die Chancen auf Beitritt.

[554] KÜHNHARDT, LUDGER. *Die Zukunft des europäischen Einigungsgedankens. ZEI Discussion Paper C 53/1999.* Bonn 1999. S. 34.

[555] "Daß ein Denkmal wirkt, setzt voraus, daß ein Kult vorhanden ist" KOSELLEK, REINHARD. in *Der Spiegel* 6 / 1997.

[556] KRAMER, ESTHER. *Europäisches oder atlantisches Europa? Kontinuität und Wandel in den Verhandlungen über eine politische Union 1958–1970.* Baden-Baden 2003.

[557] ERDÖDY, GÁBOR (Hg.) *Mitteleuropa. Politische Kultur und europäische Einigung. Schriften des Zentrums für Europäische Integrationsforschung* (ZEI). Bd. 54. 2003.

der Fall gewesen ist. Für die Bundesrepublik trat somit das Ende der Mitteleuropadebatte schroffer als für Österreich und Ungarn ein.[558] Dies mag auch damit zu tun haben, dass die deutsche Debatte an Illusionen und Utopien reicher war als etwa in Österreich, wie auch die Friedensbewegung in der Bundesrepublik radikaler war als dort.[559]

---

[558] MICHELS, GEORG (Hg). *Auf der Suche nach einem Phantom? Widerspiegelungen Europas in der Geschichtswissenschaft.* Baden-Baden 2003: Der Versuch einer Bestandsaufnahme des "historischen Handgepäcks" aus der Perspektive osteuropäischer Historiker anhand von Längsschnitten durch die Entwicklung einzelner Länder.

[559] HACKE, CHRISTIAN. *Die Außenpolitik der Bundesrepublik Deutschland. Weltmacht wider Willen?* Berlin 1997. KÜNG, HANS; SENGHAAS, DIETER. *Friedenspolitik. Ethische Grundlagen internationaler Beziehungen.* München 2003.

## 6. Zusammenfassung und Ausblick

Der realgeschichtliche Verlauf der deutschen Wiedervereinigung stellt in mehrfacher Hinsicht das Gegenteil von Mitteleuropagedanken dar. Man könnte auch sagen: Als sich die Demonstranten auf den Straßen Leipzigs und Ostberlins in eigener Sache zu Wort meldeten, verstummten alle Träume und Utopien innerhalb der Mitteleuropadebatte aus westdeutscher Perspektive. Aus der Frage, was aus dem SED-Regime werden solle, war plötzlich die Frage geworden, was aus Deutschland werden würde, dabei ging die Diskussion über Mitteleuropa unter. Dies geschah in vier Schritten:

1.) Die Forderungen der Demonstranten nach Währungsunion mit der Bundesrepublik und schließlich Wiedervereinigung erreichten eine solche Lautstärke, dass Mitteleuropagedanken in der Publizistik schlicht überhört wurden.[560]
2.) Um die Wiedervereinigung zu erreichen, war das Einverständnis der vier Mächte notwendig, wobei zuerst die Vereinigten Staaten, dann die Sowjetunion, schließlich auch Frankreich und Großbritannien dem Verlauf zustimmten. Damit hatten sich erneut die Supermächte als dominante Mitspieler erwiesen.
3.) Wesentlicher Bestandteil der Verhandlungen über die Wiedervereinigung war das deutsche Bekenntnis zu Frieden und Integration in internationale Organisationen, vor allem jedoch die NATO. Mit dem sowjetischen Einverständnis zum Beitritt der neuen Länder über die Bundesrepublik zum Nordatlantikpakt waren Forderungen nach einem neutralen Mitteleuropa absurd geworden.[561]
4.) Das Ende der Sowjetunion selbst und ihr Zerfall in die Gemeinschaft unabhängiger Staaten veränderte die europäische Landkarte schließlich so fundamental, dass traditionellen Mitteleuropagedanken die Grundlage entzogen wurde.

Für die verschiedenen Teilbereiche der Mitteleuropadebatte waren die Entwicklungen der Jahre 1989 und 1990 nicht gleichbedeutend. Insbesondere für die sicherheitspoli-

---

[560] ZIPPEL, WULF DIETHER (Hg). *Deutsch-deutsche Wirtschafts-, Währungs- und Sozialunion im Rahmen der Europäischen Gemeinschaften. Referate und Diskussionsberichte der Tagung des Arbeitskreises Europäische Integration e.V. (13.-15. Sept. 1990 in Dresden)*. Baden-Baden 1991.
[561] Vgl. ELSÄSSER, JÜRGEN. *Der deutsche Sonderweg. Historische Last und politische Herausforderung*. München 2003. ELSÄSSER sieht für die Zukunft neue deutsche Sonderwege, ganz ohne germanisches Gepräge aber mit Unterstützung der USA.

schen Konzepte im Sinne LÖSERS und SCHILLINGS muss festgestellt werden, dass spätestens nach 1990 kein Bedarf mehr bestand, die Idee eines demilitarisierten Streifens entlang der Elbe weiter zu diskutieren. Ironischerweise fand zwar durchaus ein Abzug der sowjetischen Truppen aus dem Gebiet der ehemaligen DDR statt, ganz wie von LÖSER und SCHILLING vorgesehen, doch hatte dieser Truppenabzug keine Demilitarisierung im klassischen Sinn zur Folge.

Auch die Vereinigten Staaten reduzierten die Truppen in Deutschland und im Zuge der Wiedererlangung der vollen Souveränität mutierte die Gestalt der militärischen Landschaft in Deutschland tatsächlich zu neuer Normalität, aber eben, und dies ist der zentrale Aspekt, immer unter dem Dach des Nordatlantikpaktes.[562] Dadurch waren sicherheitspolitische Mitteleuropakonzepte unter dem Paradigma des drohenden Atomkrieges *ad acta* zu legen.

Ähnliches gilt für die *Deutsche Frage* als Teilbereich der Mitteleuropadebatte. Hier kann eindeutig konstatiert werden, dass mit dem Abschluss der Zwei-plus-Vier-Gespräche und der Unterzeichnung des Nachbarschaftsvertrages mit Polen die beiden Hauptbestandteile der Deutschen Frage, wie sie sich nach 1945/1949 gestellt hatte, als gelöst zu betrachten waren. Dieser Prozess der Entschärfung wurde weiterhin durch den Beitritt Polens zur NATO und später zur EU bestärkt.

Man kann schließlich darüber spekulieren, ob die bundesdeutsche Erfahrung mit der Wiedervereinigung und speziell mit dem so genannten "Aufbau-Ost" nicht auch zu der Einstellung beigetragen haben, dass es besser wäre, die damaligen deutschen Ostgebiete dort zu belassen, wo sie seit 1945 hingehören. Auch dies kann man im obigen Sinn als einen späten Sieg ADENAUERS begreifen.

Für die Mitteleuropadebatte ist die Bemerkung wichtig, dass kein gleichberechtigter Zusammenschluss mehrerer Staaten zu einem Sicherheitsnetz eintrat, sondern ein

---

[562] PRESSE- UND INFORMATIONSAMT DER BUNDESREGIERUNG. (Hg). *Reihe Berichte und Dokumentationen. Bundeskanzler Helmut Kohl. Reden zu Fragen der Zukunft.* Bonn. Juli 1989. S. 8: "In der Außenpolitik gibt es über den Standort und Kurs der Regierungspolitik keine Zweifel. Wir haben deutlich gemacht, dass die Grundentscheidungen der deutschen Politik seit KONRAD ADENAUER gültig bleiben: das Ja zum Westen, der Vorrang der Freiheit vor der Einheit, die Einbindung in das Atlantische Bündnis, die Bindung an die Europäische Gemeinschaft auf dem festen Fundament der immer enger gewordenen deutsch-französischen Freundschaft. (...) Nicht weniger liegt uns an der Wahrung des Gleichgewichts zwischen Ost und West, auf beiden Seiten mit weniger Waffen. Das geht nicht ohne eine Stärkung Europas, die aber für mich niemals Abwendung vom Atlantischen Bündnis bedeutet."

Beitritt des kleineren deutschen Staates zum größeren, wobei die Republik Österreich ebenso wenig eine Rolle spielte wie die anderen mitteleuropäischen Staaten.
Wie gezeigt werden konnte, hatten wirtschaftspolitische Vorstellungen in der Mitteleuropadebatte eine sehr untergeordnete Rolle gespielt. Zwar bestanden wirtschaftliche Kontakte zwischen Ost und West zu jeder Zeit des Kalten Krieges, selbst zur Zeit der Berliner Luftbrücke, doch können diese wirtschaftlichen Verflechtungen nicht allein dadurch der Mitteleuropadebatte zugeordnet werden, weil sie sich in dem zur Diskussion stehenden Raum entwickelten. Echte Konzepte zur wirtschaftlichen Neuordnung Mitteleuropas entgegen der bestehenden Realitäten waren immer die Ausnahme. Während der Jahre der europäischen Teilung hatte insbesondere für die Wirtschaftspolitik das Konzept der "kleinen Schritte" gegolten.
Dies änderte sich massiv mit dem Ende des Warschauer Pakts und der Aussicht auf eine Osterweiterung der westeuropäischen Märkte. Damit trat erneut der Faktor "Wirtschaft" in der Diskussion hervor, denn die einzelnen Länder entwickelten sich keineswegs synchron und gleichförmig. Fragen der wirtschaftlichen Entwicklung Mitteleuropas konnten vor allem deshalb wieder sinnvoll diskutiert werden, weil Möglichkeiten zur Umsetzung nun wieder bestanden.
Die lange Pause zwischen 1945 und 1990 war beendet, und es begann ein Prozess der Integration einiger mitteleuropäischer Länder in die Europäische Union, der zum gegenwärtigen Zeitpunkt noch nicht abgeschlossen ist und der nicht als Verlängerung vorkriegsdeutscher Mitteleuropapolitik verstanden werden kann.[563]
Zuletzt bleiben die kulturellen Überlegungen zu Mitteleuropa. Eine wesentliche Funktion der Auseinandersetzungen zu der Frage nach der kulturellen Identität (Mittel-)Europas hatte darin bestanden, den kulturellen Wert der Region in Anbetracht seiner Machtlosigkeit und Abhängigkeit von den Supermächten zu verteidigen und denjenigen Kern zu bestimmen, der trotz der Randlage für die Identität Mitteleuropas konstituierend sei. Diese ehemaligen Abgrenzungsversuche hatten sich im kommunistisch-dominierten Teil Mitteleuropa vermehrt gegen die Sowjetunion gerichtet und in der Bundesrepublik in erster Linie gegen die USA.[564] Mit dem Ende dieser Konfliktstellung hat auch die Notwendigkeit abgenommen, das, was von den verschiede-

---

[563] Abweichend dazu: MICHAL, WOLFGANG. *Deutschland und der nächste Krieg*. Berlin 1995. MICHAL kommt zu dem Schluss: "Mit Ausnahme Irlands hängen alle Länder der Europäischen Union von Deutschland ab, Deutschland aber von niemand." Damit sei eine gewisse Kriegsgefahr verbunden.

[564] POPOV, DMITRI. "Die grüne Nostalgie". in: *Freitag*. 20.9.2002.

nen Teilnehmern der Debatte als typisch mitteleuropäisch empfunden wurde, gegen Dritte zu verteidigen. Man kann daher auch in dieser Beziehung ein Ende der Debatte feststellen, wobei eine Neuauflage sicherlich nicht ausgeschlossen ist. Nach wie vor ist Mitteleuropa kein Bereich der Mitte, sondern ein relatives Randgebiet, das den wahren Machtzentren Europas an wirtschaftlicher, sozialer und politischer Bedeutung unterlegen ist. Die Motivation, aus der heraus weiterhin darüber nachgedacht wird, was Mitteleuropa kulturell beitragen kann, hat sich geändert, nicht jedoch das Ziel, nämlich die Selbstbeschreibung eines Raumes in Europa: den Wert der Traditionen neu zu erkunden, die in Folge der europäischen Teilung verschüttet wurden, und die nun ohne Vereinnahmung von Ideologie und Ost-Westkonflikt neu zu würdigen sind.

# Anhang

## 7.1 Kartenteil: Mitteleuropabilder

Mitteleuropa heute

Quelle:
Image by Scooter20. http://en.wikipedia.org/wiki/File:CentralEurope.png, Stand 03.03.2011. Lizenziert unter Creative Commons (s. http://creativecommons.org/licenses/by-sa/3.0/deed.en)

Europa im Ost-Westkonflikt

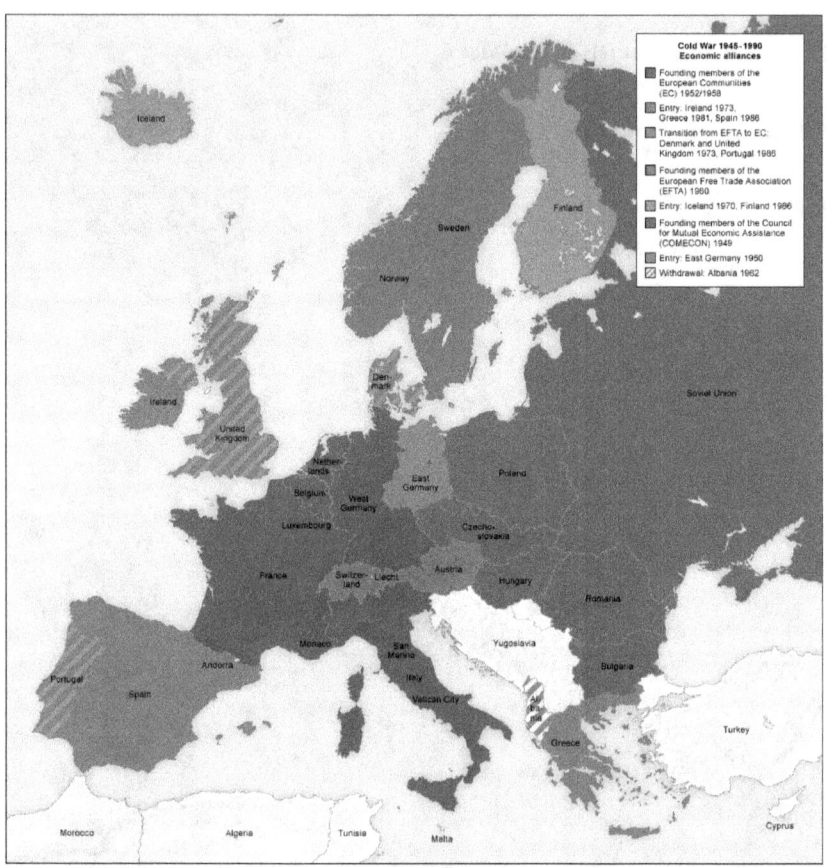

Quelle:
Image by San Jose. http://en.wikipedia.org/wiki/File:Cold_war_europe_economic_alliances_map_en.png, Stand 03.03.2011. Lizenziert unter Creative Commons (s. http://creativecommons.org/licenses/by-sa/3.0/deed.en)

# Europäische Union

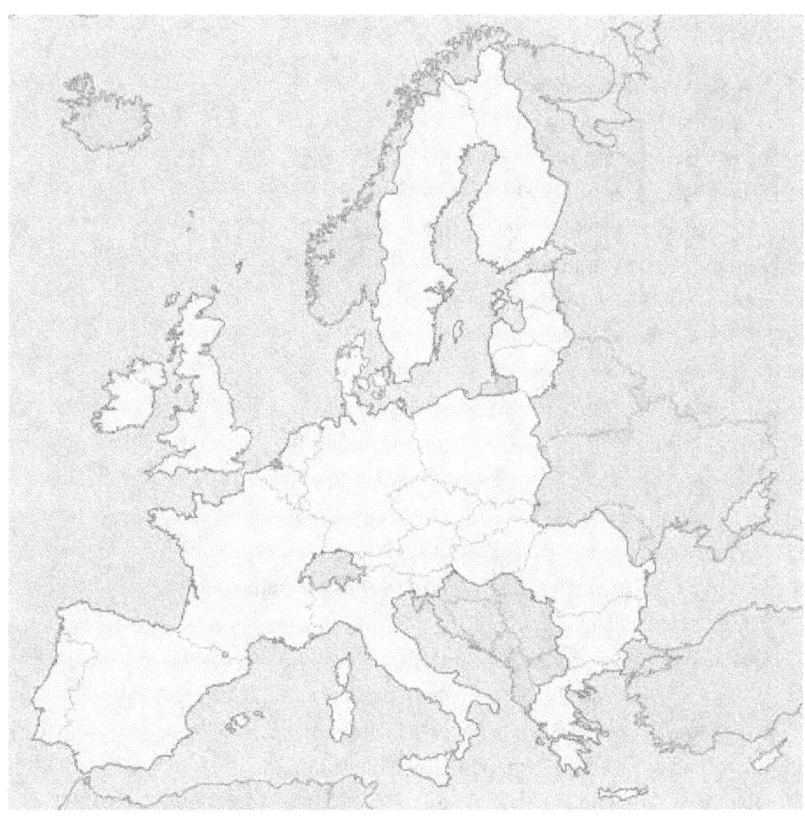

Quelle:
Image by Ssolbergj. http://en.wikipedia.org/wiki/File:EU_map_brown.svg, Stand 03.03.2011.
Lizenziert unter Creative Commons (s. http://creativecommons.org/licenses/by-sa/3.0/deed.en)

## 7.2 Zeittafel

1915 NAUMANNS "Mitteleuropa"
1917 ONCKENS "Mitteleuropa"
1939 DAITZ' "Gesellschaft für Großraumwirtschaft" gegründet
1941 HAUSHOFERS *Kontinentalblock*
1945 Ende der "ersten Debatte" über Mitteleuropa
1946 'Züricher' Rede CHURCHILLS
1947 Jakob Kaisers *Brückentheorie*
1949 NATO-Vertrag
1949 Gründung des Europarats
1955 Edenplan
1957 Rapackiplan
1958 Titoplan
1960 EFTA tritt in Kraft
1963 Kekkonenplan
1966 *Istituto per gli Incontri Culturali Mitteleuropei* gegründet
1975 Schlussakte von Helsinki
1977 *Movimento Mitteleuropeo* gegründet
1982 VENOHRS "Die deutsche Einheit kommt bestimmt"
1983 KUNDERAS "Tragödie Mitteleuropas" erscheint erstmals in Paris
1984 LÖSER und SCHILLING: "Neutralität für Mitteleuropa"
1985 KONRADS "Antipolitik"
1986 SCHLÖGELS "Die Mitte liegt ostwärts"
1989 28.11. HELMUT KOHLS 10-Punkte Plan

## 7.3 Abkürzungsverzeichnis

| | |
|---|---|
| BRD | Bundesrepublik Deutschland |
| CEI | Central European Initiative |
| CDU | Christlich Demokratische Union Deutschlands |
| CSU | Christlich Soziale Union Deutschlands |
| GUS | Gemeinschaft unabhängiger Staaten |
| DA | Deutschland Archiv |
| DDR | Deutsche Demokratische Republik |
| DNB | Deutsche Nationalbibliographie |
| EA | Europa Archiv |
| EBWD | Europäische Bank für Wiederaufbau und Entwicklung |
| EEA | Einheitliche Europäische Akte |
| EFTA | European Free Trade Association |
| EG | Europäische Gemeinschaft(en) |
| EGKS | Europäische Gemeinschaften für Kohle und Stahl |
| EU | Europäische Union |
| EWG | Europäische Wirtschaftsgemeinschaften |
| FDP | Freie Demokratische Partei Deutschlands |
| INF | Intermediate Range Nuclear Forces |
| KPdSU | Kommunistische Partei der Sowjetunion |
| KSZE | Konferenz für Sicherheit und Zusammenarbeit in Europa |
| NATO | North Atlantic Treaty Organisation |
| NG | Die neue Gesellschaft (Hefte) |
| NSDAP | Nationalsozialistische Deutsche Arbeiterpartei |
| SALT | Strategic Arms Limitation Treaty |
| SBZ | Sowjetische Besatzungszone |
| SDI | Strategic Defense Initiative, |
| SED | Sozialistische Einheitspartei Deutschlands |
| SPD | Sozialdemokratische Partei Deutschlands |
| ZEI | Zentrum für Europäische Integrationsforschung |

## 7.4 Personen-, Orts- und Sachregister

Abendland 58, 264
Adenauer 28, 61, 66, 73, 74, 75, 133, 145, 228
Adria 102, 116, 164, 179
Afghanistan 178
Albanien 114
Amerika 27, 44, 105, 126, 187, 193, 198, 208, 223, 251
Antiamerikanismus 196, 197, 209, 252, 262, 264
Anti-Atom-Bewegung 26
Antikapitalismus 197
Antipolitik 19, 63, 102, 103, 106, 107, 108, 121, 222, 234, 259
Äquidistanz 19, 167
Asien 54, 55, 57, 223
Atomkrieg 106
Aufklärung 40, 55, 56, 57, 60, 104, 270
Außenpolitik 12, 50, 65, 67, 120, 128, 130, 132, 165, 176, 219, 226, 228, 253, 256, 261, 273
BAHR 11, 77, 78, 79, 80, 162, 163, 164, 168, 243, 254
Balkan 102, 113, 114, 140, 209
Belgien 37, 58, 65, 163
BENDER 17, 38, 112, 194, 206, 244
BERLIN 14, 17, 21, 24, 25, 30, 40, 45, 46, 48, 50, 55, 56, 57, 66, 68, 78, 94, 96, 97, 98, 101, 108, 110, 111, 112, 113, 122, 124, 127, 128, 130, 140, 141, 142, 168, 170, 171, 172, 173, 174, 178, 184, 195, 196, 197, 198, 206, 212, 215, 220, 226, 229, 242, 243, 244, 245, 248, 249, 251, 252, 253, 254, 257, 258, 259, 262, 263, 264, 265, 267, 268, 269, 273, 274
Berliner Appell 62
Berliner Mauer 62, 66, 79, 129, 144
Besatzungszone 71, 235
BICHSEL 187, 244
Bodensee 117
BOJTAR 105, 250
BONDY 181, 183, 245
BREDOW 18, 35, 42, 165, 245, 246
Brückentheorie 28, 73, 118, 234
BRZECHCZYN 184
Budapest 38, 56, 57, 100, 105, 110, 114, 115, 120, 122, 162, 177, 188
Bukowina 117
Bulgarien 17, 65, 72, 113, 114, 163

Bundesrepublik 1, 9, 11, 14, 15, 17, 18, 19, 20, 21, 22, 23, 24, 25, 26, 27, 31, 32, 41, 45, 46, 47, 48, 49, 50, 57, 63, 66, 71, 73, 79, 93, 94, 96, 97, 98, 99, 100, 101, 103, 105, 106, 110, 112, 113, 114, 115, 116, 117, 118, 122, 124, 127, 128, 130, 131, 132, 134, 135, 137, 139, 141, 142, 143, 144, 145, 158, 159, 161, 162, 164, 167, 168, 169, 172, 173, 174, 176, 181, 182, 183, 184, 185, 187, 190, 191, 192, 195, 197, 198, 200, 202, 203, 204, 206, 208, 209, 211, 215, 217, 218, 222, 225, 226, 227, 229, 235, 251, 253, 258, 267, 271
Bundestag 21, 23, 26, 174, 200, 201
Bundesverfassungsgericht 223
Bürgergesellschaft 102, 106, 108, 168, 179, 220
Bürgerrechtsgruppen 49, 169
BURKE 55, 246
BUSH 24, 56, 134, 135, 219
CABADA 112, 113, 247
Carlsson 120
CDU 206, 235
Central European Initiative 123, 235
China 57
CHRISTIANS 144, 247
COUDENHOVE-KALERGIS 9, 39, 68
CRAIG 130, 253
Cruise Missiles 158
CSSR 19, 22, 48, 70, 101, 111, 116, 118, 122, 163, 164, 173, 191, 192, 195, 208
Dänemark 163, 173
Danzig 110, 177
Delors 61, 222
Demilitarisierung 17, 126, 174, 228
Demokratie 51, 106, 107, 142, 168, 189, 199
Demokratisierung 107, 220, 225
Deutschland 1, 9, 11, 13, 20, 22, 24, 26, 28, 31, 34, 39, 42, 43, 44, 48, 50, 51, 56, 59, 60, 61, 64, 66, 68, 69, 72, 73, 75, 76, 77, 93, 95, 97, 99, 101, 102, 103, 106, 113, 115, 116, 117, 118, 120, 124, 125, 126, 127, 128, 129, 130, 131, 132, 133, 134, 140, 141, 142, 143, 144, 159, 162, 164, 168, 169, 170, 174, 175, 176, 177, 182, 183, 187, 192, 195, 197, 198, 201, 202, 203, 204, 207, 208, 209, 210, 211, 213, 215, 216, 217, 218, 219, 226, 227, 228, 229, 235, 243, 244, 245, 246, 250, 251,

252, 253, 254, 257, 258, 262, 263, 264, 269, 272, 273
Deutschlandfrage 16, 32
Deutschlandpolitik 47, 73, 75, 78, 125, 126, 169, 200, 204, 206, 220, 221, 243, 246, 251, 253, 254, 255, 260
Dienstbier 101
Donau 142
Donau Chemie AG 142
Donauraum 124, 137
DÖNHOFF 221
Dritte Welt 197
Drittes Reich 129
Eden 43, 74, 75, 76
EG 10, 17, 25, 47, 118, 123, 173, 203, 235
EGKS 17, 74, 235
EHLICH 29, 30, 249
Einheitspartei 235
Elbe 75, 100, 116, 187, 192, 228
ELVERT 15, 26, 39, 69, 189, 250
Empire 34, 140
EÖRSIS 180
EPPLER 62, 170, 171, 250
ERDÖDY 41, 108, 109, 113, 225, 247, 250
EU 10, 123, 216, 218, 222, 225, 228, 235
Europa 9, 16, 17, 18, 26, 28, 39, 40, 44, 47, 51, 53, 54, 55, 56, 57, 58, 59, 60, 61, 62, 67, 68, 73, 74, 76, 77, 80, 96, 98, 104, 105, 106, 107, 108, 110, 111, 117, 119, 120, 122, 123, 129, 130, 133, 134, 141, 142, 145, 158, 160, 161, 166, 168, 170, 171, 175, 177, 178, 182, 187, 192, 193, 194, 196, 197, 198, 199, 202, 205, 208, 211, 213, 216, 218, 219, 222, 223, 224, 225, 230, 235, 242, 245, 246, 247, 248, 251, 253, 254, 255, 257, 259, 260, 262, 263, 264, 265, 266, 267, 269, 270, 272, 274
Europabild 59, 60, 252
Europäische Union 10, 15, 39, 54, 58, 188, 218, 229, 235, 258, 264
Europaskeptiker 224
Europaverständnis 56
Europawahl 25
Exil 40, 74, 95, 100, 267
FDP 49, 235
FEHER 113, 250
Föderation 44, 168, 175
FOUCAULT 29, 56, 250
Frankreich 18, 21, 23, 32, 39, 56, 58, 65, 69, 129, 162, 163, 217, 227, 269
Frantz 11
Freihandelszone 144

Freiheit 38, 41, 51, 54, 95, 103, 105, 107, 108, 109, 111, 113, 122, 127, 144, 160, 195, 199, 211, 221, 228, 243, 250, 254, 259, 267, 271
Freizügigkeit 122, 221
Freudenstadt 97
*Friedensbewegung* 1, 10, 13, 17, 26, 62, 63, 131, 141, 158, 159, 160, 165, 166, 168, 170, 172, 176, 177, 178, 179, 185, 187, 207, 210, 225, 226, 246, 247, 261
FRIEDMANN 17, 167, 206, 212, 251
Fundamentalisten 178
GALLUS 20, 44, 101, 175, 176, 201, 251
GEISS 13, 201, 215, 252
Genf 48, 75
GENSCHER 21, 174, 175, 201, 217, 218, 219, 220, 252, 253, 262
Gesinnungsethik 45
Getreideproduktion 143
Glasnost 18, 25, 168, 216
Glass 101
GLOTZ 19, 47, 167, 213, 252
GORBATSCHOWS 104, 168, 195, 220
Grenze 16, 25, 28, 33, 35, 36, 37, 38, 54, 61, 72, 111, 118, 129, 162, 164, 178, 180, 192, 218
GROBE-HAGEL 198, 253
Großbritannien 21, 34, 74, 125, 127, 134, 162, 217
Grundlagenvertrag 79
GYÖRGY KONRÁD 48, 101
HABERMAAS 29
HABSBURG 95, 117
Habsburgerzeit 117
HACKE 50, 73, 130, 132, 175, 219, 226, 253
HACKER 57, 93, 94, 127, 128, 132, 167, 170, 171, 172, 176, 178, 182, 215, 244, 253, 254, 262, 273, 274
Hallsteindoktrin 99
HAUSHOFER 14, 15, 40, 254, 255
HAVEL 18, 46, 48, 101, 111
Hegemonie 13, 40
HEIDEGGER 44
Hejzlar 101
Hekataios von Milet 54
Hellas 54
Helsinki 51, 80, 158, 221, 234, 252, 265
Helsinki-Prozeß 167
Herodot 54, 60
Herrhausen 144
Hexagonale 122
Holland 65

237

Holocaust 71, 99, 118, 186
HOMER 54, 60, 255
Honecker 80, 200
Humanität 56, 171, 244
*Identität* 1, 9, 17, 18, 23, 24, 43, 48, 58, 93, 97, 101, 103, 104, 112, 113, 115, 117, 119, 123, 174, 179, 181, 183, 186, 187, 199, 203, 208, 221, 222, 223, 224, 229, 245, 249, 250, 254, 255, 265, 267
IG Farben 142
Imperialismus 65, 67, 96, 98, 140, 253, 254, 263, 269
Imperialismuskritik 93, 95
Individualismus 54
Industrialisierung 14, 58, 64, 124, 184
Innsbruck 10, 23, 120, 121, 123, 210, 256, 257, 263, 265, 266, 272
Integration 9, 10, 17, 23, 28, 39, 40, 41, 53, 56, 68, 73, 74, 103, 104, 130, 131, 132, 139, 142, 145, 161, 163, 176, 182, 188, 189, 193, 211, 216, 222, 223, 225, 227, 229, 249, 252, 254, 257, 259, 262, 271, 274, 275
Isolationismus 44
Italien 9, 22, 37, 93, 116, 119, 122, 137, 163, 165, 213, 245
JAHN 20, 65, 137, 161, 207, 208, 223, 256
Jalta 97, 103, 106, 109, 110, 161, 213, 258
Jaruzelski 116
JAWORSKI 101, 204, 257
JENCKS 32, 257
JOFFE 219, 220, 257
Johannes Paul II. 177
Jugoslawien 22, 36, 102, 115, 119, 122, 142, 163, 164, 202, 213, 223
KAISER 10, 28, 73, 74, 96, 100, 120, 132, 210, 220, 248, 253, 257, 258, 261
Kaiserreich 59, 102, 141
Kaliningrad 144
Kapitalismus 96, 98, 101
Kasachstan 165
Katholizismus 184
Kelly 160
Kerneuropa 10, 224
KIEßLING 26, 27, 50, 97, 115, 158, 168, 169, 213, 258
Kiew 55
KIPLING 34, 258
Kirche 36
KISSINGER 23, 133, 166, 168, 258
KOGON 194, 195, 259
Kolakowski 101, 104, 259

Kolonialisierung 69
Kolonialismus 58
Kommission 79, 222
Konstantinopel 56
KORTE 23, 73, 99, 203, 204, 206, 245, 252, 260, 262, 263
KOVACS 114, 115, 180, 181, 257, 260
Krefelder Appell 159, 160
KREISKY 118, 260
Kroatien 114, 123
Krzemzinski 101
KSZE 80, 158, 235, 268
Kuba 178
Kultur 11, 14, 16, 19, 20, 32, 33, 41, 42, 47, 54, 55, 61, 69, 101, 105, 107, 109, 113, 117, 122, 138, 174, 179, 180, 181, 183, 184, 193, 194, 195, 199, 207, 220, 221, 225, 245, 247, 249, 250, 255, 259, 264, 267
Kulturpolitik 22, 118
KUNDERA 18, 45, 46, 48, 70, 72, 101, 102, 105, 111, 165, 180, 186, 261, 265
KÜNG 226, 261
Kuwait 223
LACAN 29, 30, 261
Lebensraum 69, 212
LEVINSON 30, 261
Liberalismus 107
Limes 36
List 11, 15, 68
Litauen 60, 115
Literaturwissenschaften 46, 47
LÖSER 17, 41, 97, 158, 159, 160, 162, 163, 164, 165, 182, 183, 228, 234, 262
Maastricht 60, 130, 142, 223, 249, 257
Magnettheorie 145, 146, 218
MAGRIS 117, 187
MANN 130, 196, 262
MARSH 132, 262
Mauerfall 122
Menschenbild 58
MICHELIS 122, 123, 263
Militarismus 56, 98, 129, 269
Milliardenkredite 25, 145, 205
Mittelalter 55, 56, 106
Mitteldeutschland 19, 71
Mitteleuropadebatte 1, 9, 11, 12, 13, 14, 15, 16, 17, 20, 21, 22, 23, 24, 25, 27, 28, 31, 32, 33, 34, 35, 36, 39, 41, 42, 44, 45, 46, 47, 48, 49, 50, 53, 54, 55, 56, 57, 62, 64, 65, 66, 69, 71, 77, 79, 98, 100, 102, 103, 107, 113, 114, 115, 116, 117, 122, 124,

125, 129, 133, 134, 135, 137, 138, 139,
140, 142, 143, 160, 166, 167, 170, 174,
178, 179, 188, 190, 195, 196, 198, 200,
201, 202, 203, 204, 206, 207, 208, 212,
215, 216, 217, 218, 219, 220, 223, 224,
225, 226, 227, 228, 229, 244, 267
Mitteleuropagedanke 14, 186, 187, 198, 202, 204, 207
Mittelstreckenraketen 77, 79
Mittelweg 128
MLYNAR 48, 101, 121, 177, 263
Moldawien 114
MOLNAR 48, 101
Mongolen 55
Montagsdemonstrationen 23, 216
Montenegro 65, 117
MORGENTHAU 125
Morgenthauplan 11, 74, 174
Moskau 56, 71, 112, 124, 159, 162, 188, 194, 215, 216, 219
Mulisch 187
Muschg 187
Nachkriegszeit 19, 39, 40, 41, 78, 105, 127, 161, 166, 176, 222
Naivität 163, 171, 198
Nationalismus 56, 119, 128, 202, 223, 259
Nationalneutralismus 44, 101
Nationalsozialismus 24, 40, 41, 69, 74, 100, 141, 246, 249, 252, 271
Nationalstaat 177, 193, 201, 202
NATO 10, 17, 23, 35, 106, 118, 133, 161, 162, 163, 166, 168, 169, 191, 203, 205, 212, 216, 219, 227, 235, 258
NAUMANN, 11, 14, 66, 117, 264
Németh 221
Neutralismus 44, 166, 176
Neutralität 19, 21, 24, 27, 43, 44, 50, 66, 118, 121, 124, 128, 160, 162, 163, 164, 165, 168, 169, 173, 174, 175, 183, 189, 192, 206, 215, 234, 258, 260, 262
NIETZSCHE 127, 264
Norditalien 165
NORMAN 133, 244
Norwegen 163
Novalis 59, 264
NSDAP 41, 235
NS-Vergangenheit 183
Oder-Neisse-Linie 20, 134, 217
OPLATKA 196, 265
Ostberlin 177
Ostblock 16, 19, 62, 196, 265

Österreich 12, 19, 45, 60, 66, 71, 75, 93, 116, 117, 118, 120, 122, 137, 164, 165, 173, 183, 187, 191, 192, 195, 208, 212, 213, 221, 226, 229, 272
Österreich-Ungarn 58, 59, 65
Ostpolitik 27, 77, 78, 79, 162, 173, 245, 252, 254
Ostsee 179
PALME 75, 79
Paneuropa 211, 249
Paris 51, 55, 56, 60, 100, 118, 119, 128, 129, 131, 132, 146, 217, 219, 234, 247, 249, 250, 261, 263
Pariser Verträge 74
Pazifismus 175, 176, 197
Pentagonale 22, 122
Perestroika 18, 25, 168, 216
Pershing 158, 159
Polen 17, 19, 22, 36, 43, 50, 58, 60, 65, 69, 70, 74, 77, 101, 103, 112, 113, 114, 116, 118, 122, 123, 129, 130, 131, 162, 164, 168, 173, 177, 180, 191, 193, 195, 198, 208, 211, 217, 228, 250, 265
Postmoderne 28, 32, 33, 166, 257, 264
Potsdam 103
Prag 56, 57, 100, 105, 109, 114, 115, 120, 177
Preussen 58, 59, 65, 66, 187
Protestantismus 184
Publizistik 25, 45, 57, 63, 96, 177, 187, 227, 244
RAPACKI 43, 75, 77, 265
Reagan 177
Reformation 56
REINISCH 160, 170, 187, 194, 196, 254, 259, 262, 266
Renaissance 56
Revanchismus 66
Revolution 105, 106, 109, 124, 211, 264, 270
Rhein 13, 192
RITTER 67
Römerzeit 55
ROSNA 179, 191, 192, 193, 266
ROVAN 129, 198, 204, 266
Rumänien 65, 113, 114, 163, 164
SCHÄUBLE 224, 267
SCHEWARDNADSE 221, 267
SCHILLING 17, 41, 97, 158, 159, 160, 161, 162, 163, 164, 165, 183, 228, 234, 262
SCHILY 20, 97, 158, 172, 173, 174, 212, 267
SCHLOTTERER 40, 268
Schulze-Gaevernitz 209

Schwarzwald 97
Schweden 74, 163
Schweiz 36, 37, 65, 128, 187
SED 96, 97, 235
Selbstbestimmungsrecht 171
Sendungsbewußtsein 185
Sentimentalität 42
Serbien 65, 114, 123
Silberbergbau 143
SIMECKA 111, 270
Sizilien 55
SKED 128, 129, 270
Slowakei 114, 123, 216
*Solidarnosc* 62, 167
Sonderweg 128, 175, 176, 215, 227, 250
SONTAG 105, 187, 270
Souveränitätsverzicht 44
Sowjetisierung 69, 111
Sowjetunion 16, 18, 19, 27, 33, 34, 55, 62, 68, 72, 74, 77, 80, 100, 102, 103, 104, 105, 109, 111, 112, 114, 115, 118, 119, 121, 124, 129, 133, 135, 144, 158, 160, 161, 163, 165, 169, 173, 174, 175, 177, 179, 180, 183, 188, 190, 191, 192, 193, 194, 195, 196, 199, 206, 207, 209, 216, 218, 220, 221, 227, 229, 235, 248, 251
SPD 96, 159, 171, 205, 218, 235
SPEER 40, 274
Sprachgrenze 36
Stadtschlaining 20, 23, 65, 97, 137, 161, 186, 188, 208, 223, 249, 256, 265, 274
Star Wars 158
STEINBACH 189, 190, 270
Stereotype 113
STIRKS 43
Strategic Defense Initiative 158, 235
STRAUSS 38
Studentenunruhen 61
STÜRMER 41, 65, 95, 198, 199, 271
Tabu 96, 139
Teheran 103
TELTSCHIK 144, 220, 271
Thatcher 211, 219
Tiger-Staaten 143
TOCQUEVILLE 194
Transitabkommen 79
Traum 10, 18, 25, 32, 44, 62, 101, 104, 108, 110, 111, 167, 180, 187, 189, 212, 246, 253, 254, 259, 260, 266, 270, 271, 272
TRESTIK 114, 271
Trumandoktrin 126
Tschechien 36, 60, 114, 123, 216

Türkei 9, 209
Tutzing 77, 243
Ukraine 114
Unabhängigkeitsbewegung 124
Ungarn 20, 22, 37, 55, 58, 93, 101, 103, 112, 113, 114, 115, 118, 119, 122, 137, 163, 164, 173, 191, 192, 195, 208, 213, 221, 226
USA 18, 33, 42, 55, 68, 75, 103, 112, 118, 124, 125, 133, 134, 159, 160, 161, 169, 175, 177, 179, 188, 191, 196, 199, 206, 209, 227, 229
Usbekistan 165
Utopie 25, 31, 62, 118, 168, 192, 195, 204, 210, 213, 224, 245, 247, 250, 254, 266, 274
VACULIK 108, 272
VANSITTART, 11, 126, 272
VARGYAI 120, 121, 272
Venedig 122
VENOHR 20, 77, 97, 182, 213, 258, 272
Versailles 12, 66
Viertes Reich 75, 220, 257
Vietnamkrieg 178
Visegrad-Gruppe 123
W.E.St 142, 266
WAIGEL 128
Warschauer Pakt 15, 35, 62, 70, 77, 80, 103, 104, 110, 116, 161, 163, 165, 168, 173, 191, 200, 203, 208, 212, 229
Washington 134, 162, 194
WEIDENFELD 10, 38, 71, 73, 99, 118, 129, 162, 174, 177, 182, 194, 198, 203, 204, 219, 244, 245, 252, 253, 260, 262, 263, 265, 266, 267, 272, 273
Weimar 41
Weissrußland 114
WEIZSÄCKER 24
Weltkrieg 12, 15, 38, 56, 66, 68, 69, 96, 98, 99, 105, 120, 179, 191, 193, 254, 269
Weltmacht 50, 53, 58, 130, 134, 141, 196, 209, 210, 211, 226, 248, 249, 250, 253
Wende 23, 49, 99, 107, 168, 222, 224
Westdeutschland 126
Westintegration 10, 14, 27, 126, 251
Westorientierung 75, 101, 108, 121, 251
Wettrüsten 61, 161, 175, 208
Wiedergutmachung 99, 118
Wiedervereinigung 9, 10, 13, 17, 20, 21, 23, 24, 30, 43, 48, 50, 51, 61, 74, 120, 122, 123, 130, 134, 145, 158, 167, 168, 169, 171, 174, 177, 179, 182, 183, 196, 202,

207, 211, 212, 216, 217, 219, 220, 221, 222, 224, 227, 228, 251, 257, 269
Wien 25, 33, 39, 46, 100, 101, 106, 107, 116, 118, 119, 124, 127, 165, 180, 188, 196, 202, 208, 243, 246, 247, 248, 254, 255, 257, 259, 261, 264, 265
WINKLER 177, 184, 202, 273, 274

Wirtschaftspolitik 15, 16, 145, 229
Zagajewski 101
Zarenreich 58, 102
Zeitgeist 53
Zettl 213, 274
Zwei-plus-Vier 129, 220, 222, 225
Zwischeneuropa 141

## 7.5 Literaturangaben

- ABIZADEH, SOHRAB. MILLS, ALLEN (Hg). *The Return of Mitteleuropa: Socio-Economic Transition in Post-Communist Central Europe.* New York 1999.
- ABIZADEH, SOHRAB. MILLS, ALLEN (Hg). *The Return of Mitteleuropa: Socio-Economic Transition in Post-Communist Central Europe.* New York 1999.
- AGH, ATTILA. *Emerging Democracies in East Central Europe and the Balkans.* Cheltenham 1998.
- AGH, ATTILA. *The Politics of Central Europe.* London 1998
- ALBRECHT, ULRICH. *Europa – atomwaffenrei. Vorschläge, Pläne, Perspektiven.* Köln 1986.
- ALLEN, DEBRA J. *The Oder-Neisse Line. The United States, Poland, and Germany in the Cold War.* Westport 2003.
- ALLEN, JOHN. "Power". in: AGNEW, JOHN. MITCHELL, KATHARYNE. TOAL, GERARD. (Hg). *A Companion to Political Geography.* Malden 2003.
- ALTER, PETER. *The German Question and Europe. A History.* London 2000.[1]
- ALY, GÖTZ. DIEKMANN, CHRISTOPH ET AL. (Hg). *Modelle für ein deutsches Europa. Ökonomie und Herrschaft im Großwirtschaftsraum.* Berlin 1992.
- AMBROSIUS, GEROLD. HUBBARD, WILLIAM H. *Sozial- und Wirtschaftsgeschichte Europas im 20. Jahrhundert.* München 1986. Und FISCHER, WOLFRAM. (Hg.) *Europäische Wirtschafts- und Sozialgeschichte vom Ersten Weltkrieg bis zur Gegenwart.* Stuttgart 1987.
- AMBROSIUS, GEROLD. HUBBARD, WILLIAM H. *Sozial- und Wirtschaftsgeschichte Europas im 20. Jahrhundert.* München 1986.
- ANDRÉ CHÉRADAME. *The Pangerman Plot Unmasked.* New York 1917.
- ARENS, KATHERINE. "Politics, History, and Public Intellectuals in Central Europe after 1989". in: TÖTÖSY DE ZEPETENEK, STEVEN. *Comparative Central European Culture.* West Lafayette 2002.
- ARETIN, KARL OTMAR VON. "Europa-Ordnungsvorstellungen im Krieg und Frieden vom 17. zum 20. Jahrhundert." in: UNIVERSITÄT HEIDELBERG: *Europa und Europabilder.* Heidelberg 1999.
- ASH, TIMOTHY GARTON. "The Puzzle of Central Europe". in: *New York Revue of Books.* 18. März 1998.

- ASH, TIMOTHY GARTON. *In Europe's Name. Germany and the Divided Continent.* London 1993.
- ASH, TIMOTHY GARTON. *In Europe's Name. Germany and the Divided Continent.* London 1993.
- ASH, TIMOTHY GARTON. MOISI, DOMINIQUE. "Let the East Europeans in". in: *The New York Review of Books.* 24. October 1991.
- ASH, TIMOTHY GARTON. Zeit der Freiheit. Aus den Zentren von Mitteleuropa, München, Wien 1999.
- ASH, TIMOTHY, GARTON. Ein Jahrhundert wird abgewählt. Aus den Zentren Mitteleuropas 1980-1990. München 1992.
- BAHR, EGON. "Die SPD und ihre deutschlandpolitischen Konzepte in den 50er und 60er Jahren", in: HÜBSCH, REINHARD (Hg). *'Hört die Signale!' Die Deutschlandpolitik von KPD/SED und SPD 1945-1970*, Berlin 2002.
- BAHR, EGON. "Wandel durch Annäherung. EGON BAHR am 15. Juli 1963 in der Evangelischen Akademie Tutzing" in: *Deutschland Archiv. Zeitschrift für Fragen der DDR und der Deutschlandpolitik.* Heft 8/1973.
- BAHR, EGON. *Sicherheit für und vor Deutschland.* München 1991.
- BAHR, EGON. *Zum europäischen Frieden. Eine Antwort auf Gorbatschow.* Berlin 1988.
- BAHRO, RUDOLF. FREYHOLD, MICHAELA VON. "Charta für ein atomwaffenfreies Europa. In: *MSZ* 1982 Ausgabe 3. Verein zur Förderung des marxistischen Pressewesens e.V. München 1982.
- BARDOS-FELORONYI, NICOLAS. *Un diagnostic géopolitique de l'Europe du centre.* Bruxelles 2001.
- BARING, ARNULF. *Unser neuer Größenwahn. Deutschland zwischen Ost und West.* Stuttgart 1989.
- BARKAI, AVRAHAM. "Sozialismus und Antiliberalismus in Hitlers Wirtschaftskonzept" in: *Geschichte und Gesellschaft. 3.* 1977.
- BARTENEV, T. "USSR-Finland: Good-Neighborly Cooperation". in: *International Affairs.* No. 3. March 1976.
- BARTH, PETER. "Mitteleuropa Traum oder Wirklichkeit? Rehabilitierung des untergegangenen Phänomens <Mitteleuropa>". in: *MEDIATUS* 1 und 2/87, S. 3-7 und 3-6.

- BARTOSCH, ULRICH (Hg). *Wandel durch Beständigkeit. Studien zur deutschen und internationalen Politik. Jens Hacker zum 65. Geburtstag.* Berlin 1998.
- BECKER, WINFRIED. "Ausprägungen der Europaidee in der katholischen Publizistik des 19. und 20. Jahrhunderts". in: KICK, KARL G. WEINGARZ, STEPHAN. BARTOSCH, ULRICH (Hg). *Wandel durch Beständigkeit. Studien zur deutschen und internationalen Politik. Jens Hacker zum 65. Geburtstag.* Berlin 1998.
- BEHMEL, ALBRECHT. *Themistokles, Sieger von Salamis und Herr von Magnesia.* Stuttgart 2001.
- BENDER, PETER. "Die Notgemeinschaft der Teilungsopfer". in: PAPCKE, SVEN. WEIDENFELD, WERNER (Hg). *Traumland Mitteleuropa? Beiträge zu einer aktuellen Kontroverse.* Darmstadt 1988.
- BENDER, PETER. "Mitteleuropa – Mode, Modell oder Motiv?" in: *NG.* 34. 1987.
- BENDER, PETER. *Das Ende des ideologischen Zeitalters. Die Europäisierung Europas.* Berlin 1981.
- BENNHOLD, MARTIN. "Mitteleuropa - eine deutsche Politiktradition. Zu Friedrich Naumanns Konzeption und ihren Folgen". in: *Blätter für deutsche und internationale Politik* Nr. 8. 1992.
- BEREND, IVAN T. *Central and Eastern Europe, 1944 – 1993. Detour from the periphery to the periphery.* Cambridge 1996.
- BERG, HEINO. "Deutschland und Mitteleuropa – Die deutsche Frage in der alten und neuen Mitteleuropadebatte." in: BERG, HEINO. BURMEISTER, PETER (Hg). *Mitteleuropa und die deutsche Frage.* Bremen 1990.
- BERG, HEINO. BURMEISTER, PETER (Hg). *Mitteleuropa und die deutsche Frage.* Bremen 1990.
- BERLIN, ISAJAH. *Das krumme Holz der Humanität. Kapitel der Ideengeschichte.* Frankfurt/M 1990.
- BICHSEL, PETER. "La neutralité au neutre". in: *Lettre Internationale.* Nr. 19. 16.12. 1988.
- BIDELEUX, ROBERT; JEFFRIES IAN. *A History of Eastern Europe: Crisis and Change.* London, 1998.
- BIDELEUX, ROBERT; JEFFRIES IAN. *A History of Eastern Europe: Crisis and Change.* London, 1998.
- BIRNBAUM, NORMAN. "A Neutral Unified Germany Could Help" in: *International Herald Tribune.* 3./4.12. 1983.

- BLEEK, WILHELM. "Deutschlandforschung". in: WEIDENFELD, WERNER. KORTE, KARL-RUDOLF. (Hg). *Handbuch zur deutschen Einheit 1949-1989-1999.* Bonn 1999.
- BLEEK, WILHELM. "From Cold War to Ostpolitik: Two Germanys in Search of Separate Identities". in: *World Politics*, Vol. 19, Nr. 1, 1976.
- BLUMENWITZ, DIETER. *This is Germany. Germany's Legal Status after Unification.* Bonn 1994.
- BOGDANDY, ORIETTA ANGELUCCI VON. *Zur Ökologie einer europäischen Identität. Soziale Repräsentationen von Europa und dem Europäer-Sein in Deutschland und Italien.* Baden-Baden 2003.
- BOLLINGER, STEFAN. *Denken zwischen Utopie und Realität.* Berlin 1987. HORNUNG, KLAUS. (Hg). *Frieden ohne Utopie: Friedenspolitik statt Friedensillusionen.* Krefeld 1983.
- BONDY, FRANÇOIS. "Das Phantom Mitteleuropa und die politische Wirklichkeit. Nachdenken über die gemeinsame Kultur zwischen Ost und West." in: *FAZ* 21.12. 1985.
- BONDY, FRANÇOIS. "Das Phantom Mitteleuropa und die politische Wirklichkeit. Nachdenken über die gemeinsame Kultur zwischen Ost und West." in: *FAZ* 21.12. 1985.
- BOOß, BERNHELM. JARVAD, IB MARTIN. JORGENSEN, BENT C. *Kernwaffen in Mitteleuropa.* Köln 1982.
- BOSSMANN, E. "Weshalb gibt es Unternehmungen?" in: *Zeitschrift für die Gesamte Staatswissenschaft* 1981.
- BOYER, CHRISTOPH. "Die Europäizität der ostmitteleuropäischen Zeitgeschichte". In: *Themenportal Europäische Geschichte* (2006). URL: http://www.europa.clio-online.de/2006/Article=168.
- BOYER, CHRISTOPH. "Die Europäizität der ostmitteleuropäischen Zeitgeschichte". In: *Themenportal Europäische Geschichte* (2006).
- BRECHTEFELD, JÖRG. *Mitteleuropa and German Politics. 1848 to the Present.* New York 1996.
- BREDOW, WILFRIED VON. JÄGER, THOMAS. "Niemandsland Mitteleuropa – Zur Wiederkehr eines diffusen Ordnungskonzeptes". in: *Aus Politik und Zeitgeschichte.* 30. 9. 1988.

- BREDOW, WILFRIED VON. RUDOLF H. BROCKE. *Krise und Protest. Ursprünge und Elemente der Friedensbewegung in Westeuropa.* Opladen 1987.
- BREDTHAUER, KARL D. *Sage Niemand, er habe es nicht wissen können.* Köln 1983.
- BRODIN, KATARINA. "Urho Kekkonen's Foreign Policy Doctrine: Continuity and Innovation". in: KORHONEN, KEIJO (Hg). *Urho Kekkonen: A Statesman for Peace.* London 1975.
- BROSZAT, MARTIN. "Plädoyer für eine Historisierung des Nationalsozialismus". in: *Merkur* Mai 1985.
- BRUNN, GERHARD. *Die Europäische Einigung von 1945 bis heute.* Stuttgart 2002.
- BUCH, HANS-CHRISTOPH (Hg). *Ein Traum von Europa.* Reinbek bei Hamburg 1988.
- BUCK, AUGUST (Hg). *Der Europa-Gedanke.* Tübingen 1992.
- BUCK, FELIX. *Weltordnung im Wandel. Geopolitik 2000. Deutschland in der Welt am Vorabend des 3. Jahrtausends.* Frankfurt/M 1996.
- BUNDESMINISTERIUM DES INNERN UNTER MITWIRKUNG DES BUNDESARCHIVS. Bearb. v. HANNS JÜRGEN KÜSTERS UND DANIEL HOFMANN. *Dokumente zur Deutschlandpolitik. Deutsche Einheit. Sonderedition aus den Akten des Bundeskanzleramtes.* München 1989/90. Nr. 57.
- BURCKHARD, MANFRED. *Produktionsverlagerungen in mittel- und osteuropäische Staaten: Chancen und Gefahren. eine Tagung der Friedrich-Ebert-Stiftung am 16. Juni 1994 in Berlin.* Bonn, 1994. Electronic ed.: Bonn/ FES Library, 2001.
- BURCKHARD, MANFRED. *Produktionsverlagerungen in mittel- und osteuropäische Staaten: Chancen und Gefahren. eine Tagung der Friedrich-Ebert-Stiftung am 16. Juni 1994 in Berlin.* Bonn, 1994.
- BURKE, PETER. "Did Europe exist before 1700?". in: *History of European Ideas.* 1. 1980.
- BURMEISTER, HANS-PETER. BOLDT, FRANK. MÉSZÁROS, GYÖRGY (Hg). *Mitteleuropa - Traum oder Trauma? Überlegungen zum Selbstbild einer Region.* Bremen 1988.
- BURMEISTER, PETER (Hg). *Mitteleuropa und die deutsche Frage.* Bremen 1990.
- BUSCH, ERHALD. (Hg). *Aufbruch nach Mitteleuropa.* Wien 1986.

- BÜSCHER, WOLFGANG ET AL. (Hg). *Friedensbewegung in der DDR. Texte 1978–1982.* Hattingen 1982.
- BUSEK, ERHARD. "Akzente Mitteleuropäischer Gegenwartsgestaltung". in: PLASCHKA, RICHARD G. HASELSTEINER, HORST. SUPPAN ARNOLD. DRABEK, ANNA. ZAAR, BRIGITTA. (Hg). *Mitteleuropa-Konzeptionen in der ersten Hälfte des 20. Jahrhunderts.* Wien 1995.
- BÜTLER, H. "Stichwort Mitteleuropa: Tatsachen, Ideen, Illusionen". *NZZ.* 6/7 Juli 1985.
- BÜTLER, HUGO. *'Mitteleuropa' in Ostwest-Beziehungen, Analysen und Perspektiven.* Zürich 1985.
- CABADA, LADISLAV. "Die Mitteleuropa-Idee in der tschechischen Öffentlichkeit". in: ERDÖDY, GÁBOR (Hg). *Mitteleuropa. Politische Kultur und europäische Einigung. Schriften des Zentrums für Europäische Integrationsforschung* (ZEI), Bd. 54/ 2003.
- CALDER, NIGEL. *Atomares Schlachtfeld Europa?* Hamburg 1980. Und: BENDER, PETER. "Die Notgemeinschaft der Teilungsopfer". in: PAPCKE, SVEN. WEIDENFELD, WERNER (Hg). *Traumland Mitteleuropa? Beiträge zu einer aktuellen Kontroverse.* Darmstadt 1988
- CASSON, MARK. "Der Unternehmer. Versuch einer historischen Deutung". in: *GG,* 27, 2001, S. 524-544. BOSSMANN: "Weshalb gibt es Unternehmungen?" in: *Zeitschrift für die Gesamte Staatswissenschaft* 1981.
- CASSON, MARK. *Der Unternehmer. Versuch einer historischen Deutung.* in: GG, 27, 2001.
- CHABOD, FEDERICO. *Storia dell'idea di Europa.* Bari 1995.
- CHÉRADAME, ANDRÉ. *The Pangerman Plot Unmasked.* New York 1917.
- CHRISTIANS, FRIEDRICH WILHELM. *Wege nach Russland.* Hamburg 1989.
- CIORAN, EMILE. *Histoire et Utopie.* Paris 1960.
- CLÉBERT, JEAN-PAUL. *Die Angst vor dem Weltuntergang. Eine Geschichte der Endzeitstimmung.* Bergisch-Gladbach 1998.
- CLEMENS, GABRIELE (Hg). *Die Integration der mittel- und osteuropäischen Staaten in die Europäische Union.* Hamburg 1999.
- CLOUSTON, JOHN S. *Voltaire's binary masterpiece "L'ingénu" reconsidered.* Bern 1986.

- CONZE, WERNER. *Jakob Kaiser. Politiker zwischen Ost und West 1945-1949.* Stuttgart 1969.
- COUDENHOVE-KALERGI, RICHARD. *Pan-Europa.* Wien 1924.
- COX, KEVIN R. *Political Geography.* Oxford 2002.
- CURCIO, CARLO. *Europa. Storia di un'idea.* Firenze 1957.
- DAITZ, WERNER. "Denkschrift über die Errichtung einer Gesellschaft für europäische Großraumwirtschaft (1934)" In: DAITZ, WERNER. *Der Weg zur Volkswirtschaft, Großraumwirtschaft und Großraumpolitik. Zentralforschungsinstitut für Nationale Wirtschaftsordnung und Großraumwirtschaft,* Dresden 1943.
- DAITZ, WERNER. "Die alte Städtehanse und der kontinentaleuropäische Wirtschaftskreislauf" (1934b) In: DAITZ, WERNER. *Der Weg zur Volkswirtschaft, Großraumwirtschaft und Großraumpolitik. Zentralforschungsinstitut für Nationale Wirtschaftsordnung und Großraumwirtschaft.* Dresden 1943.
- DAITZ, WERNER. "Großraumwirtschaft". In: *Der Weg zur völkischen Wirtschaft. Teil 2. Deutschland und die Europäische Großraumwirtschaft.* München 1938.
- DAITZ, WERNER. *Wiedergeburt Europas durch Europäischen Sozialismus: Europa-Charta.* Dresden 1943.
- DALOS, GYÖRGY. "Die Befreiung der Sowjetunion von ihren Satelliten. Entwurf einer mitteleuropäischen Konföderation". in: MICHEL, KARL MARKUS. SPENGLER, TILMAN. (HG). *Kursbuch 81. Die andere Hälfte Europas.* Berlin 1985.
- DALOS, GYÖRGY. "Mitteleuropa: Nostalgie und Pleite". in: BERG, HEINO. BURMEISTER, PETER (Hg). *Mitteleuropa und die deutsche Frage.* Bremen 1990.
- DASCHITSCHEW, WJATSCHESLAW. *Moskaus Griff nach der Weltmacht. Die bitteren Früchte hegemonialer Weltpolitik.* Hamburg: 2002.
- DEBORIN, ABRAHAM M. "Die Mitteleuropa-Idee in der Propaganda der deutschen Imperialisten. Zur Geschichte der ideologischen Vorbereitung der beiden Weltkriege". in: *Neue Welt. 22.* 1954.
- DELBRÜCK, HANS. "Die Differenzen über die Kriegsziele hüben und drüben". in: *Krieg und Politik.* Bd. 1. 1915.
- DEPORTE, ANTON W. *Europe between the Superpowers. The Enduring Balance.* New Haven 1979.

- DEUTSCHE BUNDESBANK (Hg). Die Zahlungsbilanz der ehemaligen DDR 1975 bis 1989. Frankfurt/M 1999. S. 13 und 18.
- DI NOLFO, ENNIO (Hg). *Power in Europe? II Great Britain, France, Germany and Italy and the Origins of the EEC, 1952-1957.* Berlin-New York 1992.
- DIECKMANN, CHRISTOPH; GERLACH, CHRISTIAN; GRUNER, WOLF, ET AL. (Hg). *Beiträge zur Geschichte des Nationalsozialismus. Bd 18. Europäische Integration.* Göttingen 2002.
- DIEKMANN, CHRISTOPH. HAMANN, MATTHIAS ET AL. (Hg). *Besatzung und Bündnis. Deutsche Herrschaftsstrategien in Ost- und Südosteuropa. (Beiträge zur nationalsozialistischen Gesundheits- und Sozialpolitik Band 12).* Berlin 1995.
- DODDS, KLAUS. "Cold War Geopolitics". in: AGNEW, JOHN. MITCHELL, KATHARYNE. TOAL, GERARD. (Hg). *A Companion to Political Geography.* Malden 2003.
- DOPPLER, BERNHARD. "Zur Diskussion um Mitteleuropa". in: ÖSTERREICHISCHES INSTITUT FÜR FRIEDENSFORSCHUNG UND FRIEDENSERZIEHUNG (Hg). *Mitteleuropa? Beiträge zur Friedensforschung.* Stadtschlaining o.J. [1988].
- DURAND, YVES. *Le nouvel order europeen nazi. La collaboration dans l'Europe allemand (1938-1945).* Bruxelles 1990.
- DUROSELLE, JEAN-BAPTISTE. *L'idee d'Europe dans l'histoire.* Paris 1965.
- EBERHARTER, MARKUS. "Die Idee Mitteleuropas in den achtziger und neunziger Jahren. Annäherung an ein kulturelles Phänomen". in: BREYSACH, BARBARA. (Hg). *Europas Mitte. Mitteleuropa. Europäische Identität?* Berlin 2003.
- EGGERDINGER, STEFAN. "Maastricht II und die Europastrategien des deutschen Kapitals". in: *Streitbarer Materialismus Nr. 21.* 1997.
- EHLICH, KONRAD. "Funktional-pragmatische Kommunikationsanalyse. Ziele und Verfahren". in: HARTUNG, WOLFDIETRICH (Hg). *Untersuchungen zur Kommunikation. Ergebnisse und Perspektiven.* Berlin 1986.
- EICHHOLTZ, DIETRICH. SCHUMANN, WOLFGANG. (Hg). *Anatomie des Krieges. Neue Dokumente über die Rolle des deutschen Monopolkapitals bei der Vorbereitung und Durchführung des 2. Weltkrieges.* Berlin 1969.
- EISFELD, RAINER. *Mitteleuropa – Paneuropa: Der hegemoniale und der föderale Integrationsansatz im Zeichen der 'vierten Weltmacht'.* Bonn 1980.
- ELIOT, THOMAS S. *Die Einheit der europäischen Kultur.* Berlin 1946.

- ELSÄSSER, JÜRGEN. *Der deutsche Sonderweg. Historische Last und politische Herausforderung.* München 2003.
- ELVERT, JÜRGEN. *Mitteleuropa! Deutsche Pläne zur europäischen Neuordnung (1918-1945).* Stuttgart 1999.
- ENDRE, BOJTAR. "Eastern or Central Europe?". in: *Cross Currents* 1988.
- EÖRSI, ISTVAN. "Die Tücken der Ortsbestimmung". in: *Kafka*, 2001/1.
- EPPLER, ERHARD. *Wege aus der Gefahr.* Hamburg 1981.
- ERDÖDY, GÁBOR (Hg). *Mitteleuropa. Politische Kultur und europäische Einigung. Schriften des Zentrum für Europäische Integrationsforschung (ZEI),* Bd. 54) 2003.
- ETTE, OTTMAR. "Europa als Bewegung. Zur literarischen Konstruktion eines Faszinosum". in: HOLTMANN, DIETER. RIEMER, PETER (Hg). *Europa: Einheit und Vielfalt. Eine interdisziplinäre Betrachtung.* Münster 2001.
- EUROPÄISCHE KOMMISSION/GENERALDIREKTION AUSWÄRTIGE BEZIEHUNGEN. *PHARE: Operational programmes 1994*: Update n°6. Europäische Kommission. Brüssel 1995
- EUROPÄISCHE KOMMISSION/GENERALDIREKTION AUSWÄRTIGE BEZIEHUNGEN. *PHARE: Operational programmes 1994*: Update n°6. Europäische Kommission. Brüssel 1995.
- FABIAN, EGON E. *Der Mut zur Utopie. Versuch einer Ethik für unsere Zeit.* Düsseldorf 1986.
- FEHER, FERENC. "On Making Central Europe". in: *East European Politics and Societies.* Fall 1989.
- FELDMANN, EVA. *Polen – Für Eure und unsere Freiheit. Zum Verständnis der polnischen Gesellschaft, Kultur und Identität.* Frankfurt/M 2000.
- FISCHER, FRITZ. *Griff nach der Weltmacht. Die Kriegszielpolitik des kaiserlichen Deutschland 1914/18.* Düsseldorf 1967.
- FISCHER, WOLFRAM. (Hg.) *Europäische Wirtschafts- und Sozialgeschichte vom Ersten Weltkrieg bis zur Gegenwart.* Stuttgart 1987.
- FÖRSTER, HORST. "Grenzen – eine geographische Zwangsvorstellung?" in: LEMBERG, HANS (Hg). *Grenzen in Ostmitteleuropa im 19. und 20. Jahrhundert. Aktuelle Forschungsprobleme.* Marburg 2000.
- FOUCAULT, MICHEL. *Archäologie des Wissens.* Frankfurt/M 1988.
- FOUCAULT, MICHEL. *Dits et Écrits. 1954-1988.* Paris 1994.

- FRANZ, OTMAR. "Gibt es Mitteleuropa?". In: *FAZ.* 10. Dezember 1986.
- FRANZ, OTMAR. (Hg). *Europas Mitte.* Göttingen 1987.
- FRANZEN, WOLFGANG. HAARLAND, HANS PETER. NIESSEN, HANS-JOACHIM. *Osteuropa zwischen Euphorie, Enttäuschung und Realität* - Daten zur Systemtransformation 1990-2003.
- FRANZEN, WOLFGANG. HAARLAND, HANS PETER. NIESSEN, HANS-JOACHIM. *Osteuropa zwischen Euphorie, Enttäuschung und Realität* - Daten zur Systemtransformation 1990-2003.
- FRIEDMANN, BERNHARD. "Wiedervereinigung Deutschlands als Sicherheitsgarantie für Ost und West". in: *Die Welt.* 13.11.1986.
- FRIEDMANN, BERNHARD. *Einheit statt Raketen. Thesen zur Wiedervereinigung als Sicherheitskonzept.* Herford. 1987.
- FRITSCH-BOURNAZEL, RENATA. *Das Land in der Mitte. Die Deutschen im europäischen Kräftefeld.* München 1986.
- FROHN, AXEL. *Neutralisierung als Alternative zur Westintegration: die Deutschlandpolitik der Vereinigten Staaten von Amerika 1945 - 1949. Dokumente zur Deutschlandpolitik. Beih. 7.* Frankfurt/M 1985.
- GADDUM, JOHANN WILHELM. *Die deutsche Europapolitik in den 80er Jahren. Interessen, Konflikte und Entscheidungen in der Regierung Kohl.* Paderborn 1994.
- GALL, LOTHAR. Europa auf dem Weg in die Moderne. 1850-1890. München 1989.
- GALLUS, ALEXANDER. "Die Nationalneutralisten 1945 bis 1990. Deutschlandpolitische Außenseiter zwischen Drittem Weg und Westorientierung". in: JESSE, ECKHARD. LÖW, KONRAD (Hg). *50 Jahre Bundesrepublik Deutschland.* Berlin 1999.
- GALLUS, ALEXANDER. *Die Neutralisten. Verfechter eines vereinten Deutschland zwischen Ost und West 1945-1990.* Düsseldorf 2001
- GASTEYGER, KURT. "Die beiden deutschen Staaten und die Sowjetunion". in: ANWEILER, OSKAR. REISSNER, EBERHARD. RUFFMANN, KARL-HEINZ. (Hg). *Osteuropa und die Deutschen. Vorträge zum 75. Jubiläum der deutschen Gesellschaft für Osteuropakunde.* Berlin 1990.

- GEISS, IMANUEL. "Mitteleuropa und die deutsche Frage. Die historische Dimension". in: BERG, HEINO. BURMEISTER, PETER (Hg). *Mitteleuropa und die deutsche Frage*. Bremen 1990.
- GEISS, IMANUEL. *Die Deutsche Frage. 1806-1990*. Mannheim 1992.
- GENSCHER, HANS-DIETRICH. *Erinnerungen*. Berlin 1995.
- GESINE SCHWAN *Antikommunismus und Antiamerikanismus in Deutschland*. Baden-Baden 1999.
- GHEBALI, VICTOR-YVES. *La diplomatie de la détente: la CSCE, d'Helsinki à Vienne (1973 - 1989)*. Bruxelles 1989.
- GIESSMANN, HANS J. "German 'Ostpolitik' and Korean Unification. Parallels, Contrasts, Lessons". Hamburg. o.J. (2005) in:http://www.fes.or.kr/Publications/pub/Ostpolitik.htm
- GILLINGHAM, JOHN R. *European Integration 1950–2003. Superstate or New Market Economy? Cambridge* 2003.
- GILLMANN, SABINE. "Die Europapläne Carl Goerdelers. Neuordnungsvorstellungen im nationalkonservativen Widerstand zwischen territorialer Revision und europäischer Integration". in: DIECKMANN, CHRISTOPH; GERLACH, CHRISTIAN; GRUNER, WOLF ET AL. (Hg). *Beiträge zur Geschichte des Nationalsozialismus. Bd 18. Europäische Integration*. Göttingen 2002.
- GIORDANO, RALPH. *Wenn Hitler den Krieg gewonnen hätte. Die Pläne der Nazis nach dem Endsieg*. Hamburg 1989.
- GLAAB, MANUELA. "Einstellungen zur deutschen Einheit". in: WEIDENFELD, WERNER. KORTE, KARL-RUDOLF. (Hg). *Handbuch zur deutschen Einheit 1949-1989-1999*. Bonn 1999.
- GLOTZ, PETER. "Ein Instrument der Entspannung" in: *Rheinischer Merkur / Christ und Welt*. 31. Oktober 1986.
- GLOTZ, PETER. "Keine Angst vor Wünschen". in: *Der Spiegel*. Nr. 12.1984. S.128.
- GLOTZ, PETER. in: *Rheinischer Merkur/Christ und Welt*. 31.10.1986.
- GOEBBELS, JOSEPH. "Das Kommende Europa. Rede an die tschechischen Kulturschaffenden und Journalisten" in: *Die Zeit ohne Beispiel* (Zentralverlag der NSDAP. 1941).
- GOLLWITZER, HEINZ. *Europabild und Europagedanke. Beiträge zur deutschen Geistesgeschichte des 18. und 19. Jahrhunderts*. München 1951.

- GORBATSCHOW, MICHAIL. *Erinnerungen*. Berlin 1995.
- GORDON A. CRAIG Im Vorwort zu: HACKE, CHRISTIAN. *Die Außenpolitik der Bundesrepublik Deutschland. Weltmacht wider Willen?* Berlin 1997.
- GREINER, BERND. *Die Morgenthau-Legende - zur Geschichte eines umstrittenen Plans.* Hamburg 1995.
- GREINER, BERND. *Die Morgenthau-Legende - zur Geschichte eines umstrittenen Plans.* Hamburg 1995.
- GROBE-HAGEL, KARL. "Deutschland – Mitteleuropa – Nation(alismus)" in: PAPCKE, SVEN. WEIDENFELD, WERNER (Hg). *Traumland Mitteleuropa? Beiträge zu einer aktuellen Kontroverse.* Darmstadt 1988.
- GRUNER, WOLF D. *Die deutsche Frage in Europa 1800-1990.* München 1993.
- GRUPINSKI, RAFAL. "Schwierigkeiten mit der Mitte Europas" in: BURMEISTER, HANS-PETER. BOLDT, FRANK. MÉSZÁROS, GYÖRGY (Hg). *Mitteleuropa - Traum oder Trauma? Überlegungen zum Selbstbild einer Region.* Bremen 1988.
- GRUPINSKI, RAFAL. "Schwierigkeiten mit der Mitte Europas" in: BURMEISTER, HANS-PETER. BOLDT, FRANK. MÉSZÁROS, GYÖRGY (Hg). *Mitteleuropa - Traum oder Trauma? Überlegungen zum Selbstbild einer Region.* Bremen 1988.
- GÜRGE, WILHELM. GROTKOPP, WILHELM. (Hg). *Großraumwirtschaft. Der Weg zur europäischem Einheit.* Berlin 1931.
- GUTSCHE, WILLIBALD. "Mitteleuropaplanungen in der Außenpolitik des deutschen Imperialismus vor 1918". in: *Zeitschrift für Geschichtswissenschaft 20.* 1972.
- HABERMAS, JÜRGEN. LUHMANN, NIKLAS. *Theorie der Gesellschaft.* Frankfurt/M 1971.
- HACKE, CHRISTIAN (Hg). *Jakob Kaiser. Wir haben Brücke zu sein. Reden, Äußerungen und Aufsätze zur Deutschlandpolitik.* Köln 1988.
- HACKE, CHRISTIAN. "Der Mantel der Geschichte: 2+4 und deutsche Einheit in gesamteuropäischer Konkordanz. in: LUCAS, HANS-DIETER. (Hg). *Genscher, Deutschland und Europa.* Baden-Baden 2002.
- HACKE, CHRISTIAN. *Die Außenpolitik der Bundesrepublik Deutschland. Weltmacht wider Willen?* Berlin 1997.
- HACKER, JENS. "Die Lebenslüge der Bundesrepublik. Publizisten, Politiker, Wissenschaftler und die deutsche Einheit". in: *FAZ* 18.4. 1997.
- HACKER, JENS. *Deutsche Irrtümer 1949-1989.* Berlin 1992.

- HACKER, JENS. *Integration und Verantwortung. Deutschland als europäischer Sicherheitspartner.* Bonn 1995.
- HAHN, KARL-ECKHARD. *Wiedervereinigungspolitik im Widerstreit: Einwirkungen und Einwirkungsversuche westdeutscher Entscheidungsträger auf die Deutschlandpolitik Adenauers von 1949 bis zur Genfer Viermächtekonferenz 1959.* Hamburg 1993.
- HAHN, WALTHER F. "West Germany's Ostpolitik: The Grand Design of Egon Bahr". In: *Orbis* 1973.
- HANÁK, PETER. "Gab es eine mitteleuropäische Identität in der Geschichte?" in: *Europäische Rundschau.* 2. 1986.
- HANAK, PETER. "Mitteleuropa als historische Region in der Neuzeit". in: BURMEISTER, HANS-PETER. BOLDT, FRANK. MÉSZÁROS, GYÖRGY (Hg). *Mitteleuropa - Traum oder Trauma? Überlegungen zum Selbstbild einer Region.* Bremen 1988.
- HÄRING, BERNHARD. *Gewaltfreie Verteidigung: Utopie oder notwendende Alternative? Vortrag auf einer Tagung der Katholischen Akademie Augsburg.* Augsburg 1985.
- HARPRECHT, KLAUS. "Entspannung in Freiheit". in: REINISCH, LEONHARD. (Hg). *Dieses Europa zwischen West und Ost. Eine geistige und politische Ortsbestimmung.* München 1982.
- HARTWIG, HANS HERMANN. *Die Europäisierung des deutschen Wirtschaftssystems. Fundamente, Realitäten, Perspektiven.* Opladen 1998.
- HASELSTEINER, HORST. "Mitteleuropa und das Gestaltungsprinzip Föderalismus". in: PLASCHKA, RICHARD G. HASELSTEINER, HORST. SUPPAN ARNOLD. DRABEK, ANNA. ZAAR, BRIGITTA. (Hg). *Mitteleuropa-Konzeptionen in der ersten Hälfte des 20. Jahrhunderts.* Wien 1995.
- HASS, GERHART. SCHUMANN WOLFGANG (Hg). *Anatomie der Aggression. Neue Dokumente zu den Kriegszielen des faschistischen deutschen Imperialismus im 2. Weltkrieg.* Berlin 1972.
- HAUSHOFER, KARL. "Der Kontinentalblock: Mitteleuropa – Eurasien – Japan". In: JACOBSEN, HANS ADOLF. *Karl Haushofer – Leben und Werk.* Bd.1 Boppard am Rhein 1979.
- HAUSHOFER, KARL. *Der Kontinentalblock: Mitteleuropa - Eurasien – Japan.* München 1941.

- HAUSHOFER, KARL. *Wehr-Geopolitik*. Berlin 1941.
- HECKER, HANS (Hg). *Europa – Begriff und Idee. Historische Streiflichter*. Bonn 1991.
- HEERING, WALTER. "Der Marshall-Plan und die ökonomische Spaltung Europas" in: *Aus Politik und Zeitgeschichte*. B22-23/97.
- HEIMANN, GERHARD. "Thesen zur Deutschlandpolitik" in: *Evangelische Kommentare* 17. 1984.
- HELLER, AGNES. "L'Europe – un epilogue?" in: *Lettre Internationale*. Nr. 19. 16.12. 1988.
- HENRICHSMEYER, WILHELM. HILDEBRAND, KARL. MAY, BERNHARD. *Auf der Suche nach europäischer Identität*. Bonn 1995.
- HERBST, LUDOLF. "Die Bundesrepublik in den Europäischen Gemeinschaften" in: BENZ, WOLFGANG (Hg). *Die Geschichte der Bundesrepublik Deutschland*. Band 2: Wirtschaft. Frankfurt/M 1989.
- HERF, JEFFREY. *Divided Memory. The Nazi-Past in the Two Germanys*. Cambridge / Mass. 1997.
- HESCHL, FRANZ. *Drinnen oder draussen? Die öffentliche österreichische EU-Beitrittsdebatte vor der Volksabstimmung 1994*. Wien 2002.
- HIPLER, BRUNO. *Hitlers Lehrmeister: Karl Haushofer als Vater der NS-Ideologie*. St. Ottilien 1996.
- HOBSBAWM, ERIC J. "Mitteleuropa, Politik und Kultur. Heimweh nach Kakanien und die vergessene Gegenwart". *in: Wiener Tagebuch 11*. 1989.
- HODOS, GEORGE H. *Mitteleuropas Osten. Ein historisch-politischer Grundriss*. Bonn 2003.
- HOMER. *Ilias* XIV, V. Dresden 1989.
- HUG, PETER. "Neue Unübersichtlichkeit bei den Neutralen - Die internationale Politik von Finnland, Österreich, Schweden, Schweiz 1992/93" in: ÖSTERREICHISCHES STUDIENZENTRUM FÜR FRIEDEN UND KONFLIKTLÖSUNG (Hg). *Friedensbericht 1994 - Krieg und gewaltfreie Konfliktlösung*. Chur/Zürich 1994.
- HÜLSSE, RAINER. *Metaphern der EU-Erweiterung als Konstruktionen europäischer Identität*. Baden-Baden 2003.
- IMMERLING, RUTH. *Externe Einflüsse auf die Integration von Staaten. Zur politikwissenschaftlichen Theorie regionaler Zusammenschlüsse*. Freiburg 1991.

- JACUBEC, IVAN. Schlupflöcher im Eisernen Vorhang. Tschechoslowakisch-deutsche Verkehrspolitik im Kalten Krieg. Die Eisenbahn und Elbschiffahrt 1945-1989. Stuttgart 2006.
- JACUBEC, IVAN. *Schlupflöcher im Eisernen Vorhang. Tschechoslowakisch-deutsche Verkehrspolitik im Kalten Krieg. Die Eisenbahn und Elbschiffahrt 1945-1989.* Stuttgart 2006.
- JÄGER, SIEGFRIED. *CD-ROM der Pädagogik.* Hohengehren 1996.
- JÄGER, SIEGFRIED. *Kritische Diskursanalyse. Eine Einführung. Duisburger Institut für Sprach- und Sozialforschung.* Duisburg 1993.
- JÄGER, THOMAS. "Der plurale Mythos der historischen Alternative für Europa" in: *Zeitschrift für Religions- und Geistesgeschichte.* H.2 1999.
- JÄGER, THOMAS. "Mitteleuropa - ein Kontinent sucht seine Mitte", in: *Vorgänge* H. 3 1988.
- JÄGER, THOMAS. BREDOW, WILFRIED VON. "Niemandsland Mitteleuropa. Zur Wiederkehr eines diffusen Ordnungskonzepts". in: *Aus Politik und Zeitgeschichte*, B40-41 1988.
- JÄGER, THOMAS. *Europas neue Ordnung. Mitteleuropa als Alternative?* München 1990.
- JÄGER, THOMAS. *Lösung der deutschen Frage im gesamteuropäischen Zusammenhang. Ein Forschungsbericht (unter Mitarbeit von Wilfried von Bredow, Wolfgang Heisenberg und Cord Schwartau).* Königswinter 1990.
- JÄGER, THOMAS. Neue Wege in der Deutschlandpolitik? Darstellung und Analyse alternativer deutschland-, europa- und weltpolitischer Strategien. Erlangen 1986.
- JAHN, EGBERT. "Zur Debatte über 'Mitteleuropa' in westlichen Staaten". in: ÖSTERREICHISCHES INSTITUT FÜR FRIEDENSFORSCHUNG UND FRIEDENSERZIEHUNG (Hg). *Mitteleuropa? Beiträge zur Friedensforschung.* Stadtschlaining o.J. [1988].
- JANKOWITSCH, PETER. "Mitteleuropa im Lichte der aktuellen österreichischen Außenpolitik". in: UNIVERSITÄT INNSBRUCK (Hg). *Symposion an der Universität Innsbruck zum Thema: Mitteleuropa – Spuren der Vergangenheit und Perspektiven der Zukunft. 30. und 31. Oktober 1986.* Innsbruck 1987.
- JANNNING, JOSEF. "Europa braucht verschiedene Geschwindigkeiten". in *EA.* 18/1994. BUGGELN, MARC. "Europa-Bank oder Dollar-Freihandel? Westdeut-

sche Auseinandersetzungen über eine Europäische Währungsunion zu Beginn der fünfziger Jahre". in: DIECKMANN, CHRISTOPH; GERLACH, CHRISTIAN; GRUNER, WOLF, ET AL. (Hg). *Beiträge zur Geschichte des Nationalsozialismus. Bd 18. Europäische Integration.* Göttingen 2002.
- JANOS MATYAS KOVACS. "Westerweiterung: Zur Metamorphose des Traums von Mitteleuropa". in: *Transit - Europäische Revue.* Nr. 21/2002.
- JANUSCHEK, FRANZ. *Arbeit an Sprache. Konzept für die Empirie einer politischen Sprachwissenschaft.* Opladen 1986.
- JASPERS, KARL. *Wohin treibt die Bundesrepublik? Tatsachen, Gefahren Chancen.* Tübingen 1965.
- JAWORSKI, RUDOLF. "Die aktuelle Mitteleuropadiskussion in historischer Perspektive". in: *HZ* 247 (1988).
- JEAN-FRANÇOIS LYOTARD. *Das Postmoderne Wissen.* Wien 1994.
- JENCKS, CHARLES. *The Language of Post-Modern Architecture.* New York 1994.
- JESSE, ECKHARD. "Der 'dritte Weg' vor und nach der Wiedervereinigung". in: ZITELMANN, RAINER. WEIßMANN, KARLHEINZ. GROßHEIM, MICHAEL. (Hg). *Westbindung: Chancen und Risiken für Deutschland.* Frankfurt/M 1993.
- JOCHIMSEN, REIMUT. "Die Europäische Wirtschafts- und Währungsunion – Zur Kursbestimmung für Maastricht II aus wirtschafts- und währungspolitischer Perspektive." in: ZOHLNHÖFER, WERNER (Hg). *Europa auf dem Wege zur Politischen Union? Probleme und Perspektiven der europäischen Integration vor 'Maastricht II'.* Berlin 1996.
- JOFFE, JOSEF. "Keiner will ein "Viertes Reich" in: *SZ* 10.11.1989.
- KAHRS, HORST. Von der "Großraumwirtschaft" zur "Neuen Ordnung". in: KAHRS, HORST ET AL. (Hg). *Modelle für ein deutsches Europa. Ökonomie und Herrschaft im Großwirtschaftsraum. Beiträge zur Nationalsozialistischen Gesundheits und Sozialpolitik* 10. Rotbuch, Berlin. 1992.
- KAISER, CARL- CHRISTIAN. "Wandel durch Wettbewerb?" in: *Die Zeit.* 11/1986.
- KAISER, JOSEPH H. "Mitteleuropa aus südwestdeutscher Sicht. Spuren der Vergangenheit und Perspektiven der Zukunft". in: UNIVERSITÄT INNSBRUCK (Hg). *Symposion an der Universität Innsbruck zum Thema: Mitteleuropa – Spuren*

*der Vergangenheit und Perspektiven der Zukunft. 30. und 31. Oktober 1986.* Innsbruck 1987.
- KAISER, KARL. *Deutschlands Vereinigung. Die internationalen Aspekte mit den wichtigsten Dokumenten.* Bonn 1991.
- KARL SCHLÖGEL, "Die vergessene Mitte des alten Kontinents. Czernowitzer Impressionen", in: Trans Atlantik (1989) H. 1. 46-56.
- KARP, HANS-JÜRGEN. "Grenzen – ein wissenschaftlicher Gegenstand". in: LEMBERG, HANS (Hg). *Grenzen in Ostmitteleuropa im 19. und 20. Jahrhundert. Aktuelle Forschungsprobleme.* Marburg 2000.
- KÄSTNER, ERICH. "Wenn wir den Krieg gewonnen hätten." 1931. in: BERGMANN, KLAUS UND SCHNEIDER GERHARD. *Gegen den Krieg. Band 2: Nie wieder Krieg.*, Düsseldorf 1982.
- KATZENSTEIN, PETER (Hg). *Mitteleuropa between Europe and Germany.* Providence 1998.
- KEARNS, GERRY. "Imperial Geopolitics" in: AGNEW, JOHN. MITCHELL, KATHARYNE. TOAL, GERARD. (Hg). *A Companion to Political Geography.* Malden 2003.
- KEKKONEN, URHO K. *Gedanken eines Präsidenten: Finnlands Standort in der Welt.* Düsseldorf 1981.
- KIEßLING, GÜNTER. "Das Ende von Jalta". in: VENOHR, WOLFGANG. (Hg). *Ein Deutschland wird es sein.* Erlangen 1990.
- KIEßLING, GÜNTER. *Neutralität ist kein Verrat.* Erlangen 1989.
- KIPLING, RUDYARD. "The White Man's Burden: The United States & The Philippine Islands, 1899." in: *Rudyard Kipling's Verse: Definitive Edition.* New York 1929.
- KIRT, ROMAIN (Hg). *Die Europäische Union und ihre Krisen.* Baden-Baden 2001.
- KIS, JÁNOS. "Das Jalta-Dilemma in den achtziger Jahren". in: MICHEL, KARL MARKUS. SPENGLER, TILMAN. (Hg). *Kursbuch 81. Die andere Hälfte Europas.* Berlin 1985.
- KISSINGER, HENRY. "Ein Umbau-Plan für die NATO" in: *Die Zeit.* 2.3.1984.[1]
- KISTLER, HELMUT. *Bundesdeutsche Geschichte. Die Entwicklung der Bundesrepublik Deutschland seit 1945.* Stuttgart 2000.

- KLEIN, DIETMAR K. *Die Bankensysteme in Mittel- und Osteuropa.* Frankfurt/M 2003.
- KLEIN, ECKART. "Auf dem Weg zum 'europäischen Staat'?" in: HOLTMANN, DIETER. RIEMER, PETER (Hg). *Europa: Einheit und Vielfalt. Eine interdisziplinäre Betrachtung.* Münster 2001.
- KLUETING, HARM. (Hg). *Nation, Nationalismus, Postnation. Beiträge zur Identitätsfindung der Deutschen im 19. und 20. Jahrhundert.* Köln 1992.
- KOBLER, BARBARA. *Die Europaidee von Pierre Dubois bis Richard Nikolaus Graf Coudenhove-Kalergie. Versuch einer Darstellung anhand ausgewählter Persönlichkeiten.* Nordhausen 2003.
- KOGON, EUGEN. "Antisowjetismus". in: REINISCH, LEONHARD. (Hg). *Dieses Europa zwischen West und Ost. Eine geistige und politische Ortsbestimmung.* München 1982.
- KOHL, HELMUT. "Aus dem Begriff Mitteleuropas darf keine gefährliche Sprengladung gegen die politische Integration des Europas der Freiheit werden." *FAZ.* 11. 3. 1988.
- KOHMAIER, FRANZ. *Eurosklerose - von der Notwendigkeit eines Bewusstseinswandels.* Wien 1987.
- KOLAKOWSKI, LESZEK. "Mitteleuropa – das ist mehr als nur ein Mythos - Interview mit Adalbert Reif". in: *Die Welt.* 2. 11. 1987.
- KÖNIG, WERNER. *dtv-Atlas Deutsche Sprache.* München 1998.
- KONRAD, GYÖRGY. "Der Feind feiert rauschende Feste". in: *Die Zeit.* 13. 1993.
- KONRÁD, GYÖRGY. "Mein Traum von Europa". in: MICHEL, KARL MARKUS. SPENGLER, TILMAN. (Hg). *Kursbuch 81. Die andere Hälfte Europas.* Berlin 1985.
- KONRÁD, GYÖRGY. *Antipolitik. Mitteleuropäische Meditationen.* Frankfurt/M 1984.
- KONRAD, GYÖRGY. *Die Erweiterung der Mitte Europa und Osteuropa am Ende des 20. Jahrhunderts.* Wien 1990.
- KONSTANTINOVIC, ZORAN. "Das Mitteleuropa-Verständnis in der Literatur der Gegenwart". in: DRABEK, ANNA M. PLASCHKA, RICHARD G. HASELSTEINER, HORST. *Mitteleuropa – Idee, Wissenschaft und Kultur im 19. und 20. Jahrhundert. Beiträge aus österreichischer und ungarischer Sicht.* Wien 1997.

- KORTE, KARL-RUDOLF. "Die Regierungserklärung als Führungsinstrument der Bundeskanzler" in: *Zeitschrift für Parlamentsfragen* 3/2002.
- KORTE, KARL-RUDOLF. *Deutschlandpolitik in Helmut Kohls Kanzlerschaft. Regierungsstil und Entscheidungen 1982-1989.* Stuttgart 1998.
- KORTE, KARL-RUDOLF. WEIDENFELD, WERNER. "Deutsche Frage / Deutschlandpolitik". in: NOHLEN, DIETER. (Hg). *Wörterbuch Staat und Politik.* München 1991.
- KOVACS, JANOS MATYAS. "Westerweiterung: Zur Metamorphose des Traums von Mitteleuropa" in: *Transit - Europäische Revue.* Nr. 21/2002.
- KRAMER, ESTHER. *Europäisches oder atlantisches Europa? Kontinuität und Wandel in den Verhandlungen über eine politische Union 1958–1970.* Baden-Baden 2003.
- KRAMER, ESTHER. *Europäisches oder atlantisches Europa? Kontinuität und Wandel in den Verhandlungen über eine politische Union 1958–1970.* Baden-Baden 2003.
- KRAMER, HANS RUDOLF. "Die weltpolitische Bedeutung des 9. November 1989". in: *Sechs Jahre danach – Eine Standortbestimmung Deutschlands in Europa und der Welt.* Köln 1996.
- KRASINSKI, ANDRZEIJ. "Mitteleuropa" in: BURMEISTER, HANS-PETER. BOLDT, FRANK. MÉSZÁROS, GYÖRGY (Hg). *Mitteleuropa - Traum oder Trauma? Überlegungen zum Selbstbild einer Region.* Bremen 1988.
- KREISKY, BRUNO. "Chance Mitteleuropa". in: *Neues Forum* 15 (1968).
- KREISKY, BRUNO. *Neutralität und Koexistenz: Aufsätze u. Reden.* München 1975.
- KRÜGER, PETER. "Der Wandel der Funktion von Grenzen im internationalen System Ostmitteleuropas im 20. Jahrhundert". in: LEMBERG, HANS (Hg). *Grenzen in Ostmitteleuropa im 19. und 20. Jahrhundert. Aktuelle Forschungsprobleme.* Marburg 2000.
- KRIPPENDORFF, EKKEHART; STUCKENBROCK, REIMAR. (Hg). *Zur Kritik des Palme-Berichts. Atomwaffenfreie Zonen in Europa.* Hannover 1983.
- KROHN, AXEL. *Nuklearwaffenfreie Zone: Regionales Disengagement unter der Rahmenbedingung globaler Machtinteressen.* Baden-Baden 1989.
- KRÜGER, PETER. "Der Wandel der Funktion von Grenzen im internationalen System Ostmitteleuropas im 20. Jahrhundert". in: LEMBERG, HANS (Hg). *Gren-*

*zen in Ostmitteleuropa im 19. und 20. Jahrhundert. Aktuelle Forschungsprobleme.* Marburg 2000.
- KÜHNHARDT, LUDGER. "Wertgrundlagen der deutschen Außenpolitik". in: KAISER, KARL. MAULL, HANNS W. (Hg). *Deutschlands neue Außenpolitik Bd.1 Grundlagen.* München 1994.
- KÜHNHARDT, LUDGER. *Die Zukunft des europäischen Einigungsgedankens. ZEI Discussion Paper C 53/1999.* Bonn 1999.
- KUNDERA, MILAN. "Die Tragödie Mitteleuropas". in: ERHARD BUSEK. GERHARD WILFLINGER (Hg). *Aufbruch nach Mitteleuropa.* Wien 1986.
- KUNDERA, MILAN. "Un Occident Kidnappé ou la tragédie de l'Europe centrale" in: *Le Débat.* 1983.
- KÜNG, HANS; SENGHAAS, DIETER. *Friedenspolitik. Ethische Grundlagen internationaler Beziehungen.* München 2003.
- LACAN, JACQUES. *Schriften.* Olten 1973.
- LAFONTAINE, OSKAR. *Angst vor den Freunden. Die Atomwaffenstrategie der Supermächte zerstört die Bündnisse.* Reinbeck 1983.
- LE RIDER, JACQUES. *La Mitteleuropa.* Paris 1994.
- LEBOW, RICHARD NED. *The tragic vision of politics: ethics, interests and orders.* Cambridge 2003.
- LEICHT, ROBERT. "Die neue Welle alter Träume. Das Wiedererwachen nationaler Erwartungen aus dem deutschen Drang nach dem Unmöglichen". in: *SZ* 5./6. 6. 1982.
- LEPENIES, WOLF. "Der Untergang Mitteleuropas". in: *Cicero* Juli 2006.
- LEPENIES, WOLF. "Der Untergang Mitteleuropas". in: *Cicero* Juli 2006.
- LEVINSON, STEPHEN C. *Pragmatik.* Tübingen 1990.
- LEY, ROBERT. *Internationaler Völkerbrei oder Vereinigte National-Staaten Europas?* (Verlag der Deutschen Arbeitsfront) Berlin 1943.
- LIEBSCH, LOTHAR. *Frieden ist der Ernstfall. Die Soldaten des "DARMSTÄDTER SIGNALS" im Widerspruch zwischen Bundeswehr und Friedensbewegung.* Kassel 2003.
- LINSS, HANS PETER. SCHÖNFELD, PETER. (Hg.) *Deutschland und die Völker Südosteuropas. Festschrift für Walter Althammer zum 65. Geburtstag.* München. Südosteuropa-Gesellschaft, 1993

- LIPGENS, WALTER. (Hg). *Europa-Föderationspläne der Widerstandsbewegung 1940-1945*. München 1968.
- LIPGENS, WALTER. (Hg). *Europa-Föderationspläne der Widerstandsbewegung 1940-1945*. München 1968.
- LIST, FRIEDRICH. "Das nationale System der politischen Ökonomie", [1841] In: *Schriften, Reden, Briefe Band VII*. Aalen 1971.
- LÖSER, JOCHEN. SCHILLING, ULRIKE. *Neutralität für Mitteleuropa. Das Ende der Blöcke*. München 1984.
- LOTH, WILFRIED. *Der Weg nach Europa: Geschichte der europäischen Integration 1939-1945*. Göttingen 1990.
- LOTH, WILFRIED. *Ost-West-Konflikt und deutsche Frage. Historische Ortsbestimmungen*. Frankfurt/M 1989.
- LÖWENTHAL, RICHARD. "Europas Eigenart – Europas Zwangslage – Europas Chancen". in: REINISCH, LEONHARD. (Hg). *Dieses Europa zwischen West und Ost. Eine geistige und politische Ortsbestimmung*. München 1982.
- LUCAS, HANS-DIETER. (Hg) *Genscher, Deutschland und Europa*. Baden-Baden 2002.
- LUTZ, FELIX P. "GeschichtsBewusstsein". in: WEIDENFELD, WERNER. KORTE, KARL-RUDOLF. (Hg). *Handbuch zur deutschen Einheit 1949-1989-1999*. Bonn 1999.
- LUUTZ, WOLFGANG. *Soziale Desintegration durch diskursive Sprachpraktiken. Zur Krise der Ideologisierung. Vortrag auf der Arbeitstagung 'Als die Sprache der Gemeinschaft ihren Geist verlor'*. Leipzig 1992.
- MAHNCKE, DIETER. "Bewundert, beneidet aber kaum geliebt: Das vereinte Deutschland aus der Sicht des Auslandes". in: HACKER, JENS. (Hg.) *Der Weg zur realen Einheit. Fortschritte und Hemmnisse*. Berlin 1994.[1]
- MANN, GOLO. "Antiamerikanismus" in: REINISCH, LEONHARD. (Hg). *Dieses Europa zwischen West und Ost. Eine geistige und politische Ortsbestimmung*. München 1982.
- MARJANOVIC, VLADISLAV. *Die Mitteleuropa-Idee und die Mitteleuropa-Politik Österreichs 1945-1995*. Frankfurt/M 1998.
- MARSH, DAVID. *Die Bundesbank – Geschäfte mit der Macht*. München 1992.
- MARSH, DAVID. *Die Bundesbank – Geschäfte mit der Macht*. München 1992.

- MARTENS, STEPHAN. *Allemagne. La nouvelle puissance européenne.* Paris 2002.
- MÄRZ, ROLAND (Hg). *Der Potsdamer Platz.* Berlin 2001.
- MASARYK, THOMAS G. "Pangermanism and the Eastern Question". in: *The New Europe.* 1916.
- MAUREL, MARIE-CLAUDE. *Recomposition de l'Europe médiane.* [Paris] 1997.
- MAURHOFER, ROLAND. Die Schweizerische Europapolitik vom Marshallplan zur EFTA 1947 bis 1960. Bern 2001.
- MAUSBACH, WILFRIED. *Zwischen Morgenthau und Marschall : das wirtschaftspolitische Deutschlandkonzept der USA 1944 – 1947.* Düsseldorf 1996.
- MAUSBACH, WILFRIED. *Zwischen Morgenthau und Marshall: das wirtschaftspolitische Deutschlandkonzept der USA 1944 – 1947.* Düsseldorf 1996.
- MEIMETH, MICHAEL. "Ost-West-Konflikt". in: WEIDENFELD, WERNER. KORTE, KARL-RUDOLF. (Hg). *Handbuch zur deutschen Einheit 1949-1989-1999.* Bonn 1999.
- MELNIK, STEFAN. "Mitteleuropa. Überlegungen zur Untauglichkeit eines wiederbelebten Begriffes". in: *Liberal* Nr. 3/88/30.
- MENGER, MANFRED. PETRICK, FRITZ. WILHELMUS, WOLFGANG (Hg). *Expansionsrichtung Nordeuropa. Dokumente zur Nordeuropapolitik des faschistischen deutschen Imperialismus 1939 – 1945.* Berlin 1987.
- MICHAL, WOLFGANG. *Deutschland und der nächste Krieg.* Berlin 1995.
- MICHELIS, GIANNI DE. "Ein Ansatz für Mitteleuropa". in: *Die Zeit.* Nr. 46. 1989.
- MICHELS, GEORG (Hg). *Auf der Suche nach einem Phantom? Widerspiegelungen Europas in der Geschichtswissenschaft.* Baden-Baden 2003.
- MILOSZ, CZESLAW. "Unser Europa". in: *Kontinent.* 42. (1986) Heft 4.
- MILWARD, ALAN. S. *The New Order and the French Economy.* Oxford 1984.
- MLYNÁR, ZDENEK. "Mitteleuropa im Ost-West-Konflikt". in: PAPCKE, SVEN. WEIDENFELD, WERNER (Hg). *Traumland Mitteleuropa? Beiträge zu einer aktuellen Kontroverse.* Darmstadt 1988.
- MLYNAR, ZEDENEK. "Mitteleuropa im Ost-West-Konflikt". in: UNIVERSITÄT INNSBRUCK (Hg). *Symposion an der Universität Innsbruck zum Thema: Mitteleuropa – Spuren der Vergangenheit und Perspektiven der Zukunft. 30. und 31. Oktober 1986.* Innsbruck 1987.

- MORELL, RENATE. STEGER, HANS-ALBERT. (Hg). *Ein Gespenst geht um... Mitteleuropa. Dokumentation der internationalen Tagung 'Grenzen und Horizonte' in Regensburg 1986.* München 1987.
- MÜLLER, EMIL-PETER. *Antiamerikanismus in Deutschland. Zwischen Care-Paket und Cruise Missile.* Köln 1986.
- MÜLLER, HELMUT L. "Die unvollendete Revolution in Osteuropa: Charakter und Ziele des politischen Umbruchs von 1989". in: *Aus Politik und Zeitgeschichte.* 1993. Heft B 10/ 93.
- MÜLLER, JOHANN BAPTIST. "Abendland – ein Identitäts-Konzept, das neu entdeckt zu werden verdient?" in: WEINACHT, PAUL-LUDWIG (Hg). *Wohin treibt die Europäische Union?* Baden-Baden 2001.
- MÜNKLER, HERFRIED. "Ein post-utopisches Zeitalter. in: *FAZ* 31.12. 1985.
- NATTER, WOLFGANG. "Geopolitics in Germany 1919-1945" in: AGNEW, JOHN. MITCHELL, KATHARYNE. TOAL, GERARD. (Hg). *A Companion to Political Geography.* Malden 2003.
- NAUMANN, FRIEDRICH. *Mitteleuropa.* Berlin 1915.
- NEUSS, BEATE. *Geburtshelfer Europas? Die Rolle der Vereinigten Staaten im europäischen Integrations-Prozess 1945-1958.* Baden-Baden 2000.
- NIEDERHAUSER, EMIL. *The Rise of Nationality in Eastern Europe.* Budapest 1982.
- NIETZSCHE, FRIEDRICH. *Menschliches, Allzumenschliches, II Aph. 323.* Schlechta. o.J.
- NONNENMACHER, GÜNTHER. "Welche Rolle für den alten Kontinent?" in: *FAZ* 19. 3. 1992.
- NOVALIS. "Christenheit oder Europa" in: KLUCKHORN, PAUL. RICHARD SAMUEL (Hg). *Novalis' Schriften. Die Werke Friedrich von Hardenbergs*, Band III. Stuttgart 1977.
- NYIRI, JANOS CHRISTOF. "Mitteleuropa und das Entstehen der Postmoderne". in: DRABEK, ANNA M. PLASCHKA, RICHARD G. HASELSTEINER, HORST. *Mitteleuropa – Idee, Wissenschaft und Kultur im 19. und 20. Jahrhundert. Beiträge aus österreichischer und ungarischer Sicht.* Wien 1997.
- ÖHLINGER, THEO. *Verfassungsfragen einer Mitgliedschaft zur Europäischen Union. Ausgewählte Abhandlungen.* Wien 1999.

- OPITZ, REINHARD. "Deutsche Frage und Mitteleuropadiskussion". in: *Marxistische Blätter*. 16. 6.1986.
- OPLATKA, ANDREAS. *Nachrufe auf den Ostblock. Zehn Essays.* Wien 1998.
- ÖSTERREICHISCHES INSTITUT FÜR FRIEDENSFORSCHUNG UND FRIEDENSERZIEHUNG (Hg). *Mitteleuropa? Beiträge zur Friedensforschung.* Stadtschlaining o.J. [1988].
- OZINGA, JAMES. R. *The Rapacki Plan: the 1957 proposal to denuclearize Central Europe, and an analysis of its rejection.* Jefferson 1989.
- PAASI, ANSSI. "Territory". in: AGNEW, JOHN. MITCHELL, KATHARYNE. TOAL, GERARD. (Hg). *A Companion to Political Geography.* Malden 2003.
- PAPCKE, SVEN. WEIDENFELD, WERNER (Hg). *Traumland Mitteleuropa? Beiträge zu einer aktuellen Kontroverse.* Darmstadt 1988.
- PELINKA, ANTON. *Zur österreichischen Identität. Zwischen deutscher Vereinigung und Mitteleuropa.* 1990. In: UNIVERSITÄT INNSBRUCK (Hg). *Symposion an der Universität Innsbruck zum Thema: Mitteleuropa – Spuren der Vergangenheit und Perspektiven der Zukunft. 30. und 31. Oktober 1986.* Innsbruck 1987.
- PFEIFER, ANKE. "Bilder von Polen und Deutschen in der Presse: Die Instrumentalisierung eines Polenbildes im innerdeutschen Diskurs." in: BUCHOWSKI, MICHAL. CHOLUJ, BOZENA (Hg). *Die Konstruktion des Anderen in Mitteleuropa. Diskurse, politische Strategien und soziale Praxis.* Frankfurt an der Oder 2001.
- PICHOVA, HANA. "Milan Kundera and the Identity of Central Europe". in: TÖTÖSY DE ZEPETENEK, STEVEN. *Comparative Central European Culture.* West Lafayette 2002.
- PLATO, ALEXANDER VON. *Die Vereinigung Deutschlands - ein weltpolitisches Machtspiel.* Bonn 2003.
- POHRT, WOLFGANG. "Anti-Amerikanismus, Anti-Imperialismus". In: POHRT, WOLFGANG. *Stammesbewusstsein und Kulturnation.* Berlin 1984.
- POHRT, WOLFGANG. *Anti-Amerikanismus, Anti-Imperialismus. In:* POHRT, WOLFGANG. *Stammesbewusstsein und Kulturnation.* Berlin 1984.
- POPOV, DMITRI. "Die grüne Nostalgie". in: *Freitag.* 20. 9. 2002.
- PRESSE- UND INFORMATIONSAMT DER BUNDESREGIERUNG (Hg). "Schlussakte der Konferenz über Sicherheit und Zusammenarbeit in Europa in Helsinki

»KSZE-Schlussakte« vom 1. August 1975", in: *Bulletin des. 15. August 1975.* Nr. 102.
- PRESSE- UND INFORMATIONSAMT DER BUNDESREGIERUNG (Hg). KSZE-Schlussakte vom 1. August 1975. in: *Bulletin des Presse- und Informationsamtes der Bundesregierung. 15. August 1975. Nr. 102.*
- PRESSE- UND INFORMATIONSAMT DER BUNDESREGIERUNG. (Hg). *Reihe Berichte und Dokumentationen: Bundeskanzler Helmut Kohl. Reden zu Fragen der Zukunft.* Bonn. Juli 1989.
- PRUGEL, MARTIN. *Waffenruhe unter Deutschen - Utopie oder Perspektive?* Asendorf 1985.
- RAUTENBERG, HANS-WERNER. *Traum oder Trauma? Der polnische Beitrag zur Mitteleuropa-Diskussion 1985-1990.* Marburg 1991.
- REINISCH, LEONHARD. (Hg). *Dieses Europa zwischen West und Ost. Eine geistige und politische Ortsbestimmung.* München 1982.
- REIẞMÜLLER, JOHANN GEORG. *Die vergessene Hälfte. Osteuropa und wir.* München 1986.
- RIEDL, RICHARD. "Weg zu Europa. Gedanken über ein Wirtschaftsbündnis Europäischer Staaten (W.E.St.)" in: OPITZ, REINHARD. (Hg). *Europastrategien des deutschen Kapitals 1900-1945.* Bonn (Pahl-Rugenstein Nachfolger) 1994.
- RIEDLE, GABRIELE. "Mitteleuropäische Saltos". in: *TAZ* 28. 8. 1986.
- RIZ, ROLAND. "Südtirol und Mitteleuropa". in: UNIVERSITÄT INNSBRUCK (Hg). *Symposion an der Universität Innsbruck zum Thema: Mitteleuropa – Spuren der Vergangenheit und Perspektiven der Zukunft. 30. und 31. Oktober 1986.* Innsbruck 1987.
- ROSENBERG, ALFRED. *Neugeburt Europas als werdende Geschichte.* Halle/Saale. 1939.
- ROSNA, WALTER. *Neuordnung in Mitteleuropa.* Frankfurt/M 1989.
- ROVAN, JOSEPH. "Die Illusion des Westens. Zur Diskussion des Mitteleuropa-Gedankens". *FAZ.* 4.4.1987.
- ROVAN, JOSEPH. "Mitteleuropa gegen Europa". in: PAPCKE, SVEN. WEIDENFELD, WERNER (Hg). *Traumland Mitteleuropa? Beiträge zu einer aktuellen Kontroverse.* Darmstadt 1988.
- ROYAL INSTITUTE OF INTERNATIONAL AFFAIRS (Hg). "Memorandum from Under-Secretary of State for External Affairs to Secretary of State for External

Affairs Ottawa 29. Juli 1955." in: ROYAL INSTITUTE OF INTERNATIONAL AFFAIRS. *Documents on International Affairs. 1955.* London 1958.
- RÜB, MATTHIAS. "Wettlauf nach Westen. Wie die Nato-Osterweiterung Staaten ins Niemandsland stößt". *FAZ.* 29.4.1997. Oder, in der Rhetorik der "politischen Klasse": TEUFEL, ERWIN. "Vier für Europa". in: *EG-magazin* Oktober 1991.
- RUDOLPH, HERMANN. "Ein Stellvertreterkrieg am falschen Platz. Zur Mitteleuropa-Diskussion in der Bundesrepublik". in: PAPCKE, SVEN. WEIDENFELD, WERNER (Hg). *Traumland Mitteleuropa? Beiträge zu einer aktuellen Kontroverse.* Darmstadt 1988.
- SAUERLAND, KAROL. "Überlegungen zur vergangenen und gegenwärtigen Mitteleuropadebatte". in: *Europäische Kultur im Wandel, Loccumer Protokolle 19/93*, Loccum 1994.
- SAUVEUR-HENN, ANNE S. MUYLART, MARC (Hg). *Alte und neue Identitätsbilder im heutigen Deutschland. Identités anciennes et nouvelles dans 'Allemagne actuelle.* Leipzig 1999.
- SCHATZ, GEORG. "Der Wunsch Europäer zu sein. Bericht von einer Tagung in Krakau". in: *Stuttgarter Zeitung.* 9. 11. 1989.
- SCHÄUBLE, WOLFGANG. "Europas Herausforderung: Verantwortung für den Zustand der einen Welt". in: LANGER, MICHAEL; LASCHET, ARMIN. (Hg). *Unterwegs mit Visionen. Festschrift für Rita Süßmuth.* Freiburg 2002.
- SCHEWARDNADSE, EDWARD. *Die Zukunft gehört der Freiheit.* Hamburg 1993.
- SCHILMAR, BORIS. *Der Europadiskurs im deutschen Exil 1933-1945.* München 2004.
- SCHILY, OTTO. *Reden über das eigene Land.* München 1984.
- SCHILY, OTTO. *Vom Zustand der Republik.* Berlin 1986.
- SCHLEICHER, KLAUS. *Realisierung der Bildung in Europa: europäisches Bewusstsein trotz kultureller Identität?* Darmstadt 1994.
- SCHLÖGEL, KARL *Die Mitte liegt ostwärts.* Berlin 1986.
- SCHLÖGEL, Karl. "Der Eiserne Vorhang im Kopf der Linken. Über die große Herausforderung aus dem Osten" in: *Spuren, Zeitschrift für Kultur und Politik.* 1980/5.
- SCHLÖGEL, Karl. "Deutschland: Land der Mitte, Land ohne Mitte". in: Rainer Zitelmann (Hg.). *Westbindung.* Berlin 1993.

- SCHLÖGEL, KARL. "Die blockierte Vergangenheit. Nachdenken über Mitteleuropa". in: *FAZ. Beilage Bilder und Zeiten.* 21. 2. 1987.
- SCHLÖGEL, Karl. "Die Wiederkehr des Raumes. Die Konkretwerdung der Welt nach dem Verschwinden der Systeme" in: *FAZ, Bilder und Zeiten.* 19. Juni 1999.
- SCHLÖGEL, Karl. "Die Würde des Ortes oder die Bedeutung des Raums in der Geschichte". in: *Jahrbuch des Wissenschaftskollegs 1998/99.* hg. von Wolf Lepenies.
- SCHLÖGEL, KARL. "Europa ist aus einem Tumult von Flucht und Umsiedlung hervorgegangen" Gespräch von Adelbert Reif mit Karl Schlögel, in: *Universitas. Zeitschrift für interdisziplinäre Wissenschaft,* 55.Jg. März 2000, Nr. 645.
- SCHLÖGEL, KARL. "Grenzland Europa" in: *NZZ Folio.* Nr. 3, 3/1993.
- SCHLÖGEL, KARL. "Land der Mitte, ohne Mitte. Die Schwierigkeiten einer politischen Kultur ohne Krisenerfahrungen - das neue Deutschland im Jahre 4". *TAZ* 19. 07. 93.
- SCHLÖGEL, KARL. "Mitteleuropa – Utopie und Realität" in: TRUGER ARNO. MACHO, THOMAS (Hg). *Mitteleuropäische Perspektiven* Wien 1990.
- SCHLÖGEL, KARL. "Mitteleuropa als Verlegenheit, Mitteleuropa als Realität". in: ÖSTERREICHISCHES INSTITUT FÜR FRIEDENSFORSCHUNG UND FRIEDENSERZIEHUNG (Hg). *Mitteleuropa? Beiträge zur Friedensforschung.* Stadtschlaining o.J. [1988].
- SCHLÖGEL, KARL. "Nachdenken über Mitteleuropa". in: Dietrich Spangenberg (Hg.). *Die blockierte Vergangenheit. Nachdenken über Mitteleuropa.* Berlin 1987.
- SCHLÖGEL, KARL. *Berlin Ostbahnhof Europas. Russen und Deutsche in ihrem Jahrhundert.* Berlin 1998.
- SCHLÖGEL, KARL. *Im Raume lesen wir die Zeit. Über Zivilisationsgeschichte und Geopolitik.* München 2003.
- SCHLÖGEL. KARL. *Die Mitte liegt ostwärts. Die Deutschen, der verlorene Osten und Mitteleuropa.* Berlin 1986 (2002).
- SCHLOTTER, PETER. *Die KSZE im Ost-West-Konflikt: Wirkung einer internationalen Institution.* Frankfurt/M 1999.
- SCHLOTTERER, GUSTAV. *Die neuen Grundsätze der deutschen Handelspolitik.* Berlin 1936.

- SCHMIDT, RAINER. *Die Wiedergeburt der Mitte Europas. Politisches Denken jenseits von Ost und West.* Berlin 2001.
- SCHNEIDER, ROLF. "Vor Mitteleuropa wird gewarnt", in: *TAZ.* 10.6.1986.
- SCHOLZ, RUPERT. "Deutsche Frage und europäische Sicherheit", in: *Europa-Archiv* Jg. 45/1990.
- SCHUKER, STEPHEN (Hg). *Deutschland und Frankreich: Vom Konflikt zur Aussöhnung. Die Gestaltung der westeuropäischen Sicherheit 1914-1963.* München 2000.
- SCHULTZ, HELGA. (Hg). *Preußens Osten, Polens Westen. Das Zerbrechen einer Nachbarschaft.* Berlin 2001.
- SCHUMANN WOLFGANG. NESTLER, LUDWIG (Hg). *Weltherrschaft im Visier. Dokumente zu den Europa- und Weltherrschaftsplänen des deutschen Imperialismus von der Jahrhundertwende bis Mai 1945.* Berlin 1975.
- SCHUMANN, WOLFGANG (Hg). *Griff nach Südosteuropa. Neue Dokumente über die Politik des deutschen Imperialismus und Militarismus gegenüber Südosteuropa im 2. Weltkrieg.* Berlin 1973.
- SCHUMANN, WOLFGANG. NESTLER, LUDWIG. (Hg). *Weltherrschaft im Visier. Dokumente zu den Europa- und Weltherrschaftsplänen des deutschen Imperialismus von der Jahrhundertwende bis Mai 1945.* Berlin 1975.
- SCHWAMMEL, INGE. *Deutschlands Aufstieg zur Großmacht. Die Instrumentalisierung der europäischen Integration. 1974-1994.* Frankfurt/M 1997.
- SCHWARZ, HANS PETER. *Die gezähmten Deutschen – Von der Machtbesessenheit zur Machtvergessenheit.* Stuttgart 1985.
- SCHWEITZER, ALBERT. *Friede oder Atomkrieg.* München 1984.
- SCHWILK, HEIMO. SCHACHT, ULRICH. (Hg). *Die selbstbewußte Nation.* Frankfurt/M 1994.
- SCHWIMMER, WALTER. *Der Traum Europa. Vom 19. Jahrhundert in das Dritte Jahrtausend.* Heidelberg 2004.
- SEGERT, DIETER. *Die Grenzen Osteuropas. 1918, 1945, 1989 - Drei Versuche im Westen anzukommen.* Frankfurt/M. 2002.
- SEGERT, DIETER. *Die Grenzen Osteuropas. 1918, 1945, 1989 - Drei Versuche im Westen anzukommen.* Frankfurt/M. 2002.
- SEIFFERT, WOLFGANG. *Das ganze Deutschland. Perspektiven der Wiedervereinigung.* München 1986.

- SENGHAAS, DIETER. "Systemöffnende Kooperation". in: *84. Bergedorfer Gesprächskreis Beitrag Nr. 54*. Hamburg 1984.
- SENTI RICHARD. *EG, EFTA, Binnenmarkt. Organisation, Funktionsweise, Perspektiven*. Zürich 2000.
- SIMECKA, MILAN. "Noch eine Zivilisation? Eine andere Zivilisation?" in: BURMEISTER, HANS-PETER. BOLDT, FRANK. MÉSZÁROS, GYÖRGY (Hg). *Mitteleuropa - Traum oder Trauma? Überlegungen zum Selbstbild einer Region*. Bremen 1988.
- SINOWJEW, ALEXANDER. "Der Traum und die Realität der einen Welt". in: REINISCH, LEONHARD. (Hg). *Dieses Europa zwischen West und Ost. Eine geistige und politische Ortsbestimmung*. München 1982.
- SKED, ALAN. "Die Mythen von der europäischen Einheit." in: *Europäische Rundschau* 19/1991.
- SÖLTER, ARNO. *Das Großraumkartell. Ein Instrument der industriellen Marktordnung im neuen Europa*. Dresden 1941.
- SONTAG, SUSAN. "Europa. Noch eine Elegie". in: SCHIRRMACHER, FRANK. (Hg). *Im Osten erwacht die Geschichte. Essays zur Revolution in Mittel- und Osteuropa*. Stuttgart 1990.
- SPÄTER, JÖRG. *Vansittart. Britische Debatten über Deutsche und Nazis 1902-1945*. Göttingen 2003.
- SPECTOR, MICHAEL. "The European Community's Expansion Mechanism and the Differing Approaches of EFTA and Eastern Europe to Community Membership", in: *Law and Policy in International Business*, Vol. 25, 1993.
- STARY, BORIS. VÍTKOVÁ, MARIE. "Joint Ventures in der CSFR", in: *Osteuropa Wirtschaft*. 1/1991.
- STEGMANN, DIRK. "'Mitteleuropa' 1925-1934: Zum Problem der Kontinuität deutscher Außenhandelspolitik von Stresemann bis Hitler". in: STEGMANN, DIRK; WENDT, BERND-JÜRGEN; WILL, PETER-CHRISTIAN (Hg). *1978 Industrielle Gesellschaft und politisches System. Beiträge zur politischen Sozialgeschichte Festschrift für Fritz Fischer zum siebzigsten Geburtstag*. Bonn 1978.
- STEINBACH, PETER. "Die Mitteleuropa-Idee – ein Integrationsfaktor für Nationalitäten?" in: *Liberal Nr. 1/92. 34. Jg.*
- STEINKAMP, VOLKER. *L'Europe éclairée. Das Europa-Bild der französischen Aufklärung*. Frankfurt/M 2003.

- STIRK, PETER (Hg). *Mitteleuropa. History and Prospects.* Edinburgh 1994.
- STIRK, PETER M. *A History of European Integration since 1914.* London 1996.
- STOBBE, DIETRICH. "Der Traum von der Wiederherstellung der europäischen Mitte" in: *Neue Gesellschaft/Frankfurter Hefte.* 33. 1986.
- STRÅTH, BO; SANDKÜHLER, THOMAS. "Europäische Integration. Grundlinien und Interpretationen". in: DIECKMANN, CHRISTOPH; GERLACH, CHRISTIAN; GRUNER, WOLF, ET AL. (Hg). *Beiträge zur Geschichte des Nationalsozialismus. Bd 18. Europäische Integration.* Göttingen 2002.
- STRAUß, FRANZ JOSEF. Herausforderung und Antwort. Ein Programm für Europa. Stuttgart 1968.
- STÜRMER, MICHAEL. "Gibt es Mitteleuropa?" in: *FAZ* 10.12.1986:
- SZŰCS, JENŐ. *Die drei historischen Regionen Europas.* Frankfurt/M 1990.
- TAYLOR, ALAN JOHN PERCIVALE. *The Course of German History.* London 1961.
- TAYLOR, PETER T. "Radical Political Geographies". in: AGNEW, JOHN. MITCHELL, KATHARYNE. TOAL, GERARD. (Hg). *A Companion to Political Geography.* Malden 2003.
- TELTSCHIK, HORST. "Das Konzept vom gemeinsamen europäischen Haus. Frieden, Sicherheit, Freiheit und Menschenrechte: Perspektiven aus der Sicht der Bundesrepublik". *FAZ.* 23. 12. 1988.
- TELTSCHIK, HORST. *329 Tage.* München 1993.
- THOMAS G. MASARYK. "Pangermanism and the Eastern Question". in: *The New Europe.* 1916.
- THUM, GREGOR. „Europa" im Ostblock. Weiße Flecken in der Geschichte der europäischen Integration", in: *Zeithistorische Forschungen/Studies in Contemporary History*, Online-Ausgabe, 1 (2004), H. 3, URL: www.zeithistorische-forschungen.de/16126041-Thum-3-2004.
- TIELKER, WILHELM. *Der Mythos von der Idee Europas. Zur Kritik und Bedeutung historischer Entwicklungsgesetze bei der geistigen Verankerung der europäischen Vereinigung.* Münster 2003.
- TODOROVA, MARIA. *Imagining the Balkans*, New York 1997.
- TÖTÖSY DE ZEPETENEK, STEVEN. *Comparative Central European Culture.* West Lafayette 2002.
- TRESTIK, DUSAN. "We Are Europe". in: *Iztok-Iztok* 1993/10.

- TRUGLY, EDMUND. "Liegt Österreich in West-Europa? Grundlegung der Mittelosteuropäistik" in: PAPCKE, SVEN. WEIDENFELD, WERNER (Hg). *Traumland Mitteleuropa? Beiträge zu einer aktuellen Kontroverse.* Darmstadt 1988.
- UHLE-WETTLER, FRANZ. *Gefechtsfeld Mitteleuropa.* Gütersloh 1980.
- UNIVERSITÄT INNSBRUCK (Hg). *Symposion an der Universität Innsbruck zum Thema: Mitteleuropa – Spuren der Vergangenheit und Perspektiven der Zukunft. 30. und 31. Oktober 1986.* Innsbruck 1987.
- UNTERBERGER, ANDREAS. "Mitteleuropas Ende". in: *Die Presse.* 9. November 1996.
- US-AMERIKANISCHE BOTSCHAFT IN BONN (Hg). *Amerika-Dienst.* Signatur Deutsche Bibliothek DZb 76/552. 36/90.
- VACULIK, LUDVIK. "Mon europe". in: *Lettre Internationale.* Nr. 19. 16.12. 1988.
- VAJDA, MIHALY. "Unverantwortliche Skizze über Mitteleuropa: Nostalgie oder Projekt?" in: BURMEISTER, HANS-PETER. BOLDT, FRANK. MÉSZÁROS, GYÖRGY (Hg). *Mitteleuropa - Traum oder Trauma? Überlegungen zum Selbstbild einer Region.* Bremen 1988.
- VAJDA, MIHALY. "Wer hat Russland aus Europa ausgeschlossen?" in: BURMEISTER, HANS-PETER. BOLDT, FRANK. MÉSZÁROS, GYÖRGY (Hg). *Mitteleuropa - Traum oder Trauma? Überlegungen zum Selbstbild einer Region.* Bremen 1988.
- VAN MIERT, KAREL. *Markt, Macht, Wettbewerb.* München 2000.
- VANSITTART, ROBERT. *Black Record. Germans Past and Present.* London 1941.
- VARGYAI, GYULA. "Historische und aktuelle Beziehungen zum mitteleuropäischen Raum". in: UNIVERSITÄT INNSBRUCK (Hg). *Symposion an der Universität Innsbruck zum Thema: Mitteleuropa – Spuren der Vergangenheit und Perspektiven der Zukunft. 30. und 31. Oktober 1986.* Innsbruck 1987.
- VENOHR, WOLFGANG. "Deutschlands Mittellage. Betrachtungen zur ungelösten deutschen Frage". in: *Deutschland-Archiv* 8. 1984.
- VENOHR, WOLFGANG. (Hg). *Ohne Deutschland geht es nicht.* Krefeld 1985.
- WEHLER, HANS-ULRICH. *Das Deutsche Kaiserreich 1871-1918.* Göttingen 1994.

- WEHLER, HANS-ULRICH. *Das Deutsche Kaiserreich 1871-1918*. Göttingen 1994.
- WEHLER, HANS-ULRICH. *Entsorgung der deutschen Vergangenheit. Ein polemischer Essay zum 'Historikerstreit'*. München 2002. und WIPPERMANN, WOLFGANG. *Wessen Schuld? Vom Historikerstreit zur Goldhagen- Kontroverse*. Berlin 2002.
- WEI, LI. *Deutsche Pläne zur europäischen wirtschaftlichen Neuordnung 1939-1945: Weltwirtschaft, kontinentaleuropäische Autarkie und mitteleuropäische Wirtschaftsintegration*. (zit. n. Diss. in Vorb.) HU-Berlin 2005.
- WEIDENFELD, WERNER. "Mitteleuropa – ein alter Mythos stiftet Unruhe". *Rheinischer Merkur*. 3. Oktober 1986.
- WEIDENFELD, WERNER. *Außenpolitik für die deutsche Einheit: Die Entscheidungsjahre 1989/90*. Stuttgart 1998.
- WEIMER, CHRISTIAN. "'Mitteleuropa' Ein komplexer und ambivalenter politischer Terminus und die kontroverse Diskussion über ihn in den achtziger und neunziger Jahren". in: KICK, KARL G. WEINGARZ, STEPHAN. BARTOSCH, ULRICH (Hg). *Wandel durch Beständigkeit. Studien zur deutschen und internationalen Politik. Jens Hacker zum 65. Geburtstag*. Berlin 1998.
- WEIMER, CHRISTIAN. *Mitteleuropa als politisches Ordnungskonzept? Darstellung und Analyse der historischen Ideen und Pläne sowie der aktuellen Diskussionsmodelle*. Würzburg. 1992.
- WEIß, JOHANNES. "Was heißt 'okzidentaler Rationalismus?'" in: DIETRICH, UTE. WINKLER, MARTINA (Hg). *Okzidentbilder Konstruktionen und Wahrnehmungen*. Leipzig 2000.
- WEISSMANN, KARL HEINZ. "Das Herz des Kontinents. Reichsgedanke und Mitteleuropa-Idee". in: *Mut*. Januar 1987.
- WEIßMANN, KARLHEINZ. "Die Nation denken - Wir sind keine Verschwörer". in: *FAZ* 22. 4. 1994.
- WILKE, MANFRED. "Der Historiker und die Politik. Alexander Fischer als Sachverständiges Mitglied der Bundestags-Enquete-Kommission 'Aufarbeitung von Geschichte und Folgen der SED-Diktatur in Deutschland'" in: KICK, KARL G. WEINGARZ, STEPHAN. BARTOSCH, ULRICH (Hg). *Wandel durch Beständigkeit. Studien zur deutschen und internationalen Politik. Jens Hacker zum 65. Geburtstag*. Berlin 1998.

- WINKLER, HEINRICH AUGUST. "Westbindung oder was sonst? Bemerkungen zu einem Revisionsversuch". in: *Politische Vierteljahresschrift*. Jg. 35/1994.
- WINTERSTETTEN, KONRAD VON. *Berlin-Bagdad. Neue Ziele mitteleuropäischer Politik.* München 1915.
- WISKEMANN, ERWIN. *Mitteleuropa. Eine deutsche Aufgabe.* Berlin 1933.
- WITT, ANDREA. „National Borders: Images, Functions, and Their Effects on Cross-Border Cooperation in North America and Europe." in PAPADEMETRIOU, DEMETRIOS / WALLER MEYERS, DEBORAH (Hg). *Caught in the Middle. Border Communities in an Era of Globalization.* Washington, D.C. 2001.
- WITT, ANDREA. „National Borders: Images, Functions, and Their Effects on Cross-Border Cooperation in North America and Europe." in: PAPADEMETRIOU, DEMETRIOS / WALLER MEYERS, DEBORAH (Hg.) *Caught in the Middle. Border Communities in an Era of Globalization.* Washington, D.C. 2001.
- WITTE, BARTHOLD C. "Alte Bindungen und neue Wege nach Mittel- und Osteuropa". *Europa Archiv*. Nr. 46. 1991. ÖSTERREICHISCHES INSTITUT FÜR FRIEDENSFORSCHUNG UND FRIEDENSERZIEHUNG (Hg). *Mitteleuropa? Beiträge zur Friedensforschung.* Stadtschlaining o.J. [1988].
- WOLFSSOHN, MICHAEL. "Papa ante Portas". in: KICK, KARL G. WEINGARZ, STEPHAN. BARTOSCH, ULRICH (Hg). *Wandel durch Beständigkeit. Studien zur deutschen und internationalen Politik. Jens Hacker zum 65. Geburtstag.* Berlin 1998.
- WURM, CLEMENS A. "Early European Integration as a Research Field: Perspectives, Debates, Problems". in: WURM, CLEMENS A. *Western Europe and Germany. The Beginnings of European Integration 1945-1960.* Oxford 1995.
- WURM, CLEMENS A. (Hg). *Western Europe and Germany - The Beginnings of European Integration 1945-1960.* Oxford 1995.
- ZETTL, WALTER. "Mitteleuropa-Tarockanische Utopie oder Heimweh nach dem Völkerkerker". in: *Europäische Rundschau*. Vol. 14. Nr. 3 1986.
- ZILBERT, EDWARD R. *Albert Speer and the Nazi Ministry of Arms - Economic Institutions and Industrial Production in the German War Economy.* New Jersey 1981.
- ZIPPEL, WULFDIETHER (Hg). *Deutsch-deutsche Wirtschafts-, Währungs- und Sozialunion im Rahmen der Europäischen Gemeinschaften. Referate und Dis-*

*kussionsberichte der Tagung des Arbeitskreises Europäische Integration e.V. (13.-15. Sept. 1990 in Dresden).* Baden-Baden 1991.

*ibidem*-Verlag
Melchiorstr. 15
D-70439 Stuttgart
info@ibidem-verlag.de

www.ibidem-verlag.de
www.ibidem.eu
www.edition-noema.de
www.autorenbetreuung.de

www.ingramcontent.com/pod-product-compliance
Lightning Source LLC
Chambersburg PA
CBHW051805230426
43672CB00012B/2643